AF733293

Die Kooperation von deutschen Unternehmen mit der US-amerikanischen Börsenaufsicht SEC

Criminalia

Herausgegeben von Klaus Volk

Band 54

Peter Lang

Frankfurt am Main · Berlin · Bern · Bruxelles · New York · Oxford · Wien

Petr Kottek

Die Kooperation von deutschen Unternehmen mit der US-amerikanischen Börsenaufsicht SEC

Grenzen der strafprozessualen Verwertbarkeit unternehmensinterner Ermittlungen

Peter Lang
Internationaler Verlag der Wissenschaften

Bibliografische Information der Deutschen Nationalbibliothek
Die Deutsche Nationalbibliothek verzeichnet diese Publikation in der Deutschen Nationalbibliografie; detaillierte bibliografische Daten sind im Internet über http://dnb.d-nb.de abrufbar.

Zugl.: München, Univ., Diss., 2012

Umschlaggestaltung:
Pierre Mendell

D 19
ISSN 0945-1811
ISBN 978-3-631-62553-8

© Peter Lang GmbH
Internationaler Verlag der Wissenschaften
Frankfurt am Main 2012
Alle Rechte vorbehalten.

Das Werk einschließlich aller seiner Teile ist urheberrechtlich geschützt. Jede Verwertung außerhalb der engen Grenzen des Urheberrechtsgesetzes ist ohne Zustimmung des Verlages unzulässig und strafbar. Das gilt insbesondere für Vervielfältigungen, Übersetzungen, Mikroverfilmungen und die Einspeicherung und Verarbeitung in elektronischen Systemen.

www.peterlang.de

Criminalia

Abhandlungen aus den gesamten Strafrechtswissenschaften

Der Herausgeber der Reihe ist Vorstand des "Instituts für die gesamten Strafrechtswissenschaften" der Universität München. Das Programm der Reihe ist im Untertitel genannt. In ihr werden veröffentlicht Schriften zum Strafrecht und Strafverfahrensrecht, zu Kriminologie und Kriminalpolitik, zu den rechtstheoretischen und rechtssoziologischen Grundlagen des Strafrechts und zu seiner Geschichte. Die Reihe läßt deutsche und ausländische Wissenschaftler zu Wort kommen und will dazu einladen, an der Fortentwicklung aller Bereiche des Strafrechts über die Grenzen hinaus mitzuwirken.

Meinen Eltern

sowie für

Míša

und

Irina

Vorwort

Die vorliegende Arbeit wurde im Wintersemester 2011/2012 von der Juristischen Fakultät der Ludwig-Maximilians-Universität München als Dissertation angenommen. Rechtsprechung und Literatur konnten bis November 2011 berücksichtigt werden.

Ich danke meinem Doktorvater, Herrn Prof. Dr. Dr. h.c. Klaus Volk, der die Fertigstellung der Arbeit in vielfältiger Weise gefördert hat. Seine Tätigkeit als Verteidiger und Berater in Wirtschafts- und Steuerstrafsachen hat mich auf das Thema dieser Arbeit gestoßen, zumal er Führungskräfte deutscher Großunternehmen und Konzerne nicht nur im Strafprozess, sondern auch im Rahmen von unternehmensinternen Ermittlungen vertreten hat.

Ferner danke ich Frau Prof. Dr. Petra Wittig für die rasche Erstellung des Zweitgutachtens.

Des Weiteren gilt mein Dank Herrn Gerhard Geuder, Mitglied des Vorstandes der Triumph International AG, der mir die wirtschaftlichen Zusammenhänge der gegenständlichen Thematik aus der Sicht eines Unternehmensleiters erläutert hat.

Gedankt sei auch Frau Ing. Irina Pochtiva, die mir in ihrer Freizeit geholfen hat, das Manuskript für die Drucklegung vozubereiten.

Schließlich möchte ich mich bei meinen Eltern, Jiří Kottek und Ivana Kottková, und bei meiner Schwester, Michaela Kottková, herzlich bedanken, die mich immer wieder unterstützt und an mich geglaubt haben.

München, im Juli 2012 Petr Kottek

Inhaltsverzeichnis

Literaturverzeichnis

Achenbach, Hans/ Ransiek, Andreas
Handbuch Wirtschaftsstrafrecht
2. Auflage, C.F. Müller Verlag Heidelberg 2008
(zit.: Bearbeiter in Achenbach/Ransiek, Handbuch Wirtschaftsstrafrecht, 2008, Kapitel ... Rn. ...)

Amelung, Knut
Informationsbeherrschungsrechte im Strafprozess. Dogmatische Grundlagen individual-rechtlicher Beweisverbote
Duncker & Humblot Berlin 1990
(zit.: Amelung, Informationsbeherrschungsrechte im Strafprozess, 1990, S. ...)

Arbeitskreis „Externe und Interne Überwachung der Unternehmung" der Schmalenbach-Gesellschaft für Betriebswirtschaft
Auswirkung des Sarbanes-Oxley Act auf die Interne und Externe Unternehmensüberwachung, BB 2004, S. 2399 – 2407

Behrens, Alexander
Internal Investigations: Hintergründe und Perspektiven anwaltlicher „Ermittlungen" in deutschen Unternehmen, RIW 2009, S. 22 – 33

Bennett, Robert S./ Kriegel, Alan/ Rauh, Carl S./ Walker, Charles F.
Internal Investigations and the Defense of Corporations in the Sarbanes-Oxley Era, Vol. 62 Business Lawyer (2006-2007), S. 55 ff.

Beulke, Werner
Hypothetische Kausalverläufe im Strafverfahren bei rechtswidrigem Vorgehen von Ermittlungsorganen, ZStW 103, S. 657- 680

Beulke, Werner
Strafprozessrecht
11. Auflage, C.F. Müller 2010
(zit.: Beulke, Strafprozessrecht, 2010, Rn. ...)

Bittmann, Folker/ Molkenbur, Josef
Private Ermittlungen, arbeitsrechtliche Aussagepflicht und strafprozessuales Schweigerecht, wistra 2009, S. 373 – 379

Block, Ulrich
Neue Regelungen zur Corporate Governance gemäß Sarbanes-Oxley Act, BKR 2003, S. 774 – 787

Bockemühl, Jan
Private Ermittlungen im Strafprozess – Ein Beitrag zu der Lehre von den Beweisverboten
Nomos Verlagsgesellschaft Baden-Baden 1996
(zit.: Bockemühl, Private Ermittlungen im Strafprozess, 1996, S. …)

Böhm, Wolf-Tassilo
Strafrechtliche Verwertbarkeit der Auskünfte von Arbeitnehmern bei unternehmensinternen Untersuchungen, WM 2009, S. 1923 – 1929

Bosch, Nikolaus
Aspekte des nemo-tenetur-Prinzips aus verfassungsrechtlicher und strafprozessualer Sicht. Ein Beitrag zur funktionsorientierten Auslegung des Grundsatzes „nemo tenetur se ipsum accusare"
Duncker & Humblot Berlin 1998
(zit.: Bosch, Aspekte des nemo-tenetur-Prinzips aus verfassungsrechtlicher und strafprozessualer Sicht, 1998, S. …)

Böttger, Marcus
Wirtschaftsstrafrecht in der Praxis
ZAP Verlag LexisNexis, 1. Auflage 2010
(zit.: Bearbeiter, in: Böttger, Wirtschaftsstrafrecht, 2010, Kap. … Rn. …)

Busch, Ulrich
Korruption im Wirtschaftsleben – Erscheinungsformen, Umfang und Bekämpfungsstrategien, StV 2009, S. 291 – 302

Bussmann, Kai-D./ Matschke, Sebastian
Der Einfluss nationalen Rechts auf Kontroll- und Präventionsmaßnahmen von Unternehmen – ein Vergleich zwischen den USA und Deutschland -, wistra 2008, S. 88 – 95

Crone, Caspar von der/ Roth, Katja
Der Sarbanes-Oxley-Act und seine extraterritoriale Bedeutung, AJP (Aktuelle Juristische Praxis) 2003, S. 131 – 139

Dahs, Hans/ Langkeit, Jochen
Das Schweigerecht des Beschuldigten und seine Auskunftsverweigerung als „verdächtiger Zeuge“, NStZ 1993, S. 213 – 216

Dann, Matthias
Compliance-Untersuchungen im Unternehmen: Herausforderung für den Syndikus – Zum Zusammenspiel von Rechtsabteilung und externen Anwälten bei internen Ermittlungen, AnwBl 2009, S. 84 – 89

Dann, Matthias/ Schmidt, Kerstin
Im Würgegriff der SEC? – Mitarbeiterbefragungen und die Selbstbelastungsfreiheit, NJW 2009, S. 1851 - 1855

Diller, Martin
Der Arbeitnehmer als Informant, Handlanger und Zeuge im Prozess des Arbeitgebers gegen Dritte, DB 2004, S. 313 – 319

Dingeldey, Thomas
Der Schutz der strafprozessualen Aussagefreiheit durch Verwertungsverbote bei außerstrafrechtlichen Aussage- und Mitwirkungspflichten, NStZ 1984, S. 529 – 534

Eidam, Lutz
Die strafprozessuale Selbstbelastungsfreiheit am Beginn des 21. Jahrhunderts
Verlag Peter Lang Frankfurt 2007
(zit.: Eidam, Die strafprozessuale Selbstbelastungsfreiheit am Beginn des 21. Jahrhunderts, 2007, S. …)

Emmerich, Gerhard/ Schaum, Wolfgang
Auswirkungen des Sarbanes-Oxley Act auf deutsche Abschlussprüfer, WPg (Die Wirtschaftsprüfung) 2003, S. 677 - 691

Engländer, Armin
Das nemo-tenetur-Prinzip als Schranke verdeckter Ermittlungen, Eine Besprechung von BGH 3 StR 104/07, ZIS 2008, S. 163 - 167

Erb, Volker
Verbotene Vernehmungsmethoden als staatlich veranlaßte Beeinträchtigungen der Willensfreiheit

in: Festschrift für Harro Otto zum 70. Geburtstag
Hrsg. Gerhard Dannecker, Winrich Langer, Otfried Ranft, Roland Schmitz, Joerg Brammsen
Carl Heymanns Verlag, Köln, Berlin, München 2007, S. 863 – 877

Fischer, Thomas
Strafgesetzbuch und Nebengesetze
Beck'sche Kurz-Kommentare, 57. Auflage
Verlag C.H. Beck München 2010
(zit.: Fischer, Kommentar StGB, § ... Rn. ...)

Fleischer, Holger
Vorstandsverantwortlichkeit und Fehlverhalten von Unternehmensangehörigen – Von der Einzelüberwachung zur Errichtung einer Compliance-Organisation, AG 2003, S. 291 - 300

Friauf, Heinrich/ Höfling, Wolfram
Berliner Kommentar zum Grundgesetz
Erich Schmidt Verlag Berlin 2000
(zit.: Bearbeiter in Berliner Kommentar zum GG, Art. … Rn. …)

Fritz, Hans-Joachim/ Nolden, Dagmar
Unterrichtungspflichten und Einsichtsrechte des Arbeitnehmers im Rahmen von unternehmensinternen Untersuchungen, CCZ 2010, S. 170 - 177

Fromm, Ingo E
Auf dem Weg zur strafrechtlichen Verantwortlichkeit von Unternehmen/Unternehmensvereinigungen in Europa?, ZIS 2007, S. 279 – 291

Gaede, Karsten
Das Verbot der Umgehung der EMRK durch den Einsatz von Privatpersonen bei der Strafverfolgung, StV 2004, S. 46 – 53

Gemeinsame Stellungnahme von IDW und WPK
PCAOB Rulemaking Docket Matter No. 001 Proposal: Registration System for Public Accounting Firms, WPg (Die Wirtschaftsprüfung) 2003, S. 440 - 443

Godenzi, Gunhild

Private Beweisbeschaffung im Strafprozess: eine Studie zu strafprozessualen Beweisverboten im schweizerischen und deutschen Recht Schulthess Zürich/Basel/Genf 2008
(zit.: Godenzi, Private Beweisbeschaffung im Strafprozess, 2008, S. ...)

Godenzi, Gunhild
Das strafprozessuale Verbot staatlicher Beweismittelhehlerei: Königsweg oder Luftschloss?, GA 2008, S. 500 – 515

Göpfert, Burkard/ Merten, Frank/ Siegrist, Carolin
Mitarbeiter als „Wissensträger" – Ein Beitrag zur aktuellen Compliance-Diskussion, NJW 2008, S. 1703 - 1709

Gössel, Karl Heinz
Strafverfahrensrecht, Stuttgart 1977
(zit.: Gössel, Strafverfahrensrecht, 1977, S. ...)

Greene, Edward F./ Rose, Edward/ Silverman, Leslie/ Braverman, Daniel/ Sperber, Sebastian
U.S. Regulation of the International Securities and Derivatives Markets (CCH), 8. Ausgabe 2006
(zit.: Edward F. Greene et al., U.S. Regulation of the International Securities and Derivatives Markets, 2006)

Grünwald, Gerald
Beweisverbote und Verwertungsverbote im Strafverfahren, JZ 1966, S. 489 - 501

Gruson, Michael/ Kubicek, Matthias
Der Sarbanes-Oxley Act, Corporate Governance und das deutsche Aktienrecht (Teil I), AG (Die Aktiengesellschaft) 2003, S. 337 – 352

Gruson, Michael/ Kubicek, Matthias
Der Sarbanes-Oxley Act, Corporate Governance und das deutsche Aktienrecht (Teil II), AG (Die Aktiengesellschaft) 2003, S. 393 - 406

Hackner, Thomas/ Lagodny, Otto/ Schomburg, Wolfgang/ Wolf, Norbert
Internationale Rechtshilfe in Strafsachen
C. H. Beck Verlag München 2003

(zit.: Hackner/Lagodny/Schomburg/Wolf, Int. Rechtshilfe in Strafsachen, 2003, Rn. …)

Hamilton, James/ Trautmann, Ted
Responsibilities of Corporate Officers and Directors Under Federal Securities Law (CCH), Ausgabe 2007-2008
(zit.: James Hamilton & Ted Trautmann, Responsibilities of Corporate Officers and Directors Under Federal Securities Law, 2007/2008)

Hannich, Rolf/ Pfeiffer, Gerd
Karlsruher Kommentar zur Strafprozessordnung
Verlag C.H. Beck, 6. Auflage München 2008
(zit.: Bearbeiter in Karlsruher Kommentar zur StPO, § … Rn. …)

Hart-Hönig, Kai
Verteidigung von Unternehmen und Compliance im globalisierten Strafrecht
Rechtsstaatlich problematische Verschärfung von Haftungsrisiken – exemplarisch skizziert anhand der Verfolgung von Korruption und Kartellrechtsverstößen unter europäischem und US-amerikanischem Einfluss
in: Strafverteidigung im Rechtsstaat, Festschrift 25 Jahre Arbeitsgemeinschaft Strafrecht des Deutschen Anwaltvereins
Hrsg. Arbeitsgemeinschaft Strafrecht des Deutschen Anwaltsvereins
Nomos Verlagsgesellschaft, Baden-Baden 2009, S. 530 - 552

Hassemer, Winfried
Unverfügbares im Strafprozeß
in: Rechtsstaat und Menschenwürde, Festschrift für Werner Maihofer zum 70. Geburtstag
Hrsg. Arthur Kaufmann, Ernst-Joachim Mestmäcker, Hans F. Zacher
Vittorio Klostermann, Frankfurt am Main 1988, S. 183 - 204

Hassemer, Winfried/ Matussek, Karin
Das Opfer als Verfolger. Ermittlungen des Verletzten im Strafverfahren
Frankfurt am Main 1996
(zit.: Hassemer/Matussek, Das Opfer als Verfolger. Ermittlungen des Verletzten im Strafverfahren, 1996, S. …)

Hegmann, Jürgen

Fürsorgepflicht gegenüber dem Beschuldigten im Ermittlungsverfahren
Studienverlag Brockmeyer Bochum 1981
(zit.: Hegmann, Fürsorgepflicht gegenüber dem Beschuldigten im Ermittlungsverfahren, 1981, S. …)

Hehn, Paul A. von/ Hartung, Wilhelm
Unabhängige interne Untersuchungen in Unternehmen als Instrument guter Corporate Governance – auch in Europa?, DB 2006, S. 1909 - 1914

Heintschel-Heinegg, Bernd v./ Stöckel, Heinz
Loseblattkommentar zur Strafprozessordnung
begründet von Kleinknecht/Müller/Reitberger
(zit.: Bearbeiter in KMR, Kommentar StPO, § … Rn. …)

Henssler, Martin/ Willemsen, Heinz Josef/ Kalb, Heinz-Jürgen
Arbeitsrecht Kommentar
Verlag Dr. Otto Schmidt, 3. Auflage Köln 2008
(zit.: Bearbeiter in Henssler/Willemsen/Kalb, Arbeitsrecht Kommentar, § … Rn. …)

Hilber, Marc/ Hartung, Jürgen
Auswirkungen des Sarbanes-Oxley Act auf deutsche WP-Gesellschaften: Konflikte mit der Verschwiegenheitspflicht der Wirtschaftsprüfer und dem Datenschutzrecht, BB 2003, S. 1054 - 1060

Jäger, Christian
Beweisverwertung und Beweisverwertungsverbote im Strafprozess
Verlag C. H. Beck München 2003
(zit.: Jäger, Beweisverwertung und Beweisverwertungsverbote im Strafprozess, 2003, S. …)

Jahn, Matthias
Beweiserhebungs- und Beweisverwertungsverbote im Spannungsfeld zwischen den Garantien des Rechtsstaates und der effektiven Bekämpfung von Kriminalität und Terrorismus
in: Verhandlungen des 67. Deutschen Juristentages Erfurt 2008, Band I: Gutachten, Teil C
Hrsg. von der Ständigen Deputation des Deutschen Juristentages
C.H. Beck Verlag München 2008
(zit.: Jahn, Verhandlungen des 67. DJT 2008, Band I, Teil C, S. …)

Jahn, Matthias
Strafprozessrecht als geronnenes Verfassungsrecht – Hauptprobleme und Streitfragen des § 136a StPO, JuS 2005, S. 1057 – 1062

Jahn, Matthias
Ermittlungen in Sachen Siemens/SEC
Legitimer Baustein des globalisierten Wirtschaftsstrafverfahrens oder rechtswidriges Parallelverfahren zur Strafprozeßordnung? – Eine Problemskizze, StV 2009, S. 41 – 46

Jahn, Matthias
Ein neuer Straftatbestand gegen eigenverantwortliches Doping?, SpuRt (Zeitschrift für Sport und Recht) 2005, S. 141 ff.

Jahn, Matthias
Ausforschung einer Beschuldigten durch Wahrsagerin in der Untersuchungshaft – BGHSt 44, 129, JuS 2000, S. 441 - 445

Joecks, Wolfgang/ Miebach, Klaus
Münchener Kommentar zum Strafgesetzbuch
1. Auflage, Verlag C.H. Beck München 2003
(zit.: Bearbeiter in MüKo, Kommentar StGB, § … Rn. …)

Joerden, Jan C.
Verbotene Vernehmungsmethoden – Grundfragen des § 136a StPO, JuS 1993, S. 927 - 931

Joerden, Jan C.
Zur Reichweite der Anzeigepflicht aus § 138 I StGB und zur Beweisverwertung bei heimlicher Videobandaufnahme, Jura 1990, S. 633 - 645

Junker, Abbo
Electronic Discovery gegen deutsche Unternehmen
Verlag Recht und Wirtschaft Frankfurt am Main 2008
(zit.: Junker, Electronic Discovery gegen deutsche Unternehmen, 2008, S. …)

Kelnhofer, Evelyn
Hypothetische Ermittlungsverläufe im System der Beweisverbote
1. Auflage, Berlin 1994

(zit.: Kelnhofer, Hypothetische Ermittlungsverläufe im System der Beweisverbote, 1994, S. …)

Kersting, Christian
Auswirkungen des Sarbanes-Oxley-Gesetzes in Deutschland: Können deutsche Unternehmen das Gesetz befolgen?, ZIP 2003, S. 233 - 242

Kiefer, Marcus
Kritische Analyse der Kapitalmarktregulierung der U.S. Securities and Exchange Commission
Gabler Edition Wissenschaft, Rechnungswesen und Unternehmensüberwachung,
Hrsg. Hans-Joachim Böcking, Michael Hommel
Deutscher Universitäts-Verlag, Frankfurt am Main 2003
(zit.: Kiefer, Kritische Analyse der Kapitalmarktregulierung der SEC, 2003, S. …)

Kindhäuser, Urs/ Neumann, Ulfrid/ Paeffgen, Hans-Ullrich
Nomos Kommentar StGB
2. Auflage, Nomos Verlagsgesellschaft Baden-Baden 2005
(zit.: Bearbeiter in Kindhäuser/Neumann/Paeffgen, Kommentar StGB, § … Rn. …)

Knauer, Christoph/ Buhlmann, Erik
Unternehmensinterne (Vor-)Ermittlungen – was bleibt von nemo-tenetur und fair-trial?, AnwBl 2010, S. 387 - 393

Knauer, Christoph/ Westpfahl, Marion/ Huber, Hans-Peter/ Wehnert, Anne/ Schlicht, Peter
Diskussion der Abteilung Strafrecht des 67. DJT 2008
in: Verhandlungen des 67. Deutschen Juristentages Erfurt 2008, Band II/2: Sitzungsberichte – Diskussion und Beschlussfassung, Teil L
Hrsg. von der Ständigen Deputation des Deutschen Juristentages
C.H. Beck Verlag München 2009
(zit.: Referent, Verhandlungen des 67. DJT 2008, Band II/2, Teil L, S. …)

Knierim, Thomas C.
Detektivspiele – Vom Sinn und Unsinn privater Ermittlungen
in: Festschrift für Klaus Volk zum 65. Geburtstag, In dubio pro libertate
Hrsg. Winfried Hassemer, Eberhard Kempf, Sergio Moccia

München 2009, S. 247 - 273

Knierim, Thomas C.
Das Verhältnis von strafrechtlichen und internen Ermittlungen, StV 2009, S. 324 - 331

Koch, Arnd
Korruptionsbekämpfung durch Geheimnisverrat?, Strafrechtliche Aspekte des Whistleblowing, ZIS 2008, S. 500 - 505

Kölbel, Ralf
Zur Verwertbarkeit privat-deliktisch beschaffter Bankdaten, NStZ 2008, S. 241 – 244

Kuhlen, Lothar
Die Reaktion von Unternehmen auf Straftaten von Mitarbeitern: eine strafbare Nötigung?
in: Festschrift für Klaus Lüderssen zum 70. Geburtstag
Hrsg. Cornelius Prittwitz, Michael Baurmann, Klaus Günther, Lothar Kuhlen, Reinhard Merkel, Cornelius Nestler, Lorenz Schulz
Baden-Baden 2002, S. 649 - 661

Lackner, Karl/ Kühl, Kristian
Strafgesetzbuch Kommentar
27. Auflage, Verlag C. H. Beck München 2011
(zit.: Lackner/Kühl, Kommentar StGB, § … Rn. …)

Laufhütte, Heinrich Wilhelm/ Rissing-van Saan, Ruth/ Tiedemann, Klaus
Strafgesetzbuch, Leipziger Kommentar
De Gruyter Recht, 12. Auflage Berlin 2007
(zit.: Bearbeiter in Leipziger Kommentar zum StGB, § … Rn. …)

Leipold, Klaus
Der Prüfer hinter dem Prüfer – Die neue WPO und die Macht der WPK
in: Festschrift für Klaus Volk zum 65. Geburtstag, In dubio pro libertate
Hrsg. Winfried Hassemer, Eberhard Kempf, Sergio Moccia
München 2009, S. 291 - 299

Lenz, Hansrudi

Sarbanes-Oxley-Act of 2002 – Abschied von der Selbstregulierung der Wirtschaftsprüfer in den USA, BB 2002, S. 2270 – 2275

Leuchten, Alexius
Neues Gesetz soll Whistleblower schützen, Bayerischer AnwaltBrief Juli 2008, S. 10 ff.

Loss, Louis/ Seligman, Joel
Fundamentals of Securities Regulation (CCH), Ausgabe 2001 & Nachtrag 2007
(zit.: Louis Loss & Joel Seligman, Fundamentals of Securities Regulation, 2007)

Löwe-Rosenberg
Die Strafprozessordnung und das Gerichtsverfassungsgesetz
Großkommentar
Hrsg. Volker Erb, Robert Esser, Ulrich Franke, Kirsten Graalmann-Scheerer, Hans Hilger, Alexander Ignor
26. Auflage, De Gruyter Verlag Berlin 2010
(zit.: Bearbeiter in Löwe-Rosenberg, Kommentar StPO, § … Rn. …)

Maschmann, Frank
Mitarbeiterkontrolle und private Ermittlungen
in: Corporate Compliance und Arbeitsrecht, Mannheimer Arbeitsrechtstag 2009
Hrsg. Frank Maschmann
Nomos Verlagsgesellschaft, Baden-Baden 2009, S. 149 - 183

Mende, Boris
Grenzen privater Ermittlungen durch den Verletzten einer Straftat
Nomos Verlagsgesellschaft Baden-Baden 2001
(zit.: Mende, Grenzen privater Ermittlungen durch den Verletzten einer Straftat, 2001, S. …)

Mengel, Anja
Kontrolle der E-Mail- und Internetkommunikation am Arbeitsplatz, BB 2004, S. 2014 - 2021

Mengel, Anja/ Ullrich, Thilo

Arbeitsrechtliche Aspekte unternehmensinterner Investigations, NZA 2006, S. 240 - 246

Meyer-Goßner, Lutz
Strafprozessordnung mit GVG und Nebengesetzen
Beck'sche Kurz-Kommentare, 54. Auflage
Verlag C.H. Beck München 2011
(zit.: Meyer-Goßner, Kommentar StPO, § ... Rn. ...)

Michalke, Regina
Untreue – neue Vermögensbetreuungspflichten durch Compliance-Regeln, StV 2011, S. 245 - 251

Minoggio, Ingo
Firmenverteidigung, die Vertretung von Unternehmensinteressen im Straf- und OWi-Verfahren
ZAP Verlag LexisNexis, 2. Auflage Münster 2010
(zit.: Minoggio, Firmenverteidigung, 2010, Rn. …)

Minoggio, Ingo
Firmenverteidigung im Straf- oder Ordnungswidrigkeitenverfahren, ZRFG 2008, S. 215 - 220

Moritz, Katja/ Gesse, Marco
Die Auswirkungen des Sarbanes-Oxley Acts auf deutsche Unternehmen
in: Beiträge zum Transnationalen Wirtschaftsrecht, Heft 49
Hrsg. Christian Tietje/ Gerhard Kraft/ Rolf Sethe
Halle Dezember 2005
(zit.: Moritz/Gesse, Auswirkungen des SOA auf deutsche Unternehmen, 2005, S. …)

Morvillo, Richard J
Securities Investigations: Internal, Civil, and Criminal
New York City 2008, Practising Law Institute
(zit.: Bearbeiter, in: Morvillo, Securities Investigations, 2008)

Müller-Glöge, Rudi/ Preis, Ulrich/ Schmidt, Ingrid
Erfurter Kommentar zum Arbeitsrecht
10. Auflage, Verlag C. H. Beck München 2010
(zit.: Bearbeiter in Erfurter Kommentar, § … Rn. …)

Müller-Gugenberger, Christian/ Bieneck, Klaus
Wirtschaftsstrafrecht, Handbuch des Wirtschaftsstraf- und ordnungswidrigkeitenrechts
4. Auflage, Verlag Dr. Otto Schmidt Köln 2006
(zit.: Bearbeiter in Müller-Gugenberger/Bieneck, Wirtschaftsstrafrecht, 4. Aufl., § … Rn. …)

Nell, Mathias/ Schlüter, Harald
Die strafbefreiende Selbstanzeige als Instrument der Korruptionsbekämpfung?, NJW 2008, S. 1996 - 1999

Neuhaus, Ralf
Zur Notwendigkeit der qualifizierten Beschuldigten-belehrung, NStZ 1997, S. 312 - 316

Neuhaus, Ralf
Compliance-Systeme und Vorfeldermittlungen
in: Die Finanzkrise, das Wirtschaftsstrafrecht und die Moral
Hrsg. Eberhard Kempf, Klaus Lüderssen, Klaus Volk
De Gruyter, Berlin/New York 2010, S. 348 - 360

Peters, Karl
Strafprozess. Ein Lehrbuch, 4. Auflage, C. F. Müller Heidelberg 1985
(zit.: Peters, Strafprozess, 1985, S. …)

Pfordte, Thilo
„Outsourcing of Investigations?“ Anwaltskanzleien als Ermittlungsgehilfen der Staatsanwaltschaft
in: Strafverteidigung im Rechtsstaat, Festschrift 25 Jahre Arbeitsgemeinschaft Strafrecht des Deutschen Anwaltvereins
Hrsg. Arbeitsgemeinschaft Strafrecht des Deutschen Anwaltsvereins
Nomos Verlagsgesellschaft, Baden-Baden 2009, S. 740 - 758

Pilchen, Saul
The Risks and Rewards of International Transactions Involving US Assets and Funds – Consideration of the American Criminal Laws
in: Finanzmarkt ausser Kontrolle? Selbstregulierung – Aufsichtsrecht – Strafrecht
Hrsg. Jürg-Beat Ackermann, Wolfgang Wohlers
Schulthess Juristische Medien AG, Zürich/Basel/Genf 2009, S. 93 - 163

(zit.: Pilchen, in: Finanzmarkt ausser Kontrolle? Selbstregulierung – Aufsichtsrecht – Strafrecht, 2009, S. …)

Reichert, Jochem/ Ott, Nicolas
Non Compliance in der AG – Vorstandspflichten im Zusammenhang mit der Vermeidung, Aufklärung und Sanktionierung von Rechtsverstößen, ZIP 2009, S. 2173 - 2180

Rengier, Rudolf
Strafrecht Besonderer Teil II
11. Auflage, Verlag C. H. Beck München 2010
(zit.: Rengier, Strafrecht BT II, 2010, § … Rn. …)

Reyhn, Nadege
Wer bist Du und wenn ja, wie viele? Der Corporate Monitor im US-Straf- und Zivilprozessrecht, CCZ 2011, S. 48 - 59

Rieble, Volker
Regeldurchsetzung im Unternehmen (Compliance) als Systemfrage an der Schnittstelle zwischen Zivil- und Arbeitsrecht, R.L.R. (Ritsumeikan Law Review) 2009, S. 191 - 208

Rieble, Volker
Schuldrechtliche Zeugenpflicht von Mitarbeitern, ZIP 2003, S. 1273 - 1283

Rogall, Klaus
Beweiserhebungs- und Beweisverwertungsverbote im Spannungsfeld zwischen den Garantien des Rechtsstaates und der effektiven Bekämpfung von Kriminalität und Terrorismus, JZ 2008, S. 818 - 830

Rogall, Klaus
Über die Folgen der rechtswidrigen Beschaffung des Zeugenbeweises im Strafprozeß, JZ 1996, S. 944 - 955

Rogall, Klaus
Gegenwärtiger Stand und Entwicklungstendenzen der Lehre von den strafprozessualen Beweisverboten, ZStW 91, S. 1 - 44

Rogall, Klaus

Zur Verwertbarkeit der Aussage einer noch nicht beschuldigten Person, MDR 1977, S. 978 - 980

Rosen, Rüdiger von
Rechtskollision durch grenzüberschreitende Sonderermittlungen, BB 2009, S. 230 - 232

Roxin, Claus/ Schünemann, Bernd
Strafverfahrensrecht
26. Auflage, Verlag C. H. Beck München 2009
(zit.: Roxin/Schünemann, Strafverfahrensrecht, 2009, § … Rn. …)

Sachs, Michael
Grundgesetz Kommentar
3. Auflage, Verlag C. H. Beck München 2003
(zit.: Bearbeiter in Sachs, Kommentar GG, Art. … Rn. …)

Säcker, Jürgen/ Rixecker, Roland
Münchner Kommentar zum Bürgerlichen Gesetzbuch
Verlag C. H. Beck München 2009
(zit.: Bearbeiter in MüKo-BGB, § … Rn. …)

Safferling, Christoph/ Hartwig, Alena
Das Recht zu schweigen und seine Konsequenzen, Entwicklungen in nationalen und internationalen Strafverfahren, ZIS 2009, S. 784 - 794

Satzger, Helmut/ Schmitt, Bertram/ Widmaier, Gunter
Strafgesetzbuch Kommentar
1. Auflage, Carl Heymanns Verlag Köln 2009
(zit.: Bearbeiter in Satzger/Schmitt/Widmaier, Kommentar StGB, § … Rn. …)

Schneider, Hartmut
Verdeckte Ermittlungen in Haftanstalten, NStZ 2001, S. 8 - 15

Schneider, Uwe H.
Compliance im Konzern, NZG 2009, S. 1321 - 1326

Schomburg, Wolfgang/ Lagodny, Otto/ Gleß, Sabine/ Hackner, Thomas
Internationale Rechtshilfe in Strafsachen

4. Auflage, C. H. Beck Verlag München 2006
(zit.: Schomburg/Lagodny/Gleß/Hackner, Int. Rechtshilfe in Strafsachen, 4. Aufl., Rn. …)

Schönke, Adolf/ Schröder, Horst
Strafgesetzbuch Kommentar
28. Auflage, Verlag C. H. Beck München 2010
(zit.: Bearbeiter in Schönke/Schröder, Kommentar StGB, § … Rn. …)

Schröder, Christian
Handbuch Kapitalmarktstrafrecht
2. Auflage, Carl Heymanns Verlag Köln 2010
(zit.: Schröder, HdB Kapitalmarktsstrafrecht, 2010, Rn. …)

Schroeder, Friedrich-Christian
Strafprozessrecht
4. Auflage, Verlag C. H. Beck München 2007
(zit.: Schroeder, Strafprozessrecht, 2007, Rn. …)

Schroeder, Friedrich-Christian
Die Beweisaufnahme im Strafprozeß unter dem Druck der Auseinandersetzung zwischen Ost und West, ROW (Recht in Ost und West; Zeitschrift für Ostrecht und Rechtsvergleichung) 1969, S. 193 - 203

Schroth, Hans-Jürgen
Der Vorhalt eigener protokollierter Aussagen an den Angeklagten, ZStW 87, S. 103 - 131

Schroth, Ulrich
Beweisverwertungsverbote im Strafverfahren - Überblick, Strukturen und Thesen zu einem umstrittenen Thema,
JuS 1998, S. 969 - 980

Schulte, Martin/ Görts, Cornelius
Die SEC-Untersuchung nach dem Foreign Corrupt Practices Act, RIW 2006, S. 561 - 568

Schulz, Lorenz
Globalisierungstendenzen im deutschen Wirtschaftsstrafrecht – Nachlese und Diskussionsbericht, StV 2009, S. 332 - 336

Schuster, Frank Peter
IT-gestützte interne Ermittlungen in Unternehmen – Strafbarkeitsrisiken nach den §§ 202a, 206 StGB, ZIS 2010, S. 68 - 75

Senderowitz, Stephen J./ Ugarte, Ricardo E./ Cortez, Marlen
Die Durchsetzung US-amerikanischer Wertpapiergesetze auf internationaler Ebene – Ausweitung auf deutsche Unternehmen, wistra 2008, S. 281 - 285

Stoffers, Kristian F.
Einführung eines „Krisenmanagements“ bei Unternehmen im Hinblick auf mögliche Strafverfahren, wistra 2009, S. 379 - 384

Stürner, Rolf
Die Aufklärungspflicht der Parteien des Zivilprozesses
Mohr Siebeck Tübingen 1976
(zit.: Stürner, Die Aufklärungspflicht der Parteien des Zivilprozesses, 1976, S. …)

Stürner, Rolf
Strafrechtliche Selbstbelastung und verfahrensförmige Wahrheitsermittlung, NJW 1981, S. 1757 - 1763

Taschke, Jürgen
Die Verteidigung von Unternehmen – Ein neuer Typus von Strafverteidigung
in: Festschrift für Klaus Volk zum 65. Geburtstag, In dubio pro libertate
Hrsg. Winfried Hassemer, Eberhard Kempf, Sergio Moccia
München 2009, S. 801 - 811

Taschke, Jürgen
Zum Beschlagnahmeschutz der Handakten des Unternehmensanwalts
in: Festschrift für Rainer Hamm zum 65. Geburtstag
Hrsg. Regina Michalke, Jürgen Pauly, Wolfgang Köberer, Stefan Kirsch
De Gruyter Recht, Berlin 2008, S. 751 - 765

Theile, Hans
„Internal Investigations“ und Selbstbelastung - Zum Verantwortungstransfer bei Akkumulation privater und staatlicher Ermittlungen -, StV 2011, S. 381 - 386

Tiedemann, Klaus
Wirtschaftsstrafrecht, Einführung und Allgemeiner Teil
Carl Heymanns Verlag, 3. Auflage Köln 2010
(zit.: Tiedemann, Wirtschaftsstrafrecht AT, 2010, Rn. …)

Trüg, Gerson/ Habetha, Jörg
Beweisverwertung trotz rechtswidriger Beweisgewinnung – insbesondere mit Blick auf die „Liechtensteiner Steueraffäre", NStZ 2008, S. 481 – 492

Verrel, Torsten
Nemo tenetur – Rekonstruktion eines Verfahrensgrundsatzes – 1. Teil, NStZ 1997, S. 361 - 365

Volk, Klaus
Münchner Anwaltshandbuch, Verteidigung in Wirtschafts- und Steuerstrafsachen
C.H. Beck Verlag, München 2006
(zit.: Volk/Bearbeiter, MAH Wirtschafts- und Steuerstrafsachen, 2006, § … Rn. …)

Volk, Klaus
Grundkurs StPO
7. Auflage, Verlag C.H. Beck, München 2010
(zit.: Volk, Grundkurs StPO, 2010, § … Rn. …)

Volk, Klaus
Korruptionsaufwand deutscher Unternehmen in den Ländern der Dritten Welt
in: Holtz/Kulessa, Korruption als Entwicklungshindernis. Teil I: Lässt sich Korruption durch rechtliche Maßnahmen in Deutschland unterbinden?
Hrsg. Gemeinsame Konferenz Kirche u. Entwicklung (GKKE)
Verlag Deutsche Kommiss. Justitia et Pax 1995, S. 15 - 24

Wabnitz, Heinz-Bernd/ Janovsky, Thomas
Handbuch des Wirtschafts- und Steuerstrafrechts
3. Auflage, Verlag C.H. Beck München 2007
(zit.: Bearbeiter in Wabnitz/Janovsky, Handbuch des Wirtschafts- und Steuerstrafrechts, 2007, … Kapitel Rn. …)

Wagner, Jens
„Internal Investigations“ und ihre Verankerung im Recht der AG, CCZ 2009, S. 8 - 17

Walisch, Winfried B.
Organisatorische Prävention gegen strafrechtliche Haftung deutscher Unternehmen und ihrer Leitungen nach US-Recht
Verlag BWV Berlin 2004
(zit.: Walisch, Organisatorische Prävention gegen strafrechtliche Haftung nach US-Recht, 2004, S. …)

Wassermann, Rudolf
Kommentar zur Strafprozeßordnung
Reihe Alternativkommentar
Luchterhand Verlag, Neuwied 1992
(zit.: Bearbeiter in Alternativkommentar zur StPO, § … Rn. …)

Wastl, Ulrich
Europäisierte Finanz- und Kapitalmarktrechtssysteme: ein gefährliches, aber notwendiges Übel!, Zeitschrift für das gesamte Kreditwesen 2008, S. 604 - 607

Wastl, Ulrich/ Litzka, Philippe/ Pusch, Martin
SEC-Ermittlungen in Deutschland – eine Umgehung rechtsstaatlicher Mindeststandards!, NStZ 2009, S. 68 - 74

Wehnert, Anne
Die US-amerikanischen Richtlinien zur Strafverfolgung von Unternehmen – Ein importiertes Schrecknis auf dem Rückmarsch, NJW 2009, S. 1190 - 1193

Wehnert, Anne
Strafverteidigung vor neuen Herausforderungen
in: Festschrift zu Ehren des Strafrechtsausschusses der Bundesrechtsanwaltskammer [i.F. auch: FS StrauBRAK]
Hrsg. Werner Beulke, Eckhart Müller
Neuwied 2006, S. 175 - 186

Wehnert, Anne
SEC: Kapitulation vor der (un)heimlichen Übermacht?

in: Festschrift für Egon Müller
Hrsg. Heike Jung, Bernd Luxenburger, Eberhard Wahle
Baden-Baden 2008, S. 729 – 737

Weißgerber, Michael
Das Einsehen kennwortgeschützter Privatdaten des Arbeitnehmers durch den Arbeitgeber, NZA 2003, S. 1005 - 1009

Wessing, Jürgen
Der Einfluss von Compliance, Revision und firmeninternen Ermittlungen auf die Strafverteidigung
in: Strafverteidigung im Rechtsstaat, Festschrift 25 Jahre Arbeitsgemeinschaft Strafrecht des Deutschen Anwaltvereins
Hrsg. Arbeitsgemeinschaft Strafrecht des Deutschen Anwaltsvereins
Nomos Verlagsgesellschaft, Baden-Baden 2009, S. 907 - 929

Wessing, Jürgen
Compliance – oder wie sich der Staat aus der Kriminalprävention stiehlt
in: Festschrift für Klaus Volk zum 65. Geburtstag, In dubio pro libertate
Hrsg. Winfried Hassemer, Eberhard Kempf, Sergio Moccia
München 2009, S. 867 - 883

Widmaier, Gunter
Münchner Anwaltshandbuch, Strafverteidigung
C.H. Beck Verlag, München 2006
(zit.: Widmaier/Bearbeiter, MAH Strafverteidigung, 2006, § … Rn. …)

Wolter, Jürgen
Systematischer Kommentar zur StPO
Heymanns Verlag, 4. Auflage Köln 2010
(zit.: Bearbeiter in Systematischer Kommentar zur StPO, § … Rn. …)

Wybitul, Tim
Interne Ermittlungen auf Aufforderung von US-Behörden – ein Erfahrungsbericht, BB 2009, S. 606 - 611

Abkürzungsverzeichnis

a.A.	andere Ansicht
a.a.O.	am angegebenen Ort
a.E.	am Ende
AG	Die Aktiengesellschaft (Zeitschrift) / Aktiengesellschaft (Rechtsform)
AJP	Aktuelle Juristische Praxis
AktG	Aktiengesetz
Alt.	Alternative
Anm.	Anmerkung
AnwBl	Anwaltsblatt
AO	Abgabenordnung
AP	Nachschlagewerk des Bundesarbeitsgerichts (Gesetzesstelle und Entscheidungsnummer)
APAK	Abschlussprüferaufsichtskommission
ArbG	Arbeitsgericht
ArbGG	Arbeitsgerichtsgesetz
ArbSchG	Arbeitsschutzgesetz
Art.	Artikel
Aufl.	Auflage
BaFin	Bundesanstalt für Finanzdienstleistungsaufsicht
BAG	Bundesarbeitsgericht
BB	Betriebs-Berater (Zeitschrift)
BDSG	Bundesdatenschutzgesetz
BetrVG	Betriebsverfassungsgesetz
BGB	Bürgerliches Gesetzbuch
BGH	Bundesgerichtshof
BGHSt	Entscheidungen des Bundesgerichtshofs in Strafsachen
BGHZ	Entscheidungen des Bundesgerichtshofs in Zivilsachen
BKR	Zeitschrift für Bank- und Kapitalmarktrecht
BRAK	Bundesrechtsanwaltskammer
BRAO	Bundesrechtsanwaltsordnung
BRD	Bundesrepublik Deutschland
BVerfG	Bundesverfassungsgericht
BVerfGE	Entscheidung des Bundesverfassungsgerichts
BVerwG	Bundesverwaltungsgericht
BVerwGE	Entscheidung des Bundesverwaltungsgerichts
bzw.	beziehungsweise

C.F.R.	Commission Final Rule
CCZ	Corporate Compliance Zeitschrift
CEO	Chief Executive Officer
CFO	Chief Financial Officer
CR	Computer und Recht
d.h.	das heißt
DB	Der Betrieb (Zeitschrift)
ders.	derselbe
dies.	dieselbe
DJT	Deutscher Juristentag
DOJ	Departement of Justice
EG	Europäische Gemeinschaft
EGMR	Europäischer Gerichtshof für Menschenrechte
Einl.	Einleitung
EMRK	Europäische Konvention zum Schutz der Menschenrechte und Grundfreiheiten
EStG	Einkommenssteuergesetz
et al.	et alii/aliae
etc.	et cetera
EU	Europäische Union
EuG	Europäisches Gericht erster Instanz
EuGH	Europäischer Gerichtshof
f.	folgende
ff.	fortfolgende
FCPA	Foreign Corrupt Practices Act
Fn.	Fußnote
FRCP	Federal Rules of Civil Procedure
FS	Festschrift
GA	Goltdammer's Archiv für Strafrecht
gem.	gemäß
GG	Grundgesetz für die Bundesrepublik Deutschland
ggf.	gegebenenfalls
GmbH	Gesellschaft mit beschränkter Haftung
GmbHG	Gesetz betreffend die Gesellschaften mit beschränkter Haftung
h.L.	herrschende Lehre
h.M.	herrschende Meinung
HGB	Handelsgesetzbuch
Hrsg.	Herausgeber
i.E.	im Ergebnis

i.F.	im Folgenden
i.S.d.	im Sinne der/des
i.S.v.	im Sinne von
i.V.m.	in Verbindung mit
InsO	Insolvenzordnung
IRG	Gesetz über die internationale Rechtshilfe in Strafsachen
JR	Juristische Rundschau
Jura	Juristische Ausbildung
JuS	Juristische Schulung
JVA	Justizvollzugsanstalt
JZ	Juristenzeitung
Kap.	Kapitel
KG	Kammergericht
krit.	kritisch
KSchG	Kündigungsschutzgesetz
KWG	Gesetz über das Kreditwesen
LAG	Landesarbeitsgericht
LG	Landgericht
lit.	Buchstabe
m.E.	meines Erachtens
m.w.N.	mit weiteren Nachweisen
MDR	Monatsschrift für Deutsches Recht
MMR	MultiMedia und Recht
n.F.	neue Fassung
NJW	Neue Juristische Wochenschrift
NJW-RR	Neue Juristische Wochenschrift – Rechtsprechungs-Report
Nr.	Nummer
Nrn.	Nummern
NStZ	Neue Zeitschrift für Strafrecht
NStZ-RR	Neue Zeitschrift für Strafrecht – Rechtsprechungs-Report
NYSE	New York Stock Exchange
NZA	Neue Zeitschrift für Arbeitsrecht
NZA-RR	Neue Zeitschrift für Arbeitsrecht – Rechtsprechungs-Report
OLG	Oberlandesgericht
OWiG	Gesetz über Ordnungswidrigkeiten
PCAOB	Public Company Accounting Oversight Board
R.L.R.	Ritsumeikan Law Review
RDV	Recht der Datenverarbeitung
RiStBV	Richtlinien für das Strafverfahren und das Bußgeldverfahren

RiVASt	Richtlinien für den Verkehr mit dem Ausland in strafrechtlichen Angelegenheiten
RIW	Recht der Internationalen Wirtschaft
Rn.	Randnummer
ROW	Recht in Ost und West, Zeitschrift für Ostrecht und Rechtsvergleichung
SDÜ	Schengener Durchführungsabkommen vom 19.6.1990
SEA	Securities Exchange Act
SEC	Securities and Exchange Commission
Sec.	Section
SOA	Sarbanes-Oxley Act
sog.	sogenannte/n/s/r
SpuRt	Zeitschrift für Sport und Recht
StGB	Strafgesetzbuch
StPO	Strafprozessordnung
str.	strittig
StraFo	Strafverteidiger Forum
StV	Strafverteidiger
TKG	Telekommunikationsgesetz
u.a.	unter anderem
U.S.C.	United States Code
UWG	Gesetz gegen den unlauteren Wettbewerb
VG	Verwaltungsgericht
VGH	Verwaltungsgerichtshof
vgl.	vergleiche
VOL	Verdingungsordnung für Leistungen
wistra	Zeitschrift für Wirtschafts- und Steuerstrafrecht
WM	Die Wertpapier-Mitteilungen, Zeitschrift für Wirtschafts- und Bankrecht
WPg	Die Wirtschaftsprüfung (Zeitschrift)
WpHG	Gesetz über den Wertpapierhandel
WPK	Wirtschaftsprüferkammer
WPO	Wirtschaftsprüferordnung
z.B.	zum Beispiel
ZIP	Zeitschrift für Wirtschaftsrecht
ZIS	Zeitschrift für Internationale Strafrechtsdogmatik
ZPO	Zivilprozessordnung
ZRFG	Zeitschrift für Risk, Fraud & Governance
ZStW	Zeitschrift für die gesamte Strafrechtswissenschaft

Einleitung

Unternehmen unterliegen einer Vielzahl von gesetzlichen Verpflichtungen zur Sachverhaltsaufklärung (interne Ermittlungspflichten), um die Einhaltung von Regeln sicherzustellen. Allgemein wird von „Risikomanagement" und „Compliance" gesprochen. In Deutschland sind Unternehmen durch die verstärkte Anwendung der §§ 30, 130 OWiG in den letzten Jahren dazu veranlasst worden, ihren Organisationspflichten durch Überwachung und Kontrolle sorgfältiger nachzugehen.

Insbesondere Kartell- und nicht zuletzt Kapitalmarktbehörden verlangen von Unternehmen die laufende Beachtung und Aktualisierung von Vorgaben für eine Aufbau- und Ablauforganisation, die Arbeitsprozesse und deren Überwachung und ein unternehmensinternes Kontrollsystem.[1] Die Vielzahl an gesetzgeberischen Maßnahmen hat gezeigt, dass das Kapitalmarktrecht straf- und bußgeldrechtliche Risiken für ein börsennotiertes Unternehmen und seine Mitarbeiter erzeugt.[2] Allein das WpHG sieht zahlreiche Melde-, Sorgfalts-, Überwachungs- und Dokumentationspflichten vor. Exemplarisch sind die Meldepflicht von Transaktionsdaten nach § 9 WpHG und die Anzeigepflicht von Verdachtsfällen nach § 10 WpHG gegenüber der Bundesanstalt für Finanzdienstleistungsaufsicht (BaFin).

Diese umfassenden Vorgaben sollen im Bereich des Wirtschaftsstrafrechts nicht nur Straftaten im Unternehmen verhindern, sondern auch helfen diese bzw. deren Verdacht aufzuklären. Zu beachten ist, dass US-börsennotierte deutsche Unternehmen über die Standards des deutschen Regelwerks[3] hinaus Maßnahmen treffen müssen, um Eingriffen wegen vermeintlicher Pflichtverletzungen zu entgehen.

Sobald ein deutsches Unternehmen an der New Yorker Börse gelistet ist, findet der Foreign Corrupt Practices Act (FCPA) auch auf Auslandssachverhalte Anwendung, um (u.a.) internationale Bestechung zu verhindern und gegebenenfalls zu sanktionieren. Die Geldstrafe für Unternehmen beträgt bis zu 2.000.000

---

1 Vgl. Knierim, StV 2009, 324 (326).

2 Hiervon zu unterscheiden sind allgemeine Risiken, die durch ein nach § 91 II AktG einzurichtendes Überwachungssystem früh erkannt werden sollen und über § 317 IV HGB auch Gegenstand der Abschlussprüfung sind.

3 Der Pflichtenkreis nach deutschem Recht wurde erweitert durch das WpHG, KonTraG, TransPuG, AnSVG, BilKoG und das UMAG und nicht zuletzt durch die Verabschiedung des Deutschen Corporate Governance Kodex (DCGK) im Jahre 2002.

US-Dollar für jede strafrechtliche Verletzung der Bestechungsvorschriften[4] und bis zu 25.000.000 US-Dollar für jede vorsätzliche Verletzung der Buchführungspflichten[5], wenn eine körperschaftliche Verantwortlichkeit festgestellt wird.

Nach den Richtlinien des *U.S. Office of Management and Budget* kann daneben ein Ausschluss des Unternehmens von der Vergabe öffentlicher Aufträge oder jeglicher vertraglicher Beziehung mit dem Fiskus (black list) hinzukommen, sowie die Teilnahme am Aktienhandel oder die Erteilung von Exportlizenzen verweigert werden.[6] Um eine strafrechtliche Verurteilung dieses Ausmaßes abzuwenden, sind Unternehmen regelmäßig bereit, außergerichtliche Vergleichszahlungen zu leisten.

Diese auch für einen multinationalen Konzern existenzgefährdenden Geldstrafen sind auf das nach der US-amerikanischen Rechtsordnung existierende Unternehmensstrafrecht zurückzuführen.[7] In der Bundesrepublik Deutschland hingegen kann sich ein Strafverfahren ausschließlich gegen die (verantwortlichen) Mitarbeiter richten, nicht aber gegen den korporativen Akteur, weil ein etwaiges Zurechnungsmodell nicht mit dem Schuldgrundsatz vereinbar ist und der Verband sich nicht selbst, sondern lediglich durch natürliche Personen organisieren kann, sprich der Gedanke des Organisationsverschuldens auf fehlerhafte Organisationsakte von Individuen zurückzuführen ist und folglich in einen unendlichen Regress mündet[8], wobei die Rechtsgüter schützenden Verbotsnormen des Strafrechts nur menschliches Verhalten regeln, während die „kollektive Schuld" einen bloßen Zustand der Organisation darstellt[9]. Des Weiteren wurde

---

4 Prohibited foreign trade practices by issuers, domestic concerns or other persons: 15 U.S.C. §§ 78ff(c), 78dd-1(a)/(g), 78 l/78o(d) – issuers; § 78dd-2(a),(g) - domestic concerns; § 78dd-3(a),(e) – [juridical] persons other than 78dd-1 or 78dd-2.

5 15 U.S.C. § 78ff(a).

6 Vgl. Schulte/Görts, RIW 2006, 561 (566).

7 Vgl. United States v. New York Central & Hudson River Railroad, 212 U.S. 481, 29 S.Ct. 304 (1909), wonach Handlungen des Arbeitnehmers seinem Arbeitgeber zugerechnet werden und die Grundlage für dessen Bestrafung bilden können. Die Kriminalstrafe (gegen Unternehmen) soll verhindern, dass ein Unternehmen Vorteile aus den kriminellen Verhaltensweisen seiner Angestellten zieht, gleichzeitig aber strafrechtlich hierfür nicht zur Verantwortung gezogen werden kann; vgl. Bussmann/Matschke, wistra 2008, 88 (89).

8 Schünemann, in: Leipziger Kommentar zum StGB, 12. Auflage, Vor § 25 Rn. 24.

9 Schünemann, in: Leipziger Kommentar zum StGB, 12. Auflage, Vor § 25 Rn. 26; a.A. Tiedemann, Wirtschaftsstrafrecht AT, 2010, Rn. 243 ff., wonach die Selbstorganisationspflicht eine Basis für die Konstruktion der Unternehmensschuld darstellt, was u.a. die in BGHSt 47, 187 (195) aufgeworfene Lehre vom „Good Corporate Citizen" bestätigt.

der Täterkreis der „Anknüpfungstat" im Rahmen von § 30 OWiG durch das EU-Rechtsinstrumente-Ausführungsgesetz vom 29.8.2002 beachtlich erweitert. Es gilt der Satz „societas delinquere non potest".[10] Aufgrund von Europarecht ergibt sich prinzipiell nichts anderes, weil den Organen der EU eine originäre Kriminalstrafrechtsbefugnis fehlt[11]. Allerdings spricht der EuGH[12] den Organen der EU zum strafrechtlichen Schutz der Umwelt die Kompetenz zu, die Strafvorschriften der Mitgliedstaaten per Richtlinie anzugleichen. Ob sich diese Judikatur auf andere Politikbereiche übertragen lässt und die EG von dieser Kompetenz durch Festlegung einer einheitlichen Verbandsstrafbarkeit im engeren Sinne Gebrauch machen wird, bleibt abzuwarten.[13]

Gesetzgeber, Aufsichtsbehörden und Fachgremien verschiedener Staaten versuchen die Corporate Governance durch konkrete Vorgaben zu verbessern. Die Verschärfung der US-Gesetzgebung, die der Sarbanes-Oxley Act (SOA) mit sich gebracht hat, ändert und ergänzt bestehende Vorschriften, namentlich den Foreign Corrupt Practices Act (FCPA), mit dem Ziel, Aktionärsinteressen durch die US-amerikanische Börsenaufsicht, die *Securities and Exchange Commission* (SEC) stärker als bisher zu schützen.

Die SEC ist neben einer Überwachung des Kapitalmarkts, die durch unternehmensseitige Offenlegungs- und Berichterstattungspflichten erfolgt, für die Aufklärung von Verstößen gegen Compliance-Standards, sprich mangelhafte organisatorische Prävention durch in den USA börsennotierte Wirtschaftsunternehmen, zuständig. Strafrechtliche Verfahren können nur vom DOJ eingeleitet werden, wobei dies regelmäßig auf Empfehlung der SEC geschieht[14]. Sie stellt den Strafverfolgungsbehörden die Ergebnisse ihrer Voruntersuchungen zur Verfügung. Teilweise leistet der an der Untersuchung beteiligte SEC-Anwalt dem Staatsanwalt bei der Darlegung des Falls vor den Geschworenen Unterstützung.[15]

Allein durch die Existenz der weitreichenden Kontroll- und Ermittlungsbefugnisse der Securities and Exchange Commission (SEC) nach US-Recht ent-

---

10 Bussmann/Matschke, wistra 2008, 88 (88).

11 Fromm, ZIS 2007, 279 (291).

12 EuGH v. 13.9.2005 – C-176/03.

13 Fromm, ZIS 2007, 279 (290).

14 Im Jahre 2002 wurden auf Initiative der SEC 529 Individuen und Unternehmen strafrechtlich verurteilt – vgl. Kiefer, Kritische Analyse der Kapitalmarktregulierung der SEC, 2003, S. 90 (Fn. 619).

15 Kiefer, Kritische Analyse der Kapitalmarktregulierung der SEC, 2003, S. 90, wobei diese Verfahrenspraxis rechtlich umstritten sei (Fn. 618).

stehen Konflikte mit nationalen Rechtsordnungen. Insbesondere das deutsche Rechtsstaatsprinzip ist im strafrechtlich relevanten Bereich betroffen, wenn die den US-Verfahren zugrunde liegenden Erkenntnisse gegen die Gesellschaft auf der (im Innenverhältnis) zwangsweisen Mitwirkung der verantwortlichen Mitarbeiter basieren und den strafprozessualen Ermittlungsverfahren gegen Arbeitnehmer und Vorstandsmitglieder hierzulande als Grundlage dienen. Die Verteidigung von Individualinteressen ist deshalb besonders gefährdet, weil sie mit einer Verteidigung des Unternehmens kaum noch in Einklang zu bringen ist.

Grund hierfür ist, dass alle deutschen Unternehmen[16], deren Wertpapiere an einer der Securities and Exchange Commission (SEC) unterstehenden US-Börse gehandelt werden, den US-amerikanischen Gesetzen und demnach der US-Gerichtsbarkeit unterliegen. Auch sind wesentliche Tochtergesellschaften („significant subsidiary") einer an amerikanischen Börsen gehandelten Gesellschaft erfasst.

Zum Konflikt gelangt man jedoch erst aufgrund des Phänomens des Selbstreinigungsgebotes von Unternehmen,[17] das heißt dass sich Unternehmen die „Pflicht" zum Ziel gesetzt haben, am Ermittlungsverfahren gegen sich selbst aktiv mitzuwirken und zur Aufklärung beizutragen, um die Erwirkung schwerer Zwangsmittel zu vermeiden und insbesondere bei der Strafzumessung aufgrund ihrer uneingeschränkten Kooperation Strafmilde gewährt zu bekommen. Dieser Gedanke entspringt dem US-amerikanischen Recht und wird abgeleitet aus dem Foreign Corrupt Practices Act (FCPA), dem SOA und den Richtlinien zur Umsetzung dieser Normen durch die US-Staatsanwaltschaft, namentlich das Thompson-Memorandum oder das McNulty-Memorandum. In den USA, wo ein Unternehmensstrafrecht existiert, müssen Unternehmen stets um ihre Existenz bangen, wenn sie nicht aufklärerische Mithilfe leisten. Gleichzeitig ist das Konzept der US-Behörden nicht zuletzt wegen der knappen Ressourcen für eine weltweite Regulierung darauf angelegt, dass unternehmensseitige Kooperation und Selbstanzeige zu einem schnellen Verfahrensabschluss führen. Obwohl sich die Zusammenarbeit für die betroffene Gesellschaft auf der Rechtsfolgenseite positiv auswirkt, wird von einem Kooperationszwang gesprochen.

---

16 Stand vom 31.12.2002 laut http://www.sec.gov: Allianz AG, Altana AG, BASF AG, Bayer AG, Callahan Nordrhine-Westfalen GmbH, Celanese AG, DaimlerChrysler AG, Deutsche Bank AG, Deutsche Telekom AG, DTA Holding AG, E.ON AG, EPCOS AG, Fresenius Medical Care AG, Grohe Holdings GmbH, iesy Hessen GmbH, Incam AG, Infineon Technologies AG, Intershop Communications AG, iXOS Software AG, Lion Bioscience AG, Messer Griesheim Holding AG, Pfeiffer Vacuum Technology AG, PrimaCom AG, QSC AG, SAP AG, Schering AG, SGL Carbon AG, Siemens AG.

17 Wehnert, in: Verhandlungen des 67. DJT 2008, Band II/2, Teil L, S. 157.

Eine Beseitigung des öffentlichen Interesses an einer Anklageerhebung durch das DOJ lässt sich insbesondere durch eine Kooperation mit der SEC, im Idealfall mit anschließender Einigung auf einen Vergleich zwischen den Parteien erreichen.[18] Daher wird das Unternehmen in aller Regel versuchen, ein formelles Ermittlungsverfahren der SEC um jeden Preis zu vermeiden, obwohl die US-amerikanischen Wertpapiergesetze und die dazugehörigen Commission Final Rules (C.F.R.) eine Reihe von Verteidigungsrechten zur Verfügung stellen.

Spätestens seit dem „Münchner Siemens-Fall" ist dieses amerikanische Recht als „importiert" anzusehen. Diese sog. Selbstreinigung erfolgt in der Regel durch hoch organisierte Privatermittlungen, entweder durch das Unternehmen selbst oder durch einen beauftragten Dritten, und stellt ein privates Parallelverfahren zum staatlichen Ermittlungsverfahren gegen beschuldigte Unternehmensmitarbeiter seitens der deutschen Staatsanwaltschaft dar. Diese unternehmensinternen Ermittlungen sind nicht mehr präventiver Natur, sondern haben bereits aufklärenden Charakter im Hinblick auf durch Mitarbeiter begangene Straftaten. Sie sind auch bekannt als „Internal Investigations" und als Reaktion auf eingeleitete oder drohende staatliche Verfahren gegen die Gesellschaft zu verstehen.

Sie werden nicht durch SEC-Beamte, sondern durch im Auftrag des Unternehmens zwischengeschaltete externe, deutsche oder US-amerikanische Anwaltskanzleien ausgeführt, um offizielle SEC-Ermittlungen seitens der Division of Enforcement teilweise oder sogar ganz zu vermeiden.[19]

Nachfolgend wird die Bezeichnung SEC-Verfahren, -Untersuchung(en), -Ermittlung(en), -Konstellation oder -Vernehmung(en) vordergründig auf freiwillige, im Rahmen der Kooperation mit der SEC durch das Unternehmen eingeleitete interne (Privat-)Ermittlungen verwendet, da sie faktisch Teil des Ermittlungsverfahrens der SEC sind; SEC-Beamte können wegen des Prinzips der Staatssouveränität überhaupt nicht auf dem Territorium der BRD ermitteln (ansonsten ist die Rede von formellen - echten - SEC-Ermittlungen oder allgemein vom US-amerikanischen Verfahren der SEC gegen das Unternehmen).

Bemerkenswert ist, dass diese sog. „SEC-Ermittlungen" gleich mehrere Rechtsgebiete berühren: Unternehmensintern das Arbeits- oder Gesellschaftsrecht, im Inland das Ordnungswidrigkeitenrecht durch die Sanktion der Gewinnabschöpfung, die Unternehmenskooperation beabsichtigt milde Sanktionen nach US-amerikanischem Kapitalmarktrecht – die drohenden SEC-Klagen sind zivilrechtlicher Natur - und nicht zuletzt treffen den Arbeitnehmer bzw. das Organ-

18 Vgl. Wehnert, in: Festschrift für Egon Müller, S. 729 (736).

19 Vgl. Wehnert, in: Festschrift für Egon Müller, S. 729 (736).

mitglied strafrechtliche Konsequenzen nach deutschem Recht. Die nachfolgende Arbeit befasst sich in erster Linie mit der Vereinbarkeit dieser unternehmensseitig initiierten (informellen) „SEC-Ermittlungen“ mit den strafprozessualen Vorschriften der StPO und den Maximen des Strafprozessrechts.

Das Siemens-Verfahren hat aber vor allem deutlich gemacht, dass sich deutsche Ermittlungsbehörden für Informationen aus diesen privaten Aufklärungsarbeiten interessieren und sich diese bewusst zu Nutze machen, um über den weiteren Verlauf des Ermittlungsverfahrens zu entscheiden.[20] Man spricht in diesem Kontext von einem „Outsourcing of Investigations“, weil die für das Unternehmen ermittelnden Anwaltskanzleien faktisch als Ermittlungsgehilfen der Staatsanwaltschaft fungieren. Da der Auftrag aber nicht dem Staat zuzurechnen ist, droht allerdings eine Aushöhlung der (Schweige-)Rechte des beschuldigten Mitarbeiters mit Blick auf den späteren Strafprozess. Letzterer wird von seinem Arbeitgeber mit arbeitsrechtlichen Auskunftspflichten konfrontiert, der sich größtmögliche Aufklärung von Gesetzesverstößen und sonstigen Verfehlungen innerhalb des Unternehmens zum Ziel gesetzt hat, während der Mitarbeiter selber an einer „Einstellung“ des – eventuell bereits parallel laufenden – staatsanwaltschaftlichen Ermittlungsverfahrens oder zumindest an einer „Schadensbegrenzung“ durch angemessene Verteidigung, insbesondere durch (teilweise) Aussageverweigerung, interessiert ist. Oft sind Kooperation und/oder Geständnis auch für das Individuum strategisch sinnvoll. Dennoch entspricht es nicht selten dem Individualinteresse, wenn keine oder wenige bzw. nur bestimmte Informationen weitergegeben werden.

Für die Zukunft gilt es für diese Problemstellung, die nicht mehr und nicht weniger als eine Interessenkollision zwischen der Situation des Mitarbeiters als Individuum im strafrechtlichen Ermittlungsverfahren im Inland und jener des Unternehmens im (zivil- bzw. kapitalmarktrechtlichen) SEC-Verfahren sowie im hiermit regelmäßig verknüpften strafrechtlichen Verfahren durch das DOJ ist, einen akzeptablen Lösungsansatz zu finden.

Nach vorheriger (aber auch begleitender) Auseinandersetzung mit den US-Regularien, namentlich extraterritoriale Zuständigkeiten der SEC, ihre Ermittlungsbefugnisse im Verdachtsfall sowie drohende Sanktionen nach FCPA, sanktionsrelevante Richtlinien von SEC und DOJ, kapitalmarktaufsichtsrechtliche Anforderungen an (Informations-)Offenlegung gemäß SOA, und dem damit zusammenhängenden US-amerikanischen Recht und Rechtssystem im Allgemeinen und dem Wirtschafts- und Unternehmensstrafrecht und Strafprozessrecht im

20 Vgl. Pfordte, in: Strafverteidigung im Rechtsstaat, S. 740 (741).

Besonderen, sollen in der folgenden Arbeit die Berührungspunkte dieser unabhängigen internen Ermittlungen insbesondere im Hinblick auf das nemo-tenetur-, das fair-trial- und das Legalitätsprinzip aufgezeigt werden. Auch sind bei SEC-Untersuchungen die Schnittstelle zwischen Strafverfahrens- und Arbeitsrecht, die Grenzen von Datenerhebungen und -übermittlungen, allgemeine Bedenken und Grenzen privatrechtlicher Ermittlungen, vorausgesetzt man verneint überhaupt deren staatlichen Charakter respektive deren staatliche Veranlassung[21], unter besonderer Berücksichtigung von Privatvernehmungen (sog. „Interviews") und nicht zuletzt etwaige in Betracht kommende strafprozessuale Beweisverwertungsverbote vor deutschen Gerichten zu erörtern.

Auch ist der internationale Aspekt wegen einer in Betracht kommenden Umgehung supranationaler Regelungen zu berücksichtigen – allgemeine Regeln des Völkerrechts, insbesondere die Staatssouveränität und der Vorrang der Rechtshilfe sind betroffen -, weil die SEC mit Hilfe der ermittelnden Anwaltskanzlei faktisch im Ausland „hoheitlich" tätig wird. Eine extraterritoriale Wirkung der US-Vorschriften allein rechtfertigt dies nicht. Denn die uneingeschränkte Kooperation ist natürlich nur dann gewährleistet, wenn das Unternehmen eine Kanzlei beauftragt, die auch das Vertrauen der SEC genießt;[22] in der Regel eine amerikanische Großkanzlei, die sogar ehemalige SEC-Mitarbeiter oder ehemalige US-Staatsanwälte beschäftigt, welche die internen Ermittlungen leiten.[23]

Was bleibt vom Schweigerecht der beschuldigten Mitarbeiter überhaupt noch übrig, wenn das Unternehmen massiven Druck ausübt, indem es eine sog. Amnestieregelung wie im Münchener Siemens/SEC-Fall ausspricht: Entweder der Betroffene kooperiert vollständig, sagt vollständig aus und das Unternehmen übernimmt sogar die Kosten seiner Verteidigung oder er bekommt eine Verdachtskündigung.[24]

Erreicht diese wirtschaftliche Drucksituation die Grenzen von § 136a StPO? Müssen die Standards, die für staatliche Ermittlungsbehörden gelten, im Rahmen von hochorganisierten Privatermittlungen eigentlich eingehalten werden? Nur dann oder im Falle einer staatlichen Zurechnung kommen die in der StPO geregelten Verwertungsverbote im späteren deutschen Strafverfahren in Frage.

---

21 Man spricht hier von privaten Ermittlungen „im öffentlichen Auftrag" - vgl. Schulte/ Görts, RIW 2006, 561 (567).

22 Vgl. Behrens, RIW 2009, 22 (26, 27); Rosen, BB 2009, 230; Wehnert, in: Festschrift für Egon Müller, S. 729 (733 ff.); dies., NJW 2009, 1190 (1191).

23 Jahn, StV 2009, 41 (41).

24 Vgl. Knauer, in: Verhandlungen des 67. DJT 2008, Band II/2, Teil L, S. 159.

Während man vor der Staatsanwaltschaft seine Aussage stets verweigern kann, droht bei der Vernehmung von Managern durch unternehmensseitig beauftragte Kanzleien eine Umgehung der strafprozessualen Rechte kraft arbeitsrechtlicher Mitwirkungspflichten.

Kempf sieht „erheblichen gesetzgeberischen Handlungsbedarf" aufgrund einer Gesetzeslücke.[25]

25 Vgl. Freitag/Katzensteiner, manager magazin vom 20.4.2011, abrufbar unter http://www.manager-magazin.de/magazin/artikel/0,2828,746295,00.html.

Erstes Kapitel: Die Securities and Exchange Commission

I. Hintergrund

Der im Jahre 1934 erlassene Securities Exchange Act schreibt vor, dass jeder in- und ausländische Emittent, der eine Wertpapiergattung an einer US-amerikanischen Börse notieren möchte, eine Registrierung bei der SEC vornehmen muss.[26] Die Notierung hat zur Folge, dass auch ausländische Unternehmen der Aufsicht durch die SEC in Form von Kontrollen und ggf. Ermittlungen unterliegen bzw. dass strafrechtlich relevante Verstöße bei Gesellschaften auch zu gegen das Unternehmen gerichteten US-Strafverfahren durch das DOJ führen können. Betroffen sind also Unternehmen, die an einer US-amerikanischen Wertpapierbörse notiert sind oder die Wertpapiere anderweitig öffentlich in den USA anbieten[27] bzw. eine bestimmte Anzahl an US-amerikanischen Aktionären[28] haben sowie im Ausland ansässige Tochterunternehmen[29] von SEC-registrierten Emittenten.

Hauptaufgabe der SEC ist es, Anleger durch Offenlegung wesentlicher Informationen und durch Sicherstellung eines gesetzeskonform ablaufenden Wertpapiermarktes zu schützen. Um einen gewissen Standard zu gewährleisten, sind alle Unternehmen verpflichtet, regelmäßig bei der SEC Abschlüsse und sonstige Berichte einzureichen (vgl. hierzu Kap. 3). Aufgrund des weitreichenden Auftrages ist die SEC befugt, alle Sachverhalte zu untersuchen, die einen zivil- oder strafrechtlichen Verstoß gegen die US-Wertpapiergesetze darstellen können.[30] Ein Ermittlungsverfahren wird eingeleitet, sobald der SEC ein Anfangsverdacht vorliegt.

---

26 Vgl. §§ 12(a) und 12(b) Securities Exchange Act, 15 U.S.C. §§ 78l(a), (b).

27 Moritz/Gesse, Auswirkungen des SOA auf deutsche Unternehmen, 2005, S. 6.

28 Wessing, in: Festschrift für Klaus Volk, 2009, S. 867 (883).

29 Moritz/Gesse, Auswirkungen des SOA auf deutsche Unternehmen, 2005, S. 6.

30 Senderowitz/Ugarte/Cortez, wistra 2008, 281 (282).

II. Die Ermittlungsbefugnisse der SEC

1. Allgemeine Befugnisse der SEC

Eine Vielzahl von Ermittlungen basiert auf den Bestimmungen zum Betrug (fraud) im Securities Exchange Act of 1934 und im Securities Act of 1933.[31]

Eine weitere Grundlage für SEC-Ermittlungen stellt der Foreign Corrupt Practices Act (FCPA) dar, um gegen ausländische Unternehmen mit Notierung in den USA wegen Bestechung von ausländischen Beamten oder wegen unangemessener Rechnungslegung vorzugehen.[32] Diese Verstöße haben wiederum falsche oder irreführende Angaben bei der SEC zur Folge, weil die Bestechung als solche regelmäßig nicht in den Büchern eines Unternehmens erscheint, so dass die Verfahren der SEC wegen Verstoßes gegen FCPA sowie gegen die US-amerikanischen Wertpapiergesetze durchgeführt werden.[33]

Sobald ein ausländisches Unternehmen bei der SEC registriert ist und Geschäfte in den USA tätigt, kann es von der SEC wegen Verstößen gegen die US-amerikanischen Wertpapiergesetze angezeigt werden, selbst wenn die Beschuldigten Mitarbeiter einer wiederum in einem anderen Land niedergelassenen Tochtergesellschaft sind.[34]

Erwähnenswert im Zusammenhang mit den allgemeinen Befugnissen der SEC ist noch die am 24. Juni 2010 vom Supreme Court in dem Verfahren *Morrison v. National Australia Bank Ltd.*[35] getroffene Entscheidung in Bezug auf die extraterritoriale Reichweite von US-amerikanischen Wertpapiergesetzen. Streitig war, ob Paragraph 10(b) Securities Exchange Act, 15 U.S.C. Paragraph 78j(b), die SEC zur Festlegung von Regelungen gegen bzw. zur Untersagung von Manipulation und Täuschung beim Kauf oder Verkauf von Wertpapieren

---

31 Vgl. 15 U.S.C. §§ 77a ff.

32 Der FCPA ist Bestandteil des Exchange Act; vgl. § 13(b) Securities Exchange Act, 15 U.S.C. § 78m (Grundsätze der Rechnungslegung) und § 30A Securities Exchange Act, 15 U.S.C. § 78dd-1 (Bestechungsbestimmungen).

33 Vgl. hierzu Senderowitz/Ugarte/Cortez, wistra 2008, 281 (282).

34 Vgl. hierzu 15 U.S.C. § 78aa; siehe ebenso SEC v. Samson, No. 1:06 CV01217, http://www.sec.gov/litigation/complaints/2006/comp19754.pdf.

35 In Morrison hatten Anteilseigner des australischen Unternehmens National Australia Bank Ltd. mit Sitz außerhalb der USA Klage erhoben. Sie waren der Ansicht, dass die NAB ihre Anteilseigner betrogen hätte, weil sie ihre bei der 100% Tochtergesellschaft mit Sitz in Florida, Home Side Lending Inc., gehaltenen Darlehen überbewertete.

auch dann ermächtigt, wenn die fraglichen Wertpapiere im Ausland gekauft oder verkauft werden.

Allerdings sah der US-Supreme Court kein positives Indiz im Securities Exchange Act dafür gegeben, dass Paragraph 10(b) Securities Exchange Act extraterritorial anwendbar sei: „Paragraph 10(b) Securities Exchange Act ist nur auf Transaktionen mit im Inland börsennotierten Wertpapieren und auf inländische Transaktionen mit anderen Wertpapieren anwendbar", weil „der Schwerpunkt des Exchange Act nicht auf den Ort fixiert ist, an dem der Betrug entstand, sondern auf die Verkäufe und Käufe von Wertpapieren in den Vereinigten Staaten"[36].

Als Fazit ist daher festzuhalten, dass die SEC regelmäßig, jedoch nicht immer zum Einschreiten gegen ein ausländisches Unternehmen befugt ist, sobald irgendein US-Bezug vorliegt.

Der US-Kongress berät derzeit über eine Reform des Finanzaufsichtsrechts, die die Anwendbarkeit der obigen Gerichtsentscheidung auf zivilrechtliche Klagen nach Paragraph 10(b) Securities Exchange Act einschränken würde. Die SEC soll unter Ausweitung der extraterritorialen Wirkung von US-Recht ermächtigt werden, Vollstreckungsmaßnahmen in Bezug auf „Handlungen innerhalb der Vereinigten Staaten vorzunehmen, die wesentliche Schritte zur Förderung des Verstoßes darstellen, sogar wenn die Wertpapiertransaktion außerhalb der Vereinigten Staaten stattfindet.[37]"

2. Gewöhnlicher Ablauf eines SEC-Verfahrens

Man unterscheidet zwischen informellen und formellen Ermittlungsverfahren. Es obliegt dem eigenen Ermessen der SEC ein formelles Ermittlungsverfahren einzuleiten, um dann förmliche Vorladungen auszustellen und Zeugenaussagen zu erzwingen.[38] Die förmlichen Auskunftsersuchen der SEC (sog. Subpoenas) verpflichten das Unternehmen nicht nur zu deren Beantwortung, sondern auch zur Herausgabe der mit dem Ersuchen zusammenhängenden Arbeitspapiere.[39]

Eine Untersuchung der Division of Enforcement wird vorrangig informell geführt und sieht zur Sachverhaltsermittlung informelle Vernehmungen, Zeugeninterviews und die Auswertung von Unterlagen vor.

---

36 Vgl. Zitate aus der Urteilsbegründung des Supreme Court unter: http://www.mayerbrown.com/germany/article.asp?id=9359&nid=495.

37 A.a.O.

38 Siehe 17 C.F.R. (Commission Final Rule) § 202.5(a).

39 Vgl. nur Wehnert, in: Festschrift für Egon Müller, S. 729 (733).

Sind die Ermittlungen abgeschlossen, erfolgt eine anschließende Präsentation der Ergebnisse[40] an die Kommission zur Überprüfung.[41] Letztere kann, wenn sie der Ansicht ist, dass eine FCPA-Verletzung vorliegt, obige Division autorisieren, Klage vor einem Bundes(-bezirks-)gericht (Federal District Court) zu erheben oder den Vorgang vor ein Verwaltungsgericht (Administrative Law Judge) zu bringen bzw. eine Administrative Action einzuleiten.[42]

Die Strafverfolgung obliegt dem DOJ, während die SEC zivilrechtliche Sanktionen (sog. civil actions), ebenfalls nach dem FCPA, durchsetzt.

3. Weiteres Verfahren der SEC bei festgestellten Verstößen gegen US-amerikanische Wertpapiergesetze

Auf Rechtsfolgenseite kann neben hohen Zivilstrafen und der Anordnung von aufsichtsrechtlichen Maßnahmen, welche bei Verstoß sogar mit einer Haftstrafe des Betroffenen bewährt sein können, auch die Suspendierung[43] von Corporate Officern oder Direktoren verfolgt werden.[44]

Nach Abschluss der Ermittlungen stehen der SEC mehrere Vorgehensweisen, auch kumulativ, zur Verfügung. Sie kann verwaltungsrechtliche oder gerichtliche Unterlassungsverfahren einleiten, dem Departement of Justice (DOJ) eine strafrechtliche Verfolgung empfehlen – wobei Verfahren wegen Verstößen gegen US-amerikanische Wertpapiergesetze nur vom DOJ auf eigene Initiative oder auf Empfehlung der SEC eingeleitet werden können[45] -, oder den Vorfall an die National Association of Securities Dealers (NASD) mit Blick auf ein Disziplinarverfahren weiterleiten.[46] Zuletzt besteht natürlich für die Anleger die Möglichkeit (Aktionärs-)Klage auf Schadensersatz zu erheben.

---

40 Nach Ermittlung möglicher Verletzungen von Security Laws spricht die Division of Enforcement eine Empfehlung an die Kommission aus, den Vorgang entweder vor Gericht zu bringen oder über einen Vergleich mit dem Unternehmen zu verhandeln.

41 Wehnert, in: Festschrift für Egon Müller, S. 729 (735).

42 Wehnert, in: Festschrift für Egon Müller, S. 729 (735).

43 Vgl. 15 U.S.C. § 77t(e).

44 Wehnert, in: Festschrift für Egon Müller, S. 729 (735).

45 Die Praxis hat deutlich gemacht, dass das DOJ grundsätzlich erst tätig wird, wenn es durch die SEC zwecks Strafverfolgung eingeschaltet wird. Der SEC steht es aber weiterhin frei, parallel zivilrechtliche Sanktionen zu verfolgen; vgl Wehnert, in: Festschrift für Egon Müller, S. 729 (731 f).

46 Vgl. Senderowitz/Ugarte/Cortez, wistra 2008, 281 (282); siehe auch 17 C.F.R. § 202.5(b).

Die SEC kann neben der einstweiligen Verfügung, die die Einhaltung der Gesetze verlangt, auch die Anordnung zur „Einstellung“[47] weiterer untersagter Handlungen beantragen.

Bei nicht unbeachtlichen Verstößen wird die SEC insbesondere eine gerichtliche Anordnung auf Herausgabe von Prämien und Gewinnen oder Zahlung von (zivilrechtlichen) Bußgeldern, zwischen 5.000 und 100.000 USD pro Verstoß für natürliche Personen und zwischen 50.000 und 500.000 USD pro Verstoß für Unternehmen[48], beantragen.[49]

4. Internationale SEC-Verfahren

Um die Regeldurchsetzung zu erleichtern, hat die SEC sog. Abkommen über den Austausch von Informationen mit Aufsichtsbehörden in Drittstaaten abgeschlossen. Man spricht von sog. Memoranda of Understanding („MOU“) – eine sog. multilaterale Absichtserklärung -, die der SEC die Informationsgewinnung weltweit, darunter auch in der Bundesrepublik Deutschland, ermöglichen bzw. wesentlich vereinfachen.[50] Während die SEC im Jahre 2002 eines der ersten globalen Abkommen unterzeichnete, das von der International Organization of Securities Commissions (IOSCO) verfasst wurde und Bestimmungen zum Informationsaustausch für Ermittlungszwecke zur Durchsetzung von Gesetzen beinhaltet, schlossen SEC und BRD am 17.10.1997 und am 26.4.2007 zwei weitere MOUs ab, zuletzt das sog. Memorandum of Understanding Concerning Consultation, Cooperation and the Exchange of Information Related to Market Oversight and the Supervision of Financial Services Firms (2007)[51].

In einem internationalen Wertpapierverfahren, in welchem US-Behörden gegen ausländische Unternehmen und deren Führungskräfte ermitteln, treten rechtliche Fragen auf, die trotz oben genannter MOUs einer besonderen Berücksichtigung bedürfen. Bei SEC-Verfahren muss zuerst geprüft werden, ob die Börsenaufsicht überhaupt für das ausländische Unternehmen und für die geltend gemachten Ansprüche zuständig ist und ob die Klage der SEC vor einem amerikanischen Gericht nicht abzuweisen ist, weil für deren Verfolgung im Inland des

47 Das Rechtsmittel der Anordnung zur Einstellung ist zwar schneller zu erlangen, jedoch kann ein Verstoß gegen diese Anordnung nicht strafrechtlich verfolgt werden.

48 Vgl. 15 U.S.C. § 77t(d)(2).

49 Vgl. nur Senderowitz/Ugarte/Cortez, wistra 2008, 281 (282).

50 Vgl. nur Senderowitz/Ugarte/Cortez, wistra 2008, 281 (282).

51 Vgl. unter: http://www.sec.goc/about/offices/oia/oia-bilateral/germany_regcoop.pdf.

Unternehmens ein einfacheres Forum existiert.[52] Eine weitere strategische Überlegung betrifft das Bestehen etwaiger Vorschriften, welche die Offenlegung von bestimmten Informationen in der ausländischen Rechtsordnung verbieten und folglich dem Vorgehen der SEC widersprechen[53]; Ausführungen zu Kollisionen mit der deutschen Jurisdiktion, insbesondere mit Blick auf mögliche Gesetzesverstöße bei Privatermittlungen und rechtliche Grenzen von Datenübermittlungen siehe ausführlich in Kapitel 7, II und 10.

SEC-Ermittlungen schaffen nicht nur wirtschaftliche Risiken aufgrund einer straf- und zivilrechtlichen Haftung in den USA, sondern das Unternehmen muss bei der Erarbeitung einer Strategie hinsichtlich einer etwaigen Zusammenarbeit mit den US-Behörden ferner bedenken, dass auch eine Haftung des Unternehmens im Rahmen des Rechts der Ordnungswidrigkeiten und vor allem eine strafrechtliche Verfolgung der Mitarbeiter nach deutschem Recht droht (zu den Auswirkungen von SEC-Verfahren mit Blick auf die beschuldigten Mitarbeiter im deutschen Strafprozess als Schwerpunkt dieser Arbeit siehe unten Kap. 5 bis 8). Gegen eine unbedingte Kooperation sprechen bereits die zahlreichen Rechte des ausländischen Unternehmens nach US-Wertpapiergesetzen (vgl. unten III.2), namentlich das Aussageverweigerungsrecht natürlicher Personen und der Anspruch auf Rechtsbeistand, die Gefahr der Umgehung deutscher rechtsstaatlicher Mindeststandards insbesondere bei SEC-Vernehmungen von Mitarbeitern und der durch umfassende Aufklärung des Sachverhalts entstehende in- und ausländische Rufschaden[54] des Unternehmens.

Warum deutsche Unternehmen trotz dieser Aspekte mit SEC und DOJ uneingeschränkt kooperieren, stellt eine andere, unter Kap. 5, I.1 behandelte Thematik dar (vgl. auch schon ansatzweise unmittelbar III.1).

III. Rechte und Schutzmechanismen deutscher Unternehmen im Zusammenhang mit SEC-Ermittlungen

1. Interne Ermittlungen

Unter unternehmensinternen Ermittlungen versteht man eine „Untersuchung, die bei Verdacht eines Verstoßes gegen bestehende Gesetze oder sonstige Regeln in

52 Vgl. hierzu Edward F. Greene et al., U.S. Regulation of the International Securities and Derivatives Markets, 2006 (CCH), §§ 15.10[1]-[3].

53 Vgl. Edward F. Greene et al., a.a.O. § 15.10[4][c].

54 Senderowitz/Ugarte/Cortez, wistra 2008, 281 (285).

der Regel durch externe Berater, in aller Regel Rechtsanwälte, die zum Teil durch Wirtschaftsprüfer unterstützt werden, durchgeführt wird und typischerweise in Zusammenhang mit (drohenden) staatlichen Verfahren wegen der genannten Regelverletzungen steht – während es bei Compliance Maßnahmen im Kern darum geht, Risiken aufgrund von Rechtsverletzungen im Vorfeld, also durch *Prävention*, zu vermeiden, handelt es sich bei den Internal Investigations um eine spezifische Art der *Reaktion* auf Regelverstöße mit dem Ziel, die damit möglicherweise verbundenen Folgen zu begrenzen".[55]

Einen solchen Schutzmechanismus sieht das deutsche Recht beispielsweise in § 7 Korruptionsbekämpfungsgesetz NRW vor. Sollte das Unternehmen den Sachverhalt nicht freiwillig und ausreichend aufarbeiten, so droht eine Eintragung auf einer sog. „black list" mit der Folge eines Ausschlusses von öffentlichen Aufträgen bis zu 5 Jahren. Eine sog. „Selbstreinigung" kann dies jedoch verhindern.

Des Weiteren wird das Unternehmen gemäß § 7 VOL zur Aufklärung von Preisabsprachen angehalten.

Erfolgt seitens des Unternehmens nicht der Exkulpationsbeweis dafür, dass die unzulässigen Absprachen bei Bieterverfahren kein strukturelles, also unternehmensimmanentes Problem, sondern lediglich Verfehlungen Einzelner sind, droht dem Unternehmen der Ausschluss vom Bieterverfahren.[56]

a. Die Entwicklung der Verwaltungspraxis der SEC

Im Laufe der 1960er Jahre wurde die unternehmensseitige Durchführung von internen Untersuchungen im Falle von vermuteten Unregelmäßigkeiten zur (Neben-)Auflage gemacht, wobei entsprechende Anregungen meistens von den betroffenen Unternehmen ausgingen, um weitreichende Aufsichtsmaßnahmen der SEC zu vermeiden.[57] Bereits in den 70er Jahren gehörte eine solche Anordnung seitens der US-Börsenaufsicht zur Standardauflage. Allerdings wurden im Hinblick auf das „Wie" der Internal Investigation spezifische Vorgaben gemacht, insbesondere wurden die einzusetzenden Ermittler von der Behörde bestimmt. Es dauerte nicht lange bis US-Gesellschaften im Verdachtsfall begannen selbständig interne Ermittlungen durchzuführen und ihre Ergebnisse an die SEC weiter zu leiten, da im Gegenzug mildere Strafen und ein Verzicht auf staatliche

---

55 Behrens, RIW 2009, 22 (22).

56 Zum „Selbstreinigungsgebot" nach deutschem Recht vgl. Wehnert, in: Verhandlungen des 67. DJT 2008, Band II/2, Teil L, S. 157 (158).

57 Behrens, RIW 2009, 22 (24).

Nachforschungen und Zwangsmaßnahmen von der SEC in Aussicht gestellt wurden, wobei die mangelnden Ressourcen der Behörden in Zeiten der Aufklärung der Watergate-Affäre, in welche eine Reihe von US-Unternehmen (mit-) verwickelt war, sicherlich dazu beigetragen haben.[58]

Am 23.10.2001 veröffentlichte die SEC im sog. Leon-Meredith-Report – der ein Rundschreiben über die zukünftige Verwaltungspraxis der Börsenaufsicht darstellt -, welche Kriterien bei der (Ermessens-)Entscheidung, ob überhaupt ein offizielles Enforcement-Verfahren stattfindet, und ggf. welche Sanktionen beantragt werden, zu berücksichtigen sind.[59] Neben der Schwere von Verstößen und der Verbreitung der Rechtsverletzung im Unternehmen sowie der vorliegenden Compliance-Maßnahmen wurde die Durchführung von internen Ermittlungen des Unternehmens hervorgehoben, wobei zwischen angestellten und externen Anwälten als Untersuchungspersonen zu differenzieren sei. Auch sollten die ermittelnden Anwälte nicht gleichzeitig aus der „Vertrauenskanzlei" des Unternehmens stammen, sondern neutral sein. Des Weiteren müssen die unternehmenseigenen Ergebnisse uneingeschränkt an die SEC übermittelt werden.

b. Auswirkungen auf (drohende) Verfahren in den USA

Die Durchführung von internen Ermittlungen auf eigene Initiative des Unternehmens – am besten noch bevor die SEC mit ihren Ermittlungen beginnt[60] - stellt heute eines der wichtigsten Kriterien für die Börsenaufsicht dar, ob sie ein formelles Verfahren gegen das Unternehmen oder dessen Führungskräfte einleiten oder hiervon aufgrund der freiwilligen Zusammenarbeit absehen wird.[61] Eine solche Kooperation des Unternehmens mit der SEC ist regelmäßig Teil des informellen Ermittlungsverfahrens, kann aber auch neben einer förmlichen Untersuchung stattfinden[62].

Diese unternehmenseigenen Untersuchungen werden nicht durch SEC-Beamte geführt, sondern durch im Auftrag des Unternehmens (und auf dessen Kosten) zwischengeschaltete US-amerikanische Anwaltskanzleien ausgeführt; durch diese „Übertragung" sollen offizielle Ermittlungen der Division of Enfor-

---

58 Behrens, RIW 2009, 22 (25).

59 Siehe unter http://www.sec.gov/litigation/investreport/34-44969.htm.

60 Vgl. nur Senderowitz/Ugarte/Cortez, wistra 2008, 281 (283).

61 Vgl. Report of Investigation Pursuant to Section 21(a) of the Securities Exchange Act of 1934 and Commission Statement on the Relationship of Cooperation to Agency Enforcement Decisions, Exchange Act Release No. 34-44969, 2001 WL 1301408 (23. Okt. 2001), http://www.sec.gov/litigation/investreport/34-44969.htm.

62 So im Fall SEC v. Siemens – siehe Jahn, StV 2009, 41 (41) bei 2.a).

cement abgekürzt oder insgesamt ersetzt werden.[63] Die US-Anwälte übermitteln der SEC (und auch dem DOJ) die Untersuchungsergebnisse mittels PowerPoint-Präsentation, während die SEC selbst häufig nur Stichproben zur Verifizierung vornimmt.[64]

Deckt die SEC einen möglichen Straftatbestand auf, wird der gesamte Sachverhalt entweder an das Departement of Justice (DOJ) vorgelegt oder sogar eine gemeinsame Ermittlung in Gang gesetzt.

Gemäß der sog. „Principles of Federal Prosecution of Business Organizations" sind interne Ermittlungen auch bei der (späteren) Entscheidung des DOJ, ob eine (strafrechtliche) Klage zu erheben ist oder der Weg über die Vereinbarung einer „zurückgestellten Anklage" (Deffered Prosecution Agreement) gegangen werden kann, zu berücksichtigen.[65] In den USA kann auch auf strafrechtlicher Ebene ein strafrechtlich relevantes Verhalten von Mitarbeitern grundsätzlich der juristischen Person zugerechnet werden.

Das öffentliche Interesse an einer Anklageerhebung durch das DOJ kann beispielsweise durch eine Einigung zwischen SEC und Unternehmen im Rahmen einer Cease-and-Desist-Order beseitigt werden.[66] Regelmäßig verpflichtet sich das Unternehmen nicht nur zu Vergleichszahlungen in Millionenhöhe, sondern auch zu „Investitionen" zur Entwicklung verbesserter Corporate Compliance Programme, zu Mitarbeiterentlassungen[67], zu internen Umstrukturierungen, zur Auswechselung des Abschlussprüfers und zu einer ausschließlichen Offenlegung der internen Ermittlungsergebnisse an die staatlichen Behörden.[68] Allerdings muss das Unternehmen hinsichtlich der Erwartungen der SEC auf die Einschätzung der mandatierten US-Anwälte vertrauen.

---

63 Vgl. Wehnert, in: Fetschrift für Egon Müller, S. 729 (736).

64 Vgl. Wehnert, in: Festschrift für Egon Müller, S. 729 (736 f.).

65 Vgl. hierzu das McNulty Memorandum, insbesondere Kriterium Ziffer 4., http://www.usdoj.gov/dag/speeches/2006/mcnulty_memo.pdf; vgl. auch Wehnert, in: Festschrift StrauBRAK, S. 175 (179 f).

66 Wehnert, in: Festschrift für Egon Müller, S. 729 (736).

67 Die Erwartungen der SEC an eine Unternehmenskooperation haben zur Folge, dass einzelne Mitarbeiter im Vorgriff auf eine justizförmige Bewertung durch ein deutsches Arbeitsgericht, und im Vorgriff auf eine SEC-Entscheidung arbeitsrechtlich bzw. aktienrechtlich belangt werden. Aufgrund der erhofften „Credits" werden weitreichende Unternehmensentscheidungen getroffen, die womöglich nach nationalem Recht nicht begründete Disziplinarmaßnahmen darstellen (vgl. nur Wehnert, in: Fetschrift für Egon Müller, S. 729 (737)).

68 Vgl. Wehnert, in: Festschrift für Egon Müller, S. 729 (736).

Internal Investigations können nicht nur zu einem Vergleich mit der SEC oder zu einer Einschränkung der SEC-Ermittlungen führen, sondern auch entlastende Beweise in zweierlei Richtungen hervorbringen.[69] Entweder Beweise zugunsten des Unternehmens und der Beschuldigten, die die Tatvorwürfe entkräften können oder lediglich zugunsten des Unternehmens, die darauf hindeuten, dass das Unternehmen verantwortungsvoll gehandelt hat und bereits über ein funktionelles Compliance-Programm verfügt. Letztere Beweise wirken sich zumindest auf die Unternehmensstrafen positiv aus.[70]

Die durch Einleitung der internen Untersuchungen erwiesene Kooperation an sich wird bereits bei der Strafzumessung strafmildernd berücksichtigt, wobei die Beauftragung eines externen Anwalts, der regelmäßig unabhängiger als ein hausinterner Jurist ermittelt, von der SEC höher angerechnet wird[71] und dem Unternehmen bei Verhandlungen mit der SEC auch im Allgemeinen von Vorteil ist[72], zumal ein deutscher (Haus-)Jurist nicht über detaillierte Kenntnisse auf dem Gebiet des US-Wertpapierrechts verfügen wird. Auch bleiben die Untersuchungsergebnisse des auswärtigen Anwalts aufgrund der work-product doctrine bzw. wegen des allgemein anerkannten Anwaltsgeheimnisses (attorney-client privilege) geschützt. Der US-amerikanische Gegenanwalt der SEC (der Klägerin in einem möglichen US-Zivilprozess) kann die Einsichtnahme in die Akten des mit den internen Ermittlungen beauftragten Anwalts nicht erzwingen.[73] Allerdings wirkt sich eine spätere freiwillige Offenlegung der Ermittlungsergebnisse gegenüber der SEC, mittels einer Entbindung von der anwaltlichen Schweigepflicht („waiver“) durch das Unternehmen, wiederum bei der Beurteilung der Kooperation und demnach auch bei der Bemessung der Strafrabatte ausschließlich zugunsten des Unternehmens aus.[74] Früher musste die Gesellschaft alles offenbaren, um keinen Kooperationsbonusverlust befürchten zu müssen, was jedoch eine Aushöhlung des „attorney-client privilege“ bedeutete (zu den Entwicklungen im Zusammenhang mit den DOJ-Richtlinien zur Strafverfolgung von Unternehmen vgl. noch ausführlich Kapitel 5, I.1 und Kapitel 9, III).

---

69 Vgl. hierzu Robert S. Bennett et al., Internal Investigations and the Defense of Corporations in the Sarbanes-Oxley Era, 62 Bus. Law. (2006), 55 (58-60).

70 A.a.O. bei 59-60.

71 Vgl. nur Senderowitz/Ugarte/Cortez, wistra 2008, 281 (283).

72 Vgl. hierzu Robert S. Bennett et al., Internal Investigations and the Defense of Corporations in the Sarbanes-Oxley Era, 62 Bus. Law. (2006), 55 (62-64).

73 A.a.O. bei 63-64.

74 A.a.O. bei 65-87; zur Aufgabe des Attorney-Client Privilege vgl. Wehnert, in: Festschrift StrauBRAK, S. 175 (180).

2. (Verteidigungs-)Rechte nach US-amerikanischen Wertpapiergesetzen

Die US-amerikanische Wertpapiergesetzgebung räumt den von den SEC-Ermittlungen betroffenen Unternehmen eine Reihe von Rechten ein, wobei zwischen informellen und formellen Verfahren zu unterscheiden ist.

Im Falle einer formellen Ermittlung, wenn Unterlagen bzw. Aussagen im Wege einer zwangsweisen Durchsetzung verlangt werden, hat das Unternehmen einen Anspruch auf Einsichtnahme in die Verfügung der SEC zur Einleitung des Ermittlungsverfahrens.[75]

Des Weiteren kann der Betroffene, noch bevor die Durchsetzung des Verfahrens bewilligt wird, gegenüber der SEC seine Ansichten in Form von Tatsachen- und Rechtsvorträgen darlegen,[76] wobei die im Rahmen sog. „Wells submissions“ eingereichten Mitteilungen oder Unterlagen nicht mehr vom Anwaltsgeheimnis geschützt sind[77]. Folglich kann die SEC diese Stellungnahmen als Geständnis verwenden bzw. die Anklage auf diese Angaben stützen.[78]

Wenn beispielsweise ein persönliches Erscheinen des Betroffenen vor der SEC angeordnet wird, besteht jederzeit der Anspruch auf einen Rechtbeistand, sei es durch Beratung oder Begleitung im Aussagefall.[79] Falls das formelle Ermittlungsverfahren öffentlich ist, besteht zudem das Recht gegnerische Zeugen ins Kreuzverhör zu nehmen und Gegenbeweise vorzulegen.[80] Zudem kann eine Kopie oder Einsicht in das Protokoll der eigenen Vernehmung, mit Ausnahme der nicht-öffentlichen Verfahren, beantragt werden.[81]

Sobald die Ermittlungen abgeschlossen sind und die SEC die Entscheidung trifft, ein gerichtliches Verfahren einzuleiten, haben die Betroffenen das Recht, die im Rahmen der Ermittlungen erstellten und erlangten Unterlagen, namentlich alle schriftlichen Aufforderungen zur Vorlage von Unterlagen oder zur Aussage, Vorladungen, Protokolle, vorgelegten Unterlagen und sonstige Unterlagen, die von Hilfspersonen der SEC erlangt wurden sowie als Beweis oder lediglich

---

75 Siehe 17 C.F.R. § 203.7(a); Die Verfügung wird dem Unternehmen bzw. der Geschäftsleitung nicht automatisch zugestellt, vgl. Louis Loss & Joel Seligman, Fundamentals of Securities Regulation, 2007 (CCH), 1397.

76 Siehe 17 C.F.R. § 202.5(c).

77 James Hamilton & Ted Trautmann, Responsibilities of Corporate Officers and Directors Under Federal Securities Law, 2007/2008 (CCH), § 802, bei 206.

78 Vgl. Senderowitz/Ugarte/Cortez, wistra 2008, 281 (284).

79 Siehe 17 C.F.R. §§ 203.7(b), (c).

80 Siehe 17 C.F.R. § 203.7(d).

81 Siehe 17 C.F.R. § 203.6.

als Gedächtnisstütze dienenden abschließenden Untersuchungs- oder Prüfberichte, einzusehen.[82] Ausgenommen sind interne Mitteilungen der SEC, Unterlagen, die dem Anwaltsgeheimnis bzw. der Work-Product Doctrine unterliegen oder ausgenommene Untersuchungs- oder Prüfberichte, die seitens der SEC nicht als Beweisunterlagen aufgenommen werden, aber auch solche, die die Identität einer geheimen Quelle offenlegen würden oder deren Einbehaltung durch das erstinstanzliche Gericht wegen Unerheblichkeit erlaubt wird.[83]

Zuletzt hat der Betroffene das Recht von seinem im Fifth Amendment der US-amerikanischen Verfassung verankerten Aussageverweigerungsrecht Gebrauch zu machen.[84] Zu beachten ist allerdings, dass dieses Recht lediglich natürliche Personen und Einzelfirmen, nicht aber Kapital- oder Personengesellschaften schützt, da es persönlicher Natur ist und dass es unabhängig von der jeweiligen Staatsbürgerschaft des Betroffenen Anwendung findet.[85] Ein leitender Angestellter, dem grundsätzlich das Privileg aus dem Fifth Amendment zusteht[86], kann daher die Vorlage von Unterlagen des Unternehmens nicht verweigern, weil diese nicht persönlich, sondern vielmehr der Unternehmenstätigkeit zuzuordnen sind.[87] Allerdings kann im Einzelfall eine Angabe im Rahmen der Erörterung von Unternehmensunterlagen oder etwa die Preisgabe des Verwahrungsortes von Unterlagen dann verweigert werden, wenn eine diesbezügliche Aussage den Geschäftsführer in die Gefahr brächte, sich durch diese Offenbarung selbst zu belasten.[88] Oftmals wird daher ein zum strafrechtlichen Verfahren parallel laufendes Zivilverfahren vom Gericht ausgesetzt, um ein Unterlaufen der Aussageverweigerungsrechte mittels falscher Darstellungen hinsichtlich der Art und des Bestehens parallel laufender Verfahren zu vermeiden.[89]

---

82 Siehe 17 C.F.R. § 201.230(a).

83 Siehe 17 C.F.R. § 201.230(b)(1).

84 U.S. Constitution Amendment V („Keine Person ... darf gezwungen werden, in strafrechtlichen Verfahren als Zeuge gegen sich selbst aufzutreten ...“).

85 Vgl. Senderowitz/Ugarte/Cortez, wistra 2008, 281 (284).

86 So SEC v. Benson, No. 84 Civ. 2262, 1985 WL 1308, bei 2* (S.D.N.Y. April 9, 1985).

87 Vgl. Kingsley, 510F. Supp at 563.

88 So Curcio v. United States, 354U.S. 118, 125 (1957) („den Verwahrer zu zwingen, eine mündliche Aussage zum Aufbewahrungsort von nicht vorgelegten Unterlagen zu machen, zwingt ihn, den Inhalt seiner Gedanken offen zu legen. Damit kann er gezwungen sein, sich selbst zu verurteilen.“).

89 Vgl. SEC v. Dresser Indus., Inc., 628 f.2d 1368, 1375-1377 (D.C. Cir. 1980).

IV. Ein Vergleich mit den Ermittlungsbefugnissen und Zuständigkeiten der Bundesanstalt für Finanzdienstleistungsaufsicht (BaFin)

Die formellen SEC-Ermittlungen (ohne Unternehmenskooperation) weisen zahlreiche Parallelen zu den Ermittlungsbefugnissen der BaFin gemäß WpHG auf.

§ 4 WpHG stellt die „Generalbefugnisnorm für die Aufgaben und Befugnisse" der deutschen Bundesanstalt für Finanzdienstleistungsaufsicht (BaFin) dar. Diese hat Missständen entgegenzuwirken, welche die ordnungsgemäße Durchführung des Handels mit Finanzinstrumenten oder von Wertpapierdienstleistungen oder Wertpapiernebendienstleistungen beeinträchtigen oder erhebliche Nachteile für den Finanzmarkt bewirken können (vgl. § 4 I S. 2 WpHG). Nach Auffassung des BVerwG begründet ein Verstoß gegen zwingende Vorschriften des WpHG regelmäßig einen solchen Missstand.[90]

§ 4 II WpHG nennt die Überwachung der Einhaltung der Verbote und Gebote des WpHG als Aufgabe der BaFin und gibt ihr die Befugnis, die zur Durchsetzung der Ge- und Verbote geeigneten und erforderlichen Anforderungen zu treffen.

Nach § 4 III WpHG kann die BaFin von jedermann Auskünfte, die Vorlage von Unterlagen und die Überlassung von Kopien verlangen sowie Personen in eigener Verantwortung laden und vernehmen, soweit dies aufgrund von Anhaltspunkten für die Überwachung der Einhaltung eines Verbots oder Gebots erforderlich ist.

Bedenklich erscheint bereits die Bußgeldandrohung in § 39 III Nr. 1 lit. a WpHG, weil darin ein Zwang zur Selbstbelastung liegen kann.

Der von § 4 III S. 1 WpHG geforderte Verdachtsgrad liegt unterhalb der Schwelle des strafprozessualen Anfangsverdachts im Sinne von § 152 II StPO. Resultieren aus der Untersuchung der Anhaltspunkte zureichende tatsächliche Anhaltspunkte für das Vorliegen einer Straftat nach § 38 WpHG, besteht eine (unverzügliche) Anzeigepflicht der BaFin gegenüber der zuständigen Staatsanwaltschaft gemäß § 4 V S. 1 WpHG.[91] Insbesondere verdeutlicht § 4 V S. 3 WpHG, dass (nur) die Staatsanwaltschaft über die Vornahme der Ermittlungsmaßnahmen, namentlich über Durchsuchungen, nach den Vorschriften der StPO entscheidet.

---

90 Vgl. BVerwGE 123, 203 ff.

91 Vgl. Schröder, HdB Kapitalmarktstrafrecht, 2010, Rn. 752.

Während die SEC ihre eigenen Ermittlungen durchführt und den Betroffenen durch ihre Commission Final Rules (C.F.R.) (Verteidigungs-)Rechte verleiht, soll diese Anzeigepflicht nach § 4 V S. 1 WpHG sicherstellen, dass die einem Beschuldigten zustehenden Rechte nach den Vorschriften der StPO zur Anwendung kommen bzw. nicht umgangen werden können. Die Staatsanwaltschaft soll auch im Bereich des Kapitalmarktstrafrechts Herrin des Ermittlungsverfahrens bleiben.

Nach § 4 III S. 3 WpHG gelten zwar alle gesetzlichen Auskunft- oder Aussageverweigerungsrechte und Verschwiegenheitspflichten, insbesondere muss die natürliche Person gemäß § 4 IX WpHG keine Auskunft erteilen. Dennoch ist zu untersuchen, ob und wie die Selbstbelastungsfreiheit des Beschuldigten im Strafverfahren über § 4 III S. 3 WpHG zur Geltung kommt, was insbesondere im Rahmen einer Vorlage von Unterlagen relevant wird.

Eine Konfliktlage entsteht wegen § 4 IX WpHG lediglich bei gesetzlichen Vertretern einer juristischen Person. Nach Auffassung des BVerfG[92] können sich juristische Personen nicht auf die Zwangslage bei Selbstbezichtigungsgefahr berufen, so dass ein angestelltes Organmitglied einem Auskunftsbegehren eigentlich nachkommen muss. Letztlich ist entscheidend, ob bei dem zur Handlung Verpflichteten eine innere Zwangslage entsteht, indem er Beweismittel gegen sich selbst liefern muss (vgl. ausführlich Kap. 7, III).

Der Adressat der Verfügung darf die Vorlage lediglich verweigern, wenn Aufsichts- und Bußgeld- oder Strafverfahren parallel geführt werden, weil § 4 III S. 3 WpHG allgemein Mitwirkungsverweigerungsrechte erfasse.[93] Läuft noch kein Straf- oder Bußgeldverfahren parallel, kann § 4 IX WpHG auf Vorlageersuchen nicht analog angewendet werden. Die (bewusste) Differenzierung zwischen den verschiedenen Mitwirkungsarten in § 4 III S. 3 und § 4 IX WpHG, zeigt, dass keine planwidrige Regelungslücke vorliegt.

Festzustellen ist aber, dass ein Vorlageersuchen nicht dazu verpflichtet, ein Beweismittel gegen sich selbst zu schaffen, sondern etwas vorzulegen, was es ohnehin schon gibt und im Rahmen einer strafprozessualen Durchsuchung oder Beschlagnahme erlangt werden kann.

Die (Gefahr der) Selbstbelastung liege aber in dem „Realakt“ der Vorlage - diese Ansicht soll eine Umgehungsmöglichkeit strafprozessualer Grundsätze verhindern,[94] zumal der Beschuldigte nichts zu seiner Überführung beizutragen

---

92 BVerfGE 95, 220 = JZ 1998, 300.

93 Vgl. Schröder, HdB Kapitalmarktstrafrecht, 2010, Rn. 743.

94 Vgl. Schröder, HdB Kapitalmarktstrafrecht, 2010, Rn. 743b.

braucht und daher von der Herausgabepflicht nach § 95 I StPO befreit wird.[95] Auch ändert das öffentliche Interesse an einer funktionierenden Aufsicht über die Kapitalmärkte nichts daran, dass für die Verfolgung von kapitalmarktrechtlichen Straftaten und Ordnungswidrigkeiten das Verfahrensrecht nach OWiG und StPO greift.

Dennoch sieht die höchstrichterliche Rechtsprechung zu verwaltungsrechtlichen Vorlagepflichten den Kern der Selbstbelastungsfreiheit auf einen Zwang zur Aussage beschränkt[96], während im Rahmen der Verhältnismäßigkeit ein nicht funktionierendes Aufsichtsrecht nicht hingenommen wird.[97]

Die BaFin bewegt sich jedenfalls dann im falschen Verfahren und muss vielmehr bußgeldrechtlich vorgehen, wenn ein bestimmter Tatverdacht, insbesondere bei zurückliegenden Verbotsverstößen nach §§ 14, 20a WpHG, gegeben ist.[98] Parallele Nachforschungen der BaFin dürfen keine Erweiterung der strafprozessualen Eingriffsrechte ermöglichen, wenn der strafverfahrensrechtliche Zugriff, namentlich wegen der Notwendigkeit eines Durchsuchungsbeschlusses, nicht ohne Weiteres möglich ist.[99]

Im Gegensatz zum US-amerikanischen SEC-Verfahren existiert die Möglichkeit einer strafmildernden Unternehmenskooperation im Rahmen eines kapitalmarktrechtlichen Ermittlungsverfahrens der BaFin nicht. Zumindest gibt es keine entsprechenden Richtlinien wie in den USA. Lediglich die §§ 9, 10 WpHG sehen eine Art von prozessualer Zuarbeit Privater vor, wonach eine Meldepflicht von Transaktionsdaten und eine Anzeigepflicht von Verdachtsfällen statuiert wird.[100]

Wird gegen die juristische Person beispielsweise ein Bußgeldverfahren nach § 30 OWiG i.V.m. § 88 I, II OWiG eingeleitet, kann sich eine interne Aufklärung dennoch als Milderungsgrund bei der Zumessung der Bußgeldhöhe niederschlagen.

Festzuhalten ist, dass das Verfahrensrecht nach WpHG den beschuldigten bzw. betroffenen Arbeitnehmer/ Mitarbeiter mit Blick auf den späteren/ paralle-

---

95 Vgl. Meyer-Goßner, Kommentar StPO, § 95 Rn. 5.

96 BVerfG, NStZ 1993, 482.

97 BVerfGE 55, 144 ff.; BVerwG, NVwZ 1984, 376.

98 Vgl. Schröder, HdB Kapitalmarktstrafrecht, 2010, Rn. 743d.

99 Vgl. Schröder, HdB Kapitalmarktstrafrecht, 2010, Rn. 744.

100 Vgl. Schröder, HdB Kapitalmarktstrafrecht, 2010, Rn. 716.

len Strafprozess ausreichend schützt. Dies ist im Rahmen von formellen SEC-Verfahren nicht anders.

Die nachfolgende Problematik der freiwilligen Aufklärung zu eigenen Lasten durch unternehmensinterne Ermittlungen (als Reaktion auf die Einleitung einer SEC-Untersuchung) ist vielmehr auf einen „rechtsfreien Raum“ für Sonderermittlungen zurückzuführen, die nach Strafprozessrecht als Privatermittlungen zu qualifizieren sind und zu Konflikten führen.

Zweites Kapitel: Der Foreign Corrupt Practices Act

Der Foreign Corrupt Practices Act 1977 (FCPA) stellt in erster Linie die gesetzliche Grundlage für SEC-Untersuchungen dar, wobei neben US-amerikanischen Unternehmen auch ausländische Emittenten betroffen sind. Die „Anti-Bribery Provisions" sind Korruptionsverbote, welche die Bestechung von Amtsträgern (Beeinflussung einer Diensthandlung) außerhalb der USA sowie jegliche Gewährung von Vorteilen an ausländische Amtsträger (direkte oder indirekte Zuwendung für die Diensthandlung) unter Strafe stellen.

Die Strafbarkeit der Angestelltenbestechung hingegen ergibt sich nur aus den allgemeinen bundesgesetzlichen Vorschriften zu „mail fraud" und „wire fraud", die weit verstanden werden, wenn das Recht einer Person auf eine ehrliche Leistung verletzt wird und die Tatbeteiligten die amerikanischen Post- und Fernmeldeeinrichtungen benutzt haben.[101]

Die „Books and Records Provisions" bilden Buchführungspflichten, wonach Unregelmäßigkeiten zu Gunsten der Transparenz für Aktionäre sanktioniert werden, zumal eine Schmiergeldzahlung in der Bilanz falsch/verschleiert oder überhaupt nicht verbucht wird.

I. Ein Überblick über die relevanten Vorschriften

Während die SEC ausschließlich für zivilrechtliche Verfahren gegen Aktienemittenten zuständig ist, werden alle strafrechtlichen und sonstigen zivilrechtlichen Verfahren durch das Justizministerium DOJ eingeleitet. Primär wird ein außergerichtlicher Vergleich angestrebt, bevor SEC oder DOJ vor dem zuständigen District Court Klage bzw. Anklage erheben.

1. Die Bestechungsvorschriften

Neben „domestic concerns" und „U.S. persons" sind alle an einer US-amerikanischen Börse notierten Aktienemittenten Adressaten der Bestechungsvorschriften (vgl. 15 U.S.C. §§ 78dd-1(a), 78dd-1(g), 78dd-2(a), 78dd-2(i), 78dd-3(a), 78dd-3(f)(1)). Emittenten sind alle Unternehmen, die gemäß § 78 l an

101 Bannenberg, in: Wabnitz/Janovsky, Handbuch des Wirtschafts- und Steuerstrafrechts, 2007, 10. Kapitel Rn. 141.

einer US-Börse notiert sind oder gemäß § 78o(d) gewissen Informationspflichten im Vorfeld der Notierung unterliegen.

Nach dem FCPA ist des Weiteren jedermann haftbar, der sich auf US-Territorium wirtschaftlich betätigt (15 U.S.C. § 78dd-3(a)), so dass zum Teil auch Handlungen von ausländischen Tochtergesellschaften, die (eigentlich) nicht unter den FCPA fallen und deren Geschäftstätigkeit als eigenverantwortlich qualifiziert werden kann, der Konzernmutter zugerechnet werden können, um bewusstes korruptionsrelevantes Verhalten zu unterbinden.[102]

Erwähnenswert im Zusammenhang mit dem Adressatenkreis der Bestechungsverbote ist noch die Entscheidung *SEC v. Montedison, S.p.A.*, wonach ausländische Unternehmen, die sich auf dem US-Kapitalmarkt Finanzmittel beschaffen, ebenfalls vom FCPA betroffen sind, selbst wenn sich ihr Hauptgeschäftssitz im Herkunftsland befindet. Die italienische Gesellschaft wurde als Emittent angesehen, obwohl die Schmiergelder lediglich innerhalb Italiens gezahlt und gleichzeitig „depository receipts" an einer US-Börse gehandelt wurden.[103]

Während die §§ 331-334 StGB sowohl die Geber- als auch die Nehmerseite erfassen, wird durch den FCPA lediglich die Geberseite sanktioniert.

15 U.S.C. § 78dd-1(a)(1)-(3) hat jede fördernde Handlung im Blick, die auf eine Zahlung, ein Angebot, ein Versprechen oder ein Bereitstellen eines Geldbetrages bzw. eines sonstigen Vorteils abzielt, um durch die Hilfe eines „foreign officials" ein vorteilhaftes Geschäft abschließen zu können, wobei die Leistung auch an einen zur Weiterleitung bereiten Dritten erfolgen kann – es genügt, dass der Empfänger dazu verleitet wird, seinen Einfluss auf eine amtsbezogene Handlung auszuüben.[104] Die zu erbringende Leistung muss geeignet und bestimmt sein, den Amtsträger zu einer pflichtwidrigen Handlung oder zu einem Unterlassen einer pflichtgemäßen Handlung zu verleiten.

Der erforderliche qualifizierte Vorsatz („corrupt intent") ist als eine Absicht zu verstehen, die sich auf einen Unrechtserfolg oder einen mit rechtswidrigen Mitteln zu erreichenden rechtmäßigen Erfolg bezieht[105], wobei die Wahrscheinlichkeit der Rechtswidrigkeit einer Zahlung genügt, wenn nicht das Gegenteil glaubhaft dargelegt werden kann (vgl. 15 U.S.C. §§ 78dd-1(f)(2)(B), 78dd-2(h)(3)(B), 78dd-3(f)(3)(B)); ignoriert ein Unternehmen bewusst Umstände, die

---

102 Schulte/Görts, RIW 2006, 561 (564 mit Fn. 22 - 24).

103 Schulte/Görts, RIW 2006, 561 (564 mit Fn. 21).

104 Schulte/Görts, RIW 2006, 561 (562).

105 United States v. Liebo, 923 F.2d 1308 (1312) - 8th Cir.

für eine rechtswidrige Mittelverwendung sprechen, haften folglich dessen Vertreter.[106]

Dient der Zahlungszweck der Beschleunigung einer Amtshandlung, sind gemäß §§ 78dd-1(b), 78dd-2(b) und 78dd-3(b) Zahlungen im Hinblick auf solche Handlungen, die gewöhnlich von offizieller Seite erledigt werden (z.B. Erteilung von Visa oder Erlaubnis unternehmerisch tätig zu werden), nicht korruptionsrelevant.

2. Buchführungspflichten und Einrichtung interner Kontrollmechanismen

Nach 15 U.S.C. § 78m(b)(2)(A), (B) sind alle in den USA notierten Aktiengesellschaften von FCPA-Buchführungspflichten (auch als „books-and-records"-Vorschriften bekannt) und entsprechenden internen (Buch-)Kontrollpflichten erfasst, während 15 U.S.C. § 78m(6) die Haftung des Emittenten für die Richtigkeit der Buchführung von Tochtergesellschaften und verbundenen Unternehmen erweitert, wobei die konkreten Stimmrechtsanteile den Haftungsmaßstab beeinflussen.

Durch die Pflicht zur Einhaltung von Buchführungsstandards und zur Einrichtung von internen Kontrollmechanismen soll insbesondere der Verschleierung von Korruptionszahlungen durch die Einrichtung von sog. schwarzen Kassen entgegengewirkt werden. Selbständige Bedeutung bekommen die Buchführungspflichten folglich nur, wenn beispielsweise der Schmiergeldempfänger nicht unter den vom FCPA vorausgesetzten Amtsträgerbegriff fällt und die bestechende Zahlung, wie in aller Regel, in der Bilanz gar nicht bzw. falsch ausgewiesen wird, sprich wenn der Bestechungstatbestand aus tatsächlichen oder rechtlichen Gründen nicht bejaht werden kann und die „books-and-records" Vorschriften zum Auffangtatbestand für die sog. „bestechende Untreue" werden. In den USA existiert im Gegensatz zum deutschen Straftatbestand der Untreue (§ 266 StGB) keine entsprechende bzw. vergleichbare Vorschrift; sog. „waste claims" sind zivilrechtlicher Natur[107]. Die US-Strafverfolgung beschränkt sich vielmehr auf Fälle der Bereicherung auf Kosten des Unternehmens (als Parade-

106 Schulte/Görts, RIW 2006, 561 (562).

107 Vgl. z.B. Brehm v. Eisner, 746 A.2d 244 (Del. 2000); Parnes v. Bally Entertainment Corporation, 722 A.2d 1243 (Del. 1999) – es handelt sich um Aktionärsklagen.

beispiel kann man das Strafverfahren gegen den ehemaligen Tyco CEO, Dennis Kozlowski, nennen[108]).

Während 15 U.S.C. § 78m(b)(2)(A) eine Buchführung verlangt, die den „Geschäftsgang und die Anteilsverfügungen des Emittenten in angemessener Detailgetreue und Sorgfalt widerspiegelt", sieht 15 U.S.C. § 78m(b)(2)(B)(i) ein zu installierendes System vor, dass eine effektive interne Kontrolle der Buchführung sicherstellt, einen generellen Genehmigungsvorbehalt der Geschäftsleitung für sämtliche Transaktionen und Anteilsverfügungen vorschreibt und eine Abwicklung nach den Standards der GAAP („Generally Accepted Accounting Principles") gewährleistet - zwar richten sich diese Vorschriften an die Gesellschaft, allerdings kommt auch eine zivil- oder/und strafrechtliche Haftung für natürliche Personen in Betracht, wenn beispielsweise einem (zuständigen) Mitglied des Managements der Verstoß gegen körperschaftliche Pflichten zuzurechnen ist (vgl. 15 U.S.C. § 78m(b)(4), (5) i.V.m. § 78dd-1(f)(A), wonach mindestens (bedingter) Vorsatz für eine strafrechtliche Haftung erforderlich ist).[109]

Ist eine strafrechtliche Haftung der Konzernmutter zu prüfen, besteht die entscheidende Frage, ob der Vorsatz bei einem ihrer unmittelbaren Vertreter gegeben ist oder lediglich bei einem Vertreter der Tochtergesellschaft vorliegt.[110]

3. Bußgeldhöhe und Strafmaß

Das Unternehmen kann für jede strafrechtliche Verletzung der Bestechungsregelungen mit einer Geldstrafe von bis zu $ 2.000.000 sanktioniert werden. Natürlichen Personen, namentlich Geschäftsführern, Angestellten, Aktionären oder Repräsentanten drohen bis zu $ 100.000 Geldstrafe oder/und bis zu fünf Jahre Freiheitsstrafe pro Verstoß (vgl. 15 U.S.C. §§ 78dd-2(g), 78dd-3(e), 78ff(c)).

Die zivilrechtliche Haftung natürlicher als auch juristischer Person beträgt hingegen jeweils $ 10.000 pro Verletzung (vgl. 15 U.S.C. §§ 78dd-2(g), 78dd-3(e), 78ff(c)).

Die betroffene Gesellschaft darf grundsätzlich keine Geldstrafen ihrer Mitarbeiter begleichen (vgl. 15 U.S.C. §§ 78dd-2(g)(3), 78dd-3(e)(3), 78ff(c)(3)).

Im Falle der vorsätzlichen Verletzung von Buchführungspflichten haben natürliche Personen max. $ 5.000.000 Geldstrafe bzw. 20 Jahre Freiheitsstrafe zu

---

108 People v. Kozlowski, 47 A.D.3d 111 (1st Dep't 2007); 10 N.Y.3d 767 (2008); 11 N.Y.3d 223 (2008); 11 N.Y.3d 904 (2009); Kozlowski v. New York, 129 S. Ct. 2775 (2009).

109 Vgl. ausführlich Schulte/Görts, RIW 2006, 561 (565).

110 Schulte/Görts, RIW 2006, 561 (565).

erwarten (vgl. 15 U.S.C. § 78ff(a)). Eine körperschaftliche Verantwortlichkeit kann bis zu $ 25.000.000 Geldstrafe pro Verstoß gegen die Gesellschaft zur Folge haben (vgl. 15 U.S.C. § 78ff(a)).

Mit Blick auf die Höhe des drohenden US-Strafmaßes für Unternehmen muss man anmerken, dass die strafrechtlichen Sanktionen des FCPA bei einer Verurteilung der Gesellschaft sogar existenzbedrohend sein können. Deswegen sind vor allem ausländische Unternehmen daran interessiert, eine außergerichtliche Einigung mit SEC und DOJ, in Form von Vergleichszahlungen, zu erzielen. Das lässt sich, wie die Siemens AG vorgemacht hat, am besten mittels (freiwilliger) Durchführung von unternehmensinternen Ermittlungen erreichen, die sich angesichts ihrer kooperativen Eigenschaft sowohl in Deutschland als auch in den USA regelmäßig strafmildernd auswirken. Deren Kosten muss aber das betroffene Unternehmen selbst finanzieren. Die mit den Ermittlungen beauftragte Anwaltskanzlei kostete die Siemens AG über € 200 Mio. und die engagierten Wirtschaftsprüfer fast € 500 Mio.[111]

Um zu vergleichen: Ein deutsches Unternehmensstrafrecht existiert nicht. Im Zusammenhang mit den begangenen wirtschaftsstrafrechtlichen Delikten von leitenden Angestellten wurde im selbständigen Verfahren gegen die Siemens AG vor dem Landgericht München I am 3.10.2007 ein Bußgeld über € 201 Mio. gemäß § 30 OWiG angeordnet, wobei der (Gewinn-)Abschöpfungsanteil im Sinne von § 17 IV OWiG der Geldbuße auf € 200 Mio. (das waren damals ungefähr $ 285 Mio.) festgesetzt wurde[112]. Des Weiteren wurde wegen der damit einhergehenden Aufsichtspflichtverletzung des Gesamtvorstandes am 15.12. 2008 von der Staatsanwaltschaft München I ein Bußgeldbescheid in Höhe von € 395 Mio. (entsprach ca. $ 569 Mio.) gemäß §§ 130 I, III, 42 OWiG erlassen, der aber aus einer eigentlichen Geldbuße in Höhe von nur € 250.000 besteht[113], während der rechtswidrig erlangte Vermögensvorteil, der abzuschöpfen war, auf € 394.750.000 geschätzt wurde.[114]

---

111 Schulz, StV 2009, 332 (334); anders Jahn, StV 2009, 41 (42 mit Fn. 13), der von ca. 650 Mio. Euro Anwaltskosten spricht.

112 Busch, StV 2009, 291 (299 mit Fn. 37).

113 In der Begründung des Bußgeldbescheides wurde strafmildernd berücksichtigt, dass die Siemens AG uneingeschränkte Kooperation geleistet, personelle Konsequenzen gezogen, ein neues Compliance-Programm installiert sowie weitere Sanktionen in den USA zu erwarten hat.

114 Vgl. http://www.siemens.com/press/pool/de/events/2008-12-PK/MucStaats.pdf.

Festzuhalten ist, dass die eigentliche Höchstgrenze der im OWiG vorgesehenen Geldbußen gemäß § 30 II Nr. 1 bzw. § 130 III S. 1 oder S. 2 i.V.m. § 30 II Nr. 1 lediglich eine Million Euro beträgt.

Mit der SEC konnte sich der Konzern einigen und musste dennoch $ 350 Mio. zahlen, während $ 450 Mio. zu Lasten der Siemens AG auszubuchen waren, obwohl auch ein Vergleich mit dem DOJ geschlossen werden konnte.[115]

II. Die Rolle des Rechtsanwalts im FCPA-Verfahren

Die SEC akzeptiert lediglich ein vollständiges (anwaltliches) Untersuchungsergebnis der Konzernmutter, d.h. die Ermittlung muss auch klären, ob tatbestandsmäßige Handlungen von Tochtergesellschaften auf Veranlassung bzw. mit Wissen der Mutter durchgeführt worden sind. Der Aufklärungsdruck seitens der SEC auf die Konzernleitung, wonach staatliche Zwangsmittel und die anschließende Einleitung eines gerichtlichen Verfahrens angedroht werden, zwingt den Konzern faktisch zur Kooperation. Wird entsprechend der Vorgaben der SEC eine Anwaltskanzlei ihres Vertrauens mit der Durchführung von unternehmenseigenen Ermittlungen beauftragt, gelangen wir zu folgendem Interessenkonflikt im FCPA-Verfahren: Die Kanzlei wird ihrer Mandantin empfehlen, mit der SEC zu kooperieren, um die Erwirkung schwerer Zwangsmittel und die Verhängung existenzgefährdender Bußgelder zu vermeiden, so dass „die SEC zumindest mittelbar in die Rolle einer extraterritorial ermittelnden Strafverfolgungsbehörde gedrängt“ wird.[116] Geht es spiegelbildlich um die faktische Weisungsbefugnis der US-Börsenaufsicht gegenüber der Kanzlei, wird der untersuchende Anwalt primär zum „privaten Ermittler im öffentlichen Auftrag“[117], obwohl er ausschließlich die Interessen der Gesellschaft vertreten soll. Schon deshalb ist es ratsam, eine unternehmensfremde Kanzlei mit der internen Untersuchung zu beauftragen; die Ausübung eines vertrauensvollen Dauermandats und die parallele Weitergabe von belastenden Informationen an die (US-)Behörden führen offensichtlich zu einem Interessenkonflikt.[118] Auch würde die Einschaltung einer „Hauskanzlei“, zu der ein enges Vertrauensverhältnis besteht, nicht den Anfor-

---

115 Vgl. http://www.sec.gov/litigation/litreleases/2008/lr20829.htm.

116 Rosen, BB 2009, 230 (230).

117 Schulte/Görts, RIW 2006, 561 (567).

118 Schulte/Görts, RIW 2006, 561 (568), wonach die Beziehung zu dem mandatierenden Unternehmen extrem belastet werde, wenn der Rechtsanwalt originäre Aufgaben der Strafverfolgung übernehmen müsse.

derungen von SEC und DOJ in Bezug auf Glaubwürdigkeit und eine unabhängige Untersuchung genügen.

Ein Verzicht des Arbeitgebers auf das Vertraulichkeitsprivileg der Kommunikation zwischen Rechtsanwalt und Mandant, um wunschgemäß eine regelmäßige Berichterstattung in die USA zu ermöglichen, verschärft die Situation nicht nur für einzelne Mitarbeiter, sondern konterkariert zugleich eine effektive Firmenverteidigung (dazu ausführlich Kapitel 13).

Sowohl in Deutschland als auch in den USA werden *Self-Reporting* und *Cooperation* als Milderungsgründe berücksichtigt, wenn das Unternehmen bei der Aufklärung mitwirken möchte. Die US-Behörden müssen aber wegen ihrer mangelnden Ressourcen die meisten[119] Verfahren mit *Pleas of Guilty* (Schuldgeständnissen) erledigen – FCPA-Fälle werden ca. zur Hälfte durch Guilty Pleas (Geständnisse), zu etwa 20% durch *Non-/Deferred Prosecution Agreements* abgeschlossen -, so dass die erzwungene Selbstanzeige und insbesondere die erzwungene Kooperation (in Form von anwaltlichen Untersuchungen im Unternehmen) als wesentliche Instrumente ihrer *Enforcement Policy* dienen, was aber mit Blick auf das nemo-tenetur-Prinzip nicht unbedenklich erscheint.[120] Zwischen 2005 und 2007 sollen 44 von 68 Verfahren auf Veranlassung des Unternehmens (voluntary disclosure) geführt worden sein.[121]

Unkooperativen Mitarbeitern, insbesondere der Geschäftsleitung, droht des Weiteren innerhalb der US-Gerichtsbarkeit eine Sanktion wegen Behinderung der Justiz („obstruction of justice") bzw. eine persönliche Haftung wegen „unzureichender Bereinigung eines FCPA-Vorkommnisses".[122] Unabhängig davon, ob tatsächlich eine entsprechende Anklage/Klage respektive Ahndung erfolgt, stellen zusätzlich drohende (Neben-)Sanktionen aus den USA ein weiteres Druckmittel dar, um das arbeitnehmerseitige Schweigen gegenüber dem befragenden, womöglich US-amerikanischen (Unternehmens-)Anwalt zu überwinden.

Betroffene Mitarbeiter dürfen sich daher nicht auf einen Unternehmensanwalt verlassen, sondern müssen einen persönlichen Strafverteidiger engagieren; der Unternehmensanwalt kann nicht gleichzeitig Mitarbeiter verteidigen. Hier zeigt sich bereits der Interessenkonflikt zwischen dem Arbeitgeber, seinem An-

---

119 Die Rede ist von 90 bis 95% aller Verfahren.

120 Hart-Hönig, in: Strafverteidigung im Rechtsstaat, S. 530 (539 f.).

121 Hart-Hönig, in: Strafverteidigung im Rechtsstaat, S. 530 (540).

122 Hart-Hönig, in: Strafverteidigung im Rechtsstaat, S. 530 (540); vgl. auch Schulte/Görts, RIW 2006, 561 (567).

walt und den (beschuldigten) Mitarbeitern. Schließlich dürfen wir nicht vergessen, dass der ermittelnde Anwalt jederzeit als Zeuge (der Anklage) sowohl in den USA als auch vor deutschen Gerichten gehört werden kann, wenn er im Interesse des mandatierenden Unternehmens von der Schweigepflicht entbunden wird.

III. Fälle paralleler Strafverfolgung in Deutschland und den USA

Schließlich sollte im Rahmen von FCPA-Verfahren dem Doppelbestrafungsverbot (ne bis in idem) Beachtung geschenkt werden, wobei Art. 103 III GG lediglich die mehrfache Bestrafung durch deutsche Behörden verbietet, während die *Double Jeopardy Clause* nur eine Doppelbestrafung durch denselben *Sovereign* untersagt, so dass US-Behörden Korruptionsfälle auch dann weiter verfolgen (können), wenn es im Ausland/Herkunftsland zu einem sanktionierenden Verfahrensabschluss gekommen ist, da dieses Doppelbestrafungsverbot im zwischenstaatlichen Rechtsverkehr nicht anerkannt wird.[123] Verhängte Strafen oder Geldbußen als Abschluss deutscher Verfahren führen in den USA anders als in SDÜ[124]-Mitgliedstaaten nicht automatisch zu einem Verfahrenshindernis bzw. zur Anrechnung der erlittenen Sanktion. Obwohl das US-Recht für solche Fälle keine straf- bzw. verfallsmindernde Wirkung vorsieht, berücksichtigen SEC und DOJ (pekuniäre) Sanktionen in ausländischen Verfahren.[125]

In der Praxis teilen SEC und DOJ dem ausländischen Staat mit, welche Sanktionen sie für angemessen erachten und, dass bei entsprechender Sanktionierung auf weitere (US-)Maßnahmen verzichtet wird; ggf. wird die unterbliebene Sanktionsdifferenz durch Verfolgung in den USA eigenhändig ausgeglichen.[126]

Diese Problematik der *parallel litigation* stellt sich vor allem bei Unternehmensgeldbußen bzw. bei Geldstrafen und Abschöpfungen gegen das Unternehmen, wenn die US-Strafrechtspraxis - namentlich Verfolgungsmethoden und das (Aus-)Maß von Sanktionen - die deutsche Praxis verändern bzw. an das US-Niveau anpassen soll.

---

123 Hart-Hönig, in: Strafverteidigung im Rechtsstaat, S. 530 (532, 535).

124 Schengener Durchführungsübereinkommen.

125 Hart-Hönig, in: Strafverteidigung im Rechtsstaat, S. 530 (535).

126 Hart-Hönig, in: Strafverteidigung im Rechtsstaat, S. 530 (535).

Angestellte ausländischer Tochtergesellschaften der ausländischen, US-börsennotierten Konzernmutter stehen sowieso außerhalb des FCPA-Adressatenkreises.[127]

Verantwortliche Mitarbeiter des unmittelbar betroffenen Unternehmens werden wegen des Grundsatzes der Staatssouveränität in aller Regel lediglich im Inland strafrechtlich verfolgt respektive belangt. Wollen US-Behörden gegen natürliche Personen im Ausland ermitteln, gilt der Vorrang eines von deutscher Seite zu bewilligenden Rechtshilfeersuchens. Die persönliche Haftung nach FCPA von nicht ansässigen[128] Ausländern, die Mitarbeiter ausländischer Emittenten sind, ist nach der einschränkenden US-Rechtsprechung[129] lediglich gegeben, wenn die betreffende Person ohnehin der US-amerikanischen Gerichtsbarkeit unterworfen wäre, sprich in den USA festgenommen wurde, freiwillig vor einem US-Gericht erscheint oder rechtmäßig an die USA ausgeliefert wird.

---

127 Schulte/Görts, RIW 2006, 561 (567).

128 Schulte/Görts, RIW 2006, 561 (564 unter Fn. 17) schlagen vor, die Frage nach der Gerichtsbarkeit anhand der einschlägigen Immigrationsgesetzgebung zu entscheiden und verweisen auf 8 U.S.C. § 1101(a)(20).

129 Vgl. United States v. Bodmer, 342 F. Supp. 2d 176 (S.D.N.Y. 2004).

Drittes Kapitel: Der Sarbanes-Oxley-Act

Der US-amerikanische Gesetzgeber hat den SOA gemäß seiner Rechtstradition überwiegend nicht mit Detailregelungen ausgestattet und die Verantwortung für die Formulierung konkreter Normen der SEC übertragen. Somit setzt der SOA einen Regelungsrahmen, den die SEC innerhalb ihrer Aufgabenbefugnisse durch Erlass notwendiger Detailregelungen (sog. „Final Rules“) ausgestaltet.

I. Sinn und Zweck

Als Folge der Bilanzierungsskandale bei *Enron* und *Worldcom* sieht der Sarbanes-Oxley Act (SOA) umfassende Mitteilungs-, Erklärungs- und Prüfungspflichten bei allen Unternehmen vor, die verpflichtet sind bei der SEC Abschlüsse und sonstige Berichte einzureichen (siehe bereits oben unter Kap. 1, I welche ausländischen Unternehmen der SEC-Registrierung bzw. -Aufsicht unterliegen; ausführlich dazu sogleich unter II). Der SOA stellt eine Verschärfung der US-amerikanischen Anforderungen an einen aus präventiven Gesichtspunkten gesetzeskonform ablaufenden Kapitalmarkt dar.

Gegenstand des Regelwerks sind u.a. Buchführungs-, Bilanzierungs- und Publizitätspflichten. Seitens der betroffenen Unternehmen muss eine regelmäßige Berichterstattung an die SEC erfolgen, um die Überprüfung der betriebswirtschaftlichen Situation und das Vorliegen eines intakten internen Kontrollsystems nach Section 404 SOA zu gewährleisten. Section 301 SOA verlangt die Einrichtung einer Stelle für anonyme Meldungen. Im Vordergrund steht auch hier der Schutz der Anleger auf der Grundlage uneingeschränkter Offenlegung.

II. Compliance-Anforderungen als Ursache für Aufklärungs- und Aussagezwang

Deutsche Unternehmen, deren Aktien an einer US-Börse notieren oder die eine bestimmte Anzahl an US-amerikanischen Aktionären haben[130], müssen Compliance-Maßnahmen nach US-Recht installieren, welche zur Prävention vor und Aufdeckung von strafrechtlich relevantem Verhalten im Unternehmen führen sollen. Diese Maßnahmen müssen die Anforderungen von Foreign Corrupt Practices Act (FCPA) und neuerdings Sarbanes-Oxley-Act[131] (SOA) erfüllen. Die

---

130 Vgl. nur Wessing, in: Festschrift für Klaus Volk, 2009, S. 867 (883).

131 Der SOA ist am 30.7.2002 in Kraft getreten und soll Ende 2004 bereits für 17 deutsche Unternehmen gegolten haben.

Effektivität eines Compliance-Programms, das Wirtschaftkriminalität im Unternehmen nicht verhindert hat, soll (auf einer zweiten Stufe) danach gemessen werden, ob die Kooperation des Unternehmens bei der Aufklärung des strafrechtlichen Sachverhalts zügig erfolgt ist.[132] Privatermittlungen im Unternehmen gehören noch zum Begriff der Compliance, weil neben der Aufklärung von Gesetzesverstößen auch deren strukturelle Ursachen sowie die Möglichkeiten Gleiches oder Ähnliches in Zukunft zu verhindern vom Ermittlungsauftrag erfasst werden.[133] Compliance entspricht nicht nur der Tätigkeit einer Schulbehörde, also informieren und kontrollieren, sondern auch der Tätigkeit einer Polizeibehörde, die aufdeckt und verfolgt.[134]

Das *Guidelines Manual* der *United States Sentencing Commission*[135] sieht in Chapter 8, Part C, 2.5 Subsection (f)(1) einen Bonus für ein, zum Tatzeitpunkt installiertes, effektives Compliance- und Ethikprogramm (vgl. Part B, 2.1) vor, sofern der Bericht über den Verstoß nicht nach 2.5 Subsection (f)(2) verspätet erfolgt, wobei die anschließende Kommentierung (Commentary, Application Notes: Nr. 10) zu Subsection (f)(2) einen angemessenen Zeitraum zur Durchführung einer *internal investigation* vorsieht.

Lenken die internen Kontrollmechanismen und Offenlegungsverfahren den Verdacht in eine bestimmte Richtung, wird der Arbeitgeber versuchen, durch arbeitsrechtlich zulässige „Interviews" mit Verantwortlichen und Verdächtigten, den Sachverhalt rasch aufzuklären und ein Organisationsverschulden zu widerlegen. Das gilt umso mehr, wenn die Compliance-Standards so hoch angesetzt werden, dass das mangelhafte Risikomanagement lediglich durch nicht kontrollierbares, individuelles Fehlverhalten einzelner Arbeitnehmer „erklärbar" ist. Die umfassenden Vorgaben des SOA, die im Folgenden aufgezeigt werden, sind für die zentrale Thematik dieser Arbeit von Bedeutung, weil sie erkennen lassen, dass das betroffene Unternehmen den eigenen Kooperations- und Geständniszwang qua Arbeitsrecht auf die Individuen überwälzen muss, um sich selbst zu verteidigen. Hier kommen dem Unternehmen entsprechende Auskunftspflichten der Arbeitnehmer gerade recht, auf die mit den Instrumenten der Verdachts- und gleichzeitig Druckkündigung, um Reformwillen gegenüber der SEC zu zeigen, hingewirkt werden kann, sofern die Aussage verweigert wird. Erfolgt keine oder keine ausgiebige Aufklärung des Sachverhalts, kann die SEC schwere Zwangs-

---

132 So Richtlinie des DOJ vom 16.6.1999 „Guidance on Prosecutions of Corporations" - vgl. dazu Wehnert, in: Festschrift StrauBRAK, S. 175 (178).

133 Michalke, StV 2011, 245 (246).

134 Schneider, NZG 2009, 1321 (1325).

135 „Sentencing of Organizations under the Federal Sentencing Guidelines" (abrufbar unter: http://www.ussc.gov/Guidelines/2007_guidelines/Manual/CHAP8.pdf).

mittel gegen das Unternehmen einsetzen (vgl. bereits Kap. 1, II). Dann drohen wegen unbefriedigender Zusammenarbeit hohe Geldbußen durch SEC-Klage und im Vergleich noch höhere Unternehmensstrafen durch Einschaltung des DOJ.

Das Prinzip der körperschaftlichen Verantwortlichkeit, welche durch die Verhaltenspflichten des SOA konkretisiert wird, ergibt sich bereits aus den mit existenzgefährdenden Geldstrafen bewehrten Vorschriften des FCPA; das Unternehmen wird als Adressat der Bestechungsverbote und Buchführungspflichten genannt (siehe oben Kap. 2, I). Im Zusammenhang mit dem SOA wurden die Befugnisse der SEC gegenüber Emittenten erweitert, da eine unternehmensseitige Berufung auf fehlende Kenntnis von Unregelmäßigkeiten insbesondere dadurch abgeschnitten wurde, dass sich gemäß Sec. 302 SOA die für Geschäftsberichte nach SEA bestehende Zertifizierungspflicht der Unternehmensführung auch auf FCPA-Verletzungen[136] und jede wesentliche Änderung der internen Kontrollmechanismen erstreckt.[137] Man spricht von FCPA-relevanten Regelungen im SOA, durch welche der durch den FCPA geschaffene Anreiz zur unternehmensinternen Korruptionsbekämpfung gestärkt worden ist.

Die präventive Allzuständigkeit der Gesellschaft gemäß der umfassenden Compliance-Anforderungen an eine interne Kontrolle führt im Ergebnis dazu, dass ein für den Verstoß gegen US-Wertpapiergesetze Verantwortlicher durch seinen Arbeitgeber zwangsweise, durch Ausschöpfung aller arbeitsrechtlichen Druckmechanismen, überführt wird, damit sich das Unternehmen vor der SEC exkulpieren bzw. teilweise entlasten oder zumindest aufgrund erfolgreicher Aufdeckung Strafmilderung bekommen kann. Durch einen Vergleich mit der SEC kann auch das öffentliche Interesse an einer Anklageerhebung durch das DOJ beseitigt werden.

Im Rahmen der Befragungen durch den Arbeitgeber droht die strafrechtliche Selbstbelastungsfreiheit durch private Ermittlungen unterlaufen zu werden, da sich die StPO weder an befragende Compliance-Officer noch an die für den Konzern ermittelnden Anwälte richtet. Ganz am Ende der Kette steht die SEC, die das Geständnis des Betroffenen im „Interview" über die Brücke des unter-

136 Vgl. §8B2.1(a) i.V.m. (b)(2)(B) „Sentencing of Organizations under the Federal Sentencing Guidelines" (abrufbar unter: http://www.ussc.gov/Guidelines/2007_guidelines/Manual/CHAP8.pdf), wonach das "high-level personnel of the organization" sicherstellen muss, dass die Gesellschaft ein effektives Compliance-Programm hat, indem u.a. eine Unternehmensprüfung in Bezug auf Prävention vor und Aufdeckung von „criminal conduct" durchgeführt wird.

137 Schulte/Görts, RIW 2006, 561 (566).

nehmensseitigen Kooperationszwanges veranlasst hat. Ob der faktische Einfluss der SEC auf das gegen sich ermittelnde Unternehmen für eine staatliche Zurechnung ausreicht, wird noch zu erörtern sein (vgl. Kap. 8, II.3).

Gäbe es keine weitreichenden organisatorischen Pflichten, namentlich Compliance-Regelungen gemäß SOA i.V.m. FCPA, denen offensichtlich nicht ausreichend nachgekommen wurde, wenn die SEC gegen das Unternehmen ermittelt, würde die arbeits- oder gesellschaftsrechtliche Mitwirkungspflicht nicht mit dem nemo-tenetur-Grundsatz kollidieren.

Der SOA adressiert nicht nur das Unternehmen und die Geschäftsleitung (vgl. unter IV), sondern auch von der Aktiengesellschaft beauftragte Wirtschaftsprüfer (vgl. unter V) und Rechtsanwälte (vgl. unter VI). Die Inanspruchnahme der Berufsgeheimnisträger stellt eine flankierende Regelung dar, um die Aufdeckung von unternehmensinternen Rechtsverstößen gegen US-Vorschriften oder von entsprechenden Vorhaben zu gewährleisten. Das Unternehmen soll sich seiner Verantwortung nicht entziehen können, indem die relevanten Informationen durch Berufsgeheimnispflichten geschützt werden.

Die vom SOA als selbstverständlich verstandenen Offenlegungs- und Anzeigepflichten der engagierten Wirtschaftsprüfer und für das Unternehmen arbeitenden Anwälte führen teilweise zur Kollision mit deutschem Standesrecht und sind auch dann von Bedeutung, wenn Rechtsanwälte und Wirtschaftsprüfer aufgrund einer informellen Anfrage der SEC im Unternehmen ermitteln, weil das Privileg der Verschwiegenheit aufgrund des Kooperationszwangs ins Leere läuft, obwohl es für ausländische Adressaten Ausnahmevorschriften gibt, die Rechtskollisionen im Sinne der nationalen Regelungen lösen. Anlässlich der eigenen Verteidigung in den US-Verfahren kommt das Unternehmen regelmäßig einer, nach deutschem Recht erforderlichen, Schweigepflichtentbindung gemäß § 53 II S. 1 StPO nach. Hiernach sind Rechtanwälte und Wirtschaftsprüfer zur Übermittlung der Untersuchungsergebnisse an die SEC befugt, so dass auch kollidierende Regelungen faktisch auf dem Territorium der BRD durchgesetzt werden können, was schlussendlich auf den Aufklärungsdruck zurückzuführen ist. Durch die Entbindung werden die Ermittler gleichzeitig gegenüber SEC und PCAOB verpflichtet.

Das zeigt uns, dass die Vorschriften des SOA selbst bei der Aufklärung der Compliance-Missstände in gewisser Weise noch weiterwirken.

Wird das Anwaltsprivileg aufgegeben, entsteht für die Unternehmensangehörigen eine konkrete Strafverfolgungsgefahr, weil die auf Geständnissen basierenden Untersuchungsergebnisse, den Anforderungen und Erwartungen des US-Rechts entsprechend, jederzeit informell an deutsche Strafverfolgungsbehörden weitergeleitet werden können, sei es durch SEC, DOJ oder das betroffene Unternehmen selbst.

Um den Bogen anhand von Normen zu schließen: Das Unternehmen trifft eine zivilrechtliche Klage der SEC und parallel eine strafrechtliche Anklage des DOJ wegen FCPA-Verletzungen, weil aufgrund der konturlosen Pflichten nach SOA vermutet werden kann, dass ein Organisationsverschulden gegeben war, wenn Mitarbeiter ungehindert Straftatbestände verwirklichen. Um die drohenden Geldbußen und -strafen durch interne Ermittlungen entsprechend der US-Richtlinien von SEC, DOJ und USSC zu verhindern bzw. abzumildern, werden für die Untersuchung eingeschaltete Anwälte und Wirtschaftsprüfer nach § 53 II S. 1 StPO zur Berichterstattung in die USA ermächtigt, während Zeugen und Verdächtige mit arbeitsrechtlichen Auskunftsansprüchen nach §§ 666, 675 BGB oder § 242 BGB konfrontiert werden. Da diese Pflichten zum Teil starr sind und nicht an der Grenze der Selbstbezichtigung enden, ist zu erörtern, ob und inwiefern die Strafprozessordnung, insbesondere §§ 136, 136a StPO, Grundrechte, arbeitsrechtliche und datenschutzrechtliche Vorschriften und nicht zuletzt übergeordnete Maximen durch Verwertungsverbote schützen.

III. Extraterritorialer Geltungsbereich

Der Sarbanes-Oxley Act findet Anwendung auf in den USA börsennotierte Gesellschaften: amerikanische Unternehmen sowie nicht amerikanische Unternehmen, welche in den USA zweitnotiert sind.[138] Die Wirkung des Sarbanes-Oxley Acts richtet sich nach dem Ort der Notierung und nicht nach dem Sitz der Gesellschaft (vgl. Section 106 SOA).

Issuers im Sinne des Sarbanes-Oxley Acts (vgl. Sec. 2 (7) SOA i.V.m. Sec. 3 (a) (8) SEA) sind solche Emittenten, deren Wertpapiere an einer US-amerikanischen Börse notiert, sprich gemäß Sec. 12(a) SEA bei der SEC registriert sind, wobei Sec. 12(g) SEA (i.V.m. Exchange Act Rule 12g-1) eine Registrierungspflicht auch dann vorsieht, wenn (ausländische) Unternehmen im Zusammenhang mit dem *Interstate Commerce* (vgl. Sec. 3 (a) (17) SEA) tätig sind oder Wertpapiere handeln und das Unternehmenskapital 10 Mio. US-Dollar übersteigt und die Wertpapiergattung mehr als 500 Inhaber hat, wovon mindestens 300 Inhaber einen Sitz in den USA haben müssen.[139]

---

138 C.F.R. vom 29.8.2002: "... Section 302 of the Act makes no distinction between domestic and foreign issuers and, by terms, clearly applies to foreign private issuers." – vgl. http://www.sec.gov/rules/final/33-8124.htm.

139 Block, BKR 2003, 774 (774 f.).

Des Weiteren sind Unternehmen betroffen, die gegenüber der SEC eine Berichterstattungspflicht gemäß Sec. 15(d) SEA haben oder die einen noch nicht wirksamen Registrierungsantrag nach dem Securities Act 1933 gestellt haben, der nicht zurückgenommen worden ist; es handelt sich um (Aktien-)Gesellschaften, die unabhängig von einer Börsennotierung ein öffentliches Angebot von Wertpapieren abgeben und deshalb grundsätzlich registrierungspflichtig sind.[140]

Allerdings existieren im SOA und den dazu ergangenen SEC-Verordnungen Ausnahmeregelungen für sog. *Foreign Private Issuers*, wenn nicht mehr als 50% der stimmberechtigten Anteile von US-Einwohnern gehalten werden, weder die Mehrheit der *Executive Officers* oder *Directors*[141] aus US-Bürgern bzw. -Einwohnern besteht noch die Geschäftsleitung hauptsächlich in den USA geführt wird und nicht mehr als die Hälfte des Gesellschaftsvermögens in den USA angelegt, verwaltet respektive verwahrt wird (vgl. Exchange Act Rule 3b-4 (c)).[142]

Weiter sind dem Gesetz diejenigen Wirtschaftsprüfer unterstellt, die Prüfungsdienstleistungen für vorgenannte Unternehmen erbringen. Auch nicht amerikanische Wirtschaftsprüfer, die außerhalb der USA Teile bzw. Tochtergesellschaften von in den USA börsennotierten amerikanischen Unternehmen prüfen, fallen unter das Gesetz.[143] Unklar ist, ob der SOA auch auf Wirtschaftsprüfer Anwendung findet, die ein nichtamerikanisches, beispielsweise deutsches Unternehmen prüfen, welches aber in den USA börsennotiert ist.[144] Aufgrund der in Section 106(a) getroffenen Wortwahl ist dies zu bejahen, es bleibt aber abzuwarten, ob und in wie weit die SEC von ihrer in Section 106(c) verankerten Kompetenz zum Erlass von Ausnahmeregelungen für nicht amerikanische Wirtschaftsprüfer Gebrauch machen wird.[145]

---

140 Block, BKR 2003, 774 (775).

141 Nach Auffassung von Kersting, ZIP 2003, 233 (234 mit Fn. 14) sind auch Aufsichtsratsmitglieder deutscher Aktiengesellschaften gemeint.

142 Block, BKR 2003, 774 (775).

143 von der Crone/Roth, AJP 2003, 131 (132).

144 von der Crone/Roth, AJP 2003, 131 (132).

145 von der Crone/Roth, AJP 2003, 131 (132 unter Fn. 15).

IV. Auswirkungen auf an der US-Börse gelistete deutsche Unternehmen

1. Errichtung des Audit Committees (Section 301 SOA)

Das Audit Committee ist ein Prüfungsausschuss, den alle in den USA börsennotierten Unternehmen bilden müssen. Dieses Gremium hat die Ordnungsmäßigkeit der Rechnungslegung sowie der Abschlussprüfung im Unternehmen zu überwachen.

Die SEC verabschiedete am 9.4.2003 eine Verordnung zu Section 301 SOA,[146] wonach deutsche Unternehmen ab dem 1.8.2005 ein Audit Committee errichtet haben mussten, um ihre Notierung an der betreffenden US-Börse nicht zu verlieren. Allerdings musste kein separates Gremium zusammengestellt werden, da gemäß Section 301 i.V.m Section 205 SOA eine Übertragung auf das gesamte Board of Directors möglich war.

Des Weiteren werden deutschen Unternehmen gewisse Sonderregelungen eingeräumt,[147] da das deutsche Aktienrecht bereits ein vergleichbares Überwachungsorgan vorschreibt; die Rede ist vom Aufsichtsrat.

Später verkündete die SEC, dass bei deutschen Unternehmen sinnvollerweise der Aufsichtsrat oder ein Ausschuss des Aufsichtsrats (Bilanzprüfungsausschuss) die Funktion des Audit Committees auszuüben hat.[148]

Das Audit Committee hat die Abschlussprüfer zu ernennen, zu vergüten und deren Arbeit zu überwachen, die externen Wirtschaftsprüfer haben im Gegenzug über alle kritischen Rechnungslegungsfragen und über ihre Kommunikation mit der Geschäftsleitung des Unternehmens, namentlich über alle besprochenen Bilanzierungs- und Bewertungsrichtlinien samt anstehender Maßnahmen und der von den Prüfern dafür bevorzugten Methode, zu berichten;[149] das Committee ist nicht nur für die Schlichtung von rechnungsrelevanten Meinungsverschiedenheiten zwischen Unternehmensleitung und Abschlussprüfer zuständig, sondern es fungiert auch als zentrale Anlaufstelle für Beschwerden in Sachen Buchführung und Rechnungslegung.[150]

---

146 Commission Final Rule, Release No. 33-8220, 34-47654.

147 Commission Final Rule, Release No. 33-8220, 34-47654.

148 Commission Final Rule, Release No. 33-8238.

149 von der Crone/Roth, AJP 2003, 131 (134).

150 Moritz/Gesse, Auswirkungen des SOA auf deutsche Unternehmen, 2005, S. 9.

Auch der sog. Management Letter, in welchem insbesondere auf Mängel in der Organisation des Rechnungswesens und im Kontrollsystem seitens der Revisionsstelle hingewiesen wird, und die wesentliche schriftliche Kommunikation zwischen den Wirtschaftsprüfern und dem Management sind dem Audit Committee vorzulegen (vgl. Section 204 SOA).[151]

Die SEC akzeptierte insbesondere, dass in Deutschland der Abschlussprüfer vom Aufsichtsrat vorgeschlagen und von der Hauptversammlung gewählt wird, sofern das Audit Committee für den Wahlvorschlag (mit)verantwortlich ist.[152]

Sollen die Prüfer zusätzliche Leistungen für die Gesellschaft erbringen (sog. zulässige Nichtprüfungsleistungen), können diese weiteren Aufgaben unter dem Vorbehalt der vorherigen Genehmigung durch das Audit Committee lediglich in Einzelfällen[153] übertragen werden (vgl. Section 201 und 202 SOA).

Im Ergebnis soll dem Audit Committee die Beurteilung des Umgangs mit den Rechnungslegungsvorschriften seitens der Geschäftsführung ermöglicht werden. Deswegen müssen seine Mitglieder von der Gesellschaft unabhängig sein. Das ist dann nicht mehr der Fall, wenn sie direkte oder indirekte Bezüge erhalten oder eine nahe stehende Person eines leitenden Angestellten sind,[154] wobei deutsche Arbeitnehmer, die keine leitenden Angestellten sind, nicht ausgeschlossen werden[155]. Eines der Mitglieder soll ein Financial Expert sein oder die Zusammensetzung muss gesondert begründet werden (vgl. Section 407 SOA).

2. Offenlegungskontrollen und Offenlegungsverfahren (Section 302 SOA)

Der Emittent muss (zertifizierte) Jahres- und Quartalsberichte nach Securities Exchange Act einreichen. Gemeint sind alle Unternehmen, die gegenüber der SEC gemäß Sec. 13(a) und 15(d) SEA zur Offenlegung verpflichtet sind.

Disclosure controls and procedures sollen die rechtzeitige Vorlegung aller Informationen an die Geschäftsleitung gewährleisten, die zur Offenlegung innerhalb der festgelegten Fristen notwendig sind. Das Unternehmen soll einen

---

151 von der Crone/Roth, AJP 2003, 131 (134).

152 Vgl. Gruson/Kubicek, AG 2003, 337 (347).

153 Nichtprüfungsdienstleistungen, die nicht genehmigungsfähig sind, werden in Section 10A (g) SEA in der Fassung gemäß Section 201 SOA und in § 210.2-01 (c) (4) Regulation S-X der dazugehörigen SEC-Verordnung aufgezählt.

154 Moritz/Gesse, Auswirkungen des SOA auf deutsche Unternehmen, 2005, S. 8.

155 Commission Final Rule, Release No. 33-8238.

besonderen Ausschuss einrichten, der sich auf die individuelle Ausarbeitung und Anpassung solcher Mechanismen konzentriert, damit alle später offenzulegenden Fakten dokumentiert, verarbeitet und zusammengefasst werden.

Die vom Vorstand der Aktiengesellschaften einzurichtenden Offenlegungskontrollen und- verfahren nach Section 302 SOA erfassen alle wesentlichen Informationen und gehen über ein nach deutschem Recht erforderliches Kontrollsystem im Sinne von § 91 II AktG hinaus[156], wonach Gefahren für den Fortbestand der Gesellschaft insbesondere durch Früherkennung und Überwachung abgewendet werden sollen; die erforderliche Anpassung der Kontrollsysteme durch das Geschäftsführungsorgan ist gemäß § 76 I AktG gedeckt. Der Vorstand muss am Geschäftsjahresende über die Effektivität der internen Offenlegungsstrukturen und -verfahren berichten, wobei ein passendes und anerkanntes Kontrollregelwerk die Bewertungsgrundlage zu bilden hat.

3. Eidesstattliche Erklärung von CEO und CFO

CEO und CFO müssen die Richtigkeit der bei der SEC einzureichenden Quartals- und Jahresausweise eidesstaatlich versichern, wobei Section 302 SOA im Gegensatz zu den (damaligen) Bestimmungen der SEC auch nicht amerikanische, aber in den USA notierte Gesellschaften erfasst.[157] Allerdings müssen *Foreign Private Issuers* lediglich in ihren Jahresberichten zertifizieren.[158]

Des Weiteren sind CEO und CFO für die Errichtung und Aktualisierung von wirksamen internen Kontrollsystemen (auch in ihrem Bericht nach Section 404 SOA) verantwortlich, indem sie durch ihre Unterschriften bestätigen, dass das Kontrollsystem innerhalb der letzten 90 Tage auf seine Wirksamkeit überprüft wurde.[159]

Es handelt sich um eine zivilrechtlich relevante Erklärung durch den Vorstandsvorsitzenden und den Finanzvorstand im Hinblick auf die Rechnungslegung und die entsprechende Berichterstattung. Die zu bestätigenden Finanzinformationen erstrecken sich weit über das gemäß § 264 I HGB Geforderte.[160]

CEO und CFO sollen durch ihre Unterschriften eidesstattlich versichern, dass durch die Quartals- und Jahresabschlüsse die finanzielle Situation der Gesellschaft korrekt und vollständig wiedergeben wird und alle veröffentlichungs-

156 Gruson/Kubicek, AG 2003, 393 (395).
157 Vgl. Commission Final Rule vom 29.8.2002, Release No. 33-8124.
158 Block, BKR 2003, 774 (776).
159 von der Crone/Roth, AJP 2003, 131 (133).
160 Moritz/Gesse, Auswirkungen des SOA auf deutsche Unternehmen, 2005, S. 10.

pflichtigen Berichte kritisch durchgelesen wurden, wobei sie sich für die Richtigkeit persönlich zu verantworten haben.

Nach Section 906 SOA drohen aufgrund der Einführung von § 1350 US Criminal Code bei bewussten Falschangaben – differenziert wird zwischen Wissen („knowingly") und Absicht („willfully") - strafrechtliche Sanktionen, namentlich bis zu 5 Mio. US-Dollar Geldstrafe oder/und bis zu 20 Jahre Freiheitsstrafe, wenn die beglaubigten Finanzausweise nicht den gesetzlichen Anforderungen entsprechen; dasselbe gilt im Falle einer unterlassenen Zertifizierung.[161] Daneben drohen auch zivilrechtliche Haftungsansprüche.

4. Das interne Kontrollsystem nach Section 404 SOA

Der Jahresbericht muss einen internen Kontrollbericht beinhalten (Section 404 SOA), in welchem das Aufstellen und Überarbeiten interner Kontrollstrukturen- und verfahren für das Finanzberichtswesen (internal control over financial reporting) aufzuzeigen ist.

Die Offenlegungspflichten beziehen sich ebenfalls auf wichtige Veränderungen, die aufgrund von internen Kontrollen eingetreten sind. Mit anderen Worten dürfen entdeckte (wesentliche) Schwachstellen nicht vorenthalten werden. Das Management hat jede Änderung zu bewerten.

Die Unternehmensleitung hat am Ende des Geschäftsjahres eine gesonderte Bewertungs- und Berichtspflicht hinsichtlich der Effektivität der internen Kontrolle, um eine Verlässlichkeit des Finanzberichtswesens und eine den Grundsätzen ordnungsgemäßer Buchführung entsprechende Rechnungslegung darzulegen. Auch hier soll das eigene Kontrollregelwerk, das unter Beachtung bestimmter Verfahren zu erstellen ist, die Grundlage bilden.[162] CEO und CFO müssen die Abläufe und die Strukturen dieses internen Kontrollsystems im Detail kennen, um eine eigene Effizienzbeurteilung treffen zu können.[163] Auch im Rahmen des Berichts nach Section 404 SOA müssen sich CEO und CFO persönlich verantworten (siehe bereits oben unter 3).

Der im Jahresbericht enthaltene Bericht über das interne Kontrollsystem der Finanzberichterstattung muss, im Gegensatz zum nach Section 302 vorausgesetzten allgemeinen Kontrollsystem, vom Abschlussprüfer gesondert testiert werden (vgl. Section 404 (b) SOA).[164] Die rechnungslegungsbezogene Kontrolle erfordert allerdings einen größeren Implementierungsaufwand.

---

161 Schmid, in: Müller-Gugenberger/Bieneck, Wirtschaftsstrafrecht, 4. Aufl., § 27 Rn. 78.
162 Block, BKR 2003, 774 (776).
163 Moritz/Gesse, Auswirkungen des SOA auf deutsche Unternehmen, 2005, S. 11.
164 Moritz/Gesse, Auswirkungen des SOA auf deutsche Unternehmen, 2005, S. 11.

Die ordnungsgemäße Finanzberichterstattung und die Anfertigung der Abschlüsse nach Rechnungslegungsvorschriften sollen in erster Linie die Investoren schützen.[165]

V. Auswirkungen auf beauftragte Wirtschaftsprüfungsgesellschaften

Im Folgenden soll aufgezeigt werden, dass nicht nur US-amerikanische Abschlussprüfer dem SOA unterfallen, sondern auch von US-Emittenten beauftragte Wirtschaftsprüfer nach US-Recht überwacht und kontrolliert werden (können). Sie sind nicht nur Ermittlungsadressaten sondern gewissermaßen auch „Ermittlungsgehilfen" der US-Behörden. Der Umstand der US-Berufsaufsicht wirkt sich gleichzeitig als eine mittelbare Aufsicht gegenüber der mandatierenden Gesellschaft aus.

In diesem Abschnitt geht es unter anderem darum, dass eine „Einsicht" in die Unterlagen der Wirtschaftprüfungsgesellschaft und damit in solche ihres Mandanten seitens der SEC erzwungen werden kann; die Kooperationspflicht der Wirtschaftsprüfungspraxen stellt ein weiteres Ermittlungsinstrument der SEC gegen das betroffene Unternehmen dar. Nicht nur das an der NYSE gelistete Unternehmen, sondern auch Wirtschaftsprüfungsgesellschaften, die Leistungen für in den USA börsennotierte Unternehmen erbringen, unterliegen dem amerikanischen Kapitalmarktrecht und damit der Aufsicht durch die SEC.[166] Allein die erforderliche Registrierung beim Public Company Accounting Oversight Board (PCAOB) bringt eine Reihe von Offenlegungspflichten des Abschlussprüfers mit sich.

Der Sarbanes-Oxley Act begründet nicht nur eine Reihe neuer Pflichten, sondern er unterstellt nicht-amerikanische Wirtschaftprüfer grundsätzlich auch der US-Gerichtsbarkeit (siehe Section 106(a) und insbesondere auch Section 106(b)(1)(B) SOA).[167]

---

165 Moritz/Gesse, Auswirkungen des SOA auf deutsche Unternehmen, 2005, S. 11.

166 Vgl. i.E. von der Crone/Roth, AJP 2003, 131 (136 f.), wonach Anknüpfungspunkt der Ort der Notierung und nicht der Sitz der Gesellschaft ist, so dass der SOA nicht nur für amerikanische Wirtschaftsprüfer von unmittelbarer Bedeutung ist.

167 von der Crone/Roth, AJP 2003, 131 (137 mit Fn. 52).

1. Das Public Company Accounting Oversight Board

Das Public Company Accounting Oversight Board (PCAOB) soll die Qualitäts- und Unabhängigkeitsanforderungen an die Wirtschaftsprüfer sicherstellen (Section 101) und stellt als neues Aufsichtsorgan für Emittenten und deren Prüfungsgesellschaften ein Kernstück des SOA dar. „Es bedeutet für die Wirtschaftsprüfer den Übergang vom Prinzip der Selbstregulierung zur delegierten staatlichen Beaufsichtigung".[168]

Das PCAOB finanziert sich durch Gebühren der registrierten Prüfungsgesellschaften (vgl. Section 109 SOA). Es handelt sich um eine privatrechtliche, nicht gewinnorientierte Gesellschaft, die zwar in finanzieller Hinsicht unabhängig ist, allerdings der SEC-Aufsicht unterliegt, da Section 107 SOA weitreichende Überwachungs- und Durchsetzungsbefugnisse vorsieht. Section 107 (b) (2) SOA schreibt für die vom Board zu erlassenden Regeln einen Genehmigungsvorbehalt vor. Die prozessualen und disziplinarischen Befugnisse des PCAOB richten sich nach Section 101 – 109 des Sarbanes-Oxley Acts.

Durch selbst erlassene Regeln insbesondere für die Prüfungsdurchführung, die Aufbewahrung von Unterlagen und die regelmäßige Berichterstattung (Section 103 SOA) sollen die Prüfungsgesellschaften ihrerseits auf Qualität, Unabhängigkeit und ethisches Verhalten überprüft und überwacht werden. Neben regulären Kontrollen (Inspections), die sich aber auch auf ausgewählte Prüfungsmandate erstrecken, können jederzeit (unangekündigte) anlassbezogene Sonderuntersuchungen (Investigations) durchgeführt werden. Das PCAOB berichtet über die Ergebnisse der eigenen Prüfung(en) schriftlich an die SEC.

Ohne Registrierung dürfen deutsche Wirtschaftsprüfer für in den USA börsennotierte Unternehmen nicht tätig werden.[169] Auch sind Prüfungsunternehmen betroffen, die einen Audit Report für Tochtergesellschaften des gelisteten Unternehmens anfertigen, wenn sie bei der Erbringung der Bestätigungsleistungen wesentlich beteiligt sind.[170]

Des Weiteren kommt eine Ausweitung auf nicht-registrierte Abschlussprüfer in Betracht, wenn deren Prüfungsleistungen einem registrierten Abschlussprüfer als Grundlage für sein Prüfungsurteil dienen. Gemäß Section 106 (b) SOA wird vermutet, dass die vorarbeitende Gesellschaft mit der Übergabe von

---

168 von der Crone/Roth, AJP 2003, 131 (135).

169 Moritz/Gesse, Auswirkungen des SOA auf deutsche Unternehmen, 2005, S. 16, 18; von der Crone/Roth, AJP 2003, 131 (135).

170 Lenz, BB 2002, 2270 (2271).

relevanten Dokumenten an SEC oder PCAOB grundsätzlich einverstanden ist.[171] Andernfalls könnte sich der registrierte Abschlussprüfer nicht auf das deutsche Prüfungsurteil stützen.

2. Die Anforderungen der US-Berufsaufsicht gemäß Section 102 SOA

Neben einer zu entrichtenden Gebühr müssen bestimmte Informationen, insbesondere über den Kundenstamm, offengelegt werden (vgl. Section 102 SOA),[172] um die jeweils jährlich zu erteilende Registrierung zu bekommen bzw. nicht zu verlieren. Gemäß Section 102 (b) (3) (A), (B) SOA muss zusammen mit dem Registrierungsantrag eine Zustimmungserklärung zur Kooperation mit dem PCAOB abgegeben werden, wobei sich diese Zusammenarbeit auch auf die Herausgabe von Arbeitspapieren und die Erbringung von Zeugenaussagen für die Zukunft erstrecken soll[173].

Nach Section 102 (b) (2) SOA müssen zum Zeitpunkt der Registrierung Angaben zu allen SEC-registrierten Mandanten des letzten und laufenden Kalenderjahres gemacht, eine Übersicht von allen an der Anfertigung von Audit Reports Beteiligten erstellt und sämtliche Informationen zu laufenden straf-, zivil-, verwaltungs- oder berufsrechtlichen Verfahren gegen die Gesellschaft oder gegen Personen, die bei der Erstellung oder Erteilung einer Prüfung mitgewirkt haben, offengelegt werden, wobei die Angaben nach Section 102 (d) SOA ständig zu aktualisieren sind.[174]

Die Herausgabe von Arbeitsmaterialien bzw. Informationen über in den USA registrierte Mandanten stellt dabei eine unabdingbare Voraussetzung für die Vornahme oder Aufrechterhaltung der Registrierung dar; die verweigerte Kooperation seitens des Prüfungsunternehmens führt zu einem vorübergehenden oder endgültigen Widerruf.[175]

3. Rechtskollision und Conflict of Law-Regelung

Problematisch erscheint bei deutschen Wirtschaftsprüfungsgesellschaften die Kollision der Interessen des geprüften Mandanten an Verschwiegenheit und Wahrung von Privatgeheimnissen bzw. Vertraulichkeit einerseits und die Offen-

---

171 Moritz/Gesse, Auswirkungen des SOA auf deutsche Unternehmen, 2005, S. 16.
172 von der Crone/Roth, AJP 2003, 131 (135).
173 Emmerich/Schaum, WPg 2003, 677 (681).
174 Moritz/Gesse, Auswirkungen des SOA auf deutsche Unternehmen, 2005, S. 17.
175 Moritz/Gesse, Auswirkungen des SOA auf deutsche Unternehmen, 2005, S. 20.

legungspflichten gegenüber dem PCAOB oder der SEC andererseits, wonach den deutschen Wirtschaftsprüfer von in den USA notierten Unternehmen die Pflicht trifft, Unterlagen vorzulegen oder sogar als Zeuge auszusagen (Section 102 SOA), wenn Untersuchungen durchgeführt werden, oder die Registrierung beim PCAOB die Erteilung von spezifischen Informationen erforderlich macht.

Die Einhaltung und Beachtung der Verschwiegenheit stellt für den Wirtschaftsprüfer eine berufsrechtliche Kardinalpflicht dar und gilt im Allgemeinen umfassend sowohl gegenüber staatlichen Stellen als auch gegenüber privaten Dritten; dass seine Schweigepflicht dem staatlichen Auskunftsanspruch vorgeht, ergibt sich aus den strafrechtlichen Bestimmungen der §§ 203 ff. StGB, § 333 HGB, § 138 VAG und § 151 GenG.[176] Gegenüber Strafverfolgungsbehörden steht dem Abschlussprüfer gemäß § 53 I S. 1 Nr. 3 StPO ein Zeugnisverweigerungsrecht zu, während seine Unterlagen und sonstigen privilegierten Dokumente des Unternehmens gemäß § 160a II StPO vor Ermittlungsmaßnahmen geschützt werden.

Sollen Informationen gegenüber der SEC oder dem PCAOB offengelegt werden, ist die Einwilligung des betroffenen Unternehmens erforderlich, da ansonsten Schadensersatzansprüche und strafrechtliche Konsequenzen drohen. *von der Crone/Roth* betonen zutreffender Weise, dass die Gesellschaft ihre Zustimmung zur Weitergabe von Informationen an US-amerikanische Institutionen der Kapitalmarktaufsicht in der Regel erteilen wird, weil sie ihre US-Notierung nicht verlieren will.[177] Das bloße Wissen des Unternehmens um die Pflichten der engagierten Prüfungsgesellschaft reicht im Sinne einer konkludenten Einwilligung nicht aus.[178] Vielmehr muss der Vorstand als zuständiges Organ in die Weitergabe von vertraulichen Informationen einwilligen, wobei Geschäftsgeheimnisse gemäß § 93 I S. 2 AktG vertraulich zu behandeln sind.[179] Es muss eine einzelfallbezogene Abwägung mit den gesellschaftsrechtlichen Pflichten vorgenommen werden,[180] die nicht nur der Erforderlichkeit sondern insbesondere auch der Verhältnismäßigkeit entsprechen muss. Läuft ein formelles Verfahren der SEC gegen die Mandantin, wird diese in der Regel kooperieren, um schwere Zwangsmittel zu vermeiden. Angesichts der amerikanischen Strafmilderungsdoktrin wird die Offenlegung auch verhältnismäßig sein. In der Praxis wird eine unternehmensseitige Entbindung von der Schweigepflicht i.S.v. § 53 II StPO

---

176 Leipold, in: Festschrift für Klaus Volk, 2009, S. 291 (293).
177 von der Crone/Roth, AJP 2003, 131 (138).
178 Moritz/Gesse, Auswirkungen des SOA auf deutsche Unternehmen, 2005, S. 21.
179 Moritz/Gesse, Auswirkungen des SOA auf deutsche Unternehmen, 2005, S. 21 f.
180 Moritz/Gesse, Auswirkungen des SOA auf deutsche Unternehmen, 2005, S. 21 f.

erfolgen, die zwar nicht auf einzelne Tatsachen, wohl aber auf Tatsachenkomplexe beschränkbar ist[181].

Die Wirtschaftsprüfungsgesellschaft wird die Einwilligung auch von solchen Mandanten verlangen, die in keinem direkten Zusammenhang mit der US-Börse stehen, was auf die umfangreichen Auskunfts- und Einsichtsrechte des PCAOB zurückzuführen ist.[182] Der Grundsatz der Verschwiegenheitspflicht kann richtigerweise nicht durch Hoheitsakte eines ausländischen Gesetzgebers und deren extraterritoriale Wirkung umgangen werden,[183] was allerdings zur angesprochenen Gefahr einer Nichtzulassung führen kann.

Des Weiteren muss die Übermittlung von Daten an eine US-Behörde wie das PCAOB den Anforderungen von § 4c I BDSG genügen, da die Europäische Kommission die Auffassung vertritt[184], dass das (europäische) Datenschutzniveau in den USA nicht ausreichend gewährleistet ist. Die Registrierung bei der US-Berufsaufsichtsbehörde kann aber unter den Ausnahmetatbestand „Übermittlung für die Wahrung eines wichtigen öffentlichen Interesses" (§ 4c I Nr. 4 BDSG) subsumiert werden, weil eine effektive Qualitätskontrolle und Aufsicht ebenfalls in Deutschland stattfindet.[185] Liegt eine Einwilligung des Betroffenen gemäß § 4c I Nr. 1 BDSG vor, muss allerdings vermutet werden, dass die Arbeitnehmer der Revisionsgesellschaft und des geprüften Unternehmens einem faktischen Zwang unterliegen.[186] Der Umgang mit Mandantendaten schafft folglich erhebliche Rechtsunsicherheiten.

Die vom PCAOB verabschiedeten Registrierungsregelungen, die die gemeinsame Stellungnahme vom Institut der Wirtschaftsprüfer (IDW) und der Wirtschaftsprüferkammer (WPK)[187] zu - aufgrund der extraterritorialen Auswirkungen des SOA resultierenden - Normenkonflikten mit dem deutschen Recht berücksichtigen, schränken die Mitteilungspflichten von deutschen Wirtschaftsprüfungsgesellschaften insoweit ein, als die Erteilung der erforderlichen Angaben im Rahmen der PCAOB-Registrierung gegen nationales Recht verstoßen

---

181 Meyer-Goßner, Kommentar StPO, § 53 Rn. 49.

182 Moritz/Gesse, Auswirkungen des SOA auf deutsche Unternehmen, 2005, S. 22.

183 Hilber/Hartung, BB 2003, 1054 (1057).

184 Entscheidung der Europäischen Kommission 2000/520/EWG, ABl. EG Nr. L 215/4 vom 25. August 2000.

185 Moritz/Gesse, Auswirkungen des SOA auf deutsche Unternehmen, 2005, S. 23 f.

186 Hilber/Hartung, BB 2003, 1054 (1059).

187 Gemeinsame Stellungnahme von WPK und IDW zu Proposal: Registration System for Public Accounting Firms, WPg 2003, 440 ff.

würde (sog. „Conflict of Law-Regelung).[188] Dies gilt vor allem im Hinblick auf berufsrechtliche und datenschutzrechtliche Vorgaben, wenn gegenüber dem PCAOB Angaben in Bezug auf Zivil- und Straf- oder Verwaltungsverfahren gemacht werden sollen.[189] Auch wird die Pflicht zur Auflistung von assoziierten Berufsangehörigen enger gefasst.[190]

Große Prüfungsgesellschaften, namentlich PwC und KPMG, haben zwar ihre Kooperationsbereitschaft gegenüber dem PCAOB gezeigt, jedoch mit dem deutschen Recht unvereinbare Erklärungen abgelehnt.[191] Dem Registrierungsantrag wurde dennoch stattgegeben.[192]

VI. Auswirkungen auf beauftragte Rechtsanwälte

1. Section 307 SOA

Vor der SEC auftretende Rechtsanwälte, die im Zusammenhang mit ihrer Unternehmenstätigkeit auf Beweise eines Verstoßes gegen US-Vorschriften oder Treupflichten seitens des Emittenten oder eines Officer, Director, Angestellten oder Vertreters des Emittenten stoßen, haben dem CEO oder CFO davon zu berichten (sog. up-the-ladder reporting) und im Falle einer ausbleibenden Reaktion (appropriate response) das Audit Committee zu verständigen.[193]

Kann die unternehmensseitige Begehung eines Rechtsverstoßes, der einen erheblichen Schaden für die Gesellschaft oder die Anleger verursachen kann (z.B. „schadensgleiche" Vermögensgefährdung durch Bildung schwarzer Kassen), nicht anders verhindert oder die unternehmensseitige Täuschung gegenüber der SEC oder ein Meineid bzw. eine entsprechende Anstiftung dazu in einem SEC-Verfahren nicht anders abgewendet werden, soll der *attorney* auch ohne Zustimmung des Emittenten vertrauliche Informationen gegenüber der SEC offenbaren.[194] Da Anwälten keine Zwangsmittel zur Verfügung stehen, sieht das US-Recht eine Durchbrechung des Anwaltsgeheimnisses zur effektiven

188 Moritz/Gesse, Auswirkungen des SOA auf deutsche Unternehmen 2005, S. 17; vgl. auch Arbeitskreis „Externe und Interne Überwachung der Unternehmung", BB 2004, 2399 (2403).

189 Vgl. Emmerich/Schaum, WPg 2003, 677 (681).

190 Moritz/Gesse, Auswirkungen des SOA auf deutsche Unternehmen, 2005, S. 24.

191 Moritz/Gesse, a.a.O. mit Fn. 108.

192 Leipold, in: Festschrift für Klaus Volk, 2009, S. 291 (298).

193 Vgl. Section 307 SOA und C.F.R. vom 29.1.2003, Release No. 33-8185, wonach gemäß § 205.3 (b) auch dem Chefsyndikus berichtet werden kann.

194 § 205.3 (d) (2) C.F.R. Release No. 33-8185.

Gefahrenabwehr durch die kapitalmarktrechtliche Sicherheitsbehörde SEC als erforderlich an. Das öffentliche Sicherheitsinteresse überwiegt das Unternehmensinteresse an der Geheimhaltung von Privatgeheimnissen.

Zwar heißt es, dass die neuen Richtlinien des DOJ für strafrechtliche Ermittlungen gegen Unternehmen vom 28.8.2008[195] das „attorney-client" privilege und die damit einhergehende privilegierte Kommunikation und das „work-product" privilege uneingeschränkt anerkennen (vgl. unten Kap. 5, 1(c)). Einen Verzicht auf die Geheimhaltung der Attorney-Client-Kommunikation dürfen die US-Behörden nicht mehr verlangen. Die Richtlinien wurden in ihrer neuen Version in das US-Attorneys' Manual eingefügt, dessen Adressaten das DOJ und die SEC sind.[196]

Problematisch bleibt aber, dass alle „underlying facts" offengelegt werden müssen, also der zugrunde liegende Sachverhalt preisgegeben werden muss, um von einer Kooperation sprechen zu können. Wie soll das gehen, wenn die Anwälte den Sachverhalt ermitteln!? Das Anwaltsprivileg wird ausgehöhlt, sofern das Unternehmen der Aufforderung der SEC nachkommt und zusammenarbeitet.

Ist es nun eine Täuschung gegenüber der SEC, wenn Teile des ermittelten Sachverhalts womöglich nicht offengelegt werden sollen? Die Schweigepflichtentbindung ist ja auf Tatsachenkomplexe beschränkbar. Die Anfrage der SEC geht nicht nur von uneingeschränkter Aufklärung, sondern ebenso von umfassender Informationsübermittlung aus. Die SEC irrt womöglich über Tatsachen, die die Grundlage für einen Vergleich zwischen den Parteien bilden sollen. Denn das Innenverhältnis bleibt für die SEC verdeckt, sofern nicht der SOA i.V.m. der C.F.R. dem betroffenen Anwalt etwas anderes vorschreibt. Das ist wesentlich, weil die von der deutschen Gesellschaft beauftragten Anwälte in einen Interessenkonflikt geraten, sofern sie nicht vom Anwendungsbereich der Offenbarungspflicht ausgenommen sind.

Die Commission Proposed Rule „Implementation of Standards of Professional Conduct for Attorneys (No. 33-8150)" zu Section 307 SOA hat mindestens genauso viele Fragen beantwortet wie neue geschaffen.

Unklar war nicht nur die Auslegung des Merkmals „appearing and practicing before the Commission", sondern auch die Anwendbarkeit der Vorschrift auf nicht amerikanische Rechtsanwälte, zumal sich wiederum US-Offenlegungspflichten einerseits und die Vertretung der Interessen des Emittenten andererseits, zu denen insbesondere auch die Inanspruchnahme der umfassenden an-

195 Vgl. http://www.usDOJ.gov/opa/documents/corp-charging-guidelines.pdf.
196 Wehnert, NJW 2009, 1190 (1192).

waltlichen Schweigepflicht gemäß § 43a II BRAO gehört, diametral gegenüberstehen. Es kommt zur Rechtskollision zwischen US-Recht und deutschem Standesrecht für Rechtsanwälte.

Hervorgehoben wurde, dass ein Anwalt lediglich in die Rolle eines Prüfers schlüpfen kann, wenn er nicht durch die Gesellschaft sondern vielmehr durch die Aktionäre oder eine Aufsichtsbehörde beauftragt wird.[197] Des Weiteren darf die ausschließliche Zuständigkeit der Strafgerichte (§ 1 StPO i.V.m. GVG) nicht dadurch umgangen werden, dass die SEC dem deutschen Rechtsanwalt *punitive damages* (Strafe einschließlich Schadensersatz) gemäß Exchange Act auferlegt[198]; § 205.6 (c) der beabsichtigten SEC-Verordnung verletzt den ordre public, weil die StPO und das Grundgesetz die Gewaltenteilung als Grundgedanken der deutschen Rechtsordnung voraussetzen,[199] so dass die Anwendung des US-Rechts nach inländischen Vorstellungen untragbar erscheint[200].

2. Final Rule: Implementation of Standards of Professional Conduct for Attorneys

Nachdem der SEC der drohende Konflikt mit ausländischem Berufsrecht nahe gelegt wurde,[201] wurden sog. Non-Appearing Foreign Attorneys vom Anwendungsbereich der Section 307 SOA und der dazugehörigen SEC-Vorschriften ausgenommen. In § 205.2 (j) der Commission Final Rule vom 29.1.2003, Release No. 33-8185 wird erläutert, dass diese Ausnahme greift, wenn der Rechtsanwalt in einem Staat außerhalb der USA zugelassen ist, sich nicht als Berater für US-Recht ausgibt bzw. darin berät und vor der SEC lediglich bei Gelegenheit und im Rahmen der gewöhnlichen Tätigkeit im Ausland auftritt. Auch muss das „back office", mit dem Rücksprache gehalten wird, die Voraussetzungen eines Non-Appearing Foreign Attorneys erfüllen.

Regelmäßig sind sowohl unternehmensinterne als auch externe deutsche Rechtsanwälte, die für den Emittenten mit der SEC in Kontakt treten oder diesen im Zusammenhang mit einem Verfahren, einer Untersuchung, einer Anfrage

---

197 Vgl. Stellungnahme der Bundesrechtsanwaltskammer (German Federal Bar) vom 17.12.2002 (verfügbar auf http://www.sec.gov/rules/proposed/s74502/dombek1.htm).
198 BGH, NJW 1992, 3096 (3103).
199 Vgl. Stellungnahme der Bundesrechtsanwaltskammer (German Federal Bar) vom 17.12.2002 (verfügbar auf http://www.sec.gov/rules/proposed/s74502/dombek1.htm).
200 Vgl. BGH, NJW 1992, 3096 (3101).
201 Vgl. Stellungnahme der Bundesrechtsanwaltskammer (German Federal Bar) vom 17.12.2002 (verfügbar auf http://www.sec.gov/rules/proposed/s74502/dombek1.htm).

oder Zeugenvorladung vertreten, von den US-Vorschriften ausgenommen, also als Non-Appearing Foreign Attorneys zu qualifizieren.[202]

Das up-the-ladder reporting muss allerdings erfolgen, sofern bzw. soweit das ausländische Recht dies zulässt[203] oder der betroffene Rechtsanwalt die Voraussetzungen eines Non-Appearing Foreign Attorney nicht erfüllt. In der Regel wird eine Berichterstattung an die Geschäftsleitung auch rechtmäßig sein, wenn das Unternehmen selbst dem Rechtsanwalt das Mandat erteilt hat.

Problematisch erscheint jedoch der direkte Kontakt zur SEC. Eine freiwillige Berichterstattung in die USA, sei es im Zusammenhang mit einer internal investigation, erfordert eine ausdrückliche Entbindung von der anwaltlichen Verschwiegenheitspflicht durch den Verfügungsberechtigten, § 53 II StPO, um eine sanktionslose Weitergabe von Informationen nach deutschem Recht zu ermöglichen. Dann unterliegt der Unternehmensanwalt vollumfänglich dem SOA und zwar ohne Einschränkungen, obwohl er in der BRD ermittelt. Bei amerikanischen Vertrauenskanzleien der SEC greifen die Ausnahmeregelungen natürlich nicht, so dass der SOA von Anfang an, also mit Anwaltsvertragsabschluss uneingeschränkte Geltung entfaltet.

Ein beabsichtigtes Geständnis des Unternehmens führt dazu, dass der mit der Aufklärung strafrechtlicher Sachverhalte beauftragte Anwalt gewissermaßen auch im Lager der US-Behörden steht, weil er nach US-Recht handeln muss, das ihn stärker an die Interessen der Allgemeinheit bindet. Die Pflicht gegenüber der Gesellschaft wird für ihn zur Pflicht gegenüber dem Staat. Das wird dann bedenklich, wenn ein von den US-Behörden ausgehender Geständniszwang Anlass hierfür ist (siehe unten Kap. 8, II.3).

---

202 Block, BKR 2003, 774 (784).

203 § 205.6 (d) C.F.R. Release No. 33-8185.

Viertes Kapitel: Das SEC-Verfahren gegen die Siemens AG

I. Die unabhängigen unternehmensinternen Ermittlungen durch Debevoise & Plimpton

Anfang 2007 leitete die SEC eine förmliche Untersuchung ein, nachdem die Staatsanwaltschaft bei dem Landgericht München gegen Verantwortliche der Siemens AG unter anderem wegen Angestelltenbestechung im internationalen Wettbewerb die Ermittlungen eingeleitet hat.

Um größeren Schaden durch hohe kapitalmarktrechtliche Bußen vom Unternehmen abzuwenden, beauftragte Siemens bereits im Dezember 2006 die weltweit tätige amerikanische Anwaltskanzlei *Debevoise & Plimpton LLP*, die das Vertrauen der SEC genießt, mit einer vollständigen und unabhängigen internen Ermittlung.[204] In Sachen „white collar criminal defense", insbesondere in Fällen mit US-Bezug, gehört die US-Kanzlei zur weltweit führenden, vor allem wenn es um die unternehmensinterne Aufklärung von großen Finanzskandalen geht.

Es war *Bruce Yannett*, Partner der New Yorker Kanzlei, der alle Siemens-Vorstände persönlich vernommen hat; dieser hatte vier Jahre als Staatsanwalt in Washington D.C. gearbeitet, bevor er bei Debevoise & Plimpton zum Partner aufstieg.[205]

Dass die Untersuchungsteams teilweise von früheren US-Staatsanwälten geleitet wurden, vermag aufgrund des Vertrauensverhältnisses zwischen der SEC und der Kanzlei nicht zu überraschen. Durch die Beauftragung einer „vertrauenswürdigen" Kanzlei, durch Abschluss eines vollständig wirksamen Anwaltsvertrags[206], zeigte die Siemens AG ihre Kooperationsbereitschaft.

An der „Privatermittlung" sollen 100 Anwälte von *Debevoise* und zahlreiche Wirtschaftsprüfer und Forensikexperten von *Deloitte* mitgewirkt haben, zweitausend Vernehmungen von Führungskräften aller Konzernbereiche stattgefunden haben sowie Millionen E-Mails überprüft worden sein und dadurch An-

---

204 Jahn, StV 2009, 41 (41).

205 Vgl. Freitag/Katzensteiner, manager magazin vom 20.4.2011, abrufbar unter http://www.manager-magazin.de/magazin/artikel/0,2828,746295,00.html.

206 So Wybitul, BB 2009, 606 (607).

waltskosten in Höhe von ca. 550 Mio. Euro entstanden sein, wovon 350 Mio. Euro an die von den Anwälten benötigten Helfer von *Deloitte* flossen.[207]

Der Untersuchungsauftrag umfasste nicht nur eine Tat oder einen Tatkomplex im strafprozessualen Sinne, sondern alle Unternehmensstrukturen; in den Worten des Vorsitzenden des Prüfungsausschusses des Aufsichtsrats der Siemens AG *Cromme*: „Das Mandat für Debevoise & Plimpton sieht eine vollständige und unabhängige Untersuchung vor. Vollständig heißt breit angelegt und konsequent. Die Untersuchung ... kann jeden Bereich, jede Region, jede zentrale Einheit, jedes Projekt und jede Person einschließen. Maßgeblich ist allein die Aufklärung der Fakten."[208]

Mit den weltweit aufgefundenen Beweismitteln, namentlich in Papier- und EDV-Form vorhandene Daten, Dokumente, E-Mails, sonstiger Schriftverkehr wie Verträge und durch die ebenfalls beauftragte Wirtschaftsprüfungsgesellschaft *Deloitte & Touche* überprüfte Buchhaltungsunterlagen und -programme, werden die Mitarbeiter dann im „Interview" konfrontiert. Die mit entsprechenden Vorhalten aus gesichteten und ausgewerteten Unternehmensunterlagen verbundene Befragung des betroffenen Arbeitnehmers erfolgt in inquisitorischer Art und Weise, sprich in vernehmungsähnlicher Gesprächssituation.[209]

Bei Siemens wurde damals von Inquisition gesprochen: „Das waren echte Verhöre. Da hätte man gleich zur Staatsanwaltschaft gehen können", sagt ein Topmanager.[210]

Die Vernehmungen laufen „in einer professionellen Atmosphäre" ab, betont *Wessing*.[211]

Die vom Unternehmen beauftragten Anwälte sind zu einem sog. „up-the-ladder reporting" über die Ergebnisse der Ermittlung zunächst zur Unternehmensspitze verpflichtet und zu einem späteren Zeitpunkt erfolgt der mündliche[212] Bericht an die SEC.

Problematisch ist jedoch, dass deutsche Ermittlungsbehörden die Ergebnisse der internen Ermittlungen informell und unaufgefordert durch die „Unterneh-

---

207 Vgl. Freitag/Katzensteiner, manager magazin vom 20.4.2011, abrufbar unter http://www.manager-magazin.de/magazin/artikel/0,2828,746295,00.html.

208 Vgl. Jahn, StV 2009, 41 (42).

209 Vgl. Wastl/Litzka/Pusch, NStZ 2009, 68 (70 f.).

210 Vgl. Freitag/Katzensteiner, manager magazin vom 20.4.2011, abrufbar unter http://www.manager-magazin.de/magazin/artikel/0,2828,746295,00.html.

211 Vgl. a.a.O.

212 Die mündliche Präsentation hat sich etabliert, um Schadensersatzklagen von Anlegern und Konkurrenzunternehmen zu vermeiden; vgl. Schulte/Görts, RIW 2006, 561 (568).

mensanwälte" erhalten[213] bzw. sich diese bewusst zu Nutze machen, um hieran ausgerichtet über den weiteren Verlauf des Ermittlungsverfahrens zu entscheiden[214]. Während in den USA das Opportunitätsprinzip gilt, ist die deutsche Staatsanwaltschaft aufgrund des Legalitätsprinzips verpflichtet diesen Anhaltpunkten nachzugehen.

Obwohl Siemens allen Mitarbeitern einen Rechtsbeistand auf Kosten des Konzerns für die „Interviews" zur Verfügung stellte und ein in Absprache mit SEC und *Debevoise* aufgesetztes Amnestieprogramm keine Kündigungen und Schadensersatzforderungen zusicherte – das Management der ersten Ebene war hiervon ausgenommen -, konnte das Unternehmen den Betroffenen eine Straffreiheit nicht versprechen.[215]

Aufgrund dieser Praxis entsteht die Gefahr einer Umgehung strafprozessualer und damit rechtsstaatlicher Mindeststandards (siehe ausführlich Kapitel 6 und 7), denn die Erkenntnisse basieren zum größten Teil auf den Aussagen geständiger Mitarbeiter gegenüber einer Privatperson. Die mit der Untersuchung beauftragten Mitarbeiter der Anwaltskanzlei sind keine staatlichen Organe und folglich keine Adressaten der StPO, sondern Privatermittler.

In der hier zu beurteilenden SEC-Konstellation könnte insbesondere das nemo-tenetur-Prinzip aufgrund arbeitsrechtlicher Auskunftspflichten sowie wegen der staatlichen Veranlassung (SEC als US-Bundesbehörde) der Ermittlungen verletzt sein.

II. Konsequenzen und Fazit der SEC-Untersuchung

Die Untersuchung der New Yorker Kanzlei *Debevoise & Plimpton* dauerte zwei Jahre, bis eine Einigung mit SEC und Staatsanwaltschaft zustande gekommen war. Die Börsenaufsicht vertraue der Kanzlei: „Solange wir die Ermittlungen noch nicht abgeschlossen haben, gibt es für das Unternehmen auch keine Einigung mit der SEC", sagt *Yannett*.[216]

---

213 Die Münchner Staatsanwaltschaft soll die Erkenntnisse, nach einer Berichterstattung von Debevoise an Siemens, vom Unternehmen erhalten haben, vgl. Jahn, StV 2009, 41 (42).

214 Vgl. Wastl/Litzka/Pusch, NStZ 2009, 68 (69); Pfordte, in: Strafverteidigung im Rechtsstaat, S. 740 (741).

215 Vgl. Freitag/Katzensteiner, manager magazin vom 20.4.2011, abrufbar unter http://www.manager-magazin.de/magazin/artikel/0,2828,746295,00.html.

216 Vgl. Freitag/Katzensteiner, manager magazin vom 20.4.2011, abrufbar unter http://www.manager-magazin.de/magazin/artikel/0,2828,746295,00.html.

In der Regel erhebt die SEC ein Vielfaches der gezahlten Schmiergelder, während die Siemens AG bei 1,3 Milliarden € verdächtigen Zahlungen lediglich 1,2 Milliarden € insgesamt an US-amerikanische und deutsche Behörden zahlen musste.[217]

Dass die strafrechtlich relevanten Vorgänge aus der Vergangenheit vollständig aufgeklärt wurden, ist aufgrund der außergerichtlichen Einigungen unwahrscheinlich. Siemens zahlte 450 Mio. US-Dollar an das DOJ, 350 Mio. US-Dollar an die SEC und mehr als 596 Mio. € an die deutschen Behörden, nachdem sich der Konzern zur - ersten gegen ihn gerichteten - strafrechtlichen Anklage wegen „internal controls and books and records“ schuldig bekannte[218] und die Tochtergesellschaften in Argentinien, Bangladesch und Venezuela Fehlverhalten im Zusammenhang mit den „anti-bribery and books-and-records“ Bestimmungen des FCPA einräumten.[219] Die Gesamtsumme aller Zahlungen – inklusive der Anwaltskosten für die interne Ermittlung - soll rund zwei Mrd. Euro betragen.[220] Zusätzlich verpflichtete sich Siemens im Rahmen der Einigung mit dem DOJ, einen vierjährigen „compliance monitor“ einzusetzen, wobei eine US-amerikanische Anwaltskanzlei bei der Aufsicht mitwirken musste, weil ein unabhängiger, nicht-amerikanischer beauftragt wurde.[221]

Allein die Aufwendungen für (externe) Untersuchungen mutmaßlicher Verstöße sowie Maßnahmen zur Verbesserung des internen Kontrollsystems beliefen sich für die Geschäftsjahre 2007 und 2008 auf insgesamt 857 Mio. €.[222] Ende 2006 bestand die Compliance-Abteilung noch aus wenigen Mitarbeitern und zwei Jahre später waren es mehr als 600.

100 Manager verloren ihren Arbeitsplatz, weitere 100 bekamen aufgrund freiwilliger Aussagen Amnestie und lediglich zwei von zehn Vorstandsmitgliedern sind heute noch für die Siemens AG tätig.[223]

---

217 Vgl. a.a.O.

218 United States v. Siemens, AG, No. 08-cr-367 (D.D.C. 2008); SEC v. Siemens, AG, No. 08-cy-02167 (D.D.C. 2008).

219 Vgl. Pilchen, in: Finanzmarkt ausser Kontrolle? Selbstregulierung – Aufsichtsrecht – Strafrecht, 2009, S. 93 (149, 150).

220 Vgl. Freitag/Katzensteiner, manager magazin vom 20.4.2011, abrufbar unter http://www.manager-magazin.de/magazin/artikel/0,2828,746295,00.html.

221 Vgl. Pilchen, in: Finanzmarkt ausser Kontrolle? Selbstregulierung – Aufsichtsrecht – Strafrecht, 2009, S. 93 (150).

222 Vgl. www.w1.siemens.com/investor/de/finanzpublikationen_events/geschaeftsberichte.htm.

223 Vgl. Freitag/Katzensteiner, manager magazin vom 20.4.2011, abrufbar unter http://www.manager-magazin.de/magazin/artikel/0,2828,746295,00.html.

Obwohl gegen Vorstandschef Klaus Kleinfeld und Aufsichtsratschef Heinrich von Pierer keine Beweise für etwaiges Fehlverhalten vorlagen, wurde ihnen durch Debevoise-Ermittler *Yannett* nahe gelegt, zurückzutreten, weil die SEC ansonsten den Personalwechsel zur Bedingung für eine schnelle Einigung machen würde.[224]

Die SEC-Untersuchung hatte neben den immensen Kosten für die unternehmenseigene Aufklärung und die Vergleichszahlungen an Behörden zur Folge, dass die Siemens AG weltweit auf sog. „schwarze Listen" für Auftragssperren der öffentlichen Hand gesetzt werden konnte[225]. Wirtschaftsverwaltungsbehörden haben mehr oder weniger keine andere Wahl außer Sanktionsmaßnahmen für kommende Ausschreibungen zu verhängen, wenn schon die Beweise für eine langjährige Manipulation des Wettbewerbs vom Unternehmen selbst, noch dazu in akribischer Art und Weise, geliefert worden sind. Dennoch ist es naheliegend, jedoch unerheblich, dass auch die Konkurrenz (vielleicht) die eine oder andere begleitende Zahlung in der Vergangenheit erbracht hat.

Siemens unterstützt neuerdings die Weltbank beim „Kampf gegen die Korruption" mit einem 100-Millionen-US-Dollar-Paket, um die Schulung von Beamten, Polizisten und Geschäftsleuten weltweit, insbesondere mit Blick auf die Fußball-Weltmeisterschaft 2014 und die Olympischen Spiele 2016, die beide in Brasilien stattfinden werden, zu fördern.[226] Diese Zahlung ist Teil eines Vergleichs mit der Weltbank, die dem Konzern nach dem „größten Schmiergeldskandal der deutschen Wirtschaft" mit „Strafsanktionen" gedroht hatte. „Das war Bestandteil der Auflagen der Weltbank", räumte Siemens-Vorstand Peter Solmssen ein; der Konzern hat das Engagement im Zuge der Aufarbeitung des oben erwähnten Skandals zugesagt, „um nicht für alle Ewigkeit von Aufträgen ausgeschlossen zu bleiben, die von der Weltbank mitfinanziert werden".[227]

Die Weltbank hat eine russische Siemens-Sparte mit Entscheidung vom 30.11.2009 für vier Jahre von jeglichen Aufträgen in Russland ausgeschlossen, während sie sich mit dem Industriekonzern darauf geeinigt hatte, dass Siemens auf die Teilnahme an Ausschreibungen für direkt von der Weltbank finanzierte Projekte in den Jahren 2009 und 2010 verzichtet und 15 Jahre lang jedes Jahr fünf Millionen Euro zur Korruptionsbekämpfung an Organisationen, wie zum

224 Vgl. a.a.O.

225 Vgl. Artikel „Siemens unter Kontrolle" unter: http://www.sueddeutsche.de/wirtschaft/312/431063/text/.

226 Vgl. http://www.unternehmer.de/siemens-zahlt-fur-kampf-gegen-schmiergeld-93499.

227 Vgl. a.a.O.

Beispiel die Vereinten Nationen, zahlt.[228] Immerhin konnte die „Höchststrafe" abgewendet werden, wonach ein Unternehmen bis zu acht Jahre lang von durch die Weltbank finanzierten Aufträgen ausgeschlossen werden kann.[229]

Zwar wird die Öffentlichkeit durch eine umfangreiche langjährige interne Untersuchung gewissermaßen für eine gewisse Zeit zufrieden gestellt.[230] Allerdings können der Strafjustiz stückchenweise immer wieder neue Informationen zukommen,[231] so dass die Siemens AG und ihre (Ex-)Manager aufgrund der einseitigen, oft reißerischen, Berichterstattung immer wieder negative Schlagzeilen machen werden, die Aktienkurse abzustürzen drohen und die Investoren wegen der erlittenen Schäden möglicherweise sog. class actions (private Sammelklagen) in Erwägung ziehen.[232] Berichten zufolge soll wegen des gegenständlichen Korruptionsvorfalls gegenwärtig gegen die Siemens AG in Liechtenstein, Italien, Griechenland und der Schweiz ermittelt werden, während deutsche Behörden immer noch Vorwürfe gegen (damalige) verantwortliche Führungskräfte untersuchen sollen.[233]

Paradebeispiel ist die vier Jahre nach Aufdeckung des Siemens-Schmiergeldskandals im Januar 2011 erstmals gegen ein ehemaliges Mitglied des Konzernvorstands angelaufene Hauptverhandlung vor dem Landgericht München I. Thomas Ganswindt soll ab 2001 als Chef der Siemens-Kommunikationsnetzsparte ICN und von 2004 bis 2006 als Zentralvorstand für den Telekommunikationsbereich schwarze Kassen geduldet und Hinweise auf Bestechung potenzieller Kunden im Ausland ignoriert haben. Der Strafprozess wegen „vorsätzlicher Verletzung der Aufsichtspflicht" und Steuerhinterziehung - die sog. „nützlichen Aufwendungen" gingen am deutschen Fiskus vorbei - wurde schließlich am 19. Mai 2011 gegen Zahlung einer Geldauflage in Höhe von € 175.000,- gemäß § 153a StPO vorläufig eingestellt.[234]

---

228 Vgl. http://de.reuters.com/articlePrint?articleId=DEBEE5B000L20091201.

229 Vgl. a.a.O.

230 Minoggio, Firmenverteidigung, 2010, Rn. 158.

231 Vgl. nur Minoggio, Firmenverteidigung, 2010, Rn. 158, 159.

232 Vgl. zu dieser Kausalkette nur Wehnert, in: Festschrift für Egon Müller, S. 729 (731).

233 Vgl. Pilchen, in: Finanzmarkt ausser Kontrolle? Selbstregulierung – Aufsichtsrecht – Strafrecht, 2009, S. 93 (150).

234 Vgl. unter: http://www.ftd.de/unternehmen/industrie/:thomas-ganswindt-prozess-gegen-siemens-manager-eingestellt/60054605.html.

Fünftes Kapitel: Die Aufklärungspflicht von Unternehmensmitarbeitern in „SEC-Verfahren“

I. Hintergrund der freiwilligen unternehmensinternen Ermittlungen durch Beauftragung eines Privatermittlers

SOA, FCPA und SEC stehen spätestens seit den Siemens- und Daimler-Untersuchungen auch als Synonym dafür, dass deutsche Unternehmen zu eigenen Lasten strafrechtlich relevante Vorgänge der Vergangenheit aufklären bzw. durch eine amerikanische Anwaltskanzlei aufklären lassen und die gewonnenen Ergebnisse der SEC freiwillig zu eigenen Lasten präsentieren.

1. Die Situation des Arbeitgebers

Ab dem Zeitpunkt der Börsennotierung - auch „listing“ genannt - untersteht das Unternehmen dem US-amerikanischen Foreign Corrupt Practices Act (FCPA), der grundsätzlich auch auf Auslandssachverhalte Anwendung findet[235] und vor allem dem Sarbanes-Oxley-Act (SOA). Um die Strafzumessung aus präventiv-strategischen Gesichtspunkten positiv zu beeinflussen, haben Unternehmen Compliance-Programme eingeführt, deren strafmaßreduzierende Wirkung sich aus den US Sentencing Guidelines (USSG) ergibt.

Die sich aus FCPA und SOA ergebenden Pflichten sind auch für einen internationalen Konzern mit existenzgefährdenden Geldstrafen bewehrt. In den USA muss ein Unternehmen um seine Existenz bangen, wenn es bei der Aufklärung der Vorwürfe nicht kooperiert.[236] Allerdings kennt das US-Recht auch eine Strafzumessungsdoktrin, nach der sich die Aufarbeitung von verdachtsbegründenden Verhaltensweisen durch das Unternehmen selbst strafmildernd auswirkt.[237]

---

235 Bannenberg, in: Wabnitz/Janovsky, Handbuch des Wirtschafts- und Steuerstrafrechts, 2007, 10. Kapitel Rn. 139 ff.

236 Wehnert, in: Verhandlungen des 67. DJT 2008, Band II/2, Teil L, S. 157 (158).

237 Wehnert, in: Festschrift StrauBRAK, S. 175 (179).

Die mündliche Präsentation der Untersuchungsergebnisse in Form eines Abschlussberichts an die SEC hat sich angesichts der Gefahr von Schadensersatzklagen von Aktionären[238] und Konkurrenten[239] etabliert.[240]

In der Vergangenheit (zum Thompson-Memorandum vgl. noch ausführlich unter 1(b)) akzeptierte die US-amerikanische Justiz eine strafzumessungsrelevante Kooperation aber nur dann, wenn das Unternehmen auf das *attorney-client privilege* verzichtete und alle geschützten Erkenntnisse auch gegenüber staatlichen Stellen offenlegte.[241] Ein solcher unternehmensseitiger Verzicht auf das Vertraulichkeitsprivileg kann zu dem (gewünschten) Resultat führen, dass das DOJ von einer drohenden Einleitung des Strafverfahrens gegen das Unternehmen Abstand nimmt.[242]

Des Weiteren besteht die Gefahr, dass die SEC wegen der Inanspruchnahme von Aussageverweigerungsrechten seitens der betroffenen Mitarbeiter oder leitenden Angestellten in den, in der Regel nachfolgenden, zivilrechtlichen Verfahren eine sog. „adverse inference" („feindliche Einmischung") geltend macht.[243] Eine solche nachteilige Schlussfolgerung darf in einem US-Strafverfahren gegen das deutsche Unternehmen aber nicht getroffen werden.[244] Dennoch berücksichtigt das DOJ auch die (außerprozessuale) Kooperationsbereitschaft gegenüber der SEC, zumal das DOJ auf die Untersuchungsergebnisse der SEC in der Regel angewiesen ist.

a. Das „attorney-client privilege"

Die SEC erwartet natürlich, dass auf etwaige Client-Attorney-Privilegien zwischen der beauftragten externen Anwaltskanzlei und dem Unternehmen seitens

---

238 Anleger können korruptionsbedingte Kursverluste als Schadensersatzposten im Wege von privaten Sammelklagen (sog. „class actions") stellvertretend für eine Vielzahl von Personen geltend machen (vgl. Federal Rules of Civil Procedure, Rule 23).

239 Konkurrenzunternehmen können nach 18 U.S.C. §§ 1962, 1964(c) auf Schadensersatz klagen, wenn das beklagte Unternehmen einen öffentlichen Auftrag aufgrund von Bestechung erlangt hat.

240 Vgl. Schulte/Görts, RIW 2006, 561 (568).

241 Teil VI. B., 4. Absatz, http://www.usdoj.gov/dag/cftf/corporate-guidelines.htm.

242 Vgl. Schulte/Görts, RIW 2006, 561 (567).

243 Vgl. nur Senderowitz/Ugarte/Cortez, wistra 2008, 281 (284).

244 Siehe Baxter v. Palmigiano, 425 U.S. 308 (1976); SEC v. Graystone Nash, Inc., 25 f.3d bei 190.

letzterem ausdrücklich verzichtet wird[245], damit ein regelmäßiger Bericht der Ergebnisse an die US-Börsenaufsicht SEC erfolgen kann ohne dabei gegen die seit Aufgabe des Thompson Memorandum (hierzu gleich (b)) stärker geschützten Verteidigungsrechte zu verstoßen.

Das McNulty Memorandum sieht die Entbindungserklärung nicht mehr als zwingende Voraussetzung[246] für die Bejahung einer Kooperation (siehe zu den Vorteilen einer Kooperation im Einzelnen gleich unter (b)) seitens des Unternehmens an, allerdings kann sie weiterhin seitens der Strafverfolgungsbehörden gefordert und demnach auch gewährt werden. Die im US-Attorneys' Manual, dessen Adressaten DOJ und SEC sind, enthaltene Version der Richtlinien (siehe unten (c)) differenziert zwar zwischen privilegierten und nicht-privilegierten Informationen, wobei der Verzicht auf die Geheimhaltung der geschützten „Attorney-Client"-Kommunikation nicht mehr verlangt werden darf. Jedoch entstehen in der Praxis oftmals Unschärfen zu den weiterhin nicht privilegierten „zu Grunde liegenden Fakten" bzw. "underlying facts" und dem Unternehmen bleibt natürlich die Möglichkeit auch die „privilegierte Kommunikation" freiwillig offenzulegen.

b. Das Thompson Memorandum

Die vom US-amerikanischen Justizministerium (DOJ) im Jahre 1999 veröffentlichten Richtlinien[247] zur Verfolgung von Unternehmen, namentlich „Federal Prosecution of Corporations" (Holder-Memorandum), wurden 2003 durch das Thompson-Memorandum verschärft und heißen jetzt „Principles of Federal Prosecution of Business Organizations".

Dieses restriktive Memorandum legte neue Kriterien fest, die für die Entscheidung der Klageerhebung respektive für die Entscheidung der Gewährung von Strafrabatten seitens der US-amerikanischen Staatsanwaltschaft relevant sind. Relevante Faktoren sind insbesondere die zügige und freiwillige Aufde-

245 Dies ist auch nach deutschem Recht gemäß § 53 II StPO unproblematisch möglich. Hiernach dürfen Rechtsanwälte im Falle einer Entbindungserklärung seitens des Mandanten gegenüber staatlichen Stellen nicht das Zeugnis verweigern; vgl. hierzu Dahs in Löwe-Rosenberg, Kommentar StPO, § 53 Rn. 70. Dadurch wird die Rechtswidrigkeit der Schweigepflichtverletzung nach § 203 StGB beseitigt.

246 "However, the McNulty Memo states that waiver of the attorney-client and work product protections is not a prerequisite to a finding that a company has cooperated in an investigation"; vgl. Bericht vom 19.1.2007 von Sutherland Legal Alert unter: http://www.doj.com.

247 Diese Richtlinien dienen der Umsetzung von FCPA und SOA durch die US-Staatsanwaltschaft.

ckung der Straftat durch das Unternehmen und in diesem Zusammenhang dessen uneingeschränkte Bereitschaft zur Kooperation mit den Ermittlungsbehörden.[248]

Die Erläuterungen zum Thompson Memorandum fordern die Unternehmen auf, als Teil ihres Compliance-Programms unternehmensinterne Ermittlungen vorzunehmen, wobei die SEC als Anlaufstelle zur Entgegennahme von Ergebnissen hervorgehoben wird; das Unternehmen wird im untechnischen Sinne zur Selbstanzeige angehalten.[249]

Allerdings müsse das Unternehmen schon den Täter einschließlich der „senior executives“ identifizieren und Zeugen präsentieren, indem es die gesamten Ergebnisse der internen Sachverhaltsermittlung offenlegt. Nur dann kann das Opportunitätsprinzip – dieses ist in den USA die Regel[250], so dass das Thompson-Memorandum offensichtlich eine restriktive Richtlinie darstellte - zur Anwendung gelangen und eine Absprache (Deferred Prosecution Agreement) zustande kommen oder zumindest eine Strafmilderung gewährt werden.

Vielmehr kann die Qualität der Kooperation bereits dann zweifelhaft sein, wenn das Unternehmen den Mitarbeiter in irgendeiner Form schützt, sei es durch die Übernahme von Verteidigungskosten[251] oder den Verzicht auf Sanktionen samt Weiterbeschäftigung oder etwa die Koordination einer gemeinsamen Verteidigungsstrategie.[252]

Die Praxis hat gezeigt, dass auch große amerikanische Unternehmen sich dem Thompson-Memorandum uneingeschränkt gebeugt haben, um eine existenzbedrohende[253] Anklageerhebung zu vermeiden. Das Paradebeispiel hierfür war die im August 2005 von der KPMG mit der Staatsanwaltschaft getroffene Vereinbarung einer „zurückgestellten Anklage“ (Deferred Prosecution) wegen diverser Steuerumgehungssachverhalte. Tagesgleich erfolgte die Anklage gegen 9 Beschuldigte, von denen 7 ehemalige Partner von KPMG waren.

Im Verfahren United States vs. Stein haben dreizehn Angeklagte Beschwerde gegen die Anklage erhoben. Diese war darauf gestützt, dass die Anklage ge-

248 Wehnert, in: Festschrift StrauBRAK, S. 175 (179).

249 Vgl. Wehnert, in: Festschrift für Egon Müller, S. 729 (734).

250 Vgl. Wastl/Litzka/Pusch, NStZ 2009, 68 (69).

251 Die Kostenübernahme der Verteidigung von Betriebsangehörigen ist in Deutschland unter dem Gesichtspunkt der Schutzpflicht des Arbeitnehmers und der sinnvollen Koordination der Verteidigung für das Unternehmen grundsätzlich möglich; vgl. Volk/Wessing II, MAH Wirtschafts- und Steuerstrafsachen, 2006, § 11 Rn. 220.

252 Wehnert, in: Festschrift StrauBRAK, S. 175 (180).

253 Bei Arthur Anderson führten die Wahrnehmung von Verteidigerrechten und das anschließende Urteil im Juni 2002 in die Unternehmensexistenzvernichtung, weil die Gesellschaft sich nicht den US-Federal Sentencing Guidelines unterworfen hat.

gen die Individuen wegen der durch diese Vorgehensweise begangenen Verfassungsverstöße und daher wegen „prosecutorial misconduct“ vom District Court nicht zur Hauptverhandlung zugelassen werden darf. Der District Court erkannte auf einen Verstoß gegen den Anspruch auf ein faires Verfahren (Fifth Amendment) und einen Verstoß gegen das Recht auf Rechtsbeistand (Sixth Amendment).

Das Departement of Justice (DOJ) musste im August 2008 die Bestätigung des Nichteröffnungsbeschlusses im Strafverfahren gegen Verantwortliche der KPMG LLP hinnehmen, weil das US-Berufungsgericht für den Second Circuit in der Anwendung des Thompson-Memorandums eine Verletzung des Sixth Amendment (Recht auf freie Anwaltswahl) bestätigte, da von KPMG trotz vorbildlicher Kooperation verlangt wurde, keine Strafverteidigungshonorare der Mitarbeiter zu übernehmen.[254] Vielmehr wurde die KPMG veranlasst die Mitarbeiter aufzufordern, sich den Ermittlungsbehörden ohne Anwalt zu offenbaren und im Falle des Bestehens auf deren Schweigerecht mit Entlassungen zu drohen.[255]

Die Richtlinie wurde vom DOJ modifiziert, indem die Verteidigungsrechte wie die Sockelverteidigung[256] und das Attorney-Client Privilege in verstärktem Maße anerkannt wurden[257], und heißt seit Dezember 2006 „McNulty Memorandum“[258].

c. Neue Richtlinien im US-Attorneys' Manual

Das DOJ hat am selben Tage der Entscheidung des Berufungsgerichts in Sachen US vs. Stein vom 28.8.2008, Bestätigung des Nichteröffnungsbeschlusses des District Court, die Richtlinien nochmals modifiziert und in das US-Attorneys' Manual eingefügt, das lediglich das DOJ und die SEC adressiert.

Seit Herbst 2008 akzeptieren die US-Bestimmungen eine Kooperation des Unternehmens, obwohl die ermittelnden Anwälte nicht vollständig von ihrer

254 Minoggio, Firmenverteidigung, 2010, Rn. 107.

255 Wehnert, NJW 2009, 1190 (1191) unter III. erster Absatz.

256 Unter Sockelverteidigung versteht man die Aufgabe des Unternehmensanwalts neben der Wahrnehmung der unmittelbaren Interessen des Unternehmens die Verteidigung mehrerer beschuldigter Mitarbeiter zu organisieren; vgl. Volk/Kempf, MAH Wirtschafts- und Steuerstrafsachen, 2006, § 10 Rn. 109 ff.

257 Vgl. hierzu Wehnert, in: Festschrift für Egon Müller, S. 729 (737).

258 Vgl. http://www.usdoj.gov/dag/speech/2006/mcnulty_memo.pdf.

Schweigepflicht befreit werden oder eine unternehmensseitige Finanzierung der Honorare für die Mitarbeiterverteidigung erfolgt.[259]

Für die Bewertung der Kooperationsbereitschaft eines Unternehmens ist zu trennen zwischen „privilegierter Kommunikation" und den „zu Grunde liegenden Fakten". Die Offenlegung der sog. „underlying facts" darf von der US-Staatsanwaltschaft nach wie vor für die Gewährung von Kooperationskrediten abhängig gemacht werden, während ein Verzicht auf die Geheimhaltung der – nunmehr wieder privilegierten – „Attorney-Client" und „Work-Product" Dokumente von der US-Staatsanwaltschaft nicht mehr verlangt werden darf.[260]

Problematisch erscheint allerdings die Handhabung in der Praxis, da die Grenzen bei den aus internen Ermittlungen resultierenden Informationen fließend sind. Denn die beauftragte Anwaltskanzlei nimmt die komplette Untersuchung vor und die so gewonnenen Fakten können nur schwer offengelegt werden ohne gleichzeitig die Art der Informationserhebung bei anwaltlichen Mitarbeiterbefragungen zu verraten. Allerdings steht es dem Unternehmen weiterhin frei, Unterlagen der „Attorney-Client"-Kommunikation zu offenbaren.

Es gilt beispielsweise nicht mehr als unkooperativ, wenn das Unternehmen der SEC lediglich anonymisierte Informationen über den gegenständlichen Sachverhalt verschafft, sprich von einer Benennung der Beteiligten und Zeugen absieht.[261] Hiernach soll sich die arbeitsrechtliche Auskunftspflicht der Beschäftigten auf die Informationen als solche beschränken, weil der Mitarbeiter mit Preisgabe seiner eigenen Rolle gleichzeitig Tatsachen als mögliche Grundlage für eine Kündigung des Arbeitgebers offenbaren würde. Nach den bis Sommer 2008 gültigen US-Regularien überwog im Rahmen einer arbeitsrechtlichen Interessenabwägung regelmäßig das Informationsinteresse des Arbeitgebers, der ein erhebliches Auskunftsinteresse zur Vermeidung von potentiell existenzbedrohenden Geldbußen haben kann, das Interesse des Arbeitnehmers (teilweise) zu schweigen.[262]

Keinen Bonusverlust wegen mangelnder Kooperation zur Folge haben im Ergebnis die Nichtoffenlegung der anwaltlichen Arbeitsergebnisse, die Zahlung der Rechtsanwaltshonorare durch das Unternehmen für den Beschuldigten oder

---

259 Bittmann/Molkenbur, wistra 2009, 373 (374); vgl. auch Wybitul, BB 2009, 606 (607).

260 Vgl. Wehnert, NJW 2009, 1190 (1192).

261 Vgl. nur Bittmann/Molkenbur, wistra 2009, 373 (376).

262 Vgl. umfassend Bittmann/Molkenbur, wistra 2009, 373 (376).

die Stellung der eigenen (Unternehmens-)Verteidiger und die Teilnahme des Unternehmens an einem „joint defense agreement“ (Sockelverteidigung).[263]

Abzuwarten bleibt jedoch die Annahme von der Praxis, zumal das US Attorneys‘ Manual keinerlei Bindungswirkung entfaltet. Nach bereits vorliegenden Entwürfen des US-Gesetzgebers soll es Staatsanwälten nicht mehr erlaubt sein, ein Unternehmen aufzufordern, Mitarbeiter im Falle der Berufung auf ihre (Schweige-)Rechte aus dem Fifth Amendment (Verbot der Selbstbelastung) zu entlassen.[264]

Es wird allerdings im Interesse des Unternehmens bleiben, insbesondere unter dem Eindruck der bis (einschließlich) Sommer 2008 gängigen US-Praxis, alle Informationen samt Identität der Betroffenen offenzulegen, um sich bestmöglich zu entlasten und Kooperationsbereitschaft zu zeigen, so dass eine spürbare Entspannung des Interessenkonflikts zwischen Arbeitgeber und -nehmer vorerst nicht zu erwarten ist.

2. „Amnestieangebot“ des Arbeitgebers

Sogenannte Kronzeugen- und Amnestieregelungen des Arbeitgebers sollen den Arbeitnehmer durch rein zivil- und arbeitsrechtliche Vorteilsversprechen, meistens in Form von Sanktionsverzicht, zur Aussage ermutigen.

Die Unternehmensleitung muss allerdings zum Wohl der Gesellschaft handeln (vgl. § 93 AktG oder § 43 GmbHG), wenn sie sich dieses Instruments bedienen möchte. Nach einer Auffassung sind allgemeine oder zu Gunsten einer Gruppe von Beschäftigen gewährte Haftungs- und Kündigungsverzichtserklärungen ohne Bezug zu konkreten Aufklärungsmaßnahmen unzulässig; es müsse stets eine Frage des Einzelfalles bleiben, ob Verschonungen gegenüber aufklärungsfähigen Mitarbeitern erforderlich und angemessen sind.[265]

Dazu gehört zum Beispiel der arbeitgeberseitige Forderungsverzicht, namentlich Ansprüche auf Schadensersatz wegen Beteiligung an Korruptionshandlungen, gegenüber dem aussagebereiten Arbeitnehmer. Die Schadensersatzansprüche stellen wegen der in § 840 I BGB geregelten gesamtschuldnerischen Haftung eine existenzielle Bedrohung dar,[266] weil die Lehre vom innerbetrieblichen Schadensausgleich bei vorsätzlichem Verhalten des Arbeitnehmers keine Haftung des Arbeitgebers vorsieht.

263 Vgl. zusammenfassend Wehnert, NJW 2009, 1190 (1192).
264 Wehnert, NJW 2009, 1190 (1192).
265 Vgl. nur Göpfert/Merten/Siegrist, NJW 2008, 1703 (1704).
266 Vgl. nur Jahn, StV 2009, 41 (42).

Die Mitarbeiter, die freiwillig kooperieren und über mögliche Verstöße gegen Gesetze informieren, müssen regelmäßig nicht befürchten, dass das Beschäftigungsverhältnis einseitig mittels ordentlicher oder auch außerordentlicher Kündigung beendet wird. Ein beliebtes Instrument ist die Verdachtskündigung, wenn für den dringenden Tatverdacht überwiegend wahrscheinliche Umstände vorliegen, wobei das Ergebnis eines parallel geführten Strafverfahrens für den Arbeitgeber nicht bindend ist.[267]

Dass im umgekehrten Falle des Schweigens mit Kündigungen nicht „gespart" wird, kann auch damit zusammenhängen, dass das Unternehmen die SEC von der Ernsthaftigkeit des Reformwillens überzeugen möchte.[268]

Weitere Maßnahmen, die von einer (freiwilligen) Aussage abhängig gemacht werden können, sind die Zurückhaltung von Gehalt oder Gehaltsbestandteilen[269], der mögliche Verlust von Pensionsansprüchen und nicht zuletzt die Übernahme von Rechtsanwaltskosten durch das Unternehmen[270], welche dem Arbeitnehmer für einen individuellen Verteidiger im nachfolgenden strafrechtlichen Verfahren entstehen (können), denn auch der Arbeitgeber kann ein eigenes Interesse an der effektiven Verteidigung seiner (ehemaligen) Mitarbeiter, sei es im Rahmen einer Sockelverteidigung, haben.

Des Weiteren kann die Kostenübernahme unter die (zusätzliche) Bedingung gestellt werden, dass tatsächlich keine (vorsätzliche) Strafbarkeit des Betroffenen zu Grunde liegt und/oder dass sich dieser der Verteidigungsstrategie des Unternehmens unterwirft (vgl. noch ausführlich Kap. 8, I.2).[271] Die Bedingung, dass keine (vorsätzliche) Straftat durch den Mitarbeiter begangen wurde, bleibt im Falle einer Einstellung nach § 153a StPO im Zweifel unbeantwortet und schafft eine dem Betroffenen nicht zumutbare Ungewissheit.[272] Auch sind einige Wirtschaftstraftaten nicht durch bloße Fahrlässigkeit verwirklichbar (vgl. z.B. § 299 StGB).

Aufgrund der regelmäßig diametralen Interessen von Arbeitgeber und -nehmer erscheint auch die Bedingung einer Verteidigungskoordination mit dem Unternehmensanwalt als praxisuntauglich[273] – sie kann nicht nur zu einem Kon-

---

267 Vgl. Müller-Glöge, in: Erfurter Kommentar, § 626 BGB Rn. 174.

268 So Schulte/Görts, RIW 2006, 561 (567); vgl. auch Walisch, Organisatorische Prävention gegen strafrechtliche Haftung nach US-Recht, 2004, S. 82 f.

269 Vgl. ausführlich Göpfert/Merten/Siegrist, NJW 2008, 1703 (1706 f.).

270 Vgl. Volk/Wessing II, MAH Wirtschafts- und Steuerstrafsachen, 2006, § 11 Rn. 220.

271 Vgl. Göpfert/Merten/Siegrist, NJW 2008, 1703 (1704 f.).

272 Vgl. Pfordte, in: Strafverteidigung im Rechtsstaat, S. 740 (750).

273 Vgl. Volk/Wessing II, MAH Wirtschafts- und Steuerstrafsachen, 2006, § 11 Rn. 220.

flikt mit §§ 136, 137 StPO führen, sondern auch das (rechtmäßige) Individualinteresse an einer schnellen Verfahrensbeendigung durch unvollständige Aufklärung des wirtschaftsstrafrechtlichen Sachverhalts tangieren.

Andere empfehlen eine darlehensweise Überlassung der Verteidigungskosten,[274] um über das „ob" der Rückzahlung je nach Verfahrensausgang zu entscheiden.

Nach wiederum anderer Auffassung, die an die Treuepflichten des Unternehmens appelliert, sollen die Honorare für den (Individual-)Verteidiger jedenfalls dann übernommen werden, wenn die verfahrensgegenständlichen Handlungen nicht von Eigennutz und feindlicher Gesinnung geprägt waren.[275]

Im Falle des Schweigens sollen diese Vorteile ganz einfach in Nachteile umgekehrt werden. Verweigert der Arbeitnehmer die Aussage, drohen nicht nur die Verdachtskündigung bzw. (nun) die verhaltensbedingte Kündigung, sondern daneben auch immense Schadensersatzforderungen; natürlich hat er jetzt die notwendigen Kosten für seinen Verteidiger selber zu tragen.

3. Die Situation des Arbeitnehmers - Interessenkonflikt

Das Individualinteresse des Betroffenen besteht vorrangig darin, seine Existenz zu sichern, indem arbeitsvertragliche Konsequenzen, Schadensersatzansprüche des Unternehmens und vor allem eine persönliche Bestrafung durch den Staat vermieden werden. Problematisch wird das Einzelschicksal, wenn der Mitarbeiter kraft Arbeitsrecht zu einer Mitwirkung bei der Aufklärung strafrechtlich relevanter Sachverhalte veranlasst wird. Die Mitwirkungspflicht des Arbeitnehmers soll nicht nur die Auskunft auf Befragungen, sondern auch die Herausgabe von Dokumenten und Arbeitspapieren umfassen.

Als Beschuldigter nimmt der Arbeitnehmer hingegen naturgemäß eine defensive Position ein, wobei er in strafprozessualer Hinsicht insbesondere dadurch privilegiert ist, dass ihm das Schweigerecht nach § 136 I S. 2 StPO und die jederzeitige Konsultation eines Strafverteidigers nach § 137 StPO zusteht.

Eine Zwangslage kann sich allerdings auch ohne Beschuldigtenstatus ergeben, da den Unternehmensmitarbeiter die identische Aussagepflicht im Rahmen einer „Zeugenbefragung", sei es auf Grundlage von § 241 II BGB, trifft[276]. Die StPO nimmt bei anstehenden Befragungen zu Kollegen oder der Geschäftslei-

---

274 Vgl. Volk/Kempf, MAH Wirtschafts- und Steuerstrafsachen, 2006, § 10 Rn. 143.

275 Vgl. Volk/Wessing II, MAH Wirtschafts- und Steuerstrafsachen, 2006, § 11 Rn. 220.

276 Vgl. Volk/Wessing II, MAH Wirtschafts- und Steuerstrafsachen, 2006, § 11 Rn. 182.

tung auch keine Rücksicht auf solche Solidaritätskonflikte, zieht allerdings die Grenze im Falle eigener Strafverfolgungsgefährdung nach § 55 StPO und gewährt insbesondere das grundsätzliche Recht auf einen Zeugenbeistand nach § 68b I S. 1 StPO.[277]

Muss ein Arbeitnehmer zum Nachteil eines Kollegen aussagen, kann aufgrund des schmalen Grats zwischen Mitwisserschaft, psychologischer Unterstützung und Tatbeteiligung eine Verwendung seiner Angaben in einem späteren Strafverfahren gegen ihn selbst drohen. Unabhängig davon, ob eine Sockelverteidigung/ Firmenverteidigung existiert, sollte der Ausfluss einer arbeitsrechtlichen Fürsorgepflicht den Arbeitnehmer (auch) in seiner Zeugenrolle nicht schutzlos belassen und ihm mittels eines anwaltlichen Zeugenbeistands zur Seite stehen.[278]

a. Die wirtschaftliche und arbeitsrechtliche Situation des Arbeitnehmers

Das allgemeine Persönlichkeitsrecht, welches den Beschäftigten vor einer nicht gebotenen Überwachung und Ausforschung seiner Person bewahren soll, ändert allerdings nichts an der Gefahr für seinen Arbeitsplatz respektive an seiner gefährdeten finanziellen Existenz, wenn dem Arbeitgeber ein Kündigungsrecht wegen begangener oder vermeintlich begangener Straftaten zusteht.

Verweigert der Arbeitnehmer ungeachtet der Abmahnung weiterhin seine Auskunft bzw. Mitwirkung, kommt eine verhaltensbedingte Kündigung wegen Verletzung einer Nebenpflicht aus dem Arbeitsvertrag in Betracht.[279] Diese Pflichten zur Kooperation sollen auch nach Beendigung des Arbeitsverhältnisses fortbestehen,[280] wobei sich der Umfang der Nebenpflichten mit Vertragsende erheblich reduziert. Selbst eine Verdachtskündigung wegen vermeintlich begangenem Rechtsverstoß soll den Arbeitnehmer nicht von der ihm obliegenden Mitwirkungspflicht im Rahmen der unternehmensinternen Aufklärung befreien.[281] Die prozessuale Obliegenheit des Arbeitgebers zur Darlegung und zum Beweis des Kündigungsgrundes ist von der materiellen Pflicht des Arbeitneh-

---

277 Vgl. Minoggio, Firmenverteidigung, 2010, Rn. 526 ff.

278 Vgl. Minoggio, Firmenverteidigung, 2010, Rn. 527 f.

279 Vgl. Göpfert/Merten/Siegrist, NJW 2008, 1703 (1707).

280 Dies entspricht der herrschenden Meinung zu § 666 BGB, wonach eine Auskunftspflicht des Auftragnehmers auch dann noch besteht, wenn der Vertrag durch Kündigung endet - vgl. Seiler, in: MüKo-BGB, § 666 Rn. 11.

281 Vgl. Göpfert/Merten/Siegrist, NJW 2008, 1703 (1708).

mers zur Mitwirkung an der SEC-Untersuchung streng zu trennen.[282] Denn nicht selten wird ein verdächtiger und in Wirklichkeit schuldiger Mitarbeiter seine Auskunft verweigern und eine Verdachtskündigung hinnehmen. Gerade dann darf es dem Unternehmen nicht unmöglich gemacht werden, die Mitwirkung des Betroffenen zu erzwingen.

Es ist praktisch vorprogrammiert, dass es bei dem Zusammentreffen zwischen dem Aufklärungsinteresse des Arbeitgebers und dem möglichen Schweigeinteresse des Arbeitnehmers zu Konflikten kommt. Die Situation „eskaliert" vielmehr, wenn das Unternehmen mit der sogenannten „Amnestieregelung" „droht". Dem Arbeitnehmer wird für den Fall einer uneingeschränkten Kooperation, sprich einer vollständigen und wahrheitsgemäßen Aussage, eine Übernahme der Verteidigungskosten[283] und ein Verzicht auf die Geltendmachung von Schadensersatzansprüchen angeboten. Insbesondere wird ein Absehen von der eigentlich begründeten Kündigung in Aussicht gestellt. Diese „Amnestie" ist wohl bemerkt rein zivilrechtlicher Natur und lässt die möglichen strafrechtlichen Folgen für das Individuum völlig unberührt.

b. Die strafprozessuale Situation

Neu ist in dieser Situation, dass die Mitarbeiterbefragungen von externen Rechtsanwälten durchgeführt werden, die eng mit den Ermittlungsbehörden kooperieren, um das Verfahren zu beeinflussen[284] oder sogar die in den „Interviews" gewonnenen Informationen an in- und ausländische Behörden weitergeben[285].

Grundsätzlich müssen aufgrund des Vorrangs des Personalbeweises die mit der Anhörung beauftragten Rechtsanwälte in einem Strafverfahren gegen den Mitarbeiter als Zeugen herangezogen und zum Inhalt der Befragung befragt werden. Sind die Ergebnisse der Mitarbeiteranhörungen nicht protokolliert worden, muss erst recht auf diese Weise Beweis erhoben werden. In diesem Kontext stellt sich in erster Linie die Frage nach einem überhaupt bestehenden Zeugnisverweigerungsrecht der Rechtsanwälte gemäß § 53 I Nr. 3 StPO. Ist dieses Recht zu bejahen, kommt es darauf an, ob und inwieweit ein Entbinden von der Schweigepflicht vorliegt.

---

282 Vgl. Göpfert/Merten/Siegrist, NJW 2008, 1703 (1708).

283 Vgl. Pfordte, in: Strafverteidigung im Rechtsstaat, S. 740 (749).

284 Vgl. Pfordte, in: Strafverteidigung im Rechtsstaat, S. 740 (745).

285 Vgl. Pfordte, in: Strafverteidigung im Rechtsstaat, S. 740 (746).

Des Weiteren ist ein Beschlagnahmeschutz von Unterlagen aus der unternehmensinternen Untersuchung zu erörtern, wobei die Beschlagnahmefähigkeit des § 97 StPO nicht durch Parteivereinbarung disponibel ist[286]. Hier kann eine Entbindung oder Teilentbindung dahinstehen. Will die Gesellschaft die Staatsanwaltschaft unterstützen und übergibt sie ihr ein auf den Mitarbeiterbefragungen basierendes Gutachten, bedeutet das noch lange nicht, dass alle internen Erkenntnisse offengelegt werden sollen. Die Staatsanwaltschaft kann vielmehr die Beschlagnahmeanordnung von Notizen, Gesprächsprotokollen, usw. begehren. Sichern die Anwälte den Befragten (teilweise) Vertraulichkeit zu oder sollen gewisse Informationen auch im Unternehmensinteresse zurückgehalten werden, kommt es neben den §§ 97 I, 53 I S. 1 Nr. 3 StPO auf den Umfang des sog. „Legal Privilege" an, welches zuletzt durch die zum 01.02.2011 in Kraft getretene Neufassung des § 160a StPO eine Stärkung erfahren hat.

i. Zeugnisverweigerungsrecht der beauftragten Rechtsanwälte?

Ein von § 53 StPO geschütztes Vertrauensverhältnis kommt zwischen dem befragten Mitarbeiter und den befragenden Rechtsanwälten nicht zustande, sondern besteht vielmehr zwischen den untersuchenden Rechtsanwälten und dem Unternehmen, das ihnen das Mandat erteilt hat.[287]

Diese Ansicht vertritt ebenfalls *Volk/Verjans*, wonach ein mit der unternehmensinternen Ermittlung beauftragter externer Rechtsanwalt nicht als Wissensperson vernommen werden kann, weil er Zeugnisverweigerungsberechtigter nach § 53 StPO sei.[288] Des Weiteren könnten einzelne Mitarbeiter des Unternehmens zu seinen Berufshelfern im Sinne des § 53a StPO gemacht werden.[289] Als Vorteil sei die grundsätzlich nicht bestehende Gefahr der Selbstbelastung gegenüber Strafverfolgungsbehörden zu sehen.

Ein Zeugnisverweigerungsrecht nach § 53 I Nr. 3 StPO schützt allein die Interessen des Anwalts. Zwar können sich die vom Arbeitgeber beauftragten Rechtsanwälte in einem nachfolgenden Strafverfahren gegen den angehörten Arbeitnehmer prinzipiell auf ihr Zeugnisverweigerungsrecht berufen. Allerdings steht letzteres zur Disposition des Unternehmens und hängt davon ab, welche

---

286 LG Hamburg, CCZ 2011, 155 (156).

287 Vgl. Wessing, in: Strafverteidigung im Rechtsstaat, S. 907 (926).

288 Vgl. Volk/Verjans, MAH Wirtschafts- und Steuerstrafsachen, 2006, § 8 Rn. 49; vgl. auch Meyer-Goßner, Kommentar StPO, § 53 Rn. 16.

289 Vgl. nur Volk/Verjans, a.a.O.

eigenen Interessen das Unternehmen in einer strafrechtlichen Krisensituation verfolgt.[290]

Werden die privaten Ermittler von ihrer Schweigepflicht gemäß § 53 II S. 1 StPO entbunden, dürfen sie nach § 53 II S. 2 StPO die (Zeugen-)Aussage nicht mehr verweigern.

Regelmäßig wird es aus Unternehmenssicht als sinnvoll und empfehlenswert erscheinen mit den Behörden durch Offenlegung aller Untersuchungsergebnisse zu kooperieren, um drohende Sanktionen und sonstige Nachteile abzuwenden.[291] Insbesondere wird ein Verzicht des Arbeitgebers auf das Vertraulichkeitsprivileg der Kommunikation zwischen Rechtsanwalt und Mandant innerhalb der US-amerikanischen Gerichtsbarkeit als Zeichen der uneingeschränkten Kooperation angesehen. Zwar darf das Unternehmen zu einem solchen Schritt seit der Abwendung vom Thompson-Memorandum nicht mehr gezwungen werden, allerdings stellt die Aufgabe des attorney-client privilege immer noch eines der wichtigsten Kriterien für die Entscheidung des DOJ dar, ob überhaupt ein Strafverfahren eingeleitet werden soll.[292] Dass die belastenden Informationen nicht selten über die SEC in die Hände der Strafverfolgungsbehörden gelangen, lässt sich mit den begrenzten Kapazitäten der US-Staatsanwaltschaften erklären.[293]

Nach anderer Auffassung[294] können befragende Privatpersonen, auch befragende Rechtsanwälte, stets als Zeugen über die Angaben der Auskunftsperson gehört und befragt werden. Sind ermittelnde Private selbst gewerblich tätig und erbringen lediglich Dienstleistungen für die aufklärenden Personen, sprich für das Unternehmen bzw. die Gesellschafter, so steht ihnen kein Zeugnisverweigerungsrecht nach §§ 53, 53a StPO zu[295]. Die Unterlagen – namentlich schriftliche Aufzeichnungen der Ermittler – wären folglich stets beschlagnahmefähig, weil § 97 I StPO auf das erforderliche Zeugnisverweigerungsrecht verweist.

Diese Ansicht stützt sich (wohl) darauf, dass der von einem (ermittelnden) Rechtsanwalt eingeschaltete (Privat-)Detektiv keine Hilfsperson nach § 53a StPO sein soll.[296]

290 Vgl. Wessing, in: Strafverteidigung im Rechtsstaat, S. 907 (926).

291 Vgl. Hehn/Hartung, DB 2006, 1909 (1912); Schulte/Görts, RIW 2006, 561 (567).

292 Vgl. Schulte/Görts, RIW 2006, 561 (567).

293 Vgl. nur Schulte/Görts, RIW 2006, 561 (567).

294 Vgl. nur Pfordte, in: Strafverteidigung im Rechtsstaat, S. 740 (752).

295 Vgl. Meyer-Goßner, Kommentar StPO, § 53a Rn. 2; Volk/Kempf, MAH Wirtschafts- und Steuerstrafsachen, 2006, § 10 Rn. 78.

296 A.A. Minoggio, Firmenverteidigung, 2010, Rn. 915 f., wonach weder die Berufsbezeichnung noch die konkrete Tätigkeit bei der Definition des Schutzbereichs von § 53a StPO entscheidend sei.

Beim Transfer dieses Gedankens wird allerdings verkannt, dass die unternehmensinterne Aufklärung den untersuchenden Anwälten vollständig durch zivilrechtlich wirksamen Anwaltsvertrag übertragen wird. Diese Mandatierung löst bereits den Schutz von § 53 I S. 1 Nr. 3 StPO aus.

Erst in einem zweiten Schritt wäre zu fragen, ob ausschließlich die mandatierte Kanzlei durch ihre (weisungsgebundenen) Anwälte tätig wird oder aber (auch) selbständig Gewerbetreibende, wie zum Beispiel mit der Kanzlei kooperierende Privatdetektive, Einzelaufträge erledigen.[297]

Richtigerweise ist die konkrete Tätigkeit des Rechtsanwalts nicht relevant, sondern seine gesetzliche Privilegierung als Berufsgeheimnisträger gemäß § 53 I S. 1 Nr. 3 StPO umfassend zu verstehen. Der Anwalt würde in einen Interessenkonflikt geraten, vor welchem er gerade durch das Zeugnisverweigerungsrecht geschützt werden soll.

Folgt man dieser Auffassung, entsteht die Selbstbelastungsgefahr für Mitarbeiter trotzdem, weil das Unternehmen die ermittelnden externen Rechtsanwälte (zumindest) von ihrer Schweigepflicht gegenüber der SEC entbinden wird, um eine sich strafmildernd auswirkende Unternehmenskooperation zu beweisen. Die Gefahr für das Individuum wird also vom Unternehmen selbst ausgehen. Regelmäßig erwartet die SEC auch eine unternehmensseitige Weiterleitung der Ermittlungsergebnisse an die deutschen Strafverfolgungsbehörden. Entweder das Unternehmen leitet die anwaltlichen Ergebnisse eigenhändig weiter oder erteilt eine dahingehende Weisung an die beauftragte Anwaltskanzlei in Verbindung mit einer entsprechenden Entbindung. Was nützt dem beschuldigten Mitarbeiter ein externer und privilegierter Ermittler, wenn dieser auf Wunsch des mandatierenden Unternehmens mit der Justiz kooperiert?

Auch ist es nicht unüblich, den Staatsanwalt als Zeugen zu vernehmen, um herauszufinden was er mit den privaten Ermittlern bzw. Rechtsanwälten gesprochen hat.[298]

---

297 Nach Meyer-Goßner, Kommentar StPO, § 53a Rn. 2 ist der von einem Rechtsanwalt beauftragte Detektiv keine Hilfsperson nach § 53a StPO; a.A. Minoggio, Firmenverteidigung, 2010, Rn. 915; LG Frankfurt a.M., NJW 1959, 589; Bockemühl, Private Ermittlungen im Strafprozess, 1996, S. 47.

298 Vgl. Pfordte, in: Strafverteidigung im Rechtsstaat, S. 740 (752).

ii. Beschlagnahmemöglichkeit im Rahmen eines mandatsähnlichen Vertrauensverhältnisses zwischen befragten Mitarbeitern und von der Gesellschaft beauftragten Anwälten

Ein direktes Mandatsverhältnis i.S.v. § 53 I S. 1 Nr. 3 StPO besteht nur mit der Gesellschaft, die die unternehmensinternen Ermittlungen in Auftrag gibt. Neuerdings hat das LG Hamburg[299] auch ein mandatsähnliches Vertrauensverhältnis zu den befragten Unternehmensangehörigen abgelehnt, da sie selbst Gegenstand der Untersuchung seien, zumal die Zielrichtung des Mandats darin besteht, die Interessen der Gesellschaft gegenüber Mitarbeitern durch Schadensersatz- und sonstige Ansprüche zu wahren. Die Beschuldigteneigenschaft sowie eine Zusicherung der Vertraulichkeit reichen nicht aus, weil eine gleichzeitige Interessenwahrnehmung der Sozietät schwer von einem Parteiverrat nach § 356 StGB zu unterscheiden sei.[300] Während den Vorstandsmitgliedern in der dem LG Hamburg zugrunde liegenden Fallkonstellation Vertraulichkeit zugesichert wurde, wird regelmäßig genau entgegengesetzt belehrt, insbesondere wenn US-Anwälte im Spiel sind (siehe unten II.1). Wegen der Doppelrolle von Vorstandsmitgliedern erscheint es auf den ersten Blick widersprüchlich sie vom Schutz des Mandatsverhältnisses auszuklammern. Allerdings: Regelmäßig werden unternehmensinterne Untersuchungen durch den Aufsichtsrat in Auftrag gegeben, sofern es (auch) um die Frage möglicher Pflichtverletzungen durch Mitglieder des Vorstands geht. Des Weiteren ist zu bedenken, dass auch sie zu ihrem Individualverschulden befragt werden (siehe ausführlich Kap. 7, III).

Eine andere Auffassung vertritt *Fritz*, der hervorhebt, dass § 97 I Nr. 3 auf das Zeugnisverweigerungsrecht in § 53 I Nr. 3 StPO verweist und das Recht auf informationelle Selbstbestimmung der mit dem Berufsgeheimnisträger in Kontakt tretenden Personen zu schützen ist, da Zweck der Norm im Schutz des „Herrn des Geheimnisses“ besteht.[301] Richtigerweise erörtert das Amtsgericht Bonn[302] im Zusammenhang mit der Frage einer besonderen, individuellen Vertrauensbeziehung, ob die Gesellschaft ein Beratungsmandat ausdrücklich zu Gunsten von Unternehmensangehörigen abgeschlossen hat. Das ist bei unternehmensinternen Ermittlungen regelmäßig zu verneinen, da es ausschließlich um die Verfolgung von Unternehmensinteressen geht. Auch ein „auch-fremdes-Geschäft“ muss abgelehnt werden, da lediglich das Unternehmen über die ge-

299 LG Hamburg, CCZ 2011, 155 (156).
300 LG Hamburg, CCZ 2011, 155 (156).
301 Fritz, CCZ 2011, 156 (157) Anm. zu LG Hamburg, CCZ 2011, 155.
302 Amtsgericht Bonn, NJW 2010, 1390.

wonnenen Informationen verfügungsbefugt ist. Im Gegenteil dienen die Befragungen gerade auch der Aufklärung von Straftaten der befragten Mitarbeiter.

Zum gleichen Ergebnis kommt *Maschmann*,[303] der die Privatermittler im Unternehmen einer Gruppe sui generis zuordnet, für die ein schützenswertes Mandatsverhältnis weder zu den Befragten noch zum Arbeitgeber vorliegt, was bereist mit Blick auf das dem Auftraggeber zu Gute kommende Zeugnisverweigerungsrecht gemäß § 53 I Nr. 3 StPO nicht überzeugt.

iii. Beschlagnahmemöglichkeit von Unterlagen aus der unternehmensinternen Untersuchung durch einen externen Rechtsanwalt

Die anwaltlichen Ermittlungsergebnisse sollen nach einer Ansicht in einem in Betracht kommenden deutschen Strafverfahren vor staatlichem Zugriff ungeschützt bleiben, weil § 97 I Nr. 1 StPO die Beschlagnahmefreiheit nur für Mitteilungen zwischen dem Beschuldigten und der zeugnisverweigerungsberechtigten Person vorsieht, während ein Anwalt im Rahmen der internen Untersuchungen lediglich innerbetriebliche Schriftstücke verfasst.[304]

Diese Ansicht ist wenig überzeugend, zumal § 97 I Nr. 2 StPO die Aufzeichnungen (des Anwalts) über die vom Beschuldigten anvertrauten Mitteilungen oder andere Umstände - auf die sich das Zeugnisverweigerungsrecht erstreckt - schützt, sprich alle Wahrnehmungen des Zeugnisverweigerungsberechtigten, die auf Papier oder anderem Material festgehalten wurden und keine Mitteilunge an Dritte enthalten[305]. Aufgrund eines regelmäßig noch fehlenden Beschuldigten[306], müssen die Aufzeichnungen über „andere Umstände, auf die sich das Zeugnisverweigerungsrecht erstreckt“ (§ 97 I Nr. 2 Alt. 2 StPO) näher definiert bzw. der Umfang des Zeugnisverweigerungsrechts gemäß § 53 I S. 1 Nr. 3 StPO geprüft werden. Richtigerweise dürfen die Erkenntnisse eines mit der unternehmensinternen Aufklärung strafbaren Verhaltens beauftragten Rechtsanwalts verschwiegen werden.[307]

---

303 Maschmann, in: Maschmann, Corporate Compliance und Arbeitsrecht, 2009, S. 149 (177 f.).

304 Vgl. Senderowitz/Ugarte/Cortez, wistra 2008, 281 (283 mit Fn. 35).

305 Vgl. Meyer-Goßner, Kommentar StPO, § 97 Rn. 29.

306 Beschuldigter ist nur der Tatverdächtige, gegen den das Verfahren als Beschuldigten betrieben wird, sprich die Beschuldigteneigenschaft kann nur durch einen Willensakt der zuständigen Strafverfolgungsbehörde begründet werden (BGHSt 34, 138 (140)).

307 Wessing, in: Strafverteidigung im Rechtsstaat, S. 907 (926) mit Hinweis auf die Befugnis des mandatierenden Unternehmens nach § 53 II S. 1 StPO; vgl. auch Meyer-Goßner, Kommentar StPO, § 53 Rn. 16.

Andere Gegenstände im Sinne von § 97 I Nr. 3 StPO sind zum Beispiel in Auftrag gegebene Sachverständigengutachten sowie Buchungs- und Geschäftsunterlagen[308], so dass auch die Resultate – in jeglicher Form: Protokolle über geführte Interviews, Daten, E-Mails, etc. und die zusammenfassende Berichterstattung an das Unternehmen - der in Auftrag gegebenen internen Ermittlungen schutzwürdig erscheinen, zumal § 97 I Nr. 3 StPO dem Wortlaut nach noch keinen individualisierten Beschuldigten voraussetzt.

Richtigerweise schützt § 97 I StPO die Ergebnisse von unternehmensinternen Ermittlungen nicht, selbst wenn diese Unterlagen bei den beauftragten Rechtsanwälten verbleiben (vgl. § 97 II S. 1 StPO), weil auch § 97 I Nr. 3 StPO den anwaltlichen Berater nicht erfasst, denn es handelt sich lediglich um einen Auffangtatbestand zur Nr. 2.[309] Das Beschlagnahmeverbot des § 97 I StPO gilt seinem Wortlaut nach lediglich für solche Strafverfahren, in denen die zeugnisverweigerungsberechtigte Person die Rolle des Zeugen und der Mandant die Rolle des Beschuldigten einnimmt.[310] Beschuldigter des deutschen Strafverfahrens ist nicht das Unternehmen, sondern ausschließlich der Mitarbeiter. Der beschuldigte Mitarbeiter ist hier aber nicht der Mandant.

Die bei einem Berufsgeheimnisträger befindlichen Unterlagen sind auch dann nicht geschützt, wenn ein Strafverfahren gegen ein Organ des Unternehmens, namentlich Geschäftsführer einer GmbH oder Vorstandsmitglied einer AG, geführt wird.[311] Während § 53 StPO auch das Vertrauensverhältnis zu einem Dritten – hier: der betroffene Mitarbeiter – erfasst, verlangt § 97 I StPO ein direktes Vertrauensverhältnis zum Beschuldigten.[312]

Zusammengefasst: In einem Strafverfahren gegen einen Mitarbeiter des Unternehmens sind die bei einem Rechtsanwalt befindlichen Unterlagen nicht von § 97 I StPO geschützt, wenn dieser das Unternehmen nur zivilrechtlich vertritt.[313]

---

308 Vgl. Meyer-Goßner, Kommentar StPO, § 97 Rn. 30.

309 Taschke, in: Festschrift für Rainer Hamm, 2008, S. 751 (760); a.A. OLG Köln, NStZ 1991, 452.

310 Vgl. Wohlers, in: Systematischer Kommentar zur StPO, § 97 Rn. 10.

311 BVerfG, NStZ-RR 2004, 83.

312 Vgl. Schäfer, in: Löwe-Rosenberg, Kommentar StPO, § 97 Rn. 6.

313 Vgl. Schäfer, in: Löwe-Rosenberg, Kommentar StPO, § 97 Rn. 52.

iv. Beschlagnahmemöglichkeit von Unterlagen aus der anwaltlichen Untersuchung eines Unternehmensverteidigers

Etwas anderes gilt jedoch, wenn die Aufgabe des Unternehmensanwalts darin besteht, Sanktionen gegen das Unternehmen zu verhindern oder zu minimieren. Entscheidend ist die Rolle als Prozesssubjekt. Denn auch das Unternehmen kann sich in jeder Lage des Verfahrens von einem Verteidiger beraten lassen. Die Anwendbarkeit des § 137 StPO wird über die Generalklausel des § 46 I OWiG bzw. über § 434 I S. 2 StPO hergestellt.

Eine Beschlagnahme von Unterlagen ist entsprechend § 97 StPO unzulässig, soweit das Unternehmen – auch nur potenziell – als Verfalls- oder Einziehungsbeteiligte in Betracht kommt oder eine Unternehmensgeldbuße nach § 30 OWiG bzw. ein Verfall nach § 29a OWiG droht, da sich die verteidigende Tätigkeit des Anwalts in der Regel nicht von der beratenden Tätigkeit trennen lässt.[314] Die Aufklärung des vergangenheitsbezogenen Sachverhalts dient gleichzeitig einer zukunftsbezogenen Beratung des Unternehmens, wie es sich von nun an schadensvermeidend bzw. gesetzestreu verhalten soll.

Richtigerweise muss § 97 StPO auf den sog. Firmenanwalt entsprechend anwendbar sein, weil dieser meistens noch vor der Konkretisierung einzelner Beschuldigter tätig wird und ansonsten eine Umgehung des Beschlagnahmeschutzes durch die Staatsanwaltschaft droht, indem sie die Benennung der beschuldigten Vorstandsmitglieder und Arbeitnehmer bewusst hinauszögert.[315] Eine unternehmensbezogene Verteidigung kann nicht losgelöst von der Verteidigung der individuell Beschuldigten erfolgen, weil Sanktionen gegen das betroffene Unternehmen in der Regel erst zu einem späteren Zeitpunkt im Ermittlungsverfahren in Betracht kommen, so dass bereits Bemühungen die Einleitung von Maßnahmen nach StPO oder/und OWiG zu verhindern, indem der unternehmensberatende Anwalt die Verteidigung von Mitarbeitern unterstützt als Verteidigung zu qualifizieren sind.[316] Wird das Verfahren gegen einen Unternehmensangehörigen beispielsweise wegen geringer Schuld eingestellt und unterbleiben deswegen Maßnahmen gegen die Gesellschaft, war die Firmenverteidigung jedenfalls effektiv.

Wählt das Unternehmen eine andere Verteidigungsstrategie und möchte es durch Aufklärung der Gesetzesverstöße mit den Behörden kooperieren, bleibt es

314 Taschke, in: Festschrift für Rainer Hamm, 2008, S. 751 (764 f.).

315 Vgl. Dierlamm, in: Wabnitz/Janovsky, Handbuch des Wirtschafts- und Steuerstrafrechts, 2007, 27. Kapitel Rn. 28.

316 Taschke, in: Festschrift für Rainer Hamm, 2008, S. 751 (758).

bei der Beschlagnahmefreiheit, da die Geschäftsleitung womöglich nur die Organisation entlastende Informationen offenzulegen beabsichtigt oder gewisse Beteiligte zu anonymisieren sind. Freilich können einzelne Tatkomplexe bzw. Gesetzesverstöße je nach Beweislage einer unterschiedlichen Verteidigung bedürfen.

Das Europäische Gericht erster Instanz (EuG)[317] hat in seiner Entscheidung in dem Verfahren *Akzo Nobel/Akcros* für den der Verfahrenseröffnung vorausgehenden Schriftverkehr zwischen Rechtsanwalt und Unternehmen einen Beschlagnahmeschutz anerkannt, sofern ein Zusammenhang mit dem Gegenstand des Verfahrens besteht, während die Dokumentation des Sachverhalts in komplexen Fällen dem betrauten Rechtsanwalt als Grundlage für die Ausübung von Verteidigungsrechten diene.[318]

Dasselbe gelte auch für im Zuge von internen (Compliance-)Untersuchungen entstandene Dokumente, sofern „Vermerke, Sachverhaltszusammenfassungen und Ähnliches eindeutig zu Verteidigungs- und nicht zu anderen Zwecken erstellt wurden, was man beispielsweise durch entsprechende Überschriften dokumentieren kann" – der externe Rechtsanwalt müsse aber innerhalb der EU zugelassen sein.[319]

Ist der untersuchende Anwalt gleichzeitig der Unternehmensverteidiger im Sinne der §§ 431 ff. StPO,[320] wird seine Kommunikation gemäß § 434 I S. 2 i.V.m. § 148 StPO schriftlich und mündlich geschützt.[321]

Dem Rechtsgedanken des § 148 StPO folgend, muss dies trotz § 97 II S. 1 StPO auch für Gegenstände gelten, die sich im Gewahrsam des Mandanten befinden[322], was aber für das „normale" Anwaltsmandat noch nicht höchstrichterlich geklärt wurde, da in erster Linie an das Verteidigungsmandat zwischen Verteidiger und Beschuldigtem gedacht ist.[323] Daher empfehlen *Hehn/Hartung* Inhalt und Ergebnisse der unternehmensinternen Untersuchung lediglich in den Kanzleiräumen oder in einem allein den ermittelnden Anwälten zugänglichen und verschließbaren Bereich (sog. „Verteidigerzimmer" des Unternehmens),

---

317 EuG, Urteil vom 17.9.2007, T-125/03, T-253/03 – verfügbar unter: http://curia.europa.eu.

318 Dann, AnwBl 2009, 84 (87).

319 Dann, AnwBl 2009, 84 (87).

320 Beachte § 444 I, II S. 2 bzw. III i.V.m. § 440 I, III StPO.

321 Vgl. Wessing, in: Strafverteidigung im Rechtsstaat, S. 907 (928).

322 BGH, NJW 1973, 2035; 1982, 2508.

323 Vgl. Dierlamm, in: Wabnitz/Janovsky, Handbuch des Wirtschafts- und Steuerstrafrechts, 2007, 27. Kapitel Rn. 28.

wegen des dann möglichen Alleingewahrsams[324] eines Zeugnisverweigerungsberechtigten, aufzubewahren.[325]

Liegt ein Beschlagnahmeverbot vor, besteht zugleich ein uneingeschränktes Durchsuchungsverbot, wenn die Durchsuchung allein dazu dienen soll, Gegenstände sicherzustellen, die gemäß § 97 StPO beschlagnahmefrei sind. Eine Durchsuchung zur bloßen Ausforschung bleibt unzulässig.

Zu beachten ist aber, dass eine höchstrichterliche nationale Rechtsprechung zum sog. Strafverteidigerprivileg eines verteidigenden Unternehmensanwalts bislang nicht vorliegt.[326]

v. Erweiterung des Anwaltsprivilegs im Zusammenhang mit Unternehmensuntersuchungen durch Neufassung des § 160a StPO

Unabhängig vom Aspekt der Unternehmensverteidigung sind mandatsrelevante Informationen und Unterlagen eines Unternehmens im Gewahrsam seines externen Rechtsanwalts mit der zum 01. Februar 2011 in Kraft getreten Änderung von § 160a StPO nunmehr umfassend gegen staatsanwaltschaftliche Ermittlungsmaßnahmen geschützt. Die Regelung des § 160a II S. 4 StPO, wonach die Sätze 1 bis 3 nicht (mehr) für Rechtsanwälte gelten, führt dazu, dass die Interessenabwägung zwischen Strafverfolgungs- und Geheimhaltungsinteresse (Verhältnismäßigkeitsprüfung) gegenüber Rechtsanwälten nicht mehr erforderlich ist. Folglich besteht absoluter Schutz vor strafprozessualen Beweiserhebungs- und Verwertungsmaßnahmen.

Für Wirtschaftsprüfer bzw. Steuerberater besteht weiterhin nur ein relatives Beweiserhebungs- und -verwertungsverbot. Die Hinzuziehung von (ermittelnden) Wirtschaftsprüfern sollte deswegen nicht durch das Unternehmen sondern durch Unterbeauftragung seitens der die Investigation durchführenden Anwälte geschehen.

Die in § 160a II S. 1 StPO in der bis zum 31.01.2011 geltende Fassung vorgesehen Verhältnismäßigkeitsprüfung ist dann anzustellen, wenn das spezielle Beweiserhebungsverbot des § 97 StPO nicht greift, § 160a V StPO.

---

324 Dazu Stoffers, wistra 2009, 379 (380), der darauf hinweist, dass bereits der Mitgewahrsam des Beschuldigten § 97 StPO ausschließen kann.

325 Hehn/Hartung, DB 2006, 1909 (1914 unter Fn. 43).

326 BVerfG, NStZ-RR 2004, 83 verneinte § 97 StPO beim vom Unternehmen beauftragten Wirtschaftsprüfer. Angesichts § 148 StPO sind die Sachverhalte jedoch nicht vergleichbar, wenn ein Unternehmensanwalt zu Verteidigungszwecken tätig wird.

Das Landgericht Hamburg hat die Prüfung des § 160a II StPO wegen § 97 StPO abgelehnt; *im Übrigen* das Geheimhaltungsinteresse angesichts eines potentiellen Untreueschadens in Millionenhöhe verneint und die Erforderlichkeit der Beschlagnahme der Gesprächsprotokolle bejaht, da das Bemühen um die Zustimmung der Befragten kein milderes Mittel sei.[327]

Unabhängig von der Frage einer unzureichenden Verhältnismäßigkeitsprüfung ist das falsch. Da § 97 I StPO ein direktes Mandatsverhältnis zum Beschuldigten voraussetzt und auch kein mandatsähnliches Vertrauensverhältnis besteht, sprich die Spezialvorschrift keine besondere Bestimmung trifft, bleibt § 160a StPO anwendbar[328].

Aus dem Ausweiten des Strafverteidigerprivilegs auf alle Rechtsanwälte gemäß § 160a I StPO zum 01. Februar 2011 ist nach Auffassung von *Fritz* eine weite Auslegung von § 97 I Nr. 3 StPO zu folgern, denn die Bestimmung soll den noch umfassenderen Schutz des § 160a I ergänzen.[329] Das ist wohl zu verneinen.

Vielmehr steht § 97 StPO neben § 160a StPO, der das Anwaltsprivileg in seiner n.F. als lex generalis erweitert. Letztere Vorschrift soll gerade Fälle erfassen, die nicht oder nur teilweise schon unter spezielle Beweiserhebungsvorschriften fallen.[330] Dürfen Anwälte weder abgehört noch ihre Büros nach Akten von Mandanten durchsucht werden, verbietet sich erst recht eine Beschlagnahme. Den § 160a V StPO als eine Regelung zu verstehen, die § 160a StPO sperrt, wäre daher widersprüchlich. Andernfalls müsste das Entfallen der Verhältnismäßigkeitsprüfung nach § 160a II S. 1 StPO gemäß S. 4 als eine Schwächung des Vertraulichkeitsschutzes verstanden werden, zumal § 160a V StPO bereits existierte.

Wir halten fest, § 160a I S. 1 StPO n.F. schützt mandatsrelevante Informationen und Unterlagen eines Unternehmens im Gewahrsam seines externen Rechtsanwalts vor einer Beschlagnahme nach §§ 94, 98 StPO.

Zu beachten ist, dass die Gesellschaft weiterhin die internen Ermittlungsergebnisse freiwillig an die Staatsanwaltschaft übergeben kann. Die als solche bestehende Beschlagnahmefreiheit wird aber noch im Zusammenhang mit dem Legalitätsprinzip relevant werden.

---

327 LG Hamburg, CCZ 2011, 155 (156).

328 Meyer-Goßner, Kommentar StPO, 2011, § 160a Rn. 17.

329 Fritz, CCZ 2011, 156 (157 f.) Anm. zu LG Hamburg, CCZ 2011, 155.

330 BT-Drucks. 16/5846, S. 26, 38.

c. Spannungsfeld bei Aussagezwang

Das persönliche Einzelschicksal von Beschäftigten ist aufgrund der oben aufgezeigten Arbeitgeberinteressen allenfalls zweitrangig. Es kann auch nicht erwartet werden, dass das Unternehmen nach dem kostenintensiven Informationsgewinn, um in Anbetracht der Strafmilderungsgründe wie Kooperation und Selbstanzeige hohe Sanktionen und Strafen zu verhindern, nun gegenüber der SEC und nicht zuletzt den Strafverfolgungsbehörden mit der Weitergabe zögerlich umgeht. Aufklärung ist mit einer anschließenden Informationsweiterleitung eng verbunden. Als Begünstigter der gesetzlichen Schweigepflicht der beauftragten Rechtsanwälte kann das Unternehmen auf den Schutz des § 53 I StPO verzichten und die anwaltlichen Privatermittler von ihrer Verschwiegenheitspflicht entbinden, § 53 II StPO. Das Anwaltsprivileg liegt in den Händen des Mandatars. Entspricht es seinem Interesse bzw. seiner Strategie, werden alle Erkenntnisse der unternehmensinternen Ermittlung auch solche der Ermittlungsbehörden.

Obwohl eine zivilrechtliche Amnestie zugesagt wird, werden selbstbelastende Angaben des Arbeitnehmers ihm selbst zum Verhängnis. Zusammengefasst: Die Interessen des beschuldigten Individuums und des aufklärenden Unternehmens stehen sich im strafrechtlichen Krisenfall diametral gegenüber.

Sind die Unternehmensangehörigen arbeits- oder gesellschaftsrechtlich zur Aussage verpflichtet oder sagen sie aufgrund der oben geschilderten wirtschaftlichen Zwangslage aus, eröffnet sich ein Spannungsfeld, soweit es um die Offenbarung eigener strafbarer Handlungen geht. In einem Ermittlungs- und Strafverfahren steht dem Beschuldigten ein Schweigerecht nach § 136 I S. 2 StPO zu, weil niemand verpflichtet sein darf sich selbst zu belasten (nemo tenetur se ipsum accusare). Gleiches gilt für denjenigen, der in Parallelverfahren gegen andere Mitarbeiter wegen derselben Tat oder einer in Zusammenhang stehenden Tat als Zeuge in Betracht kommt und gleichzeitig bei einer wahrheitsgemäßen Aussage sich selbst oder einen nahen Angehörigen belasten könnte, § 55 StPO. Dieses Auskunftsverweigerungsrecht besteht ebenfalls im Zivilprozess gemäß § 384 Nr. 2 ZPO und ist im Arbeitsgerichtsverfahren über § 46 II S. 1 ArbGG anwendbar.

Diese Schweigerechte stehen vor ihrer Aushöhlung, wenn die Aussagen der Arbeitnehmer gegenüber dem Arbeitgeber bzw. den eingeschalteten Privatermittlern im Wege des Urkundenbeweises durch Verlesung des Ermittlungsberichts oder mittels Personalbeweises durch Zeugenvernehmung des vom Arbeitgeber von der Schweigepflicht entbundenen[331] Anwalts in den Strafprozess eingeführt werden.

II. Die Mitarbeiterbefragungen („Interviews")

1. Erkenntnisse zum Ablauf der „Interviews"

Mit den sog. *Upjohn Warnings*[332] wird dem betroffenen Mitarbeiter am Anfang der anwaltlichen Angestelltenbefragung erklärt, dass das Unternehmen auf das *attorney-client privilege* (freiwillig) verzichtet und sämtliche - eigentlich über §§ 53 I Nr. 3, 97 I, 160a StPO geschützte - Informationen auch gegenüber staatlichen Stellen/Behörden offengelegt werden und gegen den Aussagenden verwendet werden können.[333]

Eine die Aussagefreiheit hervorhebende Belehrung im Sinne von §§ 136 I S. 2, 55 StPO findet nicht statt. Im Gegenteil: Es erfolgt eine dahingehende Belehrung, dass der Gebrauch des Schweigerechts den Verlust des Arbeitsplatzes nach sich zieht.[334] Zuletzt wird demjenigen nahe gelegt, einen eigenen Rechtsanwalt zu bestellen, da der Unternehmensanwalt ausschließlich die Interessen des Arbeitgebers vertritt.[335]

Zwar werden Verteidiger oder anwaltliche Zeugenbeistände „geduldet", einen entsprechenden arbeitsrechtlichen Anspruch soll es aber nicht geben[336]. Die Rechtsprechung[337] vertritt die Auffassung, dass ein Arbeitnehmer grundsätzlich nicht die Teilnahme eines Rechtsbeistands an Personalgesprächen verlangen kann, was nach einer Ansicht[338] ebenfalls für Gesprächssituationen im Rahmen von unternehmensinternen Ermittlungen gelten soll. Ein Argument ist wohl der Grundsatz der höchstpersönlichen Wahrnehmung der vertraglichen Arbeitsleis-

---

331 Vgl. Wastl/Litzka/Pusch, NStZ 2009, 68 (69); Bittmann/Molkenbur, wistra 2009, 373 (373).

332 Der Begriff geht auf eine Leitentscheidung des US Supreme Court zur Reichweite des Anwaltsgeheimnisses zurück; vgl. U.S. Supreme Court – Upjohn Company vs. United States – 449 U.S. 383, 386 (1981).

333 Vgl. Jahn, StV 2009, 41 (42).

334 Vgl. nur Schulte/Görts, RIW 2006, 561 (567 mit Fn. 47).

335 Vgl. nur Schulte/Görts, a.a.O.

336 Vgl. Mengel/Ullrich, NZA 2006, 240 (244); Göpfer/Merten/Siegrist, NJW 2008, 1703 (1708).

337 LAG Hamm, MDR 2001, 1361.

338 Vgl. Pfordte, in: Strafverteidigung im Rechtsstaat, S. 740 (747).

tungen. Nach zutreffender Auffassung des LAG Hamm[339] kann angesichts des Grundsatzes der Waffengleichheit die Anwesenheit eines Rechtsanwalts dann verlangt werden, wenn der Arbeitgeber selbst durch einen Anwalt ermitteln lässt.

Richtigerweise dürfen Vorstandsmitglieder, da sie keine Arbeitnehmer sind[340], stets einen eigenen Rechtsberater hinzuziehen[341], zumal der zwischen dem Organmitglied und der Gesellschaft bestehende Anstellungsvertrag in der Regel ein Dienstvertrag in der Gestalt eines Geschäftsbesorgungsvertrags (§§ 611 ff., 675 BGB) ist. Neben der in § 5 I S. 3 ArbGG enthaltenen Fiktion spricht gegen eine Arbeitnehmereigenschaft, dass das Vorstandsmitglied wegen der nach § 76 I AktG eingeräumten autonomen Leitungsbefugnis weisungsunabhängig ist.

Mengel/Ulrich differenzieren danach, ob der Gegenstand der Investigation-Befragung das Verhalten des Einzelnen oder lediglich organisatorische Strukturen oder Missstände erfasst, wonach ausnahmsweise die Hinzuziehung eines Rechtsanwalts zu gestatten sei, wenn der Arbeitnehmer eine strafrechtliche Selbstbelastung befürchtet, wobei die unternehmensseitige Zulassung eines Anwalts - unabhängig von der Einführung von § 68b StPO – lediglich auf freiwilliger Basis erfolgt.[342]

Andere Stimmen empfehlen die frühzeitige Hinzuziehung eines eigenen Zeugenbeistands bzw. Verteidigers bereits aus Gesichtspunkten der Transparenz, insbesondere um die notwenige Trennung von Interessenssphären zu erreichen und um einen regelhaften Verlauf der Befragung zum Schutze aller Beteiligter zu gewährleisten.[343]

Wiederum andere Stimmen erinnern an die Fürsorgepflicht des Arbeitgebers, wonach die Anwesenheit eines Rechtsbeistands bei potentieller strafrechtlicher Gefahr[344] oder jedenfalls bei Fragen nach eigenem strafrechtlichen Verhalten[345] geboten sein soll.

Des Weiteren befürworten *Göpfert/Merten/Siegrist* die Zulassung eines Anwalts für den Fall der Mitwirkungsverweigerung, da die gerichtliche Durch-

---

339 LAG Hamm, MDR 2001, 1361.

340 Thüsing, in: Henssler/Willemsen/Kalb, Arbeitsrecht Kommentar, 3. Auflage, Vor § 611 BGB Rn. 96.

341 Hehn/Hartung, DB 2006, 1909 (1914).

342 Vgl. Mengel/Ullrich, NZA 2006, 240 (244).

343 Vgl. Volk/Wessing II, MAH Wirtschafts- und Steuerstrafsachen, 2006, § 11 Rn. 182, 221 ff.

344 Vgl. Volk/Wessing II, MAH Wirtschafts- und Steuerstrafsachen, 2006, § 11 Rn. 184.

345 Vgl. Göpfert/Merten/Siegrist, NJW 2008, 1703 (1708).

setzung der Auskunftspflicht sowie die Wirksamkeit der zivil- und arbeitsrechtlichen „Zwangsmaßnahmen“ in Anbetracht der zeitlichen Komponente regelmäßig praxisuntauglich sein wird.[346]

Das Arbeitsgericht Berlin hat bereits eine Verdachtskündigung für unwirksam erklärt, weil bei vorausgehenden Mitarbeitergesprächen die Zulassung einer rechtskundigen Vertrauensperson durch den Arbeitgeber abgelehnt wurde.[347] Das LAG Berlin-Brandenburg weist darauf hin, dass zur Anhörung des Arbeitnehmers als Wirksamkeitsvoraussetzung für eine Verdachtskündigung u.a. gehört, ihm Gelegenheit zu geben, einen Rechtsanwalt hinzuzuziehen.[348] Diese Rechtsprechung deutet auf eine im Vordringen befindliche Stärkung der strafrechtlichen Verteidigungsrechte in zivilrechtlichen Parallelverfahren hin.

Der nemo-tenetur-Satz ist nicht auf das Strafverfahren als solches zu beschränken, sondern bereits im Rahmen von selbstbelastenden Auskunftspflichten kraft Arbeits- oder Gesellschaftsrecht zu respektieren (vgl. Kap. 7). Das lässt sich effektiv durch die Gewährung eines Rechts auf einen anwaltlichen Beistand erreichen, zumal die Grenzen der Aussagepflicht zweifelhaft sein können. Der Mitarbeiter sieht sich anwaltlich gut beraten, auf einer schriftlichen Fixierung des Umstands zu bestehen, dass seine Angaben „nur unter Berücksichtigung der Erzwingbarkeit sowie zur Abwendung ansonsten möglichen Zwangs“ erfolgen und jeder Weitergabe und Verwendung im Straf- oder OWi-Verfahren widersprochen wird[349]. Sie dient v.a. als Beweis für drohende zivilprozessuale Zwangsmaßnahmen zur Durchsetzung des Auskunftsanspruchs nach § 888 I ZPO. Ein spürbarer Zwang ist auch dann zu beweisen, wenn die Auskunftspflicht objektiv gar nicht bestand und die selbstbelastenden Angaben zur Rettung des Arbeitsplatzes oder zur Abwendung von Schadensersatzforderungen im Rahmen einer zivilrechtlichen Amnestieregelung „freiwillig“ erfolgten.

Der Befragte sieht sich mit Vorhalten konfrontiert, er kann die Tragweite seiner Äußerungen verkennen, die Erklärungen der befragenden Anwälte missverstehen oder gehemmt sein, Einwände sowie Bedenken vorzubringen. Angesichts der Drittwirkung der Grundrechte zwischen Privaten ist im Vorfeld staatlicher Verfahren § 68b StPO analog anzuwenden. Der Betroffene muss rechtzeitig über den Gesprächszweck aufgeklärt werden, damit dieses Recht nicht ins Leere läuft. Allein die Anwesenheit des Strafverteidigers kann die faktische Zwangslage im „Interview“ bereits entschärfen. Ein fehlendes Schweigerecht bleibt zwar unverändert, jedoch kann der Verteidiger darauf hinwirken, dass die

346 Vgl. Göpfert/Merten/Siegrist, a.a.O.

347 ArbG Berlin, Urteil vom 28.7.2005 – 28 Ca 10016/05.

348 LAG Berlin-Brandenburg, Urteil vom 6.11.2009 – 6 Sa 1121/09.

349 Minoggio, Firmenverteidigung, 2010, Rn. 1278.

zivil- und arbeitsrechtlichen Konsequenzen (teilweise) hingenommen werden und der wirtschaftliche Druck nicht automatisch zum strafrechtlich relevanten Geständnis führt. Denn selbst wenn die SEC-Aussage unverwertbar sein sollte, entfaltet das Verwertungsverbot regelmäßig keine Fernwirkung. In der Praxis wird nicht mehr zugegeben als das, was dokumentiert ist – die Fragesteller werden mit Erinnerungslücken oder der Behauptung totaler Unkenntnis konfrontiert.[350]

Eine gewisse standardisierte Vorgehensweise soll es unter anderem deswegen nicht geben, weil die Vorlage von Fragenkatalogen, die der Arbeitnehmer in einem Gespräch beantworten muss, ein nach § 94 I BetrVG mitbestimmungspflichtiger Tatbestand sein kann[351]. Denn auch Fragen auf standardisierten Listen, die nicht schriftlich sondern mündlich zu beantworten sind, lösen die Mitbestimmungspflicht dann aus, wenn die personenbezogenen Daten auf einem Datenträger, insbesondere in den Unterlagen des Interviewers erfasst werden.

Eine Betriebsvereinbarung zur Investigation kann u.a. neben Regelungen zum Befragungsumfang auch eine mögliche Beteiligung von Betriebsratsmitgliedern an „Interviews“ zum Gegenstand haben.[352]

Im tendenziell unwahrscheinlichen Falle der Anfertigung von Protokollen wird regelmäßig das Gegenlesen und Unterschreiben verweigert.[353] Des Weiteren wird dem Mitarbeiter untersagt über den Inhalt des „Interviews“ mit Personen in und außerhalb der Firma zu sprechen.[354]

Allerdings kann es durchaus (auch) im Interesse der Unternehmensverteidigung liegen, im Hinblick auf ein vermeintliches Organisationsverschulden, entlastende Aussagen zu protokollieren und diese vom Befragten unterzeichnen zu lassen; insbesondere schafft die Mitwirkung eines anwaltlichen Mitarbeiterbeistandes deutlich belastbarere Beweismittel als der bloße Vermerk eines Unternehmensanwaltes[355].

Werden über die Befragungen Mitschriften angefertigt, folgt grundsätzlich ein Akteneinsichtsrecht des Arbeitnehmers aus § 83 BetrVG, da die Aufzeichnungen Teil der Personalakte sind, worunter jegliche mit dem Arbeitsverhältnis

350 Dann/Schmidt, NJW 2009, 1851 (1853).

351 Vgl. Göpfert/Merten/Siegrist, NJW 2008, 1703 (1708).

352 Vgl. Göpfert/Merten/Siegrist, NJW 2008, 1703 (1708 f.).

353 Vgl. Werres, manager magazin 7/2008, 40 (44).

354 Vgl. Jahn, StV 2009, 41 (42).

355 Vgl. nur Volk/Wessing II, MAH Wirtschafts- und Steuerstrafsachen, 2006, § 11 Rn. 182.

zusammenhängende Urkunden und Vorgänge zu verstehen sind.[356] Richtigerweise darf keine Gefährdung des Ermittlungszwecks entgegenstehen, da auch im Strafverfahren das uneingeschränkte Akteneinsichtsrecht des Verteidigers erst mit dem offiziellen Abschlussvermerk der Staatsanwaltschaft besteht. Das folgt aus den §§ 147 II S. 1, 169a StPO analog.

Entgegen der Auffassung von *Maschmann*, wonach der mit einer Untersuchung von Compliance-Verstößen beauftragte Anwalt nicht Rechtsbeistand des Arbeitgebers, sondern unabhängiger Privatermittler ist[357], muss das Einsichtsrecht im Hinblick auf das „Attorney-client Privilege" begrenzt werden, da vertrauliche Informationen vor staatlichem Zugriff nicht mehr geschützt sind, wenn außerhalb des Mandantschaftsverhältnisses stehende Dritte im Besitz der Unterlagen sind. Die Beschränkung der Anwaltskorrespondenz über Ergebnisse der Unternehmensuntersuchung erfolgt vorrangig im Interesse des beauftragenden Unternehmens. Diesem und nur diesem ist der ermittelnde Anwalt verpflichtet.

2. Arbeitsrechtliche Auskunftspflichten des Arbeitnehmers und ihre Grenzen

Ein Arbeitsvertrag ist vorbehaltlich arbeitsrechtlicher Sonderbestimmungen ein besonderer Dienstvertrag gemäß § 611 BGB. Zwischen Arbeitgeber und Arbeitnehmer bestehen wechselseitige Auskunftspflichten, damit die Parteien über Vorgänge und Tatsachen, die mit dem Arbeitsverhältnis in Zusammenhang stehen, informiert werden. Deren Umfang ist Einzelfallfrage: sie sind umso größer, wenn nur der Arbeitnehmer über das erforderliche Wissen verfügt.[358] Diese Informationspflichten erstrecken sich zumindest auf den Gegenstand der konkret geschuldeten arbeitsvertraglichen Tätigkeit.[359] Regelmäßig ist die Schuld des Arbeitnehmers im Arbeitsvertrag nicht besonders bestimmt beschrieben – z.B. „alle im Betrieb anfallenden Tätigkeiten" -, während eine ausdrückliche vertragliche Abrede über Mitwirkungspflichten im Rahmen von unternehmensinternen Untersuchungen meistens nicht vorhanden sein wird[360]. Dennoch haben Auskunftspflichten ihre Rechtsgrundlage in §§ 611, 241 II ggf. in Verbindung mit § 242 BGB, oder wenn der Arbeitsvertrag eine Geschäftsbesorgung zum Gegen-

356 Maschmann, in: Maschmann, Corporate Compliance und Arbeitsrecht, 2009, S. 149 (177).

357 Maschmann, in: Maschmann, Corporate Compliance und Arbeitsrecht, 2009, S. 149 (177 f.).

358 Vgl. Knierim, StV 2009, 324 (327 f.).

359 Vgl. Bittmann/Molkenbur, wistra 2009, 373 (375).

360 Vgl. Wastl/Litzka/Pusch, NStZ 2009, 68 (70).

stand hat auch in §§ 666, 675 BGB. Liegt ein Arbeitsverhältnis nicht vor, richten sich die Rechtsbeziehungen zwischen dem Unternehmen und dem Betroffenen in der Regel nach Gesellschaftsrecht, so dass die Mitwirkungspflicht über bestehende Treuepflichten konstruiert werden kann[361].

Nach der h.M. bestehen bestimmte Auskunftspflichten unabhängig davon, ob durch ihre Erfüllung ein strafbares Handeln offenbart werden muss.[362] Jedenfalls muss sich der Mitarbeiter ohne besondere Rechtspflicht[363] oder bloß aufgrund seiner Treuepflicht nicht eigeninitiativ selbst belasten.[364] Problemtisch bleibt aber, dass keine Tatsachen offenbart werden müssen, die dem Arbeitgeber die Grundlage für eine Kündigung bieten.[365] Dennoch kommt es nicht selten zu einer „Druckkündigung“ auf Verlangen der SEC bzw. Verdachtskündigung als Zeichen der Unternehmenskooperation (zur möglichen Lösung dieser Konfliktsituation zwischen dem Unternehmen und dem Handelnden unter Berücksichtigung der neuen US-Regularien seit Herbst 2008 vgl. Kap. 9, III).

Im Falle der Auskunftsverweigerung kann das Unternehmen einen Titel gemäß § 888 I ZPO einklagen, da das Zwangsvollstreckungsverbot nach § 888 III ZPO lediglich für die Arbeitsleistung als solche gilt, und der Mitarbeiter durch Festsetzung von Zwangsgeld oder Zwangshaft zur Informationserteilung, die eine unvertretbare Handlung darstellt, angehalten werden.[366] Darüber hinaus können zu Unrecht verweigerte Aussagen Schadensersatzansprüche nach sich ziehen.[367]

Für das Interesse des Arbeitnehmers an einer Geheimhaltung bzw. Nichtweitergabe der Informationen an unternehmensfremde Dritte seitens des Arbeitgebers oder seitens der von diesem mandatierten privaten Ermittler sind die Arbeitsgerichte zuständig (dazu Kap. 9, IV).[368]

---

361 Vgl. Bittmann/Molkenbur, wistra 2009, 373 (375).

362 BGHZ 41, 318 (322 f.); Diller, DB 2004, 313 (314); a.A. Wastl/Litzka/Pusch, NStZ 2009, 68 (70 f.) und Rieble, R. L. R. 2009, 191 (203).

363 Hier bilden die §§ 666, 675 BGB eine besondere rechtliche Grundlage.

364 Vgl. BGH, NJW-RR 1989, 614 (615).

365 BAG, NZA 1996, 637 ff.; das gilt aber nicht für Auskunftspflichten gemäß §§ 666, 675 BGB.

366 Vgl. Bittmann/Molkenbur, wistra 2009, 373 (375); a.A. Jahn, StV 2009, 41 (45), wonach der arbeitsrechtliche Anspruch nicht selbständig einklagbar sein dürfte.

367 Vgl. BAG, NZA 2002, 618 ff.

368 Vgl. Wastl/Litzka/Pusch, NStZ 2009, 68 (74); zustimmend Bittmann/Molkenbur, wistra 2009, 373 (375 mit Fn. 26).

Wastl/Litzka/Pusch wollen dem Arbeitnehmer gegen die veranlassende auswärtige öffentliche Gewalt einen arbeitsgerichtlichen Rechtsschutz einräumen (siehe noch Kap. 9, IV), zumal die privaten Ermittler selbst keine hoheitliche Gewalt ausüben und vom Arbeitgeber beauftragt wurden.[369] Die Schutzpflicht gegenüber dem Einzelnen soll auch dann bestehen, wenn ein ausländischer Staat unter Missachtung der Souveränität der Bundesrepublik Deutschland im Sinne funktionaler Ausübung der eigenen staatlichen Befugnisse tätig wird bzw. ein Tätigwerden veranlasst.[370] Zu den Fragen einer staatlich veranlassten Ermittlungstätigkeit Privater (unter Kap. 8, II.3) und einer etwaigen Umgehung supranationaler Regelungen (unter Kap. 10) siehe noch ausführlich in gesonderten Kapiteln.

Jedenfalls kann man gegen das „ob" der Aussagepflicht aus zivilrechtlichen Gründen arbeitsgerichtlich vorgehen (dazu Kap. 9, IV).

a. Wahrnehmungen im unmittelbaren Zusammenhang mit der Arbeitsleistung

Die Abgrenzung zwischen einem Auskunftsverlangen, das sich lediglich auf den Arbeitsbereich bezieht und einem solchen, das diesen Bereich verlässt, erweist sich in der Praxis – vor allem für externe Ermittler - häufig als problematisch. Jedoch gilt für beide Bereiche, dass eine Aussageverweigerung nie vollständig, sondern allenfalls bezüglich einzelner Fragen erfolgen darf.[371]

Es entspricht der Rechtsprechung[372] und der herrschenden Meinung im Schrifttum[373], dass ein Arbeitnehmer gegenüber seinem Arbeitgeber über Wahrnehmungen, die im unmittelbaren Zusammenhang mit seiner Arbeitsleistung stehen, gemäß §§ 666, 675 BGB zur wahrheitsgemäßen und vollständigen Auskunft verpflichtet ist. Eine Grenze der strafrechtlichen Selbstbezichtigung gibt es bei Umständen, die wenigstens im Zusammenhang mit der vertraglich geschuldeten Arbeitsaufgabe stehen, nicht.[374] Etwas anderes gilt lediglich im Rahmen

---

369 Vgl. Wastl/Litzka/Pusch, NStZ 2009, 68 (74), wonach sich bei SEC-Verfahren die darüber hinaus gehende Frage stelle, inwieweit ein Anspruch gegen die BRD besteht, dass eine funktionale Ausübung fremder Staatsgewalt zu verhindern ist.

370 Vgl. a.a.O.; kritisch Bittmann/Molkenbur, wistra 2009, 373 (375 mit Fn. 26).

371 Vgl. Pfordte, in: Strafverteidigung im Rechtsstaat, S. 740 (746); Göpfert/Merten/Siegrist, NJW 2008, 1703 (1706).

372 Vgl. BGH, BB 1989, 649 (650) i.V.m. BAG, NZA 1996, 637 (638).

373 Böhm, WM 2009, 1923 (1924); Mengel/Ullrich, NZA 2006, 240 (243); Göpfert/Merten/Siegrist, NJW 2008, 1703 (1705); Wastl/Litzka/Pusch, NStZ 2009, 68 (70); Diller, DB 2004, 313 (314).

374 Vgl. bereits BGHZ 41, 318 (322).

der nebenvertraglichen Treuepflicht zur (Schadens-)Anzeige, die nicht mit der Leistungspflicht des Arbeitnehmers einhergeht und an der Grenze der Verhältnismäßigkeit respektive Unzumutbarkeit endet (siehe noch (b)).[375] Bei dieser allgemeinen arbeitsvertraglichen Nebenpflicht findet eine Interessenabwägung statt, während § 666 BGB starr ist.

Die inhaltliche Begründung liegt in der Beweisnot des Arbeitgebers, weil nur selten „Whistleblower“ auftauchen, die freiwillig über verdachtsbegründende Praktiken Auskunft zu geben bereit sind.[376] Eine Leistungs- und Zielkontrolle durch Vorgesetzte wäre andernfalls unmöglich.

Erforderlich ist aber, dass der Arbeitnehmer mit einer Geschäftsbesorgung gemäß § 675 BGB betraut wird, die Teil seiner vertraglich geschuldeten oder unmittelbar übertragenen Arbeitsaufgabe ist und das bestehende Vertrauensverhältnis verstärkt – das kann jede Aufgabe sein.[377] Allerdings bleibt es den Parteien überlassen, die Auskunftspflicht aus §§ 666, 675 BGB insgesamt abzubedingen.[378]

Insbesondere müssen Arbeitnehmer in Führungspositionen umfangreich aussagen und haben regelmäßig kein Aussageverweigerungsrecht, da es typischerweise zu ihren Aufgaben gehört, weisungsabhängige Arbeitnehmer zu überwachen.[379] Die besondere Vertrauensstellung manifestiert sich z.B. in § 14 II S. 2 KSchG. Sie haben eine verstärkte vertraglich geschuldete Schadensabwendungspflicht, sprich einen weitergehenden Tätigkeits- und Verantwortungsbereich.[380] Der Fall Siemens hat gezeigt, dass gerade Führungskräfte aller Konzernbereiche vernommen werden.[381]

Das Gleiche gilt für sog. Compliance-Beauftragte, die gerade mit der Aufklärung von Compliance-Sachverhalten betraut sind und ihrem Arbeitgeber über Verstöße im Unternehmen zu berichten haben; hier stellt die Auskunftserteilung sogar einen Teil der vergüteten Arbeitsleistung dar.[382]

---

375 Vgl. Diller, DB 2004, 313 (314).
376 Vgl. Jahn, StV 2009, 41 (43).
377 BGH, WM 1989, 689.
378 Dazu Seiler in MüKo-BGB (2005), § 666 Rn. 41.
379 Vgl. Böhm, WM 2009, 1923 (1924).
380 Vgl. im Ergebnis Göpfert/Merten/Siegrist, NJW 2008, 1703 (1706).
381 Jahn, StV 2009, 41 (41), wonach von insgesamt vier- bis fünftausend Vernehmungen von Führungskräften die Rede ist.
382 Vgl. Böhm, WM 2009, 1923 (1924, 1929).

Die Mitwirkungspflicht hängt maßgeblich davon ab, ob sich der Befragungsgegenstand auf den Privat- oder ausschließlich auf den Arbeitsbereich – sprich allein auf die Arbeitsleistung - des Mitarbeiters bezieht. Gleiches gilt für die Pflicht zur Herausgabe von Dokumenten nach § 667 BGB: Eine Verweigerung der Herausgabe von Akten und Unterlagen ist nur bei Dokumenten privater oder persönlicher Natur zulässig. Des Weiteren besteht nach gleichen Maßstäben ein Einsichtsrecht des Arbeitgebers in Bezug auf E-Mails und elektronische Dateien, wobei eine vorherige Separierung dienstlicher und privater E-Mails im Zusammenwirken – bei fehlender Mitwirkung gehen versehentlich geöffnete Privat-E-Mails zu Lasten des Kontrollierten - mit dem Beschäftigten erforderlich sein kann.[383]

b. Wahrnehmungen außerhalb des unmittelbaren Arbeitsbereichs

Bei Fragen, die nicht den persönlichen Arbeitsbereich des Mitarbeiters betreffen bzw. nur im mittelbaren Zusammenhang mit der vertraglich geschuldeten Arbeitsaufgabe stehen, besteht keine uneingeschränkte Aussagepflicht.[384] Ein umfassender Auskunftsanspruch aus §§ 666, 675 BGB scheidet hier aus. Vielmehr müssen die Interessen des Betroffenen, insbesondere das allgemeine Persönlichkeitsrecht[385] und damit der nemo-tenetur-Satz analog § 384 Nr. 2 ZPO im Rahmen einer Abwägung angemessen berücksichtigt werden. Der Arbeitgeber muss ein berechtigtes, billigenswertes und schutzwürdiges Interesse an der Beantwortung haben,[386] welche aber keine übermäßige Belastung für die Auskunftsperson darstellen darf.[387] Mit anderen Worten: Die Interessen des Arbeitgebers müssen überwiegen.

Bei einer solche Auskunftspflicht dürfte es sich regelmäßig um eine allgemeine arbeitsvertragliche Nebenpflicht nach §§ 611, 241 II BGB handeln[388], deren personeller Anwendungsbereich zwar weiter ist, die inhaltlichen Grenzen jedoch wesentlich enger ausfallen. Typisches Beispiel für einen Auskunftsge-

---

383 Vgl. ausführlich Göpfert/Merten/Siegrist, NJW 2008, 1703 (1705).

384 Vgl. Mengel/Ullrich, NZA 2006, 240 (243) unter 3. a) bb) a.E.

385 BAG, NZA 1996, 637 (638).

386 Nach Auffassung von Jahn, StV 2009, 41 (44), besteht das Unternehmensinteresse lediglich aus der vagen Hoffnung durch möglichst umfassende Weiterleitung von Informationen noch größeren Schaden abwenden zu können.

387 BAG, NZA 1996, 637 (638).

388 Böhm, WM 2009, 1923 (1924 f.); Wybitul, BB 2009, 606 (610); anders BAG, NZA 1996, 637 (638), wonach die Auskunftsperson eine arbeitsvertragliche Nebenpflicht aus § 242 BGB trifft.

genstand, der lediglich mittelbar mit der geschuldeten Arbeitsleistung zusammenhängt, sind Wahrnehmungen bei Gelegenheit einer Dienstreise.

Bei der erforderlichen Interessenabwägung ist ebenfalls zu beachten, dass der Arbeitnehmer nicht selbst einen Kündigungsgrund liefern muss.[389] Materiellrechtliche Auskunftsansprüche dürfen nicht die vorgegebene Verteilung der Darlegungs- und Beweislast im Kündigungsprozess verschieben, sprich der Arbeitnehmer darf nicht „gezwungen" werden außergerichtliche Erklärungen zu etwaigen Kündigungsgründen abzugeben; das Umgehungsverbot nach § 1 II S. 4 KSchG wurde lediglich für die arbeitsvertragliche Nebenpflicht nach §§ 611, 241 II BGB entwickelt[390].

Daher kommt als besondere rechtliche Grundlage nur die allgemeine Schadensabwendungspflicht in Betracht, die aus der ungeschriebenen arbeitsvertraglichen Treupflicht des Arbeitnehmers abgeleitet wird.[391] Die Treupflicht kommt erst in Betracht, wenn die zu untersuchenden Umstände den persönlichen Aufgabenbereich des Befragten verlassen haben und die §§ 666, 675 BGB deswegen als besondere rechtliche Grundlage im Sinne der BAG-Rechtsprechung[392] ausscheiden.

Sie endet an der durch § 242 BGB gezogenen Grenze der Unzumutbarkeit aus Sicht des Beschäftigten.[393] Daher muss sich der Arbeitnehmer bei Fragen zu Wahrnehmungen außerhalb seiner vertraglich geschuldeten Arbeitsaufgabe grundsätzlich nicht selbst bezichtigen.[394] Eine Pflicht zur Anzeige von selbst verursachten Schäden, und daraus ableitbar zur entsprechenden Beantwortung von Fragen, bestehe nicht.[395]

Bei SEC-Ermittlungen kommt der Mitarbeiter nicht nur als Wissensträger oder als Zeuge in Frage; das Unternehmen ist vor allem an der Befragung der Beteiligten interessiert.

Vorliegend ist seine Auskunft für das Unternehmen von erheblichem Gewicht, weil der strafrechtliche Sachverhalt ohne Mitwirkung der Arbeitnehmer

389 BAG, NZA 1996, 637 (638 f.).

390 Vgl. Böhm, WM 2009, 1923 (1924).

391 Diese Nebenpflicht kann über die durch den Vertrag erzeugte personale Bindung überzeugend begründet werden, die es dem Arbeitnehmer auferlegt, Schäden (hier: hohe SEC-Geldbußen) von seinem Arbeitgeber abzuwenden und den gemeinsamen Vertragszweck zu fördern.

392 BAG, NZA 1996, 637 (639).

393 BGH, BB 1989, 649 (651).

394 BGH, NJW-RR 1989, 614 f.

395 OLG Karlsruhe, NStZ 1989, 287.

regelmäßig nicht aufzuklären sein wird. Des Weiteren fallen die zu ermittelnden Verstöße vorrangig in den persönlichen Verantwortungsbereich des Arbeitnehmers,[396] während das Organisationsverschulden, etwa durch Versäumnis des Unternehmens, nach deutschem Recht nicht das strafbewehrte Verhalten darstellt, sondern lediglich einen unternehmensinternen Zustand beschreibt.

Ein Zwang zur Selbstbezichtigung lässt, isoliert gesehen, nicht automatisch die Mitwirkungspflicht des befragten Arbeitnehmers entfallen.[397]

Daher kann eine arbeitsrechtliche Mitwirkungspflicht zum Zwecke der Schadensminderung bei drohenden SEC-Geldbußen und bei bestehender Beweisnot nicht von vorherein ausgeschlossen werden. Ein solches besonderes, schutzwürdiges Informationsinteresse des Arbeitgebers ist nicht mit seinem Beweisführungsinteresse im Kündigungsschutzprozess zu verwechseln.[398]

Der Anspruch scheidet bereits dann aus, wenn sich der Arbeitgeber die Informationen auf zumutbare Weise anderweitig besorgen kann,[399] während bereits zweifelhaft sei, ob überhaupt ein Überwiegen des Arbeitgeberinteresses bei verdachtsunabhängigen und großflächigen Untersuchungen vorliegen kann[400]. An dieser Stelle ist zu erwähnen, dass das BAG[401] den Arbeitgeber nicht als schutzlos ansieht, weil er bei berechtigtem Interesse über § 475 StPO Auskünfte aus einem laufenden Strafverfahren erlangen könne, wenn der Verdacht einer arbeitnehmerseitigen Pflichtverletzung im Raum steht. Vorliegend muss aber beachtet werden, dass unternehmensinterne Ermittlungen die staatlichen nicht nur ergänzen, sondern teilweise gerade auch ersetzen.

Jedenfalls muss man im Hinblick auf die Verhältnismäßigkeit einer Befragung, die nicht wenigstens im Zusammenhang mit der geschuldeten Arbeitsleistung steht, berücksichtigen, dass die unternehmensseitige mangelhafte Beachtung existierender Compliance-Vorschriften die Auskunftsperson erst in diese Situation gebracht hat.[402] Nach der arbeitsrechtlichen Dogmatik sind Verschuldensaspekte in die Interessenabwägung mit einzustellen[403], so dass danach differenziert werden muss, ob der (leitende) Angestellte als intern-verantwortlicher „Zeuge" oder als „Beschuldigter" befragt wird.

---

396 Vgl. Bittmann/Molkenbur, wistra 2009, 373 (376).
397 Vgl. Diller, DB 2004, 313 (314).
398 Vgl. Böhm, WM 2009, 1923 (1925).
399 BAG, NZA 1996, 637 (638).
400 Vgl. Jahn, StV 2009, 41 (44).
401 BAG, NJW 2009, 1897.
402 Vgl. Jahn, StV 2009, 41, (44), der das Organisationsverschulden hervorhebt.
403 Vgl. in anderem Zusammenhang Rieble, ZIP 2003, 1273 (1276).

Gerade Vermögensbetreuungspflichten gehören aber zur geschuldeten Arbeitsleistung, so dass über Wahrnehmungen außerhalb des unmittelbaren Arbeitsbereichs in aller Regel in der Eigenschaft als Zeuge zu berichten ist. Bei Korruptionszahlungen, die aus „schwarzen Kassen" herrühren, verhält es sich daher nicht anders, unabhängig davon, ob der Mitarbeiter die „Kasse" gebildet oder (als Nachfolger) entdeckt hat.

Im Ergebnis ist festzuhalten, dass für Wahrnehmungen außerhalb des unmittelbaren Arbeitsbereichs respektive für solche, die im nur mittelbaren Zusammenhang mit der Arbeitsleistung stehen, die Filterwirkungen des nemo-tenetur-Satzes eingreifen, sprich regelmäßig von einem Vorrang des Persönlichkeitsrechts des Betroffenen auszugehen ist.

3. Aussagepflicht gegenüber unternehmensexternen Ermittlungsteams

Obwohl das Arbeitsrecht den Mitarbeiter zur Auskunftserteilung - im für den Arbeitgeber erforderlichen Umfang - über die dienstlichen Belange gegenüber dem Unternehmen verpflichtet, bleibt die Frage, welcher Person dies gegenüber zu erfolgen hat, unbeantwortet. Grundsätzlich besteht gegenüber einem Privatermittler keine Aussagepflicht – weder das zivilrechtliche/ vertragliche Rechtsverhältnis zwischen ihm und dem Arbeitgeber und zugleich Auftraggeber noch das hoheitliche Ermittlungsinteresse der SEC begründen eine derartige Pflicht der Auskunftsperson.[404] Eine Mitwirkungspflicht im reinen Fremdinteresse eines Drittgläubigers des Arbeitgebers – etwa der SEC - scheidet aus,[405] wobei die untersuchenden Anwälte nach ihrer Mandatierung auch nicht Dritte in diesem Sinne sind.

Jedenfalls liegt eine Pflicht zur Aussage gegenüber dem geschäftsführenden Organ – das gewisse Aufgaben natürlich delegieren kann -, dem unmittelbaren Vorgesetzten (Abteilungsleiter) oder der Compliance-Abteilung des Unternehmens unstreitig vor.

Bittmann/Molkenbur bejahen eine mögliche Übertragung des Auskunftsverlangens/ der Befragungen auf einen externen Privaten gemäß § 241 II oder § 242 BGB mit der Begründung, dass grundsätzlich keine Schweigepflicht des Arbeitgebers bezüglich der gewonnenen Informationen bestehe.[406] Führte das Unternehmen die Befragung durch eigene Mitarbeiter durch, dürften die Erkenntnisse

404 Vgl. Bittmann/Molkenbur, wistra 2009, 373 (376).
405 Vgl. nur Rieble, ZIP 2003, 1273 (1279).
406 Vgl. Bittmann/Molkenbur, wistra 2009, 373 (376).

mangels Verschwiegenheitspflicht auch an einen beauftragten Anwalt oder sogar die SEC weitergeleitet werden, weswegen der Arbeitnehmer das „ob“ seiner Aussage auch nicht von einer Nichtweitergabe an Ermittlungsbehörden abhängig machen dürfe.[407]

Aufgrund der Unabhängigkeit der privaten Ermittler wurden - jedenfalls in der Vergangenheit - nach der Vereinbarung der Parteien nur solche Untersuchungsberichte von der SEC als entlastend anerkannt, die ohne unternehmensseitigen Einfluss auf Umfang und Inhalt der Ermittlungen zustande gekommen sind. Dieser Umstand sei nach Auffassung von *Jahn* ein erhebliches Indiz dafür, dass es sich bei dem „Outsourcing“ des arbeitsrechtlichen Auskunftsanspruchs nicht um einen Fall der Stellvertretung nach §§ 164 ff. BGB handle, sondern vielmehr das Recht selbst übertragen werde.[408] Eine selbständige Abtretung dieses dienstvertraglichen Anspruchs – „er wurzelt im persönlichen Vertrauensverhältnis zwischen Arbeitnehmer- und -geber“[409] – sei jedoch aufgrund der Höchstpersönlichkeit des Arbeitsverhältnisses nicht möglich, zumal ein externer Ermittler mangels Sachkenntnis auch nicht zwischen Fragen zum unmittelbaren Arbeitsbereich und zu Wahrnehmungen bei Gelegenheit der Unternehmenstätigkeit differenzieren kann.[410]

Ein etwaiger eigener Leistungsanspruch der ermittelnden Anwälte über die Brücke eines Vertrages zugunsten Dritter gemäß § 328 I BGB ist mangels selbständiger Einklagbarkeit des arbeitsrechtlichen Auskunftsanspruchs nicht plausibel.[411] Eine andere Ansicht vertreten *Bittmann/Molkenbur*, wonach das Unternehmen bei Auskunftsverweigerung auf Erteilung beim Arbeits- bzw. beim ordentlichen Gericht klagen könne, da das Vollstreckungsverbot nach § 888 III ZPO nur für die Arbeitsleistung als solche gilt.[412]

Obwohl gute Argumente für ein mögliches „Outsourcing“ der Auskunftsansprüche sprechen, bleibt diese Problematik höchstrichterlich unbeantwortet. Eine ablehnende Entscheidung hätte aber erhebliche Konsequenzen, insbesondere mit Blick auf § 136a StPO, sofern man dessen horizontale Drittwirkung an-

---

407 Vgl. Bittmann/Molkenbur, a.a.O.

408 Vgl. Jahn, StV 2009, 41 (44).

409 Vgl. BGHZ 107, 104 (110); Seiler in MüKo-BGB (2005), § 666 Rn. 17.

410 So Jahn, StV 2009, 41 (44 f.).

411 Jahn, StV 2009, 41 (45). Dies wäre aber zu fordern, vgl. Gottwald in MüKo-BGB (2007), § 328 Rn. 21.

412 Bittmann/Molkenbur, wistra 2009, 373 (375).

nimmt (dazu unten Kap. 8, II), oder ganz allgemein auf die Selbstbelastungsfreiheit.

Etwaige Auskünfte gegenüber Dritten wären nicht (mehr) verpflichtend, so dass eine faktische Zwangslage aufgrund von arbeitsrechtlichen Pflichten nie bestanden hat. Alle Angaben gegenüber ermittelnden Anwälten hätten demnach freiwilligen Charakter, da von Anfang an keine Mitwirkungspflicht vorlag. Vielmehr müsste man dann prüfen, ob nicht eine Täuschung seitens der unternehmensexternen Personen bzw. des Auskunftsgläubigers in Betracht kommt respektive im Einzelfall vorliegt (siehe unten Kap. 8, II.1).

Jedenfalls bleibt eine wirtschaftliche Drucksituation, namentlich drohende Verdachtskündigung oder verhaltensbedingte Kündigung, von der in diesem Abschnitt behandelten Fragestellung unberührt.

Sechstes Kapitel: Die Privatisierung der Strafverfolgung bei Ermittlungen im Unternehmen

Es handelt sich um ein allgemeines Problem der Grenzen und Standards privater Ermittlungen, wenn sich deutsche Unternehmen zur Sachverhaltsaufklärung externer Berater bedienen.

Der Siemens-Fall hat gezeigt, dass die Untersuchungsführer aus der externen Anwaltskanzlei über ihre Erkenntnisse nicht nur US-amerikanischen, sondern ebenfalls deutschen Ermittlern laufend berichten.[413] Durch diesen Beweistransfer von privaten Erkenntnissen an die deutschen Justizbehörden und spätestens mit deren Einführung in das staatliche Verfahren gelangt man in Konflikt mit dem Rechtsstaatsprinzip. Denn eigentlich ist es Sache des Staates, den Verdächtigen zu überführen.

I. Nichtstaatlicher Charakter der Ermittlungen

Alle Mitarbeiter einer mit der Untersuchung beauftragten – auch ausländischen - Anwaltskanzlei sind auf dem Bundesgebiet der BRD als Privatpersonen tätig.[414] An diesem Ergebnis ändert selbst der Umstand nichts, dass die Mandatierung durch das Unternehmen die SEC mittelbar „ermächtigt“, Untersuchungen durch Anwälte ihres Vertrauens in fremdem Hoheitsgebiet durchführen zu lassen, zumal die Gesellschaft zur Kooperation durch Beauftragung der anwaltlichen Ermittler gezwungen wird. Dieses Phänomen der Globalisierung der Wirtschaftsbeziehungen kommt der im Wettbewerbs- und Kartellrecht anerkannten „effects doctrine“ nahe, wonach sich die Souveränität der USA auch auf ausländische Sachverhalte mit US-Inlandsbezug erstreckt.[415]

II. Zulässigkeit privater Untersuchungen

In Deutschland steht es jedermann frei zu ermitteln, unabhängig davon, ob er dies in seiner Rolle als Staatsanwalt, Privatdetektiv, Journalist oder auch als privat ermittelnder Rechtsanwalt macht. Nach der herrschenden Meinung ist es einem Anwalt „nicht verwehrt, eigene Ermittlungen zu führen, insbesondere Zeu-

---

413 Vgl. Knierim, StV 2009, 324 (325); Pfordte, in: Strafverteidigung im Rechtsstaat, S. 740 (746); Göpfert/Merten/Siegrist, NJW 2008, 1703 (1706).

414 Vgl. Wehnert, in: Festschrift StrauBRAK, S. 175 (184).

415 So Jahn, StV 2009, 41 (43).

gen oder Mitbeschuldigte vor und außerhalb der Hauptverhandlung zu befragen"[416], wobei eine Befugnis zur amtlichen Vernehmung nicht besteht[417]. Nach der StPO ist es dem Verteidiger nicht verboten, selbst oder durch Einschaltung von Sachverständigen als Privatermittler tätig zu werden. Gleiches gilt für den Beschuldigten respektive Angeklagten, der sich auf die Suche nach Entlastungszeugen oder entlastenden Dokumenten/Beweisstücken machen kann. Allerdings wird die an sich unbedenkliche Kontaktierung von Zeugen unzulässig, sobald irgendeine Beeinflussung oder Manipulation, namentlich durch Drohung oder die Versprechung eines (unzulässigen) Vorteils, stattfindet. Auch der Nebenkläger kann seine eigenen Untersuchungen mit Blick auf kompromittierende Beweise durchführen.

Der größte Unterschied zur staatlichen Ermittlung besteht darin, dass keinerlei Zwangsmittel, sei es Dursuchungsanordnung oder Beschlagnahme, zur Verfügung stehen, zumal lediglich strafprozessuale Zeugenaussagen erzwingbar sind und Sachverständige nicht mit Privaten „kooperieren" müssen.

Für ausländische Privatermittler darf nichts anderes gelten, sogar dann, wenn das Unternehmen sie nicht aus autonomen Motiven heraus beauftragt, d.h. auch Vertrauensanwälte der SEC, die von einem deutschen und an der US-Börse gelisteten Unternehmen mit der Sachverhaltsaufklärung mandatiert werden, ermitteln in Deutschland legal.[418] Die privaten Ermittlungen werden nicht unmittelbar in einem strafrechtlichen Verfahren vorgenommen, so dass keine Umgehung internationaler Rechtshilfe in Strafsachen zu befürchten sei.[419]

Die einzige Grenze bilden Vorgehensweisen, insbesondere Vernehmungsmethoden, die auch bei staatlichen Ermittlungen nicht gestattet sind, wobei hinsichtlich der Frage der Verwertbarkeit der Informationen lediglich der Schutz des Kernbereichs der Grundrechte relevant wird[420], denn Private gehören nicht zum Adressatenkreis der StPO. Zur Frage der Verwertbarkeit von Erkenntnissen aus privaten Vernehmungen, die den rechtsstaatlichen (Mindest-)Standards von § 136a StPO nicht genügen oder sogar strafrechtswidrig sind, siehe noch ausführlich unter Kapitel 8.

---

416 BGHSt 46, 1 (4); vgl. auch Jahn/Lüderssen in Löwe/Rosenberg, Kommentar StPO, Vor § 137 Rn. 139; Bockemühl, Private Ermittlungen im Strafprozess, 1996, S. 33 ff.

417 BGHSt 46, 1 (4).

418 Vgl. Bittmann/Molkenbur, wistra 2009, 373 (374); Jahn, StV 2009, 41 (42 f.).

419 Bittmann/Molkenbur, wistra 2009, 373 (374); a.A. Wehnert, NJW 2009, 1190 (1191) und Wastl/Litzka/Pusch, NStZ 2009, 68 (71 f.).

420 Vgl. Knierim, StV 2009, 324 (329).

III. Vereinbarkeit mit dem Ermittlungsmonopol der Staatsanwaltschaft

Jahn spricht von einer Grenze, die dann überschritten wird, wenn die Privatermittlungen wegen ihres erheblichen finanziellen und organisatorischen Aufwands mit dem Ermittlungsmonopol der Staatsanwaltschaft nicht mehr zu vereinbaren sind,[421] wobei nach dem jetzigen Erkenntnisstand das aus dem Legalitätsprinzip herrührende Ermittlungsmonopol nicht tangiert sein soll, obwohl den SEC-Verfahren ein nicht unerhebliches Ausmaß der privat organisierten Ermittlungstätigkeit zu Grunde liegt.

Wegen der Gefahr des Unterlaufens strafprozessualer Schutzrechte durch bewusste Einschaltung arbeitsrechtlicher Druckmechanismen soll nach anderer Auffassung[422] in der eigentümlichen SEC-Konstellation das Nebeneinander von privaten und staatlichen Ermittlungen nicht mehr unbedenklich sein. Denn das „Outsourcing of Investigations" führt letztendlich dazu, dass die zuständige Staatsanwaltschaft mit verfahrensleitenden Maßnahmen abwartet bis die untersuchenden Anwälte neue Informationen kommunizieren.[423] Die Ermittlungsbehörden sparen auf diese Weise nicht nur im finanziellen Bereich, sondern insbesondere auch personellen und organisatorischen Aufwand ein.[424]

Vielmehr muss man das Legalitätsprinzip auch als eine staatliche Garantenpflicht zur Einleitung des Ermittlungsverfahrens betrachten, zumal das Offizialprinzip verdeutlicht, dass Strafverfolgung prinzipiell Sache des Staates ist. Einem Anfangsverdacht muss die Behörde schon selbst nachgehen. Wird das staatliche Ermittlungsverfahren aber vollständig ausgelagert, bis die Staatsanwaltschaft den umfassenden Bericht der Kanzlei „geliefert" bekommt, werden die Rechte der Beschuldigten, insbesondere das Schweigerecht nach § 136 I S. 2 StPO, durch hoheitliches Unterlassen umgangen bzw. ausgehöhlt (vgl. ausführlich unten Kap. 8, I.3). Ist von einer Amtspflichtwidrigkeit auszugehen, kann das Recht auf ein faires Verfahren betroffen sein (vgl. a.a.O.).

---

421 Jahn, StV 2009, 41 (43); vgl. auch Hassemer/Matussek, Das Opfer als Verfolger. Ermittlungen des Verletzten im Strafverfahren, 1996, S. 82 ff.

422 Wastl/Litzka/Pusch, NStZ 2009, 68 (70).

423 Zur Thematik siehe J. Jahn, FAZ vom 1.7.2009 („verdächtige Eintracht zwischen Anwälten und Strafverfolgern").

424 Vgl. nur Pfordte, in: Strafverteidigung im Rechtsstaat, S. 740 (741).

IV. Allgemeine Bedenken zur Privatermittlung

Detektivarbeit ist so lange nicht mit kriminalistisch-wissenschaftlicher Aufarbeitung gleichzusetzen, solange keine Verpflichtung zur Einhaltung prozessualer (Mindest-)Standards besteht, solange die Informationssammlung nicht „gerichtsfest" ist.[425]

1. Keine Bindung an Verfahrensordnung und Grundrechte

Bei internen Aufklärungen durch Private bietet es sich förmlich an, Grundrechte und strafprozessuale Garantien – wie zum Beispiel der Hinweis auf das Schweigerecht des Beschuldigten, die Beachtung von Mindeststandards wie die frühzeitige Bestellung eines Rechtsanwalts oder Dolmetschers und die Einhaltung von Formalitäten bei der Anfertigung von Protokollen über die gesamte Untersuchung[426] – zu umgehen, weil Private keine Adressaten der StPO sind und daher keine Belehrungen etc. stattfinden müssen. Allerdings hat der Staat wegen der mittelbaren Drittwirkung von Grundrechten eine Schutzfunktion gegenüber den betroffenen Personen, der spätestens bei der Beschränkung der Verwertbarkeit der Informationen im staatlichen Verfahren eine Bedeutung zukommen muss.

Hinzu kommt, dass durch die Entledigung einer Verfahrensordnung auch keinerlei Bindung an internationales Recht und insbesondere den internationalen Rechtshilfeverkehr besteht.[427] Das ob einer Umgehung des Rechtshilfeverkehrs durch unternehmensinterne Ermittlungen im Allgemeinen und vorliegend im Rahmen einer SEC-Untersuchung ist ein sehr umstrittenes Kapitel (hierzu ausführlich unter Kap. 10). In der Schweiz ist eine solche Umgehung unter Strafe gestellt, in Deutschland könnte man höchstens zu einer Strafbarkeit der privaten Ermittler über § 353d StGB gelangen, wenn letztere den Ermittlungsbehörden im Parallelverfahren zuarbeiten und gewisse Informationen bzw. Erkenntnisse nicht unter Verschluss halten.[428]

---

425 Vgl. Knierim, in: Festschrift für Klaus Volk, 2009, S. 247 (249).

426 Knierim, StV 2009, 324 (325).

427 Knierim, StV 2009, 324 (325).

428 Knierim, StV 2009, 324 (325).

2. Keine Pflicht zur Objektivität

Im Gegensatz zu staatlichen Ermittlungen, diese müssen gemäß § 160 II StPO auch alle entlastenden Umstände zu Gunsten des Beschuldigten berücksichtigen, kann die interne Aufklärung willkürlich, sachfremd oder eingriffsintensiv geführt werden, wodurch einseitige und verzerrte Ermittlungsergebnisse entstehen können.[429] Die Gefahr von Nötigungen, falschen Verdächtigungen oder erpressten bzw. gekauften Geständnissen oder falschen Kronzeugen ist nicht zu unterschätzen, weil interne Aufklärungsmaßnahmen einschneidende Auswirkungen auf den Arbeitsplatz durch Freistellungen und Kündigungen, die finanzielle Situation durch entstandene Anwaltskosten des Betroffenen und nicht zuletzt auf seine Reputation haben können.[430] Erst in einem förmlichen Verfahren prüft der Richter Art und Umfang der Vorgehensweise, die Erkenntnisse und Ergebnisse der eigenhändigen Ermittlungen; eine Pflicht zur Dokumentation im Allgemeinen besteht bis dahin nicht. Daher sind Abweichungen von der materiellen Wahrheit zu befürchten, wenn keinerlei Mindeststandards im Sinne der Strafprozessordnung eingehalten werden müssen.

3. Beschränkte Übernahme in staatliche Ermittlungsverfahren

Bei der Einführung von Ergebnissen aus unternehmensinternen Ermittlungen in ein staatliches Verfahren entstehen bezüglich der Beschränkung der Verwertbarkeit dieser Informationen massive Klärungsprobleme. Es geht nicht nur um Beweisverwertungsverbote als solche, sondern auch um die Überzeugungskraft, sprich den Beweiswert von privaten Ermittlungsberichten. Auch im Fall Siemens wurden zahlreiche Aufklärungshinweise aus den privaten Ermittlungen in das staatliche Ermittlungsverfahren eingebracht.

Sollte die angewandte Methodik, das eingesetzte Mittel, der Gegenstand der Maßnahmen oder das Ergebnis der Ermittlungen nicht überprüfbar sein, muss den betroffenen Personen bereits frühzeitig im Verfahren Gelegenheit gegeben werden, Korrekturen und Klarstellungen vorzubringen oder sogar die Einführung wegen eines Gesetzesverstoßes bzw. einer Grundrechtsverletzung zu verhindern.[431] Eine Erhebung im Freibeweisverfahren, ob es bei der Beweiserlangung irgendwelche gravierenden Fahler gegeben hat, muss dann erfolgen, wenn

429 Neuhaus, in: Kempf/Lüderssen/Volk, Die Finanzkrise, das Wirtschaftsstrafrecht und die Moral, 2010, S. 348 (357); Theile, StV 2011, 381 (384).

430 Knierim, StV 2009, 324 (325).

431 Knierim, StV 2009, 324 (326).

das Gericht von der Bedeutung bzw. Tragfähigkeit des privat ermittelten Beweismittels für die Urteilsfindung ausgeht.[432]

In Betracht kommen Täuschungen zum Nachteil des Mitarbeiters über Verfahrensrechte sowie Aussagen, die auf unrichtiger respektive fehlender Belehrung oder Täuschung über den Befragungszweck bzw. die Verwendung der Angaben beruhen, wobei lediglich ein kleiner Teil der Aspekte gegen eine Verwertbarkeit spricht (siehe unten VI), während sich die meisten Rügen (nur) gegen den Beweiswert von privaten Erkenntnissen richten.

Unbefriedigend ist vor allem, dass der nicht zu erbringende Nachweis eines Verstoßes im Kernbereich der Grundrechte bei der richterlichen Beweisaufnahme regelmäßig zu Lasten des Angeklagten gehen wird; anders als bei den die Schuld bestimmenden Tatsachen gilt für die Feststellung des Vorliegens eines Beweisverbots im Freibeweisverfahren der Grundsatz „in dubio pro reo" nicht.[433] Aufgrund der gerichtlichen Verpflichtung zur Wahrheitserforschung nach § 244 II StPO muss die Verwertung präsenter Beweismittel die Regel bleiben, so dass ein möglicher, jedoch zweifelhafter Verstoß der Verwertbarkeit der betreffenden Aussage, etc. nicht entgegenstehen darf.[434]

Deshalb sollte nach Ansicht von *Knierim* der Auftraggeber und Verwender einer solchen Dokumentation über interne Ermittlungen die Beweispflicht/ Beweislast tragen.[435] Während das Unternehmen für eigene Entscheidungen hinreichende Plausibilität ausreichen lässt, muss ein Gerichtsverfahren auf einer lückenlosen und justizförmigen Beweisführung (§§ 261 StPO, 286 ZPO) basieren.

Die privaten Erkenntnisse sind wegen der hohen Anforderungen einer prozessual ordnungsgemäßen Befragung zu hinterfragen, weil dem Unmittelbarkeitsgrundsatz (§§ 250, 252 StPO) nur dann genügt werden kann, wenn die Aufklärer als Zeugen oder als Sachverständige gehört werden. Daher verstößt nach Auffassung von *Knierim* die Einführung eines privaten Ermittlungsberichtes über Personenbefragungen gegen das Unmittelbarkeitsprinzip, da er ein Ergebnis „vom Hörensagen" darstellt.[436] Auch wenn regelmäßig keine (Befragungs-) Protokolle angefertigt werden, wird ein zu präsentierender Untersuchungsbericht die entscheidenden Erkenntnisse aus den „Interviews" beinhalten.

---

432 Vgl. Schlicht, in: Verhandlungen des 67. DJT 2008, Band II/2, Teil L, S. 150 f.

433 BGHSt 16, 164 (165).

434 Siehe OLG Hamburg, NJW 2005, 2326 (2330).

435 Knierim, StV 2009, 324 (329).

436 Knierim, StV 2009, 324 (330).

Ermittlungsberichte von mit der unternehmensinternen Untersuchung beauftragten Anwälten werden von vornherein zu Beweiszwecken verfasst und fallen unter den Tatbestand der „schriftlichen Erklärung" i.S.v. § 250 S. 2 StPO, und zwar auch dann, wenn sie nicht für ein Strafverfahren abgegeben worden sind.[437] Eine andere Ansicht vertritt der BGH, wonach nur in demselben Verfahren zu Beweiszwecken abgegebene Erklärungen[438] und nur gegenüber einer mit einem Strafverfahren befassten Behörde zu Beweiszwecken abgegebene Erklärungen[439] gemeint sind. Folgt man der Ansicht der Rechtsprechung, dürften die Ermittlungsberichte umfassend verlesen werden, da sie vorrangig zu Beweiszwecken im SEC-Verfahren dienen und nicht für deutsche Strafverfolgungsbehörden, sondern für das Unternehmen abgegeben worden sind, was aber schon mit Blick auf § 250 S. 1 StPO bedenklich erscheint, weil generell der Beweis durch Zeugen Vorrang vor dem Urkundenbeweis hat.

§ 250 S. 2 StPO verbietet aber nur die Ersetzung, nicht die Ergänzung der Vernehmung durch die in einer schriftlichen Erklärung festgehaltenen Äußerung der Beweisperson, unabhängig davon, ob durch die Verlesung eine Aussage unterstütz oder ihre Wahrheit überprüft werden soll.[440] § 250 StPO schließt jedenfalls nach allgemeiner Auffassung[441] die Vernehmung von Zeugen vom Hörensagen – hier: Privatermittler über den Inhalt der Aussagen von befragten Arbeitnehmern - nicht aus, sofern der mittelbare Verwertungsschutz von § 136a III S. 2 StPO nicht entgegensteht (vgl. unten Kap. 8, II.7(a) zur Fortwirkung von § 136a III S. 2 StPO). Auch Vorhalte an einen z.B. bei einem „Interview" anwesenden bzw. befragenden Anwalt aus dem schriftlichen Bericht über die unternehmensinterne Untersuchung werden nach h.M. durch § 250 StPO nicht ausgeschlossen, sofern kein Verwertungsverbot besteht.[442]

Eine Ausnahme bildet die sog. Pflichtberichterstattung, wonach beispielsweise ein Prüfungsbericht eines Abschlussprüfers nach §§ 321, 322 HGB als Urkunde gemäß § 249 StPO verlesen werden darf.[443] Unter die Pflichtdokumentation gehören auch Berichte des Vorstands an den Aufsichtsrat gemäß §§ 90, 91 AktG sowie Buchführungsunterlagen, Rechnungen oder Sitzungsprotokolle und sonstige gesetzlich vorgeschriebene Berichte. Zwar sind solche Pflichtdokumen-

---

437 Diemer in Karlsruher Kommentar zur StPO, § 250 Rn. 8 m.w.N.

438 BGH, 5 StR 306/62; vgl. auch BGHSt 20, 161.

439 BGH, 5 StR 549/63; vgl. auch BGHSt 20, 161.

440 Meyer-Goßner, Kommentar StPO, § 250 Rn. 12.

441 BGHSt 17, 382 (384).

442 Diemer in Karlsruher Kommentar zur StPO, § 250 Rn. 2 a.E.

443 Knierim, StV 2009, 324 (330 f.).

tationen nicht für Zwecke strafrechtlicher Ermittlungen angefertigt worden, jedoch unterliegen sie keinem Beschlagnahmeschutz gemäß § 97 I StPO, selbst wenn die Abfassung durch Wirtschaftsprüfer oder Rechtsanwälte erfolgte. Auch greift § 160a I bis III StPO bei Sicherstellungen und Beschlagnahmen im Sinne von §§ 94 ff. StPO nicht ein.

Hinsichtlich der Beweisverwertung von intern ermittelten Unterlagen befürwortet *Knierim* wegen der §§ 250, 252 StPO eine Befragung des Verfassers zu „Anlaß, Ziel, Fachkunde, Methodik und Inhalt der Feststellungen bei der Anfertigung der Dokumentation", bevor das Gericht eine inhaltliche Würdigung der Pflichtdokumentation(en) vornimmt.[444]

Anders ist die Rechtlage bei anlaßbezogenen Berichten bzw. Arbeitsergebnissen über unternehmensinterne Ermittlungen von zur Verschwiegenheit verpflichteten Berufsangehörigen, sofern sie nicht von der Verschwiegenheitspflicht durch ihren Auftraggeber entbunden worden sind. Im Falle der unternehmensseitigen Entbindung ist der staatsanwaltschaftliche Zugriff auf Dokumente und Daten gemäß §§ 94 ff., 102 ff., 161 I StPO grundsätzlich möglich. Eine andere Ansicht vertritt das LG Hamburg[445], wonach die Beschlagnahmefähigkeit des § 97 StPO nicht durch Parteivereinbarung disponibel sei, was aber im Falle einer freiwilligen Kooperation durch Übergabe dahinstehen kann. Werden z.B. Gesprächsprotokolle oder Notizen von Mitarbeiterbefragungen nicht übergeben und befinden sie sich im Gewahrsam eines externen Rechtsanwalts, kommt es auf § 160a I, II StPO n.F. und das Verhältnis zu § 97 StPO an (vgl. unter Kap. 5, I.3(b)(v)). Eine höchstrichterliche Entscheidung liegt bislang nicht vor.

Jedenfalls stehen an einer Investigation beteiligte Arbeitnehmer des Unternehmens außerhalb des Mandatsverhältnisses zur Gesellschaft, so dass eine Anwaltskorrespondenz mit ihnen nicht in den Schutzbereich des Anwaltsgeheimnisses fällt.

V. Strafbarkeitsrisiken bei unternehmensinternen Ermittlungen

Droht das Unternehmen dem zu befragenden Angestellten mit arbeits- und haftungsrechtlichen Konsequenzen im Falle der „Aussageverweigerung", ist eine komplexe Prüfung des Tatbestandes der Nötigung, § 240 StGB, vorzunehmen.

444 Knierim, StV 2009, 324 (331).

445 LG Hamburg, CCZ 2011, 155 (156).

Allerdings stellen die Mitarbeiter-Befragungen nicht die einzige Ermittlungsmaßnahme dar. Das Abhören von Telefonaten ist nach § 201 II S. 1 Nr. 1 StGB strafbar. Im Rahmen der elektronischen Beweissicherung kommen Strafbarkeiten nach §§ 202a, 206 StGB in Betracht, die nicht nur die ermittelnden Anwälte sondern auch den Arbeitgeber/ Auftraggeber treffen können. Das strafrechtliche Risiko soll selbst dann bestehen, wenn die Daten physikalisch auf Servern im Ausland lagern.[446]

Kürzlich wurde der ehemalige Leiter der Sicherheitsabteilung der Deutschen Telekom neben Verstößen gegen das Post- und Fernmeldegeheimnis auch wegen Untreue verurteilt, weil er zum Zwecke der internen Aufklärung von Straftaten eine Detektei beauftragte, die illegal Verbindungsdaten von Journalisten und Aufsichtsratsmitgliedern erhob.[447] Nach Auffassung des LG Bonn wurde das anvertraute Vermögen des Arbeitgebers i.S.d. § 266 StGB pflichtwidrig geschädigt, indem zur Herstellung von Transparenz nicht nur kostspielige, sondern auch rechtswidrige Mittel angewendet wurden.

1. „Interviews“

Die privaten Ermittler und der Arbeitgeber haben im Rahmen von Mitarbeiter-„Interviews“ § 240 StGB zu beachten, sofern die Aussageverweigerung an arbeitsrechtliche Konsequenzen gekoppelt wird, insbesondere im Falle einer sog. „Amnestieregelung“ (dazu ausführlich unten Kap. 8, II.5(d)) und erst recht § 132 StGB (Amtsanmaßung) zu befolgen.

Werden Protokolle in digitaler Form angefertigt, scheidet § 201 I StGB bereits am Tatbestandsmerkmal „nichtöffentlich“ aus, wenn durch die sog. „Upjohn Warnings“ klargestellt wird, dass das Unternehmen auf das attorney-client privilege verzichtet und sämtliche geschützten Informationen auch gegenüber staatlichen Stellen offenlegt. Des Weiteren müsste die Aufnahme auch „unbefugt“, also ohne Kenntnis respektive ohne Einverständnis des Betroffenen erfolgen. In der Regel werden aber keine Protokolle, weder digital noch in Papierform, gefertigt.

---

446 Schuster, ZIS 2010, 68 (69). Auf die Belegenheit des Gutes oder die Nationalität des Inhabers kommt es auf Tatbestandsebene von Individualrechtsgüter schützenden Strafnormen nicht an (vgl. Satzger, in: Satzger/Schmitt/Widmaier, Kommentar StGB, Vor §§ 3-7 Rn. 8), wenn deutsches Strafrecht gem. §§ 3, 9 I oder § 9 II S. 2 StGB anwendbar ist.

447 Michalke, StV 2011, 245 (247), wonach zu viel Compliance Untreue sein kann.

2. Durchsicht von Dateien

Werden dienstliche Dateien kontrolliert, kommt § 202a StGB nicht in Betracht, weil alle dienstlichen Vorgänge auf Veranlassung des Arbeitgebers erfolgen. Ihm ist der Skripturakt zuzurechnen. Er bleibt selbst verfügungsbefugt.

Private Dateien unterfallen dem Schutz des § 202a StGB. Wurde die private Nutzung des PCs verboten und handelt der Arbeitnehmer weisungswidrig, hat dieser Umstand keine Auswirkungen auf die Urheberschaft, die der Verfügungsbefugnis zugrunde liegt. Ein arbeitgeberseitiges Verbot kann allenfalls den Vorsatz des Arbeitgebers entfallen lassen

Problematisch ist aber, ob das allgemeine Benutzerpasswort eine Sicherungsfunktion (auch) gegenüber dem Arbeitgeber darstellt, weil der Mitarbeiter seine privaten Dateien neben den dienstlichen abspeichern und regelmäßig keinen separaten Kennwortschutz einrichten wird.

Richtigerweise schützt das eingerichtete Passwort nur vor Zugriffen von außen. Auch kann der Arbeitgeber kraft seines Direktionsrechts die Offenbarung verlangen. Die Vergabe von Benutzerkennworten bezweckt keinen Geheimnisschutz gegenüber dem Arbeitgeber. Es soll keine „private Ecke" auf der arbeitgeberseitigen Computeranlage zur Verfügung gestellt werden.[448]

Abgesehen vom Sonderfall der mit gesondertem Kennwortschutz versehenen Privatdateien oder -verzeichnisse fällt die Sichtung von Computerdateien auf firmeneigenen Datenträgern – einschließlich des personalisierten Heimlaufwerks und des E-Mail-Accounts – nicht unter § 202a StGB.

3. Durchsicht von E-Mails

Bei der Kontrolle von E-Mails bleibt ein Strafbarkeitsrisiko gemäß § 206 StGB.

Als tauglicher Täter kommt der Inhaber oder ein Beschäftigter des Unternehmens in Betracht. Externe Ermittler können § 206 StGB lediglich als Teilnehmer verwirklichen, weil bloß sporadische Tätigkeiten für das Unternehmen nicht genügen; ein (dauerhaftes) Beschäftigungsverhältnis liegt nicht vor[449]. Unternehmensnahe Personen werden in § 206 III Nrn. 1-3 StGB abschließend aufgezählt. Wird der E-Mail-Bestand zu Untersuchungszwecken an externe Ermittler weitergegeben, leisten sie als Empfänger jedenfalls Beihilfe nach § 27 StGB, soweit der Arbeitgeber die Haupttat gemäß § 206 I StGB verwirklicht und der doppelte Gehilfenvorsatz bejaht werden kann.

---

448 LAG Köln, NZA-RR 2004, 527 (528); a.A. Weißgerber, NZA 2003, 1005 (1008).

449 Lenckner, in: Schönke/Schröder, Kommentar StGB, § 206 Rn. 8.

Der Anwendungsbereich des § 206 StGB ist entgegen seinem Wortlaut nicht auf die Nachfolger der Deutschen Bundespost und ihre Konkurrenzunternehmen beschränkt – das geschäftsmäßige Erbringen von Telekommunikationsdiensten umfasst vielmehr das „nachhaltige Angebot von Telekommunikation für Dritte mit oder ohne Gewinnerzielungsabsicht“ (vgl. Legaldefinition in § 3 Nr. 10 TKG), wobei eine geschlossene Benutzergruppe unschädlich ist.[450]

Nutzt ein Mitarbeiter vom Arbeitsplatz das Internet und kommuniziert er über einen personalisierten E-Mail-Account des Arbeitgebers nicht nur dienstlich, sondern auch privat, ist der Arbeitnehmer ein Dritter, soweit er diesen Service für private Zwecke benutzt.[451] Ist die private Nutzung hingegen untersagt, bilden Arbeitgeber und Arbeitnehmer eine Organisationseinheit, so dass der Arbeitgeber nicht als geschäftsmäßiger Erbringer von Telekommunikationsdiensten angesehen werden kann.[452]

Problematisch ist eine ungeregelte Internet- und E-Mail-Nutzung – einerseits ist es eine arbeitgeberseitige Organisationsaufgabe, die Nutzung des betrieblichen Computersystems eindeutig zu definieren[453], andererseits hat das BAG verhaltensbedingte Kündigungen bei exzessiver Nutzung auch ohne ausdrückliches Verbot der Privatnutzung bereits bestätigt[454].

Des Weiteren müsste einer anderen Person Mitteilung über Tatsachen gemacht werden, die dem Post- oder Fernmeldegeheimnis unterliegen, wobei auch die Strafverfolgungsorgane und die eigenen Mitarbeiter, die im gewöhnlichen Geschäftsgang von der E-Mail keine Kenntnis erlangt hätten[455], andere Personen im Sinne von § 206 I StGB sind.

Werden private E-Mails im Zuge des Aussendens, Übermittelns oder Empfangens abgefangen und kopiert, um sie nachträglich auszuwerten und weiterzuleiten, ist das Telekommunikationsgeheimnis unstreitig betroffen. Problematisch ist jedoch die rechtliche Würdigung, wenn auf E-Mails zu einem Zeitpunkt zugegriffen wird, wenn diese bereits auf dem Mailserver des Arbeitgebers ruhen und der Telekommunikationsvorgang als solcher abgeschlossen ist.

---

450 Schuster, ZIS 2010, 68 (70).

451 Nach OLG Karlsruhe, MMR 2005, 178 (179 f.) wurde sogar eine baden-württembergische Universität zum Erbringer von Telekommunikationsdiensten. Auch ist es unerheblich, dass der Arbeitgeber nicht i.S.v. § 1 TKG im Wettbewerb auftritt, weil auch zu Zeiten des Postmonopols ein Fernmeldegeheimnis bestand. Auch reicht für die Nachhaltigkeit der Diensterbringung, dass letztere auf Dauer angelegt ist.

452 Schuster, ZIS 2010, 68 (71).

453 LAG Köln, NZA-RR 2004, 527.

454 BAG, NZA 2006, 98; BAG, NJW 2007, 2653.

455 Lenckner, in: Schönke/Schröder, Kommentar StGB, § 206 Rn. 10.

Nachdem die BaFin auf Ersuchen der SEC von einem Unternehmen die Vorlage von E-Mails namentlich bezeichneter Mitarbeiter gemäß § 4 III WpHG forderte, legte der Arbeitgeber mit Hinweis auf das Fernmeldegeheimnis Widerspruch und Klage ein – jedoch ohne Erfolg. Der Hessische VGH[456] berief sich auf die Rechtsprechung des BVerfG[457], wonach ein Zugriff auf auf die Festplatte heruntergeladene E-Mails – genauso wie es bei einem ausgedruckten Telefax oder den Aufzeichnungen eines Anrufbeantworters der Fall wäre – nicht in den Schutzbereich von Art. 10 GG falle.[458] Die Nutzer hatten nämlich die konkrete Option die E-Mails auf zentrale Speichermedien zu kopieren, wodurch man sie, bei Gebrauch dieser Möglichkeit, als selbst angelegte Daten ansehen könnte.

In Unternehmen bleiben normalerweise auch gelesene E-Mails auf dem Server gespeichert.[459]

Ein schlichtes Belassen auf dem E-Mail-Server („IMAP“) ist jedoch anders zu würdigen,[460] weil die „Post“ nicht in den Herrschaftsbereich des Nutzers gelangt und dieser über keine technische Möglichkeit verfügt, die Weitergabe der E-Mails durch den Provider zu verhindern – auch der technisch bedingte Mangel an Beherrschbarkeit begründet die besondere Schutzbedürftigkeit durch das Fernmeldegeheimnis.[461] Für nichtstaatliche Eingriffe im Rahmen von § 206 StGB kann konsequenterweise nichts anderes gelten, so dass die Weitergabe privater E-Mails bei erlaubter Privatnutzung den Tatbestand des § 206 I StGB erfüllt.

Hinweise auf wirtschaftskriminelles Verhalten werden sich tendenziell in dienstlichen E-Mails finden – hier erbringt der Arbeitgeber gegenüber dem Arbeitnehmer keinen Telekommunikationsdienst, was auch bei erlaubter Mischnutzung der Fall ist[462]. Dann scheidet eine Strafbarkeit aus.

---

456 Hessischer VGH, NJW 2009, 2470 (2471 f.); Vorinstanz war das VG Frankfurt am Main, CR 2009, 125.

457 BVerfGE 115, 166 (183 ff.); BVerfGE 120, 274 (307 f.).

458 Allerdings wird in das Recht auf informationelle Selbstbestimmung (Art. 2 I i.V.m. Art. 1 I GG) eingegriffen, was ein strafprozessuales Beweisverwertungsverbot auslösen kann, aber nicht muss, weil bei Eingriffen in die Privatsphäre eine Abwägung vorzunehmen ist.

459 Schuster, ZIS 2010, 68 (72), der das Herunterladen von E-Mails auf dem Arbeits-PC („POP3“) in Unternehmen als eher ungewöhnlich bezeichnet.

460 Schuster, ZIS 2010, 68 (72).

461 So jüngst BVerfG, NJW 2009, 2431 (2432 f.).

462 Schuster, ZIS 2010, 68 (72); a.A. Salvenmoser/Schreier, in: Achenbach/Ransiek, Handbuch Wirtschaftsstrafrecht, 2008, Kapitel XV Rn. 109.

Problematisch kann in der Praxis aber die Trennung zwischen dienstlichen und privaten E-Mails sein. Jedenfalls ist es dem Dienstanbieter nach § 88 III S. 1 TKG untersagt, sich über das für die Erbringung von Fernmeldediensten erforderliche Maß Kenntnis von Telekommunikationsvorgängen zu verschaffen; die Vorschrift lässt aber die Frage nach einer Strafbarkeit für das schlichte Durchsehen oder Filtern des gesamten E-Mail-Verkehrs unbeantwortet. Fraglich ist, ob eine Mitteilung an eine andere Person erfolgt. Mitteilen ist jedes Handeln, dass zur Kenntniserlangung durch Dritte führt. Das bloße Einsichtnehmen auf dem firmeneigenen Server genügt wohl nicht. Allerdings bekommen die mit der Untersuchung beauftragten Privatermittler den gesamten E-Mail-Bestand als Kopie übermittelt.[463] Das bloße Gewähren von Zugang zu einem Datenbestand kann bereits als Mitteilung verstanden werden, obwohl dem Inhaber oder dem Beschäftigten des Unternehmens die Tatsachen vor der Weitergabe selbst überhaupt nicht „bekanntgeworden" sind;[464] jedenfalls ist dem Arbeitgeber immerhin „bekanntgeworden", dass die einem Dritten zur Kenntnisnahme überlassenen Materialien Telekommunikationsvorgänge betreffen[465].

Gibt der Arbeitgeber den gesamten E-Mail-Bestand zu Untersuchungszwecken weiter, ohne vorher zwischen dienstlicher und privater Kommunikation zu filtern, wird § 206 I StGB erfüllt. Handlungssicherheit besteht lediglich, wenn die private Korrespondenz im Vorfeld verboten wird bzw. ausschließlich über private Dienstleister abzuwickeln ist.

Möglicherweise wirkt aber ein ausdrückliches Einverständnis des Arbeitnehmers tatbestandsausschließend, das im Gegenzug zur Erlaubnis einer (gelegentlichen) privaten Nutzung des E-Mail-Accounts bereits im Vorfeld eingeholt werden könnte. Problematisch ist, ob ein solcher Verzicht auf das Fernmeldegeheimnis überhaupt wirksam wäre, weil dadurch gleichzeitig ohne Ermächtigung über fremde Rechte verfügt wird. Auch bedarf die sog. Fangschaltung trotz Zustimmung des Anschlussinhabers laut BVerfG einer (besonderen) Ermächtigungsgrundlage, weil die Zustimmung des Anrufers fehle.[466] Die Kommentarli-

463 Vgl. Schuster, ZIS 2010, 68 (73).

464 Nichts anderes gilt im Rahmen von § 203 StGB, wenn Privatgeheimnisse auf CD verkauft werden – vgl. Cierniak in MüKo, Kommentar StGB, § 203 Rn. 44.

465 Schuster, ZIS 2010, 68 (73 f.).

466 BVerfGE 85, 386 (399).

teratur[467] differenziert daher nicht und verlangt (pauschal) die Zustimmung sämtlicher Kommunikationspartner.

Sofern der Account-Inhaber mit der Überprüfung einverstanden ist, wird gegen das doppelte Zustimmungserfordernis vorgebracht, dass es im Verhältnis der Telekommunikationspartner untereinander kein Fernmeldegeheimnis gebe, der Kommunikationspartner bei unternehmensspezifischen E-Mail-Adressen mit unternehmensseitigen Zugriffsrechten, sei es durch das Sekretariat, rechnen müsse und die private E-Mail-Nutzung überhaupt nicht als selbstverständlich voraussetzen dürfe.[468] Jedenfalls muss dem anderen Teil bewusst sein, dass das Unternehmen jederzeit den gesamten Schriftverkehr freiwillig ausgehändigt bekommen kann, was eine Parallele zur zulässigen Hörfalle[469], also Mithören eines Telefonats am Endgerät mit Zustimmung des Anschlussinhabers, darstellen würde.[470]

§ 32 StGB scheidet als Rechtfertigungsgrund aus, weil zum Zeitpunkt der Untersuchung kein gegenwärtiger, rechtswidriger Angriff mehr vorliegen wird, wobei sich die Notwehrhandlung ausschließlich gegen Rechtsgüter des Angreifers richten darf. Auch greift § 34 StGB nicht ein, weil die Einholung staatlicher Hilfe zur Beseitigung der Notstandssituation vorrangig ist. Selbst wenn man eine Dauergefahr zum Nachteil der Gesellschaft bejaht, muss die Tat ein angemessenes Mittel i.S.d. § 34 S. 2 StGB darstellen. Die Unternehmensinteressen werden das Recht auf Privatsphäre in der Regel nicht „wesentlich" überwiegen.

VI. Beweisverwertungsverbote bei Privatermittlungen

Handlungen privater Ermittler und die Verwertung ihrer Erkenntnisse stehen unter dem Vorbehalt der gesetzlichen Grenzen. Aus dem Strafrecht folgende Grenzen werden durch die §§ 258, 164, 201 ff., 223 ff., 240 StGB, aus dem Arbeits- und Datenschutzrecht durch die persönlichkeitsbezogenen Schutzrechte gezogen. Allerdings begründet nicht jeder Verstoß bei der Beweiserhebung ein strafprozessuales Verwertungsverbot. Das gilt für Verletzungen von Beweiserhebungsvorschriften, die sich an die Organe des Staates richten, und erst recht für privates Unrecht.

---

467 Lenckner, in: Schönke/Schröder, Kommentar StGB, § 206 Rn. 12; Kargl, in: Kindhäuser/Neumann/Paeffgen, Kommentar StGB, § 206 Rn. 45; Altenhain in MüKo, Kommentar StGB, § 206 Rn. 42.

468 Schuster, ZIS 2010, 68 (74).

469 BGHSt 39, 335 (343).

470 Schuster, ZIS 2010, 68 (74).

Während der Großteil des Schrifttums[471] und die gerichtliche Praxis[472] das private Beweisbeschaffungsunrecht bis auf Erhebungen in menschenrechtswidriger oder menschenunwürdiger Weise - insbesondere folterähnliche Maßnahmen oder sonstige nachhaltige Eingriffe in die körperliche Unversehrtheit verstoßen gegen Art. 1 I GG - nicht berücksichtigen, wird teilweise eine Anlehnung an § 136a StPO gefordert, soweit Privatleute bei der Beweisgewinnung die durch § 136a I StPO verbotenen Methoden angewendet haben oder deren Verhalten auch bei Privatleuten untereinander mit Strafe bedroht ist[473]. Eine im Vordringen befindliche Ansicht bejaht prozessuale Konsequenzen nur bei privater strafrechtswidriger Beweisbeschaffung und verlangt stets oder zumindest dem Grundsatz nach ein Beweisverwertungsverbot aus strafrechtlichen, strafprozessualen oder verfassungsrechtlichen Gründen.[474]

Nach herrschender Auffassung sind privat ermittelte Informationen stets verwertbar, mit Ausnahme was Privatpersonen unter besonders krassem Verstoß gegen die Menschenwürde erlangt haben[475], sowie bei einem Eingriff in die Intimsphäre, etwa durch Auswertung eines Tagebuchs[476] bzw. in die Privatsphäre, sofern das Strafverfolgungsinteresse der Allgemeinheit zurückzutreten hat, wenn die Beweisverwertung einen selbständigen Grundrechtseingriff darstellen würde und bei gezielter staatlicher Umgehung durch Beauftragung[477] Privater (sog. Zurechnungs-Konstruktion der Rechtsprechung).

Der sog. Wahrsagerinnen-Fall stellt wegen der Verabreichung von Betäubungsmitteln eine Mischform zwischen menschenrechtswidriger und dem Staat zurechenbarer Beweiserlangung dar.[478]

---

471 Vgl. Bockemühl, Private Ermittlungen im Strafprozess, 1996, S. 128 f.; Hanack in Löwe-Rosenberg, Kommentar StPO, § 136a Rn. 10; Jäger, Beweisverwertung und Beweisverwertungsverbote im Strafprozess, 2003, S. 222.

472 Vgl. BGHSt 27, 355 (357); 36, 167 (172); OLG Oldenburg, NJW 1953, 1237; LG Zweibrücken, NJW 2004, 85.

473 Gundlach in Alternativkommentar zur StPO, § 136a Rn. 13; Jahn, JuS 2000, 441 (444 f.).

474 Vgl. Amelung, Informationsbeherrschungsrechte im Strafprozess, 1990, S. 64; Schroeder, Strafprozessrecht, 2007, Rn. 143; Bockemühl, Private Ermittlungen im Strafprozess, 1996, S. 125 ff.; Schroth, JuS 1998, 969 (980).

475 h.M. in der Literatur: vgl. Roxin/Schünemann, Strafverfahrensrecht, 2009, § 24 Rn. 65, wobei fraglich ist, warum der Eingriff „extrem" menschenrechtswidrig sein muss.

476 Siehe Schroth, JuS 1998, 969 (979).

477 So BGHSt 34, 362 und 44, 129.

478 In BGHSt 44, 129 wurde offen gelassen, ob die Zwangswirkung der U-Haft oder aber die Verabreichung von Betäubungsmitteln den Tatbestand von § 136a StPO erfüllt.

Insbesondere bei den Beweismittelverboten, wie z.B. §§ 52 ff., 97 oder § 81c sowie § 160a StPO, kommt es nicht darauf an, wer das Beweismittel erlangt hat.

Auch bei den selbstständigen Beweisverwertungsverboten ist eine Unterscheidung zwischen staatlicher und privater Beweiserhebung unerheblich.

Vielmehr ist entscheidend, ob die staatliche Verwertung des Beweismittels im Verfahren eine neue bzw. wiederholte Rechtsverletzung, also einen grundrechtsverletzenden Eingriff, der nicht gerechtfertigt ist, darstellen würde.[479] Es muss daher geprüft werden, ob ein selbständiges Verwertungsverbot durch die Präsentation des im Rahmen der Privatermittlung rechtswidrig erlangten Beweismittels ausgelöst wird, weil die Verwertung selbst in das Persönlichkeitsrecht oder das Recht auf informationelle Selbstbestimmung eingreift.[480] Mit anderen Worten löst die gegenüber dem staatlichen Verwertungsakt beachtliche Abwehrfunktion der Grundrechte ein Beweisverwertungsverbot aus.[481]

Es ist nicht etwa eine Unterscheidung zwischen rechtswidriger und rechtmäßiger Erlangung zu treffen, sondern eine Abwägung zwischen dem Interesse der Allgemeinheit an der Strafverfolgung einerseits, je nach Tatvorwurf und unter Berücksichtigung der Erforderlichkeit bzw. Unentbehrlichkeit des Beweismittels, sprich wenn die Überführung ansonsten weniger erfolgversprechend oder erschwert wäre, und der Intensität des konkreten Eingriffs andererseits anzustellen.[482]

Nach der Sphärentheorie des Bundesverfassungsgerichts[483] muss man zwischen Intimsphäre, Privatsphäre und der sozialen Sphäre unterscheiden, wobei nur in der „Mitte" abzuwägen sei, da ein Eingriff in die Intimsphäre stets zu einem Verwertungsverbot führt – sie ist abwägungsfest – und der Sozialbereich offen ist.

---

479 Vgl. Bockemühl, Private Ermittlungen im Strafprozess, 1996, S. 128 f.; Roxin/Schünemann, Strafverfahrensrecht, 2009, § 24 Rn. 66.

480 Vgl. Volk, Grundkurs StPO, 2010, § 28 Rn. 35.

481 Vgl. BVerfGE 34, 238 (245 ff.); BGHSt 14, 358 (365); 19, 325 (331 f.); 36, 167 (173 f.); Godenzi, Private Beweisbeschaffung im Strafprozess, 2008, S. 148 ff., 157.

482 Volk, Grundkurs StPO, 2010, § 28 Rn. 37 f.

483 BVerfGE 34, 238 (245 ff.).

Siebtes Kapitel: Die Kollision der arbeitsrechtlichen Mitwirkungspflicht mit dem nemo-tenetur-Grundsatz

Spätestens seit dem „Gemeinschuldner-Beschluss" des Bundesverfassungsgerichts ist unstreitig, dass das nemo-tenetur-Prinzip verfassungsrechtlich verankert ist.[484] Der in der StPO vorausgesetzte Grundsatz der Selbstbelastungsfreiheit wird primär - der Praxis[485] zur Folge – durch die Grundrechte auf Achtung der Menschenwürde sowie der freien Entfaltung der Persönlichkeit (Art. 2 I i.V.m. Art. 1 I GG) garantiert und gehört zum Kernbereich des von Art. 6 EMRK garantierten Rechts auf ein faires Strafverfahren.

Das Verfassungsgericht[486] sieht jedenfalls einen gesetzlichen Zwang zur Selbstbezichtigung, aufgrund von unter Androhung von Beugemitteln erzwingbaren Offenbarungs- und Wahrheitspflichten, dann mit der Menschenwürde (Art. 1 I GG) als unvereinbar an, wenn der Betroffene durch eigene Angaben die Voraussetzungen für eine strafrechtliche Verurteilung liefern müsse. Die im Vordringen befindliche Literatur verlangt insbesondere eine funktionsorientierte Auslegung des Grundsatzes.[487]

I. Ausgangssituation und Berührungspunkte

Vorliegend gelangt man aufgrund einer arbeitsrechtlichen Mitwirkungspflicht im Rahmen unternehmensinterner Ermittlungen zu einer Kollision mit dem nemo-tenetur-Prinzip, wenn man es aufgrund seiner grundrechtlichen Verankerung nicht auf den Bereich des Strafverfahrensrechts beschränkt[488]. Das gilt insbesondere im Hinblick auf die sog. „Interviews". Sofern eine (arbeitsrechtliche) Aussagepflicht nicht bejaht werden kann, sei es bei Fragen, die im nur mittelbaren Zusammenhang mit der geschuldeten Tätigkeit des Arbeitnehmers stehen und gleichzeitig kein überwiegendes Arbeitgeberinteresse vorliegt, bleibt immer noch die faktische (wirtschaftliche) Zwangswirkung wegen der Androhung von arbeits- und haftungsrechtlichen Konsequenzen, die unter Umständen existenz-

---

484 Vgl. BVerfGE 56, 37; Rogall in Systematischer Kommentar zur StPO, vor § 133 Rn. 133; Dahs/Langkeit, NStZ 1993, 213 (214).

485 BVerfGE 56, 37 (42 ff.); BGHSt 34, 39 (45 f.); 36, 328 (332).

486 BVerfGE 56, 37 (49).

487 Vgl. Bosch, Aspekte des nemo-tenetur-Prinzips aus verfassungsrechtlicher und strafprozessualer Sicht, 1998, S. 30.

488 So BVerfGE 56, 37 (44).

vernichtende Folgen haben können. Verweigert der Arbeitnehmer die Auskunftspflicht, provoziert er eine verhaltensbedingte Kündigung, weil er die Aufklärungsarbeit seines Arbeitgebers nicht unterstützt.[489]

Des Weiteren sind die „Interviews" wegen ihrer Struktur und Gesprächsführung auf eine mögliche Selbstbelastung der Mitarbeiter angelegt, weil die in inquisitorischer Art und Weise ablaufende Befragung regelmäßig mit Vorhalten aus „sichergestellten" Unternehmensunterlagen verbunden ist und daher eine vernehmungsähnliche Situation darstellt.[490]

Wir können festhalten, dass die gegenständlichen Aussagen in einer den nemo-tenetur-Grundsatz zumindest berührenden bzw. tangierenden Weise zustande gekommen sind.

II. Übertragbarkeit der Grundsätze der Gemeinschuldnerentscheidung auf Auskunftspflichten der Arbeitnehmer

In einem zweiten Schritt ist zu untersuchen, ob der rechtsstaatliche Fundamentalsatz über einen Schutz vor staatlich veranlasstem Aussagezwang hinausgeht[491] und ob der Selbstbezichtigungsschutz auch im Arbeitsverhältnis und bei geschäftsführenden Organmitgliedern im Dienstvertragsverhältnis Geltung entfaltet. Ob die im Rahmen von unternehmensinternen Ermittlungen bzw. Compliance-Untersuchungen befragten Mitarbeiter durch ein Verwertungsverbot im Strafprozess zu schützen sind bzw. ihre Auskünfte verweigern dürfen, ist im Folgenden zu erörtern.

In der sog. Architektenentscheidung hat der BGH im Falle einer nach § 260 BGB bestehenden Verpflichtung zur Auskunft - auch mit Blick auf eine eidesstattliche Versicherung - keine Ausnahme bei Selbstbelastungsgefahr gemacht und den Schuldner unabhängig von einer möglichen Offenbarung strafbaren Verhaltens als zur uneingeschränkten Auskunftserteilung verpflichtet angesehen.[492]

---

489 So Pfordte, in: Strafverteidigung im Rechtsstaat, S. 740 (754).

490 Vgl. Wastl/Litzka/Pusch, NStZ 2009, 68 (70 f.).

491 Nach EGMR StV 2003, 257 (259) steht dem Betroffenen das Recht zu, frei zu entscheiden, ob er aussagen oder schweigen will, wodurch auch Täuschung bzw. die Freiheit von Irrtum erfasst wird. Vgl. unter dem Einfluss der EGMR-Judikatur nunmehr BGH, NJW 2007, 3138 (3141).

492 BGH v. 30.4.1964 – VII ZR 156/62 -, AP Nr. 11 zu § 242 BGB Auskunftspflicht = NJW 1964, 1469.

Der Gesetzgeber hat zwar das enge Verständnis der Rechtsprechung mit der Kodifizierung des Verwendungsverbots in § 97 I S. 3 InsO in Frage gestellt, jedoch wird die Anwendung des Selbstbelastungsverbots - jedenfalls nach den Grundsätzen des Gemeinschuldnerbeschlusses – für zivilrechtliche Auskunfts- und Mitwirkungspflichten von der herrschenden Ansicht abgelehnt, obwohl das BVerfG nicht ausgeschlossen hat, dass der nemo-tenetur-Satz auch bei rechtsgeschäftlich begründeter Aussagepflicht greifen könnte. Dies soll nicht nur für das Versicherungsvertrags-[493] und Verbands-[494], sondern ebenfalls für das Arbeitsrecht[495] der Fall sein. Nach Auffassung von *Jahn* soll der nemo-tenetur-Satz, aufgrund des fehlenden rechtlichen Zwangs durch ein hoheitliches Verfahren, im Bereich zivilrechtlicher Auskunftsverpflichtungen und demnach auch bei privaten SEC-Befragungen keine Geltung entfalten.[496] Ob dieser ablehnenden Ansicht gefolgt werden kann, ist zu hinterfragen.

1. Gesetzliche Auskunfts- und Berichtspflichten

Das Oberlandesgericht Karlsruhe hat im Jahre 1988 eine Übertragbarkeit der vom Bundesverfassungsgericht aufgestellten Grundsätze der Gemeinschuldnerentscheidung auf eine Auskunftspflicht des Arbeitnehmers über selbst verursachte Schäden gegenüber dem Arbeitgeber abgelehnt.[497] Nach Auffassung des OLG Karlsruhe bestehe schon eine rechtliche Verpflichtung zur Selbstbelastung gegenüber dem Arbeitgeber und damit eine vergleichbare Konfliktlage zum Insolvenzschuldner nicht, da eine gesetzlich verankerte Auskunftspflicht des Arbeitnehmers nicht existiere und eine Offenbarungspflicht lediglich aus der Schadensbewahrungspflicht abgeleitet werden könne.[498] Daher stehe es dem angehörten Arbeitnehmer völlig frei, ob er sich äußern will oder nicht. Eine Ausdehnung des Schweigerechts auf außerstrafprozessuale Situationen, wäre auch durch den fair-trial-Grundsatz nicht gerechtfertigt. Der Senat betont ausdrücklich, dass er die psychologische Situation des Arbeitnehmers berücksichtigt habe.

---

493 KG, NStZ 1995, 146 (147); großzügiger OLG Celle, NStZ 1982, 393 f.

494 Diff. Jahn, SpuRt 2005, 141 (146).

495 Restriktiv OLG Karlsruhe, NStZ 1989, 287; Verrel, NStZ 1997, 361 (362).

496 Vgl. Jahn, StV 2009, 41 (44).

497 Vgl. OLG Karlsruhe, NStZ 1989, 287 f. mit zustimmender Anm. Rogall, NStZ 1989, 288.

498 Vgl. Pfordte, in: Strafverteidigung im Rechtsstaat, S. 740 (753); Widmaier/Hiebl/Becker, MAH Strafverteidigung, 2006, § 30 Rn. 96.

Auch ändere die Einführung von § 16 ArbSchG[499] an einer fehlenden Selbstbelastungspflicht des Arbeitnehmers nichts, weil diese Norm eine öffentlich-rechtliche und vor allem sanktionslose Verhaltenspflicht kodifiziere.[500] Gemäß § 15 ArbSchG haben Arbeitnehmer die allgemeinen Pflichten „nach ihren Möglichkeiten", sprich nur bei Zumutbarkeit im Einzelfall, zu erfüllen. Nach *Hiebl/Becker* könne eine Pflicht zur Selbstbezichtigung respektive zur Anzeige selbst verursachter Schäden ebenfalls nicht aus der arbeitsvertraglichen Treuepflicht hergeleitet werden, weil solche aus § 242 BGB resultierenden Offenbarungspflichten unter dem Gebot der Zumutbarkeit der Erfüllung bzw. der Verhältnismäßigkeit stehen.[501] Eine Pflicht sich selber zu belasten kann daher weder aus dem Grundsatz des Treueverhältnisses noch aus (einer verfassungskonformen Auslegung von) §§ 15, 16 ArbSchG hergeleitet werden, so dass der Gemeinschuldnerbeschluss nicht übertragbar sei.[502]

Wollte man aus der Entscheidung des OLG Karlsruhe eine allgemeine Regel ableiten, die gegen ein Verwertungsverbot spricht, dürfte ein Arbeitnehmer generell nicht zur Selbstbezichtigung verpflichtet sein.[503] Während eine solche Mitwirkungspflicht und die damit verbundene Zwangswirkung im Bereich der vertraglichen Berichtspflichten sehr wohl in Betracht kommt, hatte sich die Arbeitnehmerin im dem Beschluss des OLG Karlsruhe zugrunde liegenden Fall lediglich durch ihr Verhalten und ohne Zwang selbst belastet.

Daher ist die Aussage auf den Fall bezogen richtig, der Leitsatz aber nicht allgemein übertragbar.

2. Vertragliche Auskunfts- und Berichtspflichten

a. Vergleichbare Zwangslage analog § 97 Abs. 1 Satz 3 InsO

Der Arbeitgeber kann über Wahrnehmungen des Arbeitnehmers im unmittelbaren Zusammenhang mit seiner Arbeitsleitung wahrheitsgemäße und vollständige

---

499 Hiernach sind die Beschäftigten verpflichtet dem Arbeitgeber jede festgestellte unmittelbare erhebliche Gefahr für die Sicherheit und Gesundheit sowie jeden an den Schutzsystemen festgestellten Defekt zu melden.

500 Vgl. Widmaier/Hiebl/Becker, MAH Strafverteidigung, 2006, § 30 Rn. 97; a.A. Böhm, WM 2009, 1923 (1925), wonach (auch) übergeordnete Interessen des Arbeitgebers eine umfassende Auskunftspflicht rechtfertigen - prozessuale Darlegungs- und Beweislastregeln seien unbeachtlich, wenn die Arbeitssicherheit auf dem Spiel steht.

501 Vgl. Widmaier/Hiebl/Becker a.a.O.; vgl. auch BGH, BB 1989, 649 (651).

502 Vgl. im Ergebnis Pfordte, in: Strafverteidigung im Rechtsstaat, S. 740 (754).

503 Vgl. Böhm, WM 2009, 1923 (1928).

Auskunft bis hin zur Selbstbelastung verlangen[504], so dass im Rahmen der Durchsetzung von tätigkeitsbezogenen Auskunftsansprüchen gemäß §§ 666, 675 BGB eine Zwangssituation erzeugt wird, die mit derjenigen eines Gemeinschuldners vergleichbar ist.

Bei den allgemeinen arbeitsvertraglichen Nebenpflichten ist aufgrund ihres eingeschränkten Umfangs zweifelhaft, ob das allgemeine Persönlichkeitsrecht und daher der nemo-tenetur-Satz nicht bereits im Rahmen der Interessenabwägung angemessen berücksichtigt wurden.[505] Allerdings kann ein Zwang zur Aussage auch hier nicht ausgeschlossen werden, wenn das Auskunftsinteresse des Arbeitgebers, insbesondere wegen der drohenden massiven wirtschaftlichen Schäden durch arbeitnehmerseitig[506] verschuldete SEC-Bußgelder überwiegt.

Eigentlich kann der Arbeitnehmer die Aussage verweigern, während die in Folge dessen drohende verhaltens- oder verdachtsbedingte Kündigung einerseits und der unabhängig von der Beendigung des Arbeitsverhältnisses drohende Schadensersatzanspruch wegen nebenvertraglicher Pflichtverletzung andererseits[507] zur wirtschaftlichen Drucksituation, sprich einer faktischen Zwangslage und damit zur Frage der entsprechenden Anwendung von § 136a StPO führen (siehe noch Kap. 8, II). Es gibt keinen „hoheitlich-rechtlichen" Zwang auszusagen, wie dies etwa in einem hoheitlichen Verfahren gegenüber einem Gericht als Zeuge – hier schützt § 55 StPO - oder gegenüber einem Insolvenzverwalter, der Beauftragter des Gerichts ist, als Schuldner – hier schützt § 97 I S. 3 InsO - der Fall wäre.

Aufgrund eines „arbeitsrechtlichen nemo-tenetur", also der theoretischen Möglichkeit der Aussageverweigerung, lehnen *Knauer/Buhlmann* ein Beweisverwertungsverbot aus dem nemo-tenetur-Grundsatz ab, da die Zwangslage nicht staatlich veranlasst sei und die Grundrechte lediglich über die General-

504 Vgl. BGH, NJW-RR 1989, 614 = BB 1989, 649 (650); BGHZ 41, 318 (322); Diller, DB 2004, 313 (314); Mengel/Ullrich, NZA 2006, 240 (243); Böhm, WM 2009, 1923 (1924, 1929).

505 Das kann im Ergebnis offen bleiben, weil leitende Angestellte wegen ihrer besonderen Treue- und Überwachungspflicht eine Auskunftspflicht nach § 666 BGB trifft.

506 A.A. Jahn, StV 2009, 41 (44), wonach die nicht ausreichende Einhaltung existierender Compliance-Vorschriften seitens des Unternehmens zu beachten sei, die Auslöser der SEC-Ermittlungen ist. M.E. ist selbst ein unbeteiligter leitender Angestellter wegen seiner besonderen Führungs- und Überwachungspflichten (sog. Allzuständigkeit) in gewisser Weise verantwortlich. Das gilt erst recht beim Tatbeteiligten.

507 Vgl. Göpfert/Merten/Siegrist, NJW 2008, 1703 (1707) zur nachvertraglichen Mitwirkungspflicht; vgl. BAG, NZA 2002, 618 ff. zu Schadensersatzansprüchen bei fehlenden Auskünften.

klausel des § 242 BGB mittelbare Drittwirkung entfalten können.[508] Diese Aussage verdient nur bedingt Beifall. Gerade weil die Auskunft nach § 666 BGB starr ist, muss der Grundrechtsschutz über ein staatliches Verwertungsverbot gewahrt werden. Gleiches gilt für mittelbar mit dem Arbeitsbereich zusammenhängende Fragen, wenn die Selbstbelastungsfreiheit ausnahmsweise keinen Vorrang verdient.

Man kann nicht von einer Freiheit zur Aussage sprechen, wenn neben arbeitsrechtlichen Zwangsmitteln eine Durchsetzung des Auskunftsanspruchs im Zivilprozess droht. Denn der private Zwang kann jederzeit in einen staatlichen Zwang übergehen. Während der die Auskunft verweigernde Gemeinschuldner auf Anordnung des Insolvenzgerichts gemäß § 98 II InsO zwangsweise vorgeführt oder inhaftiert werden kann, kann der Arbeitgeber seinen Auskunftsanspruch gemäß § 888 I ZPO vollstrecken lassen. Das Prozessgericht des ersten Rechtszugs wird den Mitarbeiter durch Zwangsgeld oder Zwangshaft zur Vornahme der Handlung anhalten, sofern der Arbeitgeber einen entsprechenden Antrag stellt. Daher schwebt das Damoklesschwert eines staatlich geregelten Verfahrens auch über dem Arbeitnehmer.[509]

Des Weiteren kann der Arbeitgeber durch die Androhung von arbeitsrechtlichen Konsequenzen und Schadensersatzforderungen einen faktischen Zwang erzeugen. Dieser wirtschaftliche Druck greift wegen seiner existenzgefährdenden Intensität in gleicher Weise in das allgemeine Persönlichkeitsrecht des Arbeitnehmers ein, wie dies bei einem auskunftspflichtigen Insolvenzschuldner der Fall ist. *Böhm* befürwortet wegen der vergleichbaren Interessenlage und planwidrigen Regelungslücke im Gesetz im Wege gesetzesimmanenter Rechtsfortbildung ein Verwertungsverbot analog § 97 I S. 3 InsO, da der Eingriff ohne korrespondierendes Beweisverwertungs- oder -verwendungsverbot unverhältnismäßig und damit rechtswidrig sei.[510]

Zweifelhaft könnte aber die Planwidrigkeit der Regelungslücke sein, da der strafprozessuale Grundsatz gilt, dass privat erlangte Beweismittel grundsätzlich verwertbar sind. Die StPO regelt die Grenzen des privaten Handlungsspielraums nicht. Sie „erlaubt“ Privaten im Umkehrschluss die durch § 136a StPO als rechtswidrig erklärten Methoden anzuwenden. Gleichzeitig kann man gewisse

---

508 Knauer/Buhlmann, AnwBl 2010, 387 (390).

509 So Böhm, WM 2009, 1923 (1928).

510 Vgl. Böhm, WM 2009, 1923 (1926 ff.); a.A. Theile, StV 2011, 381 (385), der wegen des Ausnahmecharakters der Vorschrift ein selbstständiges Beweisverwertungsverbot gemäß Art. 2 I, 1 I GG annimmt, was bei Eingriffen in der beruflichen Sozialsphäre fraglich erscheint.

Grenzen durch die Maximen des Legalitäts- und Offizialprinzips bzw. im Lichte von Art. 33 IV GG aber erahnen. Die Gemeinschuldnerentscheidung zeigt jedenfalls, dass der nemo-tenetur-Grundsatz ein allgemeiner, über das Strafverfahren als solches hinausgehender rechtsstaatlicher Grundsatz ist und dass auch die Interessen privater Dritter eine umfassende Auskunftspflicht des Auskunftsschuldners rechtfertigen können[511]. Entsprechend hat der Gesetzgeber durch die Einführung von zahlreichen Beweisverwertungs- und -verwendungsverboten[512] bewusst die Entscheidung getroffen, dass das öffentliche Strafverfolgungsinteresse hinter die Interessen privater Dritter zurückzutreten hat. Der Gesetzgeber hat sich zur Konfliktlage zwischen der arbeitsrechtlichen Auskunftspflicht und der verfassungsrechtlich garantierten Selbstbelastungsfreiheit im Rahmen von systematischen Mitarbeiterbefragungen noch keine Gedanken gemacht, zumal das Phänomen der unternehmensinternen Ermittlungen in der BRD erst seit einigen Jahren besteht und aufgrund der immer aktueller werdenden Compliance-Praxis - Aufklärungsarbeit ist ein integraler Bestandteil hiervon - an Bedeutung gewinnt.

„Das Strafverfahrensrecht ist der Seismograph der Staatsverfassung.“[513] Gerade § 136a StPO, der die Selbstbelastungsfreiheit konkretisiert, verwirklicht den Schutz der Menschenwürde. Der verfassungsrechtliche Schutz erfolgt über die Brücke der StPO, da die Strafverfolgungsbehörden an Gesetz und Recht gebunden sind. Die Grundprinzipien der Verfassung werden durch die einzelnen Verfahrensregeln anwendbar gemacht. Wird die mögliche Selbstbelastungsgefahr in ein zivilrechtliches Stadium vorverlagert, muss man aber im Lichte von Art. 20 III GG einer Umgehung von rechtsstaatlichen Mindeststandards entgegentreten. Die Aussageverweigerungsrechte nach §§ 55, 136 StPO dürfen durch die Vermengung von zivil- und strafrechtlichen Verfahren nicht ausgehöhlt werden. Gerade sie zeigen, dass das staatliche Informationsinteresse im Gegenteil zum Aufklärungsinteresse des Arbeitgebers zurückzutreten hat. Durch eine Verwertung von Beweisen, die alleine im Interesse Dritter bestehenden Auskunftsansprüchen entspringen, entsteht ein Wertungswiderspruch zu diesen Vorschriften, zumal der Staat die Zwangsmaßnahmen, also das Vollstreckungsinstrumentarium zur Durchsetzung der Auskunftspflicht des Arbeitnehmers im

---

511 BVerfGE 56, 37 (49).

512 § 393 II S. 1 AO, § 44 IV LFGB, § 101 VIII UrhG, § 19 VIII MarkenG, § 140b VIII PatG, § 24b VIII GebrMG, § 46 VIII GeschmMG, § 37b IV SortSchG, § 9 II HalblSchG und § 97 I S. 3 InsO.

513 Roxin/Schünemann, Strafverfahrensrecht, § 2 Rn. 1.

Zivilprozess zur Verfügung stellt.[514] Die Schweigerechte verlören ihren Sinn, wenn die Protokolle bzw. Vermerke der im Vorfeld befragenden Rechtsanwälte herangezogen werden könnten. Von einer planwidrigen Regelungslücke ist daher auszugehen.

Der Einwand, dass die Aussagepflicht bei SEC-Vernehmungen nicht explizit kodifiziert sei, überzeugt nicht. Sie folgt für zu „vernehmende" Führungskräfte, die über in ihren Verantwortungsbereich fallende Umstände zu berichten haben, unmittelbar aus §§ 666, 675 BGB. *Knauer/Buhlmann*[515] argumentieren, dass diese gesetzlichen Normen lediglich an einen Vertragsschluss anknüpfen und v.a. dispositiven Charakter haben, so dass der arbeitsvertraglichen Regelung nicht nur deklaratorische Wirkung zukommt. Auch ist es zutreffend, dass ein bestätigender staatlicher Akt der Judikative als solcher keine Pflichten begründet, sondern allenfalls tituliert.

Das steht in Einklang mit der arbeitsgerichtlichen Auffassung[516], wonach der Arbeitnehmer auch zur selbstbelastenden Auskunft verpflichtet ist, weil die relevanten Handlungen zu einem Pflichtenkreis gehören, den die Auskunftsperson durch eigenen Willensentschluss übernommen hat. Zu berücksichtigen ist aber, dass für Arbeitnehmer gewissermaßen ein faktischer Zwang besteht, zur Sicherung des Lebensunterhalts mit irgendeinem Arbeitgeber einen Arbeitsvertrag abzuschließen.[517]

Es ist nicht erforderlich, den Grundsatz der Selbstbelastungsfreiheit wegen der besonderen Vertrauensbeziehung vollständig zu suspendieren, wenn die geschuldete Arbeits- oder Dienstleistung Gegenstand der Befragung nach §§ 666, 675 BGB ist oder das Aufklärungsinteresse nach § 242 BGB überwiegt. Ein Schweigerecht würde zu weit gehen und den Auskunftsgläubiger ungerechtfertigt benachteiligen. Der Arbeitgeber kann nicht vorhersagen, welcher Mitarbeiter sich in strafbare Handlungen verstrickt hat. Ein strafprozessuales Verwertungsverbot analog § 97 I S. 3 InsO schafft hingegen einen verhältnismäßigen Interessenausgleich. Ansonsten wird die Aussagewilligkeit nicht mehr aufrechterhalten werden können und das Werkzeug der unternehmensinternen Ermitt-

---

514 Knauer/Buhlmann, AnwBl 2010, 387 (393), die allerdings wegen der Gesamtumstände der Beweisgewinnung zum Ergebnis kommen, dass der Arbeitnehmer in strafprozessualer Hinsicht in seinem Recht auf ein faires Verfahren verletzt wird.

515 Knauer/Buhlmann, AnwBl 2010, 387 (389 f.); vgl. i.E. LG Hamburg, NJW 2011, 942 (944).

516 LAG Hamm, CCZ 2010, 237 (238).

517 Fritz, CCZ 2011, 156 (160) Anm. zu LG Hamburg, CCZ 2011, 155.

lungen wegen der Dauer einer Auskunftsklage ins Leere laufen. Die Sachverhalte sind natürlich nicht identisch, sie besitzen aber hinreichende Ähnlichkeit, zumal Sinn und Zweck der Selbstbelastungsfreiheit u.a. darin liegt, dass der Einzelne nicht wegen seines Schweigens staatlichen Zwangsmitteln unterworfen wird.

Im Zusammenhang mit der Tatsache, dass über den Pflichten des Insolvenzschuldners - anders als im Rahmen der unternehmensinternen Ermittlungen – ein hoheitliches Insolvenzverfahren schwebt (vgl. insbesondere den in § 5 I S. 1 InsO verankerten Amtsermittlungsgrundsatz des Insolvenzgerichts), ist darauf hinzuweisen, dass über den „SEC-Vernehmungen" ein staatliches US-amerikanisches Verfahren der Kapitalmarktaufsicht SEC schwebt. Die SEC lässt aufgrund des hergestellten Kooperationszwangs auf ausdrückliche Einladung des verdächtigen Unternehmens ihre Ermittlungen durch ein „Outsourcing" Private ihres Vertrauens führen.[518] *Wastl/Litzka/Pusch* sprechen sogar davon, dass das betroffene Unternehmen die internen Ermittlungen „entsprechend der Anfrage der SEC" durch die externe Anwaltskanzlei, die wiederum das Vertrauen der SEC genießt, durchführen lässt.[519] Woanders heißt es: „Interne Ermittlungen auf Aufforderung von US-Behörden".[520]

Ihre Funktion erfüllt die Auskunft in einem internationalen kapitalmarktrechtlichen Aufsichtsverfahren. Kapitalmarktaufsicht ist (besonderes) Sicherheitsrecht[521] und hat vorliegend mehr hoheitlichen Charakter als von einem Insolvenzverfahren ausgeht. Der staatliche (Geständnis-)Zwang der SEC schlägt sich mittelbar über die unmittelbar betroffene Gesellschaft, also im arbeitsrechtlichen Innenverhältnis auf das Individuum nieder (ausführlich Kap. 8, II.3).

b. Schweigerecht oder Verwertungsschutz?

Nach Ansicht von *Rieble* endet die umfassende Mitwirkungspflicht des Arbeitnehmers, wenn der Arbeitnehmer sich selbst einer Straftat bezichtigen müsste, da der strafrechtliche nemo-tenetur-Grundsatz auf das Arbeitsverhältnis durchschlägt und die Auskunftserteilung nach § 275 III BGB unzumutbar macht.[522]

518 Vgl. Wehnert, NJW 2009, 1190 (1191).

519 Vgl. Wastl/Litzka/Pusch, NStZ 2009, 68 (69).

520 Wybitul, BB 2009, 606.

521 Jedenfalls ist das Rechtsverhältnis zwischen der BaFin und dem Adressaten ihrer Ermittlungen, die sich nach den Vorschriften des WpHG zur kapitalmarktrechtlichen Aufsicht (Abschnitt 2) richten, verwaltungsrechtlicher Natur. Es liegt ein Subordinationsverhältnis vor.

522 Rieble, R. L. R. 2009, 191 (203).

Der Auskunftsverpflichtete müsste sonst mittelbar an seiner eigenen strafrechtlichen Verfolgung mitwirken.[523]

Nach herrschender Auffassung enden nur allgemeine Informationspflichten nach §§ 611, 241 II BGB oder § 242 BGB an der Unzumutbarkeitsgrenze des § 275 III BGB.[524] „Dass ein Mitarbeiter auch arbeitsrechtlich unter Umständen nicht verpflichtet ist, sich selbst zu belasten, schließt einen nemo-tenetur-Verstoß nicht aus, sondern ist gerade dessen Folge."[525] Die Auskunftserteilung nach §§ 666, 675 BGB wird nicht durch den Grundsatz nemo-tenetur eingeschränkt, da diese Regelung die ihr vom Gesetz zugewiesene Aufgabe ansonsten nicht mehr erfüllen können würde.[526]

Andere Stimmen fordern jedenfalls für den allgemeinen arbeitsrechtlichen Auskunftsanspruch eine analoge Anwendung von § 384 Nr. 2 ZPO, wenn dem Arbeitnehmer im Prozess ein Schweigerecht zustehen würde.[527] Die privatrechtliche Aussagepflicht des Arbeitnehmers könne nicht weiter gehen als diejenige gegenüber dem Staat, andernfalls bedeute der Aussageanspruch zugleich einen Anspruch darauf, dass der Mitarbeiter auf sein Schweigerecht verzichtet.[528]

Neuerdings hat das LAG Hamm[529] bei einem Verstoß gegen das Wettbewerbsverbot nach § 60 HGB eine rechtsgeschäftlich begründete Auskunftsverpflichtung gemäß § 242 BGB und darüber hinaus eine – unabhängig von einem möglichen Wettbewerbsverstoß – gemäß § 666 BGB arbeitsvertraglich begründete Selbstbelastungspflicht des Arbeitnehmers, über unmittelbar mit seiner Aufgabe zusammenhängende Vorgänge Auskunft zu geben, festgestellt und sich gleichzeitig zum Schutz des Arbeitnehmers für ein strafrechtliches Verwertungsverbot, dessen Reichweite von den Fachgerichten in einem ggf. durchzuführenden Strafverfahren zu bestimmen ist, ausgesprochen. Es sei unzutreffend, dass Grundrechten im Arbeitsverhältnis eine höhere Bedeutung zukommt, also

---

523 Rieble, R. L. R. 2009, 191 (203).

524 Stürner, JZ 1976, 320 (322 f.) Anmerkung zu BGH, JZ 1976, 318; derselbe, Die Aufklärungspflicht der Parteien des Zivilprozesses, 1976, S. 193 ff.; Rieble, ZIP 2003, 1273 (1277); Bosch, Aspekte des nemo-tenetur-Prinzips aus verfassungsrechtlicher und strafprozessualer Sicht, 1998, S. 46 ff.

525 So Wastl/Litzka/Pusch, NStZ 2009, 68 (70).

526 BGH, WM 1964, 795; a.A. Stürner, NJW 1981, 1757 (1759), sofern der Arbeitnehmer nicht nur Vermögens- oder Rechtsnachteile zu befürchten hat.

527 Jahn, StV 2009, 41 (44); Rieble, ZIP 2003, 1273 (1277).

528 Vgl. zu den Grenzen der Aussagepflicht bei Zeugnisverweigerungsrechten Rieble, ZIP 2003, 1273 (1277).

529 LAG Hamm, CCZ 2010, 237 (238 f.).

für den Schutz vor einer Selbstbezichtigung unerheblich, ob ein Arbeitnehmer, Rechtsanwalt oder Architekt betroffen ist.

Nach *Dingeldey* erfasst ein mögliches Verwertungsverbot keine belastenden Dokumente, Abrechnungen oder sonstige Unterlagen, die bereits vor Geltendmachung des Herausgabeanspruchs – hier: § 667 BGB - vorhanden waren und in einem Strafverfahren hätten beschlagnahmt werden können, jedoch (mündliche) Auskünfte und Unterlagen, die (erst) im unmittelbaren Zusammenhang mit der Durchsetzung des materiellen Auskunftsanspruchs – hier: § 666 BGB - entstanden sind.[530] Werden dagegen zivilrechtlich vorteilhafte Dokumente herausgeben oder Erklärungen abgegeben, die vom Auskunftsverlangen nicht erfasst waren, bleibt es bei deren Verwertbarkeit im späteren Strafprozess.[531]

Nach anderer Auffassung[532] ist dieses Ergebnis nicht auf Compliance-Untersuchungen übertragbar, da die Entscheidung des LAG Hamm nur auf Fälle der Aufklärung unmittelbarer Schädigungen des Unternehmens verallgemeinert werden kann.

Dem ist nicht zu folgen. Es ist zwar richtig, dass ein hohes Aufklärungsinteresse besteht, wenn es um die Geltendmachung von Schadensersatzansprüchen gegen die Täter geht, allerdings findet im Rahmen von § 666 BGB keine Abwägung mit arbeitnehmerseitigen Belangen statt. Das LAG Hamm betont lediglich, dass das Auskunftsrecht „insbesondere" bei vorsätzlichen treuwidrigen Schädigungen in Betracht kommt und - allgemein - dann besonders wichtig ist, wenn der Beauftragte gegen ihm obliegende Verpflichtungen verstoßen hat.[533] Auch der Wortlaut der Vorschrift deutet nicht auf das Erfordernis einer vorsätzlichen Schädigung hin. Bereits der Gesetzgeber verstand die Auskunftspflicht des Beauftragten als eine selbstverständliche und dem Auftragsverhältnis immanente Belastung, zumal die Parteien das schuldrechtliche (Arbeits-)Vertragsverhältnis aufgrund eines freien Willensentschlusses eingehen.[534] Des Weiteren ist eine exante Abgrenzung, ob eine Untreue- oder Selbstbereicherungskomponente vorliegt, in der Regel schwierig. Schließlich würde das Erfordernis der Unmittelbarkeit des Schadens das Informationsinteresse unzumutbar beschneiden, da auch uneigennützige Delikte nicht notwendigerweise im Unternehmensinteresse

530 Vgl. nur Dingeldey, NStZ 1984, 529 (532).
531 Vgl. Stürner, NJW 1981, 1757 (1760).
532 Dann, CCZ 2010, 239 f. Anm. zu LAG Hamm, CCZ 2010, 237.
533 LAG Hamm, CCZ 2010, 237 (238).
534 Fritz/Nolden, CCZ 2010, 170 (175).

sind. Es wird einerseits dem BVerfG[535] folgend ausgeführt, dass sich der Einsatz von Bestechungsgeldern für ein Unternehmen wirtschaftlich positiv darstellen bzw. „die Verwendung des anvertrauten Vermögens nicht per se als nachteilsbegründend angesehen werden" kann. Andererseits wird die von einem Verwertungsverbot flankierte Selbstbelastungspflicht bei Kartellrechtsverstößen bejaht, da ein Zugehen auf das Bundeskartellamt Millionen-Beträge sparen könne.

Und was ist mit den Sanktionen nach OWiG und FCPA aufgrund von Korruption im Unternehmen? Regelmäßig wirkt sich die unternehmensinterne Aufklärung von Gesetzesverstößen als eine Zusammenarbeit mit den Behörden sanktionsmildernd aus. Ein mögliches „Aussageverweigerungsrecht" wäre erst recht inkonsequent im Hinblick auf eine Unternehmenskooperation, die einen Vergleich mit SEC und DOJ erreichen soll (vgl. unten Kap. 8, II.3). Auch wird argumentiert, dass Verfall und Geldbußen erst durch die unternehmensseitige Aufdeckung der Tat ausgelöst werden, was nicht realitätsnah ist, weil ein Unternehmen seine Informationen, die vor einer Beschlagnahme nach § 97 StPO geschützt sind, bei einer zweifelhaften Beweislage nicht offenlegen wird. Denn das gesellschaftsrechtliche Ziel von unternehmensinternen Ermittlungen ist es, Schaden vom Unternehmen abzuwenden.

Dem Arbeitnehmer steht regelmäßig kein Schweigerecht zu. Er ist aber durch den Grundsatz nemo-tenetur, sei es analog § 97 I S. 3 InsO, durch ein Verwertungsverbot zu schützen. Das LAG Hamm hat die Rechtsprechung des BVerfG zur Selbstbelastungsfreiheit richtigerweise auf arbeitsrechtlich begründete Aussagepflichten übertragen.

III. Sonderfall: Doppelrolle von vertretungsberechtigten Organmitgliedern

Problematisch erscheint jedoch, dass sich das Unternehmen als juristische Person – auch nach der US-amerikanischen Rechtsordnung[536] - nicht auf den Grundsatz nemo-tenetur berufen kann[537], wenn behördliche Ermittlungen mit dem Ziel der Sanktionierung durchgeführt werden. Das Verbot des Zwangs zur Selbstbezichtigung wurzelt im allgemeinen Persönlichkeitsrechts (Art. 2 I i.V.m.

---

535 BVerfG, StV 2010, 564 (569).

536 Vgl. Senderowitz/Ugarte/Cortez, wistra 2008, 281 (284), wonach sich nur natürliche Personen und Einzelfirmen, jedoch nicht Kapitalgesellschaften, Personengesellschaften oder sonstige Gesellschaften auf das in der amerikanischen Verfassung (Fifth Amendment) niedergelegte Aussageverweigerungsrecht berufen können.

537 BVerfGE 95, 220 = JZ 1998, 300.

Art. 1 I GG), so dass es nach Art. 19 III GG ausgeschlossen ist, diesen Schutz auch juristischen Personen zuzusprechen.

Wird das Unternehmen im Rahmen eines förmlichen SEC-Verlangens aufgefordert Unterlagen/ Arbeitspapiere herauszugeben, muss es den Mitarbeiter (auch) belasten. Nichts anderes gilt jedoch nach der StPO, wonach dem Unternehmen bzw. den vertretungsberechtigten Organen weder ein Zeugnisverweigerungsrecht nach § 53 StPO zusteht, noch das Beschlagnahmeverbot gemäß § 97 StPO zu Gunsten von einzelnen Unternehmensangehörigen greift.

Diese Wertungen zeigen auf, dass die arbeitsrechtlichen respektive gesellschaftsrechtlichen Auskunftspflichten von vertretungsberechtigten Organmitgliedern einer juristischen Person mit dem – im Verhältnis zum Arbeitnehmer (auch) nach der StPO nicht privilegierten – Unternehmen stehen und fallen; demnach hätte der Vertreter des – durch das nemo-tenetur-Prinzip nicht geschützten – Unternehmens stets die Pflicht auszusagen.

Muss sich ein Vorstandsmitglied einer Aktiengesellschaft[538], welches gerade in besonderem Maße aufgrund von gesellschaftsrechtlichen Treupflichten[539] oder aufgrund von Dienstvertrag (sog. Anstellungsvertrag) gemäß §§ 611 ff., 675 i.V.m. § 666 BGB zur Mitwirkung verpflichtet ist, deswegen auch selbst belasten?

Ein Vorstandsmitglied, welches das Unternehmen kraft Gesetz vertritt, kann sich nicht weigern, Unterlagen des Unternehmens vorzulegen, weil diese Unterlagen (grundsätzlich) nicht persönlich sind, sondern vielmehr der Unternehmenstätigkeit angehören.[540] Etwas anderes kann nur dann gelten, wenn derjenige aufgefordert wird, Belange in den Unternehmensunterlagen zu erörtern oder den Aufbewahrungsort von Dokumenten preiszugeben und sich durch diese Angaben gleichzeitig selbst belasten würde. Dass sich die Geschäftsleitung dem Vorwurf des Organisationsverschuldens nicht aussetzen will, ist unerheblich. Entscheidend ist, ob bei demjenigen, der die Unterlagen vorzulegen hat, eine innere Zwangslage entsteht.[541]

538 Die folgenden Ausführungen gelten für alle Organmitglieder einer juristischen Person, die für das Unternehmen als gesetzliche Vertreter auftreten und sich gleichzeitig in einem Anstellungsverhältnis befinden, namentlich für Geschäftsführer einer GmbH; BVerfGE 95, 220 (242) dürfte jedenfalls bei der sog. Ein-Mann-GmbH Schwierigkeiten bereiten.

539 Vgl. Bittmann/Molkenbur, wistra 2009, 373 (375), wenn kein Arbeitsverhältnis vorliegt.

540 So auch im formellen SEC-Verfahren: SEC v. Kingsley, 510 f. Supp at 563 (D.D.C. 1981).

541 So Schröder, HdB Kapitalmarktstrafrecht, 2010, Rn. 735.

Problematisch ist die Doppelrolle des Vorstands, der einerseits Organmitglied (Bestellung) und demnach Vertreter der juristischen Person und andererseits Dienstverpflichteter der Gesellschaft (Anstellung) ist.[542] Unbestreitbar ist jedenfalls, dass die juristische Person im (gegen sie gerichteten) US-amerikanischen (zivilrechtlichen) Verfahren der SEC die vorherrschende Rechtsform darstellt, während nur der geschäftsführende Angestellte Beschuldigter in einem deutschen Strafverfahren sein kann. Durch freiwillige unternehmensinterne Ermittlungen, die gerade ein formales Verfahren der SEC gegen das Unternehmen verhindern sollen,[543] kann ein etwaiges Organisationsverschulden durch den Arbeitgeber, also die Gesellschaft, widerlegt werden respektive aufgezeigt werden, dass das Unternehmen bereits über ein wirksames Compliance-Programm verfügt.[544] Wird die Vorstandsebene befragt, soll wie bei jedem Arbeitnehmer vordergründig das persönliche, strafrechtlich relevante Verhalten aufgeklärt werden, um das Unternehmen (als solches) zu entlasten. Auch können organisatorische Strukturen oder etwaige Missstände Untersuchungsgegenstand sein. Weil aber leitende Angestellte gerade mit der Führung und Überwachung beauftragt sind, fallen auch solche allgemeinen Fragen in ihren eigenen/ persönlichen Verantwortungsbereich.[545] Seit dem Lederspray-Fall[546] wissen wir, dass der gesellschaftsrechtliche Grundsatz der „Generalverantwortung und Allzuständigkeit der Geschäftsleitung" sowohl horizontal als auch vertikal gilt.

Zusammengefasst: Der leitende Angestellte wird aufgrund des umfassenden Haftungsmaßstabs in erster Linie persönlich und nicht lediglich als Vertreter der juristischen Person befragt; die zivil- und strafrechtlichen Konsequenzen treffen ihn stets persönlich.

Auch geht der Schutz nach der US-amerikanischen Rechtsordnung weiter, indem sie dem leitenden Angestellten des Unternehmens während der (formellen) SEC-Ermittlungen ein persönliches Aussageverweigerungsrecht nach dem Fifth Amendment zuspricht.[547] Hintergrund ist allerdings, dass dieses US-amerikanische Aussageverweigerungsrecht in jeder Art Verfahren – „zivilrecht-

---

542 Thüsing, in: Henssler/Willemsen/Kalb, Arbeitsrecht Kommentar, Vor § 611 BGB Rn. 94.

543 Vgl. Senderowitz/Ugarte/Cortez, wistra 2008, 281 (283).

544 Robert S. Bennett et al., 62 Bus. Law. (2006), 55 (59).

545 Die Unternehmensleitung bekommt eine Garantenstellung überbürdet, damit sie nicht in die „organisatorische Unverantwortlichkeit" flüchten kann (vgl. Volk, MAH Wirtschafts- und Steuerstrafsachen, 2006, § 2 Rn. 5). Diese begründet im Wirtschaftsstrafrecht bei unechten Unterlassungsdelikten ggf. Täterschaft.

546 BGHSt 37, 106 (125).

547 SEC v. Benson, No. 84 Civ. 2262, 1985 WL 1308, bei 2* (S.D.N.Y. Apr. 9, 1985).

licher oder strafrechtlicher, verwaltungstechnischer oder gerichtlicher, ermittlungstechnischer oder konkursrechtlicher Art“ - geltend gemacht werden kann und sich nicht auf das Strafverfahren als solches beschränkt.[548]

Minoggio spricht von einem Spannungsverhältnis zwischen der Wahrheitspflicht in dem einen, gegen die juristische Person gerichteten, und dem Schweigerecht und der fehlenden Wahrheitspflicht in dem anderen - straf- oder ordnungswidrigkeitsrechtlichen - Verfahren, wobei eine Aussetzung des zivilrechtlichen Verfahrens unter Hinweis auf das laufende Strafverfahren der richtige (Lösungs-)Weg sei.[549]

Wertungsmäßig darf auch nicht danach differenziert werden, ob ein leitender Angestellter gegenüber SEC-Beamten (in Washington D.C.) aussagen muss oder ob er sich auf Aufforderung der SEC gegenüber einem untersuchenden Rechtsanwalt rechtfertigen muss.

Ferner ist nach den Hierarchien im Unternehmen zu differenzieren. Eine Ebene darunter, etwa bei Abteilungs- oder Bereichsleitern, die allerdings aufgrund ihrer Organisationspflichten eine umfangreiche Mitwirkungspflicht trifft, und erst recht bei (weisungsgebundenen) Mitarbeitern sind obige Bedenken obsolet. Ihnen muss wenn schon kein punktuelles Schweigerecht dann wenigstens ein strafrechtliches Verwertungsverbot zu Gute kommen.

IV. Schnittstelle zum strafprozessualen Schutz

Weil die höchstrichterliche Rechtsprechung bislang eine Aussagepflicht nach § 666 BGB auf alle Fragen über Wahrnehmungen im unmittelbaren Zusammenhang mit der geschuldeten Arbeitsaufgabe im Sinne von § 675 BGB „statuiert“, kann die Aushöhlung respektive Umgehung des nemo-tenetur-Prinzips lediglich über die Brücke eines strafprozessualen Verwertungsverbots, namentlich durch eine analoge Anwendung von § 136a III S. 2 StPO (siehe unten Kap. 8, II) „behoben“ werden.

Eine staatliche Ausnutzung des verbotenen Zwangs zur Selbstbelastung ist in der SEC-Konstellation nicht fern liegend, weil die ermittelnden Anwälte die in den „Interviews“ gewonnenen Informationen ungefiltert, also nicht anonymisiert an in- und ausländische Behörden weitergeben. Nicht nur die staatlich veranlasste Ermittlungstätigkeit Privater, sondern auch die der verfassungsrechtlichen Selbstbelastungsfreiheit zukommende mittelbare Drittwirkung,[550] die es

548 United States v. Balsys, 524 U.S. 666, 672 (1998).

549 Vgl. Minoggio, Firmenverteidigung, 2010, Rn. 813 f.

550 Vgl. Rogall in Systematischer Kommentar zur StPO, vor § 133 Rn. 157; Anm. Rogall, NStZ 1989, 288.

den staatlichen Organen verbietet, Verletzungen des Persönlichkeitsrechts durch Dritte hinzunehmen und für die Strafverfolgung auszunutzen, kann das nemo-tenetur-Prinzip berühren.

Nach BGH[551] ist eine unzulässige Zwangswirkung auch im Rahmen von „Privatgesprächen" verboten, wenn Private im amtlichen Auftrag der Behörden handeln bzw. wenn ihre Ausforschung seitens der Ermittlungsbehörden gezielt ausgenutzt wird und besondere, staatliche Schutzpflichten auslösende Umstände hinzutreten.

Zwar handeln die externen Ermittler nicht im Lager des Staates sondern im Auftrag des Unternehmens, allerdings liegt bei normativer Betrachtung eine vergleichbare Interessenlage vor, da sich die Staatsanwaltschaft die durch § 136a StPO verbotenen Methoden, also die faktische Zwangslage wegen arbeitsrechtlicher Mitwirkungspflicht oder/und die wirtschaftliche Drucksituation, und die unterlassenen Belehrungen der Privatermittler bewusst zu Nutze macht (hierzu noch ausführlich Kap. 8 und zusammenfassend Kap. 9, II.2).

551 BGHSt 34, 362; 44, 129.

Achtes Kapitel: „SEC-Vernehmungen“ und Beweisverwertungsverbote

I. Verstoß gegen das Recht auf ein faires Strafverfahren (Art. 6 I EMRK)

1. Täuschung und Irrtum über die Mitwirkung am Strafverfahren

Unter dem Einfluss der EGMR-Judikatur[552] zeichnet sich nach höchstrichterlicher Rechtsprechung eine selbständige und abwägungsfeste Verwertungsverbotsfolge bei erzwungener Selbstbelastung durch den Einsatz eines verdeckten Ermittlers ab, wenn sich „das Gespräch als funktionales Äquivalent einer staatlichen Vernehmung darstellt“.[553] Die Grundsätze des BGH lassen sich nach Auffassung von *Meyer-Mews* ebenfalls auf den Einsatz einer V-Person, die als Privatperson mit den Behörden zusammenarbeitet, übertragen.[554]

Der EGMR beschränkt die Verletzung des Schweigerechts bzw. der Selbstbelastungsfreiheit nicht darauf, dass zwangsbezogene Aspekte die Freiwilligkeit der Offenbarungen eingeschränkt haben. Das Recht zu schweigen gehöre zum Kernbereich des fairen Verfahrens, so dass dieses nicht lediglich vor Zwang, sondern auch vor Täuschungen in Bezug auf die Entscheidungsfreiheit des Beschuldigten, ob er am Strafverfahren mitwirkt, schützen soll.[555] Die Freiheit von Irrtum fällt – entgegen dem bisherigen Verständnis des Großen Senats für Strafsachen - in dieser Fallgestaltung in den Anwendungsbereich des nemo-tenetur-Grundsatzes.

Die privaten und auf einem Aussagezwang basierenden SEC-Vernehmungen werden nicht auf Initiative der Ermittlungsbehörden durchgeführt, so dass keine Heimlichkeit der Ausforschung hinzutritt. Möglicherweise kommt aber

552 EGMR, StV 2003, 257 (259).

553 BGH, NJW 2007, 3138 ff. (Rn. 34); vgl. auch Engländer, ZIS 2008, 163 (164 mit Fn. 10).

554 Meyer-Mews, NJW 2007, 3142 (3143 a.E.) Anm. zu BGH, NJW 2007, 3138.

555 Engländer, ZIS 2008, 163 (165 mit Fn. 16, 17); vgl. auch Bosch, Aspekte des nemo-tenetur-Prinzips aus verfassungsrechtlicher und strafprozessualer Sicht, 1998, S. 204 ff.; Eidam, Die strafprozessuale Selbstbelastungsfreiheit am Beginn des 21. Jahrhunderts, 2007, S. 82 ff.

ein Irrtum des Arbeitnehmers über die nicht aufgedeckte Kooperation zwischen vernehmenden Anwälten und den Ermittlungsbehörden in Betracht, welcher nach dem erweiterten Verständnis des EGMR in den (eigenständigen) Anwendungsbereich des nemo-tenetur-Grundsatzes fallen könnte.[556] Es handelt sich durchaus um vernehmungsähnliche Befragungen, die auf Äußerungen zu strafrechtlich relevantem (Tat-)Geschehen in der Vergangenheit abzielen.

Diesem Ansatz wird aber durch die sog. „Upjohn Warnings" der Boden entzogen, wonach zwar keine Belehrung im Hinblick auf ein Schweigerecht stattfindet, jedoch dem betroffenen Mitarbeiter mitgeteilt wird, dass sämtliche (eigentlich durch das Anwaltsgeheimnis) geschützten Informationen auch gegenüber staatlichen Stellen offengelegt werden[557]. Nach *Dann* sollte dahingehend belehrt werden, dass die befragenden Personen als Vertreter des Unternehmens auftreten und nicht als persönliche Rechtsbeistände fungieren, so dass alle Informationen der freien Verfügungsgewalt des Unternehmens unterliegen.[558]

Auch ohne einen solchen „Hinweis" wäre der vom BGH entschiedene Fall nicht mit der SEC-Befragung vergleichbar.

Zwar stellte der BGH nicht auf die Preisgabe aufgrund des gegenüber einem Verdeckten Ermittler entgegengebrachten Vertrauens ab. Jedoch sei der Verstoß vor allem darauf zurückzuführen, dass sich der Beschuldigte (gegenüber dem Staat) zuvor auf sein Schweigerecht berufen habe. Der 3. Senat des BGH geht einen Mittelweg.

Bei SEC-Vernehmungen erfolgt regelmäßig keine vorherige staatliche Konfrontation aus ermittlungstaktischen Gründen seitens der Staatsanwaltschaft.

Auch führt das weitergehende nemo-tenetur-Verständnis des EGMR zu keinem Verstoß, weil der mitwirkende Arbeitnehmer möglicherweise irrt, aber nicht in zurechenbarer Weise getäuscht wird. Jeder muss damit rechnen, dass Einlassungen gegenüber Privaten später gegen ihn verwendet bzw. verwertet werden können. Anders wäre die Lage, wenn die Staatsanwaltschaft das Unternehmen oder dessen anwaltliche Ermittler mit der Aufklärung beauftragt hätte, um die Schweigerechte gezielt zu umgehen, zumal § 136 I S. 2 StPO nur die staatlichen Vernehmungspersonen adressiert. Hier wird die Gesellschaft von der US-amerikanischen Börsenaufsicht SEC veranlasst bzw. aus eigenem Interesse

---

556 Parallel stellt sich die Frage, ob die Herbeiführung eines Irrtums beim Beschuldigten über die Privatheit des Gesprächs unter den Begriff der Täuschung in § 136a I StPO fällt, was aber hier zu verneinen ist, weil die Durchführung der „Interviews" am Arbeitsplatz prinzipiell nicht dem Staat zuzurechnen ist.

557 Vgl. Jahn, StV 2009, 41 (42).

558 Dann, AnwBl 2009, 84 (88 mit Fn. 41).

tätig, während das Unternehmen oder dessen Anwälte lediglich Informationen weiterleiten.

Die verdeckt kooperierenden Anwälte stehen Informanten respektive V-Leuten nahe, da sie aus eigenem Entschluss mit den Ermittlungsbehörden zusammenarbeiten. Sie sind aber keine „verdeckten Ermittler". Eine etwaige Übertragbarkeit der obigen BGH-Rechtsprechung kann aber dahin gestellt bleiben, da der BGH[559] eine staatliche Zurechnung bei gezielter Ausnutzung der durch Informanten gewonnenen Erkenntnisse prinzipiell ablehnt und nur ausnahmsweise auf die staatlichen Schutzpflichten in der U-Haft abstellt (das gleiche Problem stellt sich noch bei § 136a StPO (vgl. unten II)).

Durch die Konfrontation mit arbeitsrechtlichen Aussagepflichten werden die Mitarbeiter nicht darüber getäuscht, dass sie indirekt am Strafverfahren mitwirken, indem ein strafrechtlich relevanter Ermittlungsbericht, der Ergebnisse von SEC-Befragungen beinhaltet, an Behörden weitergereicht wird oder die Befragenden als Zeugen vom Hörensagen aussagen.

Ein Verstoß gegen nemo-tenetur wegen Täuschung über die Mitwirkung am Strafverfahren ist daher nicht gegeben. Das Recht auf ein faires Verfahren wird nicht verletzt.

2. Verletzung von fair-trial aufgrund faktischer „Gesamtzwangslage"

Bereits in der BGH-Entscheidung zur „Hörfalle" wurde festgestellt, dass eine Prüfung eines Beweisverwertungsverbots wegen Verstoßes gegen fair-trial geboten ist, wenn die zu beurteilenden Gesamtumstände „einem Verstoß gegen den nemo-tenetur-Grundsatz nahekommen".[560]

Neuerdings wird „aus einer Gesamtschau der Umstände [...] vor dem Hintergrund der besonderen Situation des Angeklagten" ein auf den fair-trial-Grundsatz gestütztes Beweisverwertungsverbot angenommen, wenn die Beweiserhebungen als solche zwar zulässig, die Gesamtumstände der Beweisgewinnung in faktischer Hinsicht aber nicht hinnehmbar sind.[561] Sind gleich mehrere unverzichtbare Rechtsgrundsätze tangiert, jedoch noch nicht in einem Ausmaß verletzt, dass daraus ein isoliertes Verwertungsverbot gefolgert werden muss, ist eine Betrachtung des Verfahrens als Ganzes erforderlich.[562]

---

559 BGHSt 44, 129 (134).

560 BGHSt 42, 139 (Rn. 56).

561 BGHSt 53, 294 (Rn. 33).

562 BGHSt 53, 294 (Rn. 39).

Das entschied der 1. Strafsenat des BGH für folgenden Fall: Die Verurteilung des Angeklagten wurde auf ein nach § 100f StPO heimlich abgehörtes Gespräch gestützt, das in der JVA Kempten stattfand, wobei auf die übliche Anwesenheit einer Aufsichtsperon verzichtet wurde, um den Eindruck einer unüberwachten Gesprächssituation zu vermitteln.

Die Maßnahme nach § 100f StPO war nicht zu beanstanden.[563] Eine Täuschung i.S.d. § 136a StPO wurde verneint und eine Verletzung der Selbstbelastungsfreiheit noch abgelehnt, da die Äußerung aus freien Stücken erfolgte sowie keine staatliche Beeinflussung des Gesprächsinhalts vorlag.[564]

Knauer/Buhlmann wollen diese Grundsätze auf die Situation des Mitarbeiters im Rahmen von unternehmensinternen Ermittlungen übertragen, da die StPO für die zu beurteilende Konstellation eine Regelungslücke enthält, zumal die Grenzen der privaten Ermittlungen nur durch das materielle Strafrecht abgesteckt sind und die strafrechtlichen Ermittlungen ausschließlich der Staatsanwaltschaft und der Polizei obliegen.[565] Da die Befragung durch Rechtsanwälte weder in amtlicher Eigenschaft, noch auf Veranlassung der Behörden erfolge, scheitert sowohl § 136 StPO als auch § 136a StPO, wobei die rechtliche bzw. faktische Aussagepflicht sowie die bestehende Zwangslage wegen drohender Kündigung, Geltendmachung von Schadensersatz eine unverkennbare Nähe zu den von § 136a StPO für unzulässig erklärten Ermittlungsmethoden aufweise.[566] Da der Anspruch auf ein faires Verfahren bereits die Leitlinie für die gesetzgeberische Ausgestaltung der StPO bildete, also die StPO eine Konkretisierung von fair-trial bezwecke, stellen die jeweils einschlägigen Normen keine abschließende Beurteilungsgrundlage dar, sondern sind durch das fair-trial-Prinzip verfassungskonform zu ergänzen[567].

Der nemo-tenetur-Satz sei erst recht „fast verletzt“, da der Arbeitnehmer im Gegensatz zur Hörfallenentscheidung nicht frei darüber entscheiden kann, ob er sich offenbaren will.[568]

Schließlich sei im Rahmen der Gesamtumstände der Beweisgewinnung zu berücksichtigen, dass sich ein Anfangsverdacht nach dem Maßstab der StPO häufig erst durch die unternehmensinternen Ermittlungen ergibt, während auf die Hörfalle oder den Einsatz von Privaten in der U-Haft dann zurückgegriffen

---

563 BGHSt 53, 294 (Rn. 15, 32).
564 BGHSt 53, 294 (Rn. 49-51).
565 Knauer/Buhlmann, AnwBl 2010, 387 (391).
566 Knauer/Buhlmann, AnwBl 2010, 387 (392).
567 Knauer/Buhlmann, AnwBl 2010, 387 (392).
568 Knauer/Buhlmann, AnwBl 2010, 387 (391).

wird, wenn andere Ermittlungsmaßnahmen keinen oder erheblich weniger Erfolg versprechen.[569] Folglich sei das Fairnessgebot verletzt.

Diese Lösung überzeugt nicht wirklich. Erstens: Die Hörfalle ist v.a. durch den Umstand der Heimlichkeit der Mitwirkung am Strafverfahren geprägt, während die Anwälte – wie oben dargelegt – regelmäßig über die freie Verfügungsgewalt des Unternehmens über die Ermittlungsergebnisse belehren. Dass der juristische Laie fälschlicherweise aufgrund einer innerbetrieblichen Amnestieregelung auf eine strafrechtliche Verschonung schließt, da er nicht wissen kann, dass Korruption, Untreue, etc. Offizialdelikte sind, überzeugt jedenfalls nicht, wenn ein Verteidiger oder Zeugenbeistand hinzugezogen wird. Im Übrigen wird gerade dahingehend belehrt, dass die Erkenntnisse auch den (Strafverfolgungs-) Behörden zur Verfügung gestellt werden (siehe oben I.1). Da die Sachverhalte nicht vergleichbar sind, sondern ein „aliud" darstellen, verbietet sich ein erst-recht-Schluss.

Zweitens: Die zu übertragende Fallkonstellation ereignete sich in der Untersuchungshaft. Gerade aufgrund dieser besonderen Umstände sollte die Fehlvorstellung einer unüberwachten Gesprächssituation hervorgerufen werden. Zudem wurde die Situation zur Erlangung selbstbelastender Angaben bewusst dadurch herbeigeführt, dass die Ermittlungsbehörden eine von den üblichen Abläufen abweichende Besuchssituation geschaffen haben.[570] Diese kriminalistische List vermisst man bei unternehmensinternen Befragungen.

Des Weiteren zeigt beispielsweise der Fall Siemens, dass sich die SEC und folglich auch die ermittelnde US-Kanzlei erst eingeschaltet hat, nachdem sie von Korruptionsermittlungen Kenntnis erhält, die durch die Staatsanwaltschaft bei dem Landgericht München gegen Verantwortliche der Siemens AG geführt werden[571]. Wird der staatliche Inkulpationsakt dem Mitarbeiter quasi vorenthalten bzw. bewusst zurückgestellt, obwohl der Staatsanwaltschaft ein Anfangsverdacht vorliegt, und die unternehmensinterne Untersuchung ausgenutzt, insbesondere wenn Anwälte und Staatsanwälte heimlich kommunizieren bzw. sogar kooperieren oder die Behörden amtspflichtwidrig abwarten und die Privatermittlungen gewissermaßen billigen, besteht eine Regelungslücke. Dann ist v.a. wegen der faktisch umgangenen Belehrungspflichten auch eine Nähe zu § 136 I S. 2 StPO gegeben. In dieser quasi spiegelbildlichen Konstellation ist eine Verletzung des fair-trial-Grundsatzes zu diskutieren. Denn die U-Haft-Fälle oder auch

569 Knauer/Buhlmann, AnwBl 2010, 387 (393).

570 Vgl. BGHSt 53, 294 (Rn. 47).

571 Jahn, StV 2009, 41 (41).

die Hörfalle zeigen, dass gerade dann die Verwertbarkeit der Privatermittlungen zu hinterfragen ist, wenn der Staat in voller Kenntnis der Umstände verdeckt ermittelt bzw. in zurechenbarer oder pflichtwidriger Weise (für sich) ermitteln lässt.

3. Das Zusammenspiel von Legalitätsprinzip und Offizialprinzip als staatliche Garantenpflicht zum Einschreiten

Zu erörtern ist, ob durch staatliches Unterlassen, das sich mit dem Legalitätsprinzip nicht mehr verträgt, weil einem Anfangsverdacht nicht nachgegangen wird, ein willkürliches Vorenthalten der Beschuldigtenstellung des Mitarbeiters stattfindet. Zu suchen ist eine Art „Garantenpflicht" der Ermittlungsbehörden unter Berücksichtigung des Offizialprinzips. Um den Betroffenen hinreichend zu schützen, darf ihm der Beschuldigtenstatus von der Staatsanwaltschaft nicht willkürlich vorenthalten werden, weil andernfalls ein Verlust wesentlicher Rechte droht, die für ein faires Verfahren notwendig sind.[572] Es ist eine Abgrenzung zwischen endender Einschätzungsprärogative und beginnender Amtspflichtwidrigkeit anzustellen.

Geht man von Letzterer aus, bleibt immer noch der Umstand, dass der Arbeitnehmer durch Private vernommen wird. Anknüpfungspunkt kann dann eine gewisse Fürsorgepflicht der Staatsanwaltschaft gegenüber möglichen Beschuldigten sein, weil etwaige unterlassene Belehrungen durch das Unternehmen in voller Kenntnis der Problemlage für den betroffenen Arbeitnehmer ausgenutzt werden.[573] Wäre der Mitarbeiter zuerst von der „Herrin des Ermittlungsverfahrens" oder ihren staatlichen Ermittlungsgehilfen als Beschuldigter vernommen worden, kann nicht sicher ausgeschlossen werden, dass er zulässigerweise geschwiegen hätte.

Im Falle einer willkürlichen Vorenthaltung der Beschuldigteneigenschaft wird ein Verwertungsverbot bereits aus dem fair-trial-Grundsatz abgeleitet.[574] Eine erhebliche Verletzung des fair-trial-Grundsatzes führt auch ohne Verlet-

---

572 Nach BGHSt 37, 48 (51 f.); 38, 228 kann ein Verdächtiger auch ohne entsprechenden Willensakt der Staatsanwaltschaft Beschuldigter sein, wenn diese ihm die Beschuldigtenstellung willkürlich vorenthält.

573 Vgl. Pfordte, in: Strafverteidigung im Rechtsstaat, S. 740 (755 f.).

574 BGHSt 37, 48 (51 f.); 38, 228; a.A. Meyer-Goßner, Kommentar StPO, Einl Rn. 77; § 136 Rn. 7: Verstoß gegen § 136 StPO, weil die gewährte Aussagefreiheit „Kernstück des von Art. 6 EMRK garantierten fairen Verfahrens (vgl. EGMR, NJW 2002, 499)" ist.

zung eines Beweiserhebungsverbots generell zu einem Verwertungsverbot, da eine oberste Maxime des Strafverfahrens missachtet wird.[575]

Allerdings: Man muss ein bloßes gezieltes Abwarten der Staatsanwaltschaft gegenüber einer willkürlichen Vorenthaltung der Beschuldigtenstellung scharf voneinander abgrenzen. Insbesondere bedarf es bei Untätigkeit - im Gegensatz zur pflichtwidrigen Handlung: z.B. Zeugenvernehmung eines Beschuldigten - einer Verpflichtung respektive Garantenpflicht zum staatlichen Einschreiten, die bewusst missachtet werden muss.

Ein Tatverdacht, der jedoch nicht in Form eines Willensaktes der zuständigen Strafverfolgungsbehörde nach außen gelangt, begründet als solcher noch nicht die Beschuldigteneigenschaft.[576] Die Beschuldigtenstellung wird erst durch die förmliche Einleitung eines Ermittlungsverfahrens, das Ersuchen nach § 162 StPO um Vernehmung einer Person als Beschuldigten oder eine Anordnung nach §§ 81, 81a, 81b, 112 ff, 127 II StPO oder § 397 I AO begründet.[577]

Daher schadet ein Abwarten der Staatsanwaltschaft, obwohl ein Anfangsverdacht besteht, grundsätzlich nicht. Die Behörde tut nichts, sie unterlässt es lediglich mittels eines Willensaktes nach außen zu treten. Eine Garantenpflicht zur Einleitung von Ermittlungen gibt es nicht, sofern die Grenzen des Legalitätsprinzips beachtet werden. Tatverdacht allein zwingt nicht ohne weiteres zur Einleitung von Ermittlungen.[578]

Das „Outsourcing" der Vernehmungen - und die damit zusammenhängenden unterlassenen Belehrungen gemäß § 136 I S. 2 StPO - kann aber dann mit dem Legalitätsprinzip kollidieren, wenn die Staatsanwaltschaft trotz gegebenem Anfangsverdacht ihre „privaten Gehilfen" über einen nicht unerheblichen Zeitraum ermitteln lässt und bei ihrer Ermittlungsstrategie gänzlich auf (staatliches) Unterlassen setzt.

Obwohl ihr die Ergebnisse in der Vergangenheit regelmäßig zur Verfügung gestellt wurden, kann eine solche Erwartungshaltung dem Legalitätsprinzip nicht genügen, weil die Strafverfolgungsbehörde keinen „Anspruch" auf Weiterleitung der Untersuchungsergebnisse hat. Problematisch ist an dieser Stelle, ob es nicht genügt, dass die Staatsanwaltschaft die internen Ermittlungsresultate jederzeit beschlagnahmen kann. Wie oben dargelegt, steht jedenfalls § 160a StPO n.F. einer Beschlagnahme beim externen Rechtsanwalt nach §§ 94, 98

575 So Schroth, JuS 1998, 969 (978).

576 Meyer-Goßner, Kommentar StPO, Einl Rn. 77.

577 Meyer-Goßner, Kommentar StPO, Einl Rn. 76.

578 Meyer-Goßner, Kommentar StPO, Einl Rn. 77.

StPO entgegen. Auch eine analoge Anwendung des § 97 I StPO auf den Unternehmensanwalt ist zu bejahen, weil das Unternehmen gerade in der SEC-Konstellation selbst Prozesssubjekt ist und die Ergebnisse der internen Untersuchung zu eigenen Verteidigungszwecken im deutschen Ordnungswidrigkeiten- und insbesondere in den US-Verfahren dienen (vgl. oben Kap. 5, I.3(b)). Durch den Beschlagnahmeschutz wird nicht etwa die Strafverfolgung unverhältnismäßig beschränkt oder gar lahm gelegt, weil lediglich im Rahmen der Unternehmensuntersuchung entstandene Unterlagen (Gesprächsprotokolle, Zusammenfassungen, Gutachten, Notizen, etc.) beschlagnahmefrei sind. Pflichtberichterstattung, Dokumente, Dateien, Schriftverkehr, Verträge, etc. können weiterhin im Rahmen einer Durchsuchung beschlagnahmt werden, sofern die Staatsanwaltschaft einem Anfangsverdacht selbst nachgeht und nicht solange abwartet bis die Beweismittel ihren Weg in den Gewahrsam des ermittelnden Anwalts gefunden haben. Weil der Rechtsanwalt nicht nur Interessenvertreter, sondern auch Organ der Rechtspflege ist, muss aber die Grenze einer Strafvereitelung gemäß § 258 StGB beachtet werden. Sprich die zulässige Beschlagnahme darf nicht erschwert, verhindert oder nicht nur geringfügig verzögert werden.

Die bloße Hoffnung, dass eine unternehmensseitige Entbindung nach § 53 II S. 1 StPO stattfindet, die eine Vernehmung der befragenden Anwälte ermöglichen würde, reicht nicht aus, um den Anforderungen des Legalitätsprinzips zu entsprechen. Denn in der Regel wird nur gegenüber der SEC entbunden.

Entweder die Staatsanwaltschaft beauftragt aus eigenem Interesse die untersuchenden Anwälte – Ziel der unternehmensinternen Ermittlung ist die Aufdeckung strafrechtlicher Sachverhalte, so dass prinzipiell kein Interessenkonflikt (Parteiverrat, etc.) drohen würde[579] -, dann gelangen wir nach der Rechtsprechung des BGH zur analogen Anwendung von § 136a StPO wegen (vertikaler) Zurechnung zum Staat, oder sie ermittelt eigenhändig und muss ggf. ihren Belehrungspflichten nachkommen. Sie muss jedem Anfangsverdacht nachgehen, wobei die Durchführung eines Strafverfahrens im Hinblick auf das Offizialprinzip von Anfang an Sache des Staates ist.

Kooperiert sie verdeckt mit den Anwälten, also wenn staatliche Zwangsmittel (vorerst) ausbleiben, bleibt die rechtliche Beurteilung dieselbe. Vielfach ist dann eine horizontale Zurechnung im Rahmen der Prüfung von § 136a StPO zu erörtern (vgl. noch II.4).

Lag der Staatsanwaltschaft bereits vor der Privatvernehmung oder sogar vor Einleitung der (förmlichen) Ermittlungen der SEC ein konkreter Anfangsverdacht in Bezug auf bestimmte Mitarbeiter vor, während die Beschuldigtenstel-

579 Vgl. i.E. LG Hamburg, CCZ 2011, 155 (156).

lung als solche gezielt und bewusst erst nach Erlangung der Untersuchungsergebnisse der Rechtsanwälte durch Inkulpationsakt begründet wird, ist ein willkürliches Vorenthalten der Beschuldigteneigenschaft auch durch Unterlassen möglich. Untätigkeit über einen längeren Zeitraum trotz gegebenem Anfangsverdacht ist kein Zufall. Unterlassene Belehrungen im „Interview" werden bewusst ausgenutzt. Entweder man stellt darauf ab, dass § 152 II StPO ohne sachlichen Grund missachtet bzw. ermessensfehlerhaft (zu einer Einschätzungsprärogative siehe unten) angewendet wird, wobei bloße Ermittlungstaktik als rechtfertigender Sachgrund nicht ausreicht, oder dass die Staatsanwaltschaft im Vergleich zum „Normalfall" (ohne private Vorermittlungen) beliebig handelt, was mit dem Gleichheitssatz gemäß Art. 3 I GG in Widerspruch steht. Der Wortlaut von § 152 II StPO geht von einer Ermessensreduzierung auf Null aus, „soweit nicht gesetzlich ein anderes bestimmt ist". Der Gesetzgeber hat SEC-Vernehmungen in Deutschland als Phänomen der Globalisierung (noch) nicht berücksichtigt. Sie, die Staatsanwaltschaft, ist verpflichtet „einzuschreiten". Dazu gehört aber auch, dass sie verpflichtet ist von ihren Zwangsbefugnissen Gebrauch zu machen.[580]

Entsteht ein Anfangsverdacht hingegen erst durch die Entgegennahme der anwaltlichen Untersuchungsergebnisse, kommen wir im Rahmen von § 136a StPO noch zum Problem, ob Tatsachen, die einem Verwertungsverbots unterliegen, zur Begründung eines Anfangsverdachts herangezogen werden dürfen (vgl. unten Kap. 8, II.7(b)).

Das Legalitätsprinzip in Verbindung mit dem Offizialprinzip stellt sich hier als eine Art Garantenpflicht zur Einleitung von eigenen Ermittlungen dar, so dass die Beschuldigteneigenschaft ausnahmsweise auch ohne vorherigen Inkulpationsakt bestehen muss, wenn ein Mitarbeiter durch private Ermittler im „Interview" befragt wird. Denn die Angehörigen des Unternehmens wissen nicht, ob sie Zeugen oder Beschuldigte sind. Zwar kennt die StPO für diese Situation die Rechtsfigur des „informatorischen Befragens". Allerdings: Nach pflichtgemäßer Beurteilung muss von der Zeugen- zur Beschuldigtenvernehmung übergegangen werden, wenn sich der Verdacht so verdichtet hat, dass die vernommene Person ernstlich als Täter der untersuchten Straftat in Betracht kommt[581]. Im „Interview" wird gerade nicht entsprechend differenziert. Denn die StPO adressiert keine Privatermittler.

Hätte sich die Staatsanwaltschaft an das Legalitätsprinzip gehalten, wäre es zu einem vorherigen Inkulpationsakt gekommen. Denn die Staatsanwaltschaft hätte solche Maßnahmen gegen den Mitarbeiter ergriffen, die erkennbar darauf

---

580 Meyer-Goßner, Kommentar StPO, § 152 Rn. 3.

581 BGHSt 37, 48 (52).

abzielen, gegen ihn wegen einer Straftat vorzugehen[582]. Während die interne Ermittlung flächendeckend und verdachtsunabhängig durchgeführt wird, fordert § 102 StPO einen Tatverdacht in Bezug auf eine bestimmte Straftat einer bestimmten Person. Während untersuchende Anwälte alle Geschäftsunterlagen auswerten, sucht der ermittelnde Staatsanwalt v.a. im Bürozimmer des verdächtigen leitenden Angestellten gezielt nach geeigneten Beweisen für seine Überführung. Anstelle eines „Interviews" hätte der ermittelnde Staatsanwalt vernehmen und belehren müssen.

Dieser Vergleich zeigt, dass eine staatliche Ermittlung den Verdächtigen zum Beschuldigten gemacht hätte.

Die Staatsanwaltschaft hat gegenüber (möglichen) Beschuldigten gewisse Fürsorgepflichten. Sie muss in zumutbarem Maß Einfluss auf Ermittlungshandlungen nehmen und entsprechende Anleitungen vorgeben, was Ausfluss der sog. Ermittlungskontrolle ist.[583] Hat sie Kenntnis von Ermittlungen durch Private, gilt das auch im privat-staatlichen Verhältnis. Insbesondere zeigt das Zusammenspiel von Legalitäts- und Offizialprinzip, dass sich die Staatsanwaltschaft dieser Ermittlungskontrolle nicht vollständig entziehen kann. Die Herrin des Ermittlungsverfahrens hätte eingreifen müssen, indem sie entweder das Ermittlungsverfahren rechtzeitig (dazu gleich) einleitet oder zumindest sicherstellt, dass das Unternehmen über uneingeschränkte Schweigerechte i.S.d. StPO belehrt. Bereits die partielle Durchführung eigener Ermittlungsmaßnahmen, die - wie oben dargestellt - regelmäßig einen entsprechenden Willensakt nach außen mit sich bringen, würde den Anforderungen von §§ 152 II, 160 I StPO genügen.

Ein gezieltes Abwarten der Staatsanwaltschaft verstößt gegen den fair-trial-Grundsatz, wenn eigene Ermittlungen bis zum Abschluss der anwaltlichen Ermittlungen vollständig „ausgelagert" werden. Man könnte auch eine Analogie zu § 136 I S. 2 StPO ziehen, da die Belehrungspflicht durch das amtspflichtwidrige Verhalten faktisch umgangen wurde.

Problematisch ist allein die zeitliche Komponente. Bleibt die Staatsanwaltschaft ein paar Monate untätig, kann man argumentieren, dass dieses Vorgehen noch von der Einschätzungsprärogative gedeckt war. Wo muss man die Grenze ziehen? 6 Monate, 9 Monate oder erst bei Ablauf von einem Jahr nach Einleitung des SEC-Verfahrens, nach Beauftragung der Anwaltskanzlei oder nach Vorliegen eines Anfangsverdachts bei der Behörde?

582 BGHSt 51, 150.

583 Vgl. Hegmann, Fürsorgepflicht gegenüber dem Beschuldigten im Ermittlungsverfahren, 1981, S. 122, 125.

Auch das Beschleunigungsgebot folgt aus dem Recht auf ein faires Verfahren „innerhalb angemessener Frist“ (Art. 6 I S. 1 EMRK), die aber erst beginnt, wenn der Beschuldigte von der Einleitung des Ermittlungsverfahrens in Kenntnis gesetzt wird[584]. Auch besteht die Gefahr willkürlicher Ergebnisse: Warum ist eine Auskunft im „Interview“ nach 5 Monaten noch verwertbar und bereits ein faktisches Geständnis, während nach Ablauf von 7 Monaten „wieder die Unschuldsvermutung gilt“? Warum sind erst von den Anwälten überführte Angestellte schlechter gestellt als diejenigen, die bereits im staatlichen Verdacht standen?

Aber irgendwo muss das Legalitätsprinzip eine Grenze setzen. Wird die SEC erst aufgrund eines konkreten Anfangsverdachts der zuständigen Staatsanwaltschaft aktiv, ist die Beschuldigtenstellung im Zweifel dann zu fingieren, wenn dem Mitarbeiter nicht vor Abschluss der anwaltlichen Untersuchung gegenüber getreten wird. Das beschneidet das öffentliche Strafverfolgungsinteresse nicht übermäßig, denn der Staat kann den anwaltlichen Ermittlungsbericht auswerten und eigene Maßnahmen durchführen, da eine Fernwirkung von Verwertungsverboten prinzipiell abgelehnt wird.

Werden die privaten Erkenntnisse laufend kommuniziert, muss die Inkulpation aber vor dem „Interview“ stattfinden.

Erfolgt hingegen eine private – möglichst schriftlich zu erteilende - Belehrung, die den Arbeitnehmer über Sinn und Zweck der Untersuchung, einen anwaltlichen Beistand, die Verwertbarkeit seiner Angaben im Falle einer Aussage sowie die Aussage- und Zeugnisverweigerungsrechte nach §§ 136 I S. 2, 161a I S. 2, 52, 55 StPO aufklärt, scheidet eine Verletzung des fair-trial-Grundsatzes aus, was mit der höchstrichterlichen Rechtsprechung[585] zur Aussage trotz Kenntnis des Schweigerechts bei unterlassener (Beschuldigten-)Belehrung in Einklang steht.

Verstöße gegen § 136a StPO (analog) bleiben hiervon aber unberührt!

II. Verstoß gegen § 136a III S. 2 StPO analog

„Eine Drittwirkung hat die Vorschrift grundsätzlich nicht. Sie hat keine Bedeutung [...] für Privatpersonen, die Straftaten ohne amtlichen Auftrag erforschen.“[586] Die Frage ist vielmehr, ob sich der Staat die Ergebnisse der Privatermittlungen bewusst zu Nutze machen darf, obwohl die Aussage des befragten

---

584 Meyer-Goßner, Kommentar StPO, Anh 4 MRK, Art. 6 Rn. 8.

585 BGH, StraFo 2005, 201; a.A. Trüg, StraFo 2005, 203.

586 So Meyer-Goßner, Kommentar StPO, § 136a Rn. 3.

Arbeitnehmers gegenüber dem Privatermittler in einer faktischen Zwangslage, die mit den in § 136a I StPO aufgezählten unzulässigen Beeinträchtigungen vergleichbar ist, oder sogar unter Verletzung von § 240 StGB erfolgte.

Die Aufzählung der verbotenen Mittel in § 136a I StPO ist nicht abschließend, so dass in einem ersten Schritt zu untersuchen ist, ob der Betroffene bei seiner Aussage überhaupt dem Schutzbereich (1.) des § 136a StPO unterfällt, weil seine Freiheit der Willensentschließung und Willensbetätigung beeinträchtigt wird und zweitens, ob man auf der Suche nach einem Zurechnungstatbestand zu einer Verwertungsverbotsfolge entsprechend § 136a III S. 2 StPO gelangt.

Als mögliche Anknüpfungspunkte zu würdigen sind: Eine Zurechnung durch pflichtwidriges Unterlassen (2.) aufgrund bewusster Ausnutzung der SEC-Vernehmung durch Abwarten der Strafverfolgungsbehörden, eine vertikal-transnationale Zurechnung (3.) zum US-amerikanischen Staat wegen der Veranlassung durch die SEC, sowie eine horizontale Zurechnung (4.) auf Grundlage der Kooperation zwischen Anwälten und Staatsanwaltschaft.

Des Weiteren ist zu untersuchen, ob eine Analogie von § 136a StPO im Falle privat-strafrechtswidriger (5.) Beweisbeschaffung geboten ist.

Schließlich (6.) müssen auch die Voraussetzungen einer Analogie, namentlich Regelungslücke, vergleichbare Interessenlage und Regelungsbedarf vorliegen.

Abschließend (7.) ist im Falle eines Verwertungsverbotes die mittelbare Verwertbarkeit der „SEC-Einlassungen“ zu untersuchen, wenn der Beschuldigte unter dem Vorhalt der „alten“ Aussagen ein Geständnis ablegt (Fortwirkung) oder im Wege weiterer strafprozessualer Ermittlungen auf Grundlage der „kontaminierten“ Aussagen weitere Beweismittel erlangt werden (Fernwirkung).

Zuletzt (8.) wird die faktische Wirkung eines Verwertungsverbotes bei mehreren Beteiligten erörtert.

1. Schutzbereich des § 136a I StPO

§ 136a StPO soll vor Beeinträchtigungen der Willensentschließung und -betätigung schützen, wenn der Beschuldigte nicht mehr frei über seine Aussage, ihren Umfang und ihren Inhalt zu entscheiden vermag.[587] Die Verbote des § 136a StPO schützen über die Verweisungsnormen der §§ 69 III bzw. 72 StPO auch Zeugen oder Sachverständige.

587 So Diemer in Karlsruher Kommentar zur StPO, § 136a Rn. 8.

Bei SEC-Vernehmungen mit Amnestieangebot wird ein immenser wirtschaftlicher Druck auf den Arbeitnehmer erzeugt, indem im Falle einer Aussageverweigerung seitens des Arbeitgebers mit einer Verdachtskündigung, einer vollständigen Geltendmachung und Durchsetzung hoher zivilrechtlicher Schadensersatzansprüche sowie einem Absehen von der Übernahme der Kosten für einen Verteidiger gedroht wird. Umgekehrt soll für den Fall einer umfassenden Einlassung auf die Kündigung und die Geltendmachung zivilrechtlicher Ansprüche verzichtet werden und eine unternehmensseitige Übernahme der Verteidigungskosten erfolgen. *Beulke* ist der Auffassung, dass eine arbeitsrechtlich erzwingbare Mitwirkung dann verwertbar ist, wenn dem Mitarbeiter ein Wahlrecht bei Amnestieprogrammen zusteht.[588] Diese Ansicht verkennt aber, dass die Aussagen nicht unbedingt freiwillig erfolgen, da die Pflichten erzwingbar bleiben, während der faktische Zwang durch eine Amnestieregelung sogar verstärkt wird. Alleine die zur Verfügung stehenden arbeitsrechtlichen Instrumente wie Gehaltskürzung, Abmahnung oder verhaltensbedingte Kündigung, falls der Arbeitnehmer untätig bleiben oder schweigen sollte, verbieten unabhängig von einer „Amnestie" eine freie Abwägung seiner Interessen.

Diese wirtschaftliche Drucksituation, sprich eine faktische Zwangslage, wirkt sich unzweifelhaft auf die Entschlussfreiheit des Arbeitnehmers aus und fällt unter den nach § 136a I S. 2 StPO unzulässigen Zwang, weil jeglicher nicht nach den Eingriffsbefugnissen der StPO vorgesehener Zwang (wie U-Haft, Vorführung usw.) verboten ist, und der zugelassene Zwang auch nur für die dort vorgesehenen Zwecke nach objektiven Umständen erlaubt ist[589].

Des Weiteren ist erst recht eine vollstreckungsfähige selbstbelastende arbeitsrechtliche Aussage- bzw. Mitwirkungspflicht bei Fragen zum unmittelbaren Arbeitsbereich mit dem nemo-tenetur-Prinzip und daher auch mit § 136a StPO unvereinbar.

Nach einer Ansicht[590] soll bei rechtlichem Zwang lediglich eine ausdrückliche Einwilligung zur strafprozessualen Verwertbarkeit führen, was aber mit Blick auf den in § 136a III S. 1 StPO verankerten Gedanken nicht zu überzeugen vermag, da eine Beeinträchtigung der Entscheidungsfreiheit aufgrund der oben aufgezeigten wirtschaftlichen Drucksituation nicht sicher ausgeschlossen werden kann; dasselbe gilt, wenn der Mitarbeiter der Verwertung zustimmt, § 136a III S. 2 a.E. StPO.

---

588 Beulke, Strafprozessrecht, 2010, Rn. 481.

589 Vgl. Meyer-Goßner, Kommentar StPO, § 136a Rn. 20.

590 Vgl. nur Bittmann/Molkenbur, wistra 2009, 373 (377).

Schließlich darf der Arbeitnehmer auch nicht über eine vermeintlich bestehende Aussagepflicht getäuscht werden, sofern man bei Ermittlungen durch Dritte zum Ergebnis gelangt, dass wegen der Höchstpersönlichkeit des Arbeitsverhältnisses keine Mitwirkungspflicht des Arbeitnehmers besteht. Unabhängig davon, ob der Arbeitgeber die Investigation selber durchführt oder durchführen lässt, muss jener eine Mitwirkungsverweigerung hinnehmen, wenn private Dokumente oder E-Mails heraus verlangt werden oder der Auskunftsanspruch den Privatbereich des Mitarbeiters berührt. Noch schwieriger ist die rechtliche Würdigung des Mitwirkungsanspruchs, wenn der auf Selbstbezichtigung hinauslaufende Befragungsgegenstand außerhalb des unmittelbaren Arbeitsbereichs liegt.

Verlangt das Unternehmen eine Aussage oder Herausgabe, obwohl eine arbeitsrechtliche Mitwirkungspflicht gar nicht besteht, kann bereits eine konkludente Täuschung im Sinne von § 136a I StPO vorliegen. Denn der Arbeitnehmer kann regelmäßig nicht wissen, ob er aussagen muss oder schweigen darf, zumal ihm die Hinzuziehung eines Rechtsbeistands nicht selten verwehrt wird. Diese Argumentation verträgt sich aber nicht mit der allgemeinen Auffassung.

Weil man den Irrtum eines Beschuldigten zwar nicht hervorrufen oder seine Aufklärung unterbinden, jedoch grundsätzlich ausnutzen darf[591] und laut BGH ein beachtlicher Irrtum über die Aussagefreiheit im Rahmen eines privaten „Gesprächs" nicht in Betracht kommt[592], muss der befragende Rechtsanwalt von Anfang an oder im Falle einer (punktuellen) Aussageverweigerung auf eine Antwort hinwirken, indem er beispielsweise ausdrücklich an die vermeintlich bestehende arbeitnehmerseitige Auskunftspflicht appelliert oder diese zumindest über den Hinweis auf eine drohende (eigentlich unbegründete) verhaltensbedingte Kündigung mittelbar „vortäuscht".

Problematisch sind vorsatzlose Täuschungen, da eine Aufklärungspflicht des Vernehmenden erst nach Aufdeckung des Irrtums entstehen soll.[593] Bei offensichtlichen Rechtsirrtümern auf Seiten der vernehmenden Rechtsanwälte wird man durchaus zwischen dolus eventualis und grober Fahrlässigkeit abgrenzen müssen, zumal bei gewerblich tätigen und „Auskunft" erteilenden Privatpersonen (sog. Berufs- und Expertenhaftung) ein strenger Maßstab anzulegen ist. Allerdings ginge der Nachweis zu Lasten des befragten Mitarbeiters.

---

591 Volk, Grundkurs StPO, 2010, § 9 Rn. 15; BGHSt 39, 335 (348).

592 BGHSt 42, 139 (147).

593 BGHSt 31, 395 (400); Achenbach, StV 1989, 515 (516) Anm. zu BGH, StV 1989, 515.

2. Zurechnung durch Unterlassen der Staatsanwaltschaft

Ermittlungsbehörden interessieren sich für Informationen aus Mitarbeiterbefragungen, um hieran ausgerichtet über das Schicksal des Ermittlungsverfahrens zu entscheiden. Insbesondere wird mit entsprechenden Maßnahmen abgewartet bis die privaten Ermittler bzw. das Unternehmen selbst neue Erkenntnisse kommunizieren. Die Staatsanwaltschaft macht sich die unternehmensinterne Ermittlung bewusst zu Nutze.[594] Sie unterlässt es lediglich eigene Zwangsmaßnahmen einzuleiten. Sie wartet ab.

a. Horizontale Drittwirkung von § 136a StPO

In diesem Abschnitt interessiert uns die Frage nach einer horizontalen Drittwirkung von § 136a StPO. Muss die vom Unternehmen (auf Aufforderung der SEC) beauftragte Privatperson bei der „Vernehmung" die Anforderungen des § 136a StPO beachten?

Nach einer Mindermeinung[595] wäre die private Beweisgewinnung unter Anwendung der verbotenen Verhaltensmodalitäten in Anlehnung an § 136a StPO unverwertbar.

Zahlreiche Stimmen in der Literatur, verbieten alle sich vom Staat (bewusst) zu Nutze gemachten unzulässigen Einwirkungen Dritter, auch von Behörden fremder Staaten[596], um von dem Beschuldigten Erklärungen zu erlangen.[597] Eine über die Methoden von § 136a StPO erschlossene Beweisquelle sei erst recht „vergiftet"[598], wenn sich der Staat aus seiner Verantwortung verabschiedet und diese Privatpersonen überlässt.[599]

Eine mit den von § 136a StPO verbotenen Methoden herbeigeführte Aussage einer Person ist von vornherein unbrauchbar, um zur Grundlage richterlicher

594 Pfordte, in: Strafverteidigung im Rechtsstaat, S. 740 (741).

595 So Gundlach in Alternativkommentar zur StPO, § 136a Rn. 13; Gössel, Strafverfahrensrecht, 1977, S. 192 f.; Jahn, JuS 2000, 441 (444 f.); Joerden, JuS 1993, 927 (928); Lesch in KMR, Kommentar StPO, 2007, § 136a Rn. 10.

596 Vgl. Schroeder, ROW 1969, 193 (199).

597 Vgl. Diemer in Karlsruher Kommentar zur StPO, § 136a Rn. 4; Gleß in Löwe-Rosenberg, Kommentar StPO, § 136a Rn. 13.

598 So Joerden, JuS 1993, 927 (928).

599 Vgl. Jahn, JuS 2005, 1057 (1058). Dieser fordert eine allgemeine horizontale Drittwirkung von § 136a StPO und jedenfalls im Falle privat-strafrechtswidriger Beweisgewinnung stets horizontale Drittwirkung.

Überzeugungsbildung zu werden[600], weil nicht der Aussagende, sondern vielmehr der Vernehmende dahinter steht. Dies soll unabhängig von der Schwere der Einwirkung des Privaten auf den Aussagenden für alle Modalitäten des § 136a StPO gelten.

Des Weiteren zieht *Joerden*, als Argument für eine generelle Erstreckung von § 136a StPO auf die private Beweisbeschaffung, eine Parallele zur Hehlerei: Der Staat verhält sich gleichsam hehlerisch[601], wenn er durch Verwertung „erzwungener" Geständnisse derartigem Verhalten von Privaten Vorschub leistet.[602]

Die Mindermeinung verdient Beifall. Der Regelfall in einem Rechtsstaat, der auf einem Legalitäts- und Offizialprinzip basiert, sollte doch sein, dass sich die Strafverfolgungsbehörden ihren Aufgaben weder bewusst noch unbewusst entziehen können. Bleiben private Vernehmungen die Ausnahme, kann das öffentliche Strafverfolgungsinteresse die rechtsstaatlichen Anforderungen des § 136a StPO als Verwertungsgrenze hinnehmen. Die Privatermittler werden sonst geradezu provoziert mit Gewalt, Zwang oder Täuschung vorzugehen.

Die herrschende Meinung argumentiert, dass sich die Vorschriften der Strafprozessordnung zur Beweiserhebung und -verwertung nach Systematik, Wortlaut und Zweck ausschließlich an die staatlichen Strafverfolgungsorgane richten. Hiernach sind Beweismittel, die von Privaten erlangt wurden, grundsätzlich verwertbar.[603]

„§ 136a StPO ist nur bei solchen Beeinträchtigungen der Willensfreiheit anzuwenden, die durch aktive Einwirkungen oder garantenpflichtwidriges Unterlassen der Strafverfolgungsorgane bedingt sind",[604] so dass bei Vernehmungen durch Privatpersonen der Schwerpunkt der Vorwerfbarkeit beim staatlichen Unterlassen zu suchen ist.

b. Die Fürsorgepflicht der Staatsanwaltschaft

Es drängt sich geradezu die Frage auf, ob ein vorsätzlich auf Ausnutzung des arbeitsrechtlichen Aussagezwanges gerichtetes „bewusstes Unterlassen" des Staates rechtmäßig sein kann. Anders gewendet: Kann ein Unterlassen – bei

600 Vgl. Gundlach in Alternativkommentar zur StPO, § 136a Rn. 3.

601 Der Hehler beschafft sich die Vorteile einer rechtswidrigen Vortat.

602 Vgl. Joerden, JuS 1993, 927 (928); Gundlach in Alternativkommentar zur StPO, § 136a Rn. 13; Joerden, Jura 1990, 633 (642 f.).

603 BGHSt 27, 355 (357); 34, 39 (52).

604 Vgl. Erb, in: Festschrift für Otto, S. 863 (874).

Wahrung des Beschleunigungsgrundsatzes[605] nach Art. 6 EMRK - gegen § 136a StPO verstoßen, wenn die Staatsanwaltschaft gezielt auf die Durchführung oder den Abschluss der SEC-Ermittlungen wartet, obwohl ihr selbst der entsprechende Anfangsverdacht vorliegt?

Mit der eindimensionalen Zurechnungslehre (hierzu ausführlich unter (c)) ist das gewünschte Resultat nicht zu erzielen, da die externen Anwälte mit der Durchführung der Untersuchung nicht vom Staat, sondern vom Unternehmen beauftragt werden.

Zu suchen ist vielmehr eine Art „Garantenpflicht" der Ermittlungsbehörden. Gewissermaßen eine vorgelagerte Fürsorgepflicht gegenüber verdächtigen Unternehmensangehörigen. Die Staatsanwaltschaft genügt dem Legalitätsprinzip nicht hinreichend, wenn sie ihre Befugnisse bei Vorliegen eines Anfangsverdachts ausschließlich von Privaten ausüben lässt. Sie muss einem Anfangsverdacht vielmehr selbst nachgehen. Dass die Strafverfolgung in rechtsstaatsgemäßer Art und Weise abläuft, ist gerade Sinn und Zweck des Offizialprinzips.

Man muss eine hypothetische, dem Legalitätsprinzip entsprechende Betrachtung anstellen. Würde die „Herrin des Ermittlungsverfahrens" eigene Ermittlungen durchführen, entstehen spätestens mit einem Inkulpationsakt zahlreiche Fürsorgepflichten gegenüber beschuldigten Mitarbeitern. Wird die Beschuldigteneigenschaft durch amtspflichtwidriges Unterlassen willkürlich vorenthalten, ist sie im Zweifel zu fingieren (vgl. ausführlich oben I.3).

Der BGH hatte bislang nicht zu entscheiden, ob Ermittlungsbehörden bei Kenntnis von nach § 136a I StPO verbotener Ausforschungsmethoden zur „Erhaltung rechtsstaatlichen Ansehens" grundsätzlich verpflichtet sind, einer (weiteren) Ausforschung von Verdächtigen durch Informanten entgegenzuwirken.[606] Vielmehr bleibt die Frage offen, ob das Rechtsstaatsprinzip den Behörden das bewusste Ausnutzen eines nichtstaatlichen – hier: arbeitsrechtlichen – und in Anlehnung an § 136a I S. 2 StPO „verbotenen Zwangs" durch Zusammenwirken mit den Privatermittlern verbietet, respektive, ob eine Zurechnung durch Nichterfüllung der schützenden Handlungspflicht geboten erscheint. Zwar ist die verfassungsrechtliche Hintergrundproblematik staatlicher Schutzpflichten[607] noch kaum aufgearbeitet, richtigerweise muss § 136a StPO als verfassungsrechtliche

605 Das Beschleunigungsgebot kann noch zum Fürsorgegebot gerechnet werden, vgl. Gössel, Strafverfahrensrecht, 1977, S. 166.

606 BGHSt 44, 129 (136).

607 Vgl. Sachs, in: Sachs, Kommentar GG, Vor Art. 1 Rn. 32 ff.; Enders in Berliner Kommentar zum GG, Vor Art. 1 Rn. 62 ff.

Konkretisierung begriffen werden und auch einem bewussten zu eigen machen der rechtsstaatswidrigen Geständniserlangung durch Private entgegenstehen.[608]

Die Kommunikation bzw. die Abstimmung zwischen privaten und staatlichen Ermittlern kann als eine „Mittäterschaft“[609] (dazu ausführlich unten II.4) oder eine „mittelbare Täterschaft“[610] ermittlungstechnischer Art interpretiert werden und verstärkt das rechtsstaatliche Bedürfnis nach einer mittelbaren Drittwirkung von § 136a StPO. Die Staatsanwaltschaft hat die unzulässigen Verhaltensweisen der Anwälte abzubrechen; unterlässt sie diese Fürsorge, ist eine Zurechnung aufgrund besonderer Umstände, also aufgrund des garantenpflichtwidrigen Unterlassens angezeigt.

Eine nachweisbare Kommunikation der Staatsanwaltschaft mit den anwaltlichen Ermittlern lässt bereits auf die Kenntnis der Problemlage für den einzelnen Mitarbeiter schließen. Allerdings dürfte der „in dubio pro reo“ Zweifelssatz, wie generell im Falle von § 136a StPO, nicht zur Anwendung kommen. Vielmehr sind die mit der unternehmensinternen Untersuchung beauftragten Anwälte über die Kommunikation mit den Ermittlungsbehörden von Amts wegen zu vernehmen. Im Hinblick auf ein – umstrittenes – Zeugnisverweigerungsrecht der befragenden Rechtsanwälte müsste aber eine (partielle) Entbindung von der Verschwiegenheitspflicht seitens des Arbeitgebers erfolgen (vgl. bereits unter Kap. 5, I.3(b)(i)). Jedenfalls ist es nicht unüblich den ermittelnden Staatsanwalt als Zeugen darüber zu befragen, was er mit den „Unternehmensaufklärern“ gesprochen hat.[611]

---

608 Gaede, StV 2004, 46 (52 f.).

609 Zwar kann ein Minus bei der Tatausführung – hier: „Interview“ – durch ein Plus bei der Tatplanung ersetzt werden, um von einem (Mit-)Täter zu sprechen. Der bloße Informationsaustausch reicht für ein bewusstes und gewolltes Zusammenwirken jedoch nicht aus. Anders könnte die Situation zu beurteilen sein, wenn sich private und staatliche Ermittler gezielt absprechen, um größtmöglichen Ermittlungserfolg zu erzielen. Das wäre dann mit dem Rechtsstaatsprinzip unvereinbar, wenn die ermittlungstaktische Abstimmung auf ein bewusstes Unterlaufen der strafprozessualen Schutzrechte der Mitarbeiter hinausläuft.

610 Der Defekt beim Privatermittler wäre seine nach h.M. fehlende Bindung an § 136a StPO (Werkzeug fehlt Tätereigenschaft). Angenommen die Staatsanwaltschaft macht sich die Handlungen des Vordermanns bewusst zu Nutze, kann zumindest nach der subjektiven Theorie der Rechtsprechung eine Täterqualität bejaht werden. Fraglich bleiben aber die kausale Einwirkungshandlung des Hintermanns und die Übertragbarkeit dieser materiell-rechtlichen Konstruktion auf das Strafprozessrecht.

611 Vgl. in anderem Zusammenhang Pfordte, in: Strafverteidigung im Rechtsstaat, S. 740 (752).

Ein solcher Kausalitätsnachweis respektive eine solche Beweislastregelung würde nicht nur zusätzlichen prozessualen Arbeitsaufwand bereiten. Vielmehr wird es den Gerichten regelmäßig schwer fallen, gegen die eigenen Behörden zu ermitteln, so dass zumindest der Verteidiger des betroffenen Unternehmensangehörigen einen entsprechenden Beweisantrag stellen müsste. Der Umfang des zurückgestellten Anfangsverdachts wäre relevant, um von einer „vorsätzlichen" Missachtung der Fürsorgepflicht sprechen zu können. Auch wäre zu beweisen, über welchen Zeitraum die Behörde untätig war, damit man eine Amtspflichtwidrigkeit bejahen kann.

Aufgrund dieser „Komplikationen" ist analog § 136a III S. 2 StPO ein generelles Verwertungsverbot für SEC-Aussagen geboten, um Rechtssicherheit zu schaffen. Private Zufallsfunde wären sonst immer verwertbar, d.h. erst durch die unternehmensinterne Ermittlung aufgetauchte Verdächtige würden schlechter stehen, obwohl jeder Mitarbeiter einem faktischen Aussagezwang unterliegt.

Ein für die Anordnung weiterer Maßnahmen erforderlicher Anfangsverdacht würde dennoch vorliegen (vgl. zur Fernwirkung von „SEC-Aussagen" unten bei II.7(b)).

c. Vereinbarkeit mit späterer staatlicher Beschuldigtenvernehmung

Gegen eine analoge Anwendung spricht bereits, dass durch Privatermittlungen, die unterhalb der Standards von § 136a StPO liegen, wegen der Fortwirkung (dazu II.7(a)) der Verwertungsverbotsfolge eine Beschneidung der staatlichen Beweiserhebungsmöglichkeiten erfolgt. Die Verwertung von Geständnissen, die durch einen Vorhalt aus der kontaminierten Privatvernehmung beeinflusst sind, ist aufgrund der Fortwirkung unzulässig.[612] Dies würde zu einem Wettlauf zwischen den Strafverfolgungsbehörden und den Privatermittlern führen. Der Staat wäre faktisch gezwungen alle Betroffenen – auch bei einem minimalen Verdacht – noch vor der „SEC-Vernehmung" zu ermitteln und zu vernehmen. Schaffen die Behörden dies nicht, kann eine Überführung aufgrund von Einlassungen nicht mehr erfolgen, da die Mitarbeiter glauben an ihre frühere Aussage gebunden zu sein.

Allerdings kann diese Unstimmigkeit genauso wie bei einer vorausgehenden staatlichen Vernehmung durch eine qualifizierte Belehrung behoben werden.[613]

---

612 So BGHSt 51, 1 (8) zur Fortwirkung des Verwertungsverbots bei Vorhalt aus der rechtswidrigen TKÜ-Maßnahme.

613 Vgl. Trüg/Habetha, NStZ 2008, 481 (491).

d. Vereinbarkeit mit Zurechnungslehre der Rechtsprechung

Eine von der Mindermeinung geforderte mittelbare Drittwirkung von § 136a StPO würde auch nicht im Einklang mit der Zurechnungslehre stehen, weil ein Ausnutzen der SEC-Untersuchung durch bloßes Abwarten den deutschen Strafverfolgungsbehörden denklogisch nicht zugerechnet werden kann.

Die kommunizierten Informationen, namentlich das Abstimmen der Vernehmungstermine und die ausgetauschten Erkenntnisse, sind in diesem Kontext irrelevant, denn die deutschen Ermittlungsbehörden haben für das „ob" der unternehmensinternen Ermittlung keinen kausalen Beitrag geleistet. Eine – wie im Münchner Siemens/SEC-Verfahren erfolgte[614] – Koordination der Vernehmungstermine zwischen der privaten Anwaltskanzlei und der Staatsanwaltschaft soll für eine staatliche Zurechnung noch nicht ausreichen.[615]

Die Ermittlungen der SEC finden unabhängig von einem deutschen Ermittlungsverfahren und Strafprozess statt. Soweit eine Privatperson eigenmächtige Ermittlungen anstellt, geht die Suche nach einem Zurechnungsgrund, der die strafprozessuale Mitverantwortlichkeit des Staates für den Rechtsverstoß rechtfertigen könnte, ins Leere.[616] Anders als im U-Haft-Fall[617], wo die Konversation der Häftlinge auf Initiative des Staates erfolgte, wird in der vorliegenden Konstellation lediglich der Umstand ausgenutzt, dass das jeweilige Unternehmen auf dem US-Kapitalmarkt notiert ist, dem US-Kapitalmarktrecht unterliegt und folglich bei wirtschaftsstrafrechtlichen Verstößen der Mitarbeiter eine „SEC-Untersuchung" mit anschließender Offenlegung der privat erlangten Ergebnisse stattfindet.

Kein gezieltes Ausnutzen soll selbst dann vorliegen, wenn die auf eigene Initiative und ohne amtlichen Auftrag ermittelnde Privatperson ihre Ausforschungstätigkeit mit Kenntnis der Ermittlungsbehörden fortsetzt.[618] Jedenfalls bei einer länger andauernden Ausnutzung sollen im Falle von Mithäftlingen gewisse Fürsorgepflichten des Staates entgegenstehen.[619]

Zwar ist die faktische Zwangswirkung einer SEC-Vernehmung durch Anwälte unmittelbar auf zivilrechtliche und arbeitsrechtliche Gründe zurückzufüh-

614 Vgl. Knauer, in: Verhandlungen des 67. DJT 2008, Band II/2, Teil L, S. 160.

615 Vgl. Jahn, StV 2009, 41 (45).

616 Vgl. Godenzi, GA 2008, 500 (505).

617 Das scheinbare Privatgespräch ist eine „gezielte Einwirkung auf die Freiheit der Willensentschließung", vgl. BGHSt 34, 362 (364).

618 Vgl. BGH, NJW 1989, 843; Schneider, NStZ 2001, 8 (11).

619 So Roxin, NStZ 1999, 149 (150) Anmerkung zu BGH, NStZ 1999, 147; Hanack, JR 1999, 348 (349) Anmerkung zu BGH, JR 1999, 346.

ren, doch ist das staatliche SEC-Verfahren hierfür der Ursprung. Ob eine mittelbare[620] Veranlassung durch ausländische Behörden eine staatliche Beteiligung im Sinne der Zurechnungskonstruktion darstellen kann, siehe noch ausführlich unten (II.3).

Aussagen, die von Privatpersonen ohne amtlichen Auftrag und mit den verbotenen Mitteln im Sinne von § 136a StPO herbeigeführt werden, sind nach der Rechtsprechung grundsätzlich verwertbar, wobei ihr Beweiswert sorgfältig geprüft werden muss.

Eine andere Auffassung vertritt *Pfordte*, weil die staatlichen Behörden ihre eigenen Ermittlungen zurückschrauben, auf Erkenntnisse der Privatermittler direkt zugreifen und entsprechend gezielte Vernehmungen und Durchsuchungen veranlassen, um die privat erlangten Informationen durch strafprozessuale Maßnahmen abzusichern.[621] In dieser Sondersituation sei es nicht fernliegend davon zu sprechen, dass die unternehmensinternen Ermittler die Informationen gleichzeitig im Interesse der Ermittlungsbehörden selbst sammeln respektive auch im Auftrag dieser Behörden tätig werden.[622]

Richtigerweise stellt der Informationsfluss zwischen Anwälten und Strafverfolgern eine Kooperation dar, welche bewusst auf den fehlenden Aussageverweigerungsrechten der Arbeitnehmer aufbaut. Durch die staatliche Untätigkeit wird der Beschuldigtenstatus für eine erhebliche Zeitspanne vorenthalten. Diese besonderen Umstände lösen im Hinblick auf den arbeitsrechtlichen Aussagezwang staatliche Schutzpflichten aus, obwohl das Zusammenwirken keine Veranlassung i.S.d. anerkannten Zurechnungsfälle darstellt. Die Sachverhalte sind aber hinreichend ähnlich, weil die internen Ermittler der Staatsanwaltschaft die Arbeit erleichtern[623]. Ohne ein strafprozessuales Verwertungsverbot analog § 136a III S. 2 StPO wird gegen die Grundrechte der Art. 2 I, 1 I GG verstoßen. Wegen der Addition privater und staatlicher Ermittlungen muss der traditionelle Schutzbereich des nemo-tenetur-Grundsatzes erweitert werden, da der Transfer von selbstbelastenden Pflichten im Interesse des Unternehmens in das Strafverfahren eine Entfremdung von dem ausschließlich zivilrechtlichen und gerade nicht strafrechtlichen Informationszweck darstellt und die Missachtung dieser Divergenz mit dem rechtsstaatlich geforderten Übermaßverbot nicht vereinbar

---

620 Vgl. Gaede, StV 2004, 46 (47 ff.) zur mindestens erforderlichen Intensität einer staatlichen Beteiligung, um die Privathandlung zu einem hoheitlichen Eingriff qualifizieren zu können.

621 Vgl. nur Pfordte, in: Strafverteidigung im Rechtsstaat, S. 740 (755).

622 Vgl. nur Pfordte, a.a.O.

623 Vgl. zuletzt Korruptionsfall Ferrostaal/Ipic, manager magazin 3/2011, 45.

ist.[624] Denn die Legitimität des staatlichen Strafanspruchs hängt davon ab, inwiefern der Beschuldigte als mit unveräußerlichen Rechten versehenes Prozesssubjekt respektiert wird, während das Zivilrecht einen Eingriff in das allgemeine Persönlichkeitsrecht gestattet.[625]

Eine Zurechnung durch „qualifiziertes Unterlassen" der deutschen Strafverfolgungsbehörden soll nach Auffassung von *Jahn* nur dann vorliegen, wenn sich der Staat „aus seiner Verantwortung für die Ermittlungen vollständig oder angesichts der Offizialmaxime amtspflichtwidrig verabschiedet und sie im Inland der durch Täuschung, unzulässigen Zwang oder Drohung geprägten Aufklärungsarbeit von Privatpersonen überläßt".[626] Aufgrund der weiten Einschätzungsprärogative bei der Führung und strategischen Ausgestaltung von Ermittlungen ist eine zurückhaltende Ermittlungstätigkeit der Staatsanwaltschaft noch nicht als „qualifiziertes Unterlassen" zu sehen.[627]

Dieser Ansicht kann aber nicht gefolgt werden, weil die Staatsanwaltschaft keinen „Anspruch" auf die Ermittlungsberichte hat. Eine etwaige Beschlagnahme ist nicht gesichert, da § 97 StPO beim Unternehmensanwalt entsprechend greift, da die Compliance-Ermittlungen vorrangig der Unternehmensverteidigung dienen. Des Weiteren verbietet § 160a StPO n.F. einen Zugriff auf Informationen und Unterlagen bei mit der Unternehmensuntersuchung beauftragten externen Rechtsanwälten (vgl. Kap. 5, I.3(b)). Die Staatsanwaltschaft verhält sich angesichts des Legalitäts- und Offizialprinzips amtspflichtwidrig, so dass das staatliche Fürsorgegebot gegenüber möglichen Beschuldigten bereits im Vorfeld des Inkulpationsakts greifen muss. Auch ist der arbeitsrechtliche Aussagezwang als unzulässiger Zwang i.S.v. § 136a StPO zu begreifen, so dass die privaten Aufklärungsmaßnahmen, die sehr wohl eine erhebliche Dimension haben, dem Staat zugerechnet werden müssen.

3. Vertikal-transnationale Zurechnung: SEC/Anwälte/Unternehmen

Auch wenn die „Interviews" in erster Linie der Kooperation zwischen Unternehmen und US-Behörden dienen, um die zivil- und strafrechtlichen Sanktionen für das Unternehmen zu minimieren, ändert die formelle Einbindung Privater nichts daran, dass es hauptsächlich um die gezielte Aufklärung von Straftaten

624 Theile, StV 2011, 381 (385).
625 Theile, a.a.O.
626 Vgl. Jahn, StV 2009, 41 (45).
627 Vgl. Jahn, a.a.O.

geht.[628] Die Ermittlungen sind dabei ausschließlich auf ein formelles Auskunftsverlangen der US-Bundesbehörde SEC zurückzuführen, da unter dem Eindruck von drohenden Sanktionen und Zwangsmitteln eine informelle Anfrage folgt, wonach das Unternehmen aufgefordert wird, eine bestimmte amerikanische Kanzlei mit der Untersuchung vertraglich zu engagieren. Die Rechtsanwälte ermitteln für das Unternehmen, zumal der Arbeitgeber seine Ansprüche und Rechte auf diese überträgt. Da die anwaltlichen Ermittler jedenfalls im Lager der Gesellschaft stehen, kann für einen staatlichen Zurechnungstatbestand nicht nur die Beziehung zwischen SEC und Anwaltskanzlei sondern auch die Beziehung zwischen SEC und Unternehmen relevant werden.

Allerdings unterliegt die SEC nicht unmittelbar dem deutschen Recht, weil sie eine US-amerikanische Behörde ist. Des Weiteren bedeutet Zurechnung mehr als bloße Verursachung[629].

Wastl/Litzka/Pusch sind der Ansicht, dass diese ausländische, aus den USA stammende hoheitliche Initiative an einer Zurechnung der Privatermittlungen zum Staat nichts ändere, weil das nemo-tenetur-Prinzip auch der US-amerikanischen Rechtsordnung nicht fremd und vielmehr ein universellrechtsstaatliches Prinzip sei; auf eine Zurechnung zu national-staatlichen Behörden dürfe es daher nicht ankommen.[630] Denn im Fifth Amendment wird dem Verbot des Selbstbelastungszwangs verfassungsrechtlicher Gehalt beigemessen.

Ob eine US-Behörde selbst gegen das allgemein anerkannte nemo-tenetur-Prinzip verstößt oder unter Einschaltung einer Privatperson diese unzulässige Vorgehensweise in Deutschland veranlasst, darf im Ergebnis keinen Unterschied machen.

Dies soll vor allem damit begründet werden, dass Beweismittel in einem deutschen Strafverfahren jedenfalls dann unverwertbar sind, wenn ausländische Strafverfolgungsbehörden diese unter Verstoß gegen grundlegende Prinzipien des deutschen Strafprozess- und Verfassungsrechts gewinnen, sprich ebenfalls dann, wenn ein deutscher Unternehmensmitarbeiter in den USA im Rahmen einer gegen die §§ 136, 136a StPO verstoßenden Vernehmung der SEC Angaben macht oder zu einer selbstbelastenden Aussage gezwungen wird.[631] Zu einem

628 Vgl. Wastl/Litzka/Pusch, NStZ 2009, 68 (70).

629 Vgl. BGHSt 33, 217 (224), wonach der Beschuldigte lediglich listig provoziert, aber nicht getäuscht wurde (vgl. Volk, Grundkurs StPO, 2010, § 9 Rn. 22).

630 Vgl. Wastl/Litzka/Pusch, NStZ 2009, 68 (71); a.A. Jahn, StV 2009, 41 (45).

631 So Wastl/Litzka/Pusch, NStZ 2009, 68 (71).

anderen Ergebnis gelangt allerdings die h.M.[632], wonach nur Maßnahmen staatlicher Vernehmungsorgane der Bunderepublik Deutschland zur Anwendung des § 136a führen können und eine entsprechende Anwendung der Vorschrift auf Vernehmungen durch Angehörige fremder Staaten lediglich im Falle von besonders krassen Verstößen gegen die Menschenwürde in Betracht kommt.

Dann wäre eine transnationale Zurechnung aber sinnlos, da US-Behörden in Sachen Verwertungsverbote gewissermaßen mit Privaten gleichgestellt werden. Das ist v.a. in unserer Konstellation nicht nachvollziehbar, da der staatliche Zwang seitens der SEC und die dahinterstehenden US-amerikanischen Compliance-Pflichten gegenüber dem deutschen Unternehmen extraterritoriale Wirkung entfalten und letztendlich auf die Unternehmensangehörigen im Innenverhältnis durchschlagen. Es handelt sich um einen verlängerten Geständniszwang.

Das BVerfG hat festgestellt, dass einer deutschen Behörde, die mit australischen Behörden einvernehmlich zusammenarbeitet, die nach § 136a I StPO unzulässigen Methoden der ausländischen Behörden grundsätzlich zugerechnet werden können.[633] D.h. ein Verstoß ist sehr wohl transnational zurechenbar. Das bedeutet aber auch, dass ausländische Behörden gegen den Grundgedanken des § 136a StPO verstoßen können. Wer am Ende der Zurechnungskette steht, darf aber keinen Unterschied machen, wenn die Befragungen auf dem Territorium der BRD stattfinden. Werden die Betroffenen von US-Behörden oder auf Veranlassung durch deren Vertrauensanwälte befragt, sind sie schlechter gestellt als diejenigen, die „gleich“ von deutschen Behörden vernommen werden. Das sollte im Lichte von § 152 II StPO nicht den Regelfall darstellen. Sofern die SEC ermittelt und diese Aufgabe im Inland des Emittenten von Privaten durchführen lässt, ist diese Reihenfolge aber die Regel.

Im Übrigen verstoßen die „Anwälte der SEC“ gegen den Menschenwürdegehalt des Persönlichkeitsrechts, wenn sie die Unternehmensangehörigen zur Selbstbelastung „zwingen“ oder ggf. sogar nötigen (vgl. zu § 240 StGB unten II.5(d)). Warum ein schlicht menschenrechtswidriges Vorgehen nach herrschender Auffassung für ein Verwertungsverbot nicht ausreicht, ist sachlich nicht nachvollziehbar.

Die Schutzbedürftigkeit der Betroffenen darf nicht geringer sein, wenn das Unternehmen seine Arbeitnehmer dazu bewegt, sich nach deutschen Maßstäben in unzulässiger Weise selbst zu belasten, während dieser „Mechanismus“ auf den US-Aufklärungsdruck, der in den US-Richtlinien als Bonus für die Unter-

---

632 Diemer in Karlsruher Kommentar zur StPO, § 136a Rn. 3; OLG Hamburg, NJW 2005, 2326 (2329).

633 Vgl. BVerfG 1984, 428 (429).

nehmenskooperation umschrieben wird, und das förmliche Auskunftsverlangen der US-Bundesbehörde SEC zurückzuführen ist.

Problematisch ist, dass die Befragung von Anwälten durchgeführt wird, die rechtlich gesehen nur deswegen tätig werden, weil ein wirksamer Anwaltsvertrag mit der Gesellschaft geschlossen wird. Dieser notwendige Zwischenschritt ist jedoch als Konsequenz einer schriftlichen Anfrage der SEC an die Unternehmensleitung zu verstehen, wonach wunschgemäß eine konkrete US-Kanzlei engagiert werden „muss". Diese „Unternehmensanwälte" „sind" nach § 53 II S. 1 StPO von ihrer Schweigepflicht zu entbinden, um an die SEC berichten zu können, was die Ausschaltung des Anwaltsprivilegs bedeutet und die Durchsetzung des SOA auf deutschem Bundesgebiet ermöglicht. Teilweise verpflichtet der SOA bzw. die entsprechende SEC-Verordnung Unternehmensanwälte, die in den USA zugelassen sind, in Fällen der Aufdeckung von strafrechtlichen Handlungen im Unternehmen - ohne Verletzung des Anwaltsgeheimnisses - direkt an die SEC zu berichten (vgl. Kap. 3, VI). Das ist auch dann der Fall, wenn die SEC über den Umfang der Schweigepflichtentbindung getäuscht wird. Während bei in der BRD zugelassenen Anwälten erst die Entbindung kollidierende US-Vorschriften „aktiviert", müssten sich US-Anwälte in diesem Grenzfall gemäß § 203 I Nr. 3 StGB strafbar machen, um ihre Handlungspflichten gegenüber der SEC zu erfüllen.

Handeln die US-Anwälte nun ausschließlich für die Gesellschaft oder gemäß SOA für die US-Behörde SEC? Denn zur Berichterstattung sind sie nicht bloß befugt, sondern vielmehr gesetzlich verpflichtet. Eigentlich stehen sie auf beiden Seiten, da Sinn und Zweck der Untersuchung schlussendlich die Übermittlung der wesentlichen Ergebnisse an die US-Börsenaufsicht SEC ist. Dasselbe gilt für unterbeauftragte Wirtschaftsprüfer, die gegenüber der SEC bzw. dem ihr unterstehenden PCAOB offenlegen müssen (vgl. Kap. 3, V). Private Vertragspflichten gegenüber der AG haben sich zu öffentlich-rechtlichen Pflichten „verlängert".

Auch steht die SEC den untersuchenden Anwälten näher als die zuständige Staatsanwaltschaft in Deutschland – die Adressatin des § 136a StPO wäre -, da es sich offenkundig um eine Vertrauenskanzlei der SEC handelt, so dass eine faktische Weisungsbefugnis nicht fernliegend erscheint. Die erfolgte Schweigepflichtentbindung gegenüber der SEC eröffnet Raum für Leistungsbestimmung und eine tatsächliche Einwirkung auf den Gang des privaten Ermittlungsverfahrens.

Obwohl den Ermittlungen kein amtlicher Auftrag zu Grunde liegt, ist eine teleologische Extension von § 136a StPO erforderlich, weil die informelle Anfrage der SEC mit Blick auf das bereits eingeleitete förmliche Verfahren erhebliche Zwangswirkung entfaltet, denn der Gesellschaft drohen hohe Bußgelder und Geldstrafen (vgl. Kap. 2, I.3) und die Erwirkung schwerer Zwangsmittel (vgl. Kap. 1, II.1). Die SEC kann ihre Vertrauensanwälte mit der unternehmensinternen Untersuchung überhaupt nicht offiziell beauftragen, weil die Grenzen der Staatssouveränität der BRD entgegenstehen. Dennoch sind schriftliche Aufforderung und die Bestimmung der US-Kanzlei hinreichend kausal für die Durchführung der Untersuchung einschließlich der Mitarbeiterbefragungen im „Interview"; sie entspricht v.a. dem tatsächlichen Willen der US-Börsenaufsicht. Das erinnert uns an die materiell-rechtliche Figur der mittelbaren Täterschaft kraft Organisationsherrschaft, sofern man den US-Kapitalmarkt als Organisation im weiteren Sinne begreifen und die Emittenten als eigenverantwortlich handelnde Werkzeuge ansehen möchte. Die Aufforderung der SEC wäre als kausale Einwirkungshandlung auf den Vordermann – hier: das Unternehmen - zu deuten, so dass die SEC zur „Schreibtischtäterin" wird. Diese Parallele verdeutlicht die vertikale Zurechnungsstruktur. Die SEC ist „mittelbare Täterin" des arbeitsrechtlichen Aussagezwangs, der von den „Unternehmensanwälten" durchgesetzt wird.

Beauftragt der Staat ein Unternehmen mit der Beauftragung einer Privatperson, läge ein amtlicher „Auftrag" vor; ähnlich verfährt die SEC bei US-Gesellschaften, indem eine dahingehende Auflage erlassen wird. Zwingt die SEC eine juristische Person dazu, einen Dritten zu beauftragen, kann aber nichts anderes gelten. Der Gesellschaft droht ein empfindliches Übel, wenn sie die amerikanischen Anwälte nicht wunschgemäß einsetzt. Der drohende Verlust der Börsennotierung spricht auch für eine gewisse Fungibilität des Werkzeugs.

Dann/Schmidt befürworten eine staatliche Zurechnung nur dann, wenn der Staat die unternehmensinterne Untersuchung zu steuern versucht, indem vom betroffenen Unternehmen verlangt wird, dass Mitarbeiter auf ihre Rechte verzichten sollen und ansonsten die Übernahme der Anwaltskosten einzustellen, Gehaltskürzungen vorzunehmen sowie abzumahnen oder gar zu kündigen.[634] Die staatliche Erwartung einer Kooperation als Gegenleistung für eine Strafmilderung soll hingegen nicht ausreichen, da jede Person, die mit den Behörden zusammenarbeitet mittelbar an der Erfüllung öffentlicher Aufgaben mitwirke.[635] Es wird argumentiert, dass die Federal Sentencing Guidelines zwischen der juristischen Person und den natürlichen Personen differenzieren (§ 8 C.2.5, Commentary Nr. 12) und folglich bereits der - im Bereich des gesetzlich Zulässigen liegende - Versuch, die Schuldigen innerhalb der Organisation zu identifizieren

634 Dann/Schmidt, NJW 2009, 1851 (1852).
635 Dann/Schmidt, NJW 2009, 1851 (1852).

als volle Kooperation des Unternehmens gesehen werden kann, insbesondere wenn auch den Behörden eine Überführung nicht gelingt.[636]

Dem kann aber nicht zugestimmt werden. Es ist zwar richtig, dass die Entscheidung *U.S. vs. Stein* zeigt, dass es dem Staat verboten ist, zum Einsatz von Drohungen mit arbeits- und zivilrechtlichen Instrumenten aufzufordern, wenn Unternehmensangehörige die Mitwirkung verweigern. Besteht sowieso ein arbeitsrechtlicher Geständniszwang für das Individuum, ist die Ausgangslage eine ganz andere. Entgegen obiger Auffassung, wonach in SEC-Fällen eine Selbstbelastungspflicht abgelehnt wird,[637] ist der Anwendungsbereich von § 666 BGB schon dem Wortlaut zur Folge nicht auf Fälle vorsätzlicher Vermögensschädigungen zu beschränken. Selbst wenn man die relevante Rechtsprechung[638] als Einzelfallentscheidungen interpretieren will, überwiegt das allgemeine Auskunftsinteresse des Unternehmens, soweit ein Zusammenhang mit dem SEC-Verfahren besteht. *Dann/Schmidt* verkennen, dass sich Compliance-Missstände am besten durch eine Sachverhaltsaufklärung und -analyse beheben lassen. Auch führt eine tatsächliche Vermögensmehrung durch kausale Schmiergeldzahlungen nicht zum Entfallen des Informationsanspruchs, weil die US-Sanktionen einen mittelbaren Vermögensschaden herbeiführen, der um ein Vielfaches höher sein kann als etwa das erlangte Auftragsvolumen. Gerade eine lückenlose Aufklärungsarbeit kann diesen drohenden Schaden teilweise noch verhindern, wenn aufgrund der unternehmenseigenen Ermittlungen ein Vergleich mit den US-Behörden zustande kommt. Auch stellt der Erkenntnisgewinn durch Akten, Unterlagen oder E-Mails kein milderes und ebenso geeignetes Mittel dar, weil sich so gewonnene Informationen nicht immer identifizierbaren Personen zuordnen lassen und der Personalbeweis v.a. in komplexen Wirtschaftsstrafsachen unentbehrlich ist.

Das Unternehmen unterliegt einem faktischen Kooperationszwang, weil der FCPA i.V.m. dem SOA eine körperschaftliche Verantwortlichkeit zu Grunde legt, also der Unternehmensleitung quasi eine Garantenstellung überbürdet. Es ist ein natürlicher Reflex, dass die Gesellschaft ihre Mitarbeiter bis zur Selbstbezichtigung mit (rechtmäßigen) Auskunftspflichten konfrontiert, um über einen Kredit für ernsthafte Aufklärungsbemühungen hinaus, eine mangelhafte Compliance bzw. ein Organisationsverschulden durch Aufzeigen eines individuellen Fehlverhaltens widerlegen zu können. Die Beachtung von körperschaftlichen

---

636 Dann/Schmidt, NJW 2009, 1851 (1853 mit Fn. 29).

637 Dann/Schmidt, NJW 2009, 1851 (1853).

638 Zuletzt LAG Hamm, CCZ 2010, 237; BGH, WM 1964, 795 (sog. Architektenentscheidung); BGH, NJW 1990, 510; ArbG Saarlouis, ZIP 1984, 364.

Buchhaltungs- und Dokumentationspflichten muss nachgewiesen werden. Nochmals: Der Aufklärungsdruck schlägt automatisch auf das arbeits- oder gesellschaftsrechtliche Innenverhältnis durch.

Einer staatlichen Beeinflussung bedarf es nicht noch zusätzlich, da eine innerbetriebliche Amnestieregelung mit ebenso nötigender Wirkung gewissermaßen schon vorprogrammiert ist, wenn die SEC zur anwaltlichen Ermittlung im Unternehmen auffordert. Eine tatsächliche Entscheidungsfreiheit der betroffenen Mitarbeiter geht faktisch gegen Null, was die Gesellschaft aufgrund des eigenen Kooperationsbedürfnisses in Kauf nimmt. Nach jetzigem Stand im Arbeitsrecht haben leitende Angestellte weder Schweigerechte noch ist das Recht, in Begleitung eines Anwalts zu erscheinen, gesichert, so dass die obige Gerichtsentscheidung auf US-Verfahren gegen deutsche Aktiengesellschaften nicht übertragbar ist. Sie erfasst in erster Linie den Fall, dass Mitarbeiter auf ihre prozessualen Rechte verzichten sollen. Vergessen wird auch, dass wegen der mangelnden Ressourcen für eine weltweite SEC-Untersuchung die internen Ermittlungen die staatlichen Ermittlungen in weiten Bereichen ersetzen. Die US-Behörden wissen im Regelfall nicht, ob ihre Methoden erfolgreicher gewesen wären. Sie erledigen bewusst die Vielzahl der Fälle mit „pleas of guilty“.[639]

Nicht der Mitarbeiter, sondern nur die AG unterliegt dem US-Recht, das auf einem Geständniszwang aufbaut. Dieser an das Unternehmen gerichtete Mitwirkungszwang wird aber durch deutsches Arbeitsrecht respektive über Arbeitgeberrechte, deren effektive Durchsetzung auf einer starken Weisungsabhängigkeit des Arbeitnehmers beruht, schließlich auf das Individuum überwälzt. Wirtschaftsrechtliche Pflichten zur Kontrolle und Dokumentation von Entscheidungen haben sich in den prozessualen Raum verlängert und wirken dort zu Lasten des Beschuldigten als eine Pflicht zur Mitwirkung, Aufklärung und Selbstbelastung.[640] Das gilt insbesondere für weitreichende Compliance-Pflichten gemäß SOA i.V.m. FCPA, zumal der Gesellschaft neben dem SEC-Verfahren Unternehmensstrafen durch quasi automatische Einschaltung des DOJ drohen, die existenzgefährdend sein können. Insbesondere das DOJ erwartet eine umfassende Abkehr vom Anwaltsprivileg, sofern wegen der Kooperation über eine mögliche Zurückstellung der Anklage verhandelt wird. Die Compliance-Vorschriften des SOA adressieren stets „up-the-ladder“ die Unternehmensleitung. Waren die Offenlegungsverfahren und -kontrollen nicht erfolgreich, haftet der allzuständige Vorstand persönlich. Die Verantwortung kann nicht auf das darunter stehen-

639 Hart-Hönig, in: Strafverteidigung im Rechtsstaat, S. 530 (539 f.).

640 Volk, Handelsblatt vom 6.7.2011, Votum: „Bei Ermittlungen im Unternehmen vollzieht sich die Privatisierung der Strafverfolgung“.

de Management delegiert werden. Die Zertifizierungspflicht von CEO und CFO gemäß Sec. 302 SOA erstreckt sich nach den US-Richtlinien auch auf FCPA-Verletzungen (vgl. ausführlich oben Kap. 3, II). Und ein pflichtwidriges Verhalten, in aller Regel ein Unterlassen, der die Körperschaft vertretenden Geschäftsleitung stellt gleichzeitig ein Organisationsverschulden der juristischen Person dar. Während § 130 OWiG neben einer sorgfältigen Auswahl der Mitarbeiter sowie deren angemessene Information über ihre Aufgaben und Pflichten eine ausreichende Überwachung und Kontrolle in Gestalt von Stichproben verlangt,[641] sind die spezifischen Rechtspflichten gemäß SOA für US-Emittenten zwingend. Solche gesellschaftsrechtlichen Compliance-Pflichten gibt es nach deutschem Recht nicht, die Ausgestaltung der Compliance-Organisation steht vielmehr im unternehmerischen Ermessen des Vorstands. Abgesehen von § 33 I WpHG i.V.m. § 25a I Nr. 1 KWG, wonach interne Kontrollverfahren und ein internes Kontrollsystem einzurichten sind, handelt es sich hierzulande lediglich um „good practice". Paradebeispiel ist die Einrichtung der Whistleblower-Stelle gemäß Sec. 301 SOA oder der Bericht über das interne Kontrollsystem gemäß Sec. 404 SOA, der wichtige Veränderungen sowie eine Wirksamkeitskontrolle bzw. Effizienzbeurteilung der (auch hier persönlich haftenden) Unternehmensleitung enthalten muss. In den *Federal Sentencing Guidelines* manifestiert sich der Gedanke, dass sich das Compliance-Management im Aufklärungserfolg wiederspiegelt. Das ist nur konsequent, da der Compliance neben einer Überwachungsfunktion eine Schutzfunktion zukommt.

Der vermeintliche Beweis dafür, dass das Compliance-System nach US-Standards installiert und aktualisiert wurde sowie im Rahmen der Aufklärungsarbeit in Gestalt einer Rekonstruktionshilfe funktioniert, darf aber nicht zu Lasten des Unternehmensangehörigen gehen. Die Strafprozessordnung, die ihm Rechte verleiht bzw. verleihen soll, adressiert weder ausländische Behörden noch hat sie eine internationale Ausrichtung des Unternehmens vor Augen. Knapp die Hälfte aller FCPA-Vergleiche sehen die Einsetzung von Monitoren[642] vor,[643] was ein Zeichen dafür ist, dass eine Vielzahl von Unternehmen Compliance-Probleme hat.[644] Das ist jedenfalls nach US-Maßstäben der Fall.

---

641 Schneider, NZG 2009, 1321 (1325).

642 Ein Monitor ist ein Dritter, der für eine bestimmte Dauer mit der Überwachung eines Unternehmens beauftragt wird und ihm bei der Einhaltung gesetzlicher Verbote konstruktiv unterstützen soll. Teilweise ist auch die Einhaltung der zwischen den US-Behörden und dem Unternehmen vereinbarten Vergleichsbestimmungen zu prüfen.

643 Preliminary Observations on DOJ's Use and Oversight of Deferred Prosecution and Non-Prosecution Agreements, Testimony Before the Subcommittee on Commercial and

Die Pflicht zur Kooperation folgt nicht etwa aus dem US-Recht, sondern aus dem Gesellschaftsrecht aufgrund des US-Rechts.

Fleischer stützt die interne Ermittlungspflicht auf die Leitungssorgfalt in Gestalt der Überwachungspflichten bei vertikaler Arbeitsteilung.[645] Der Verdacht einer Straftat ist aufzuklären, da Vorstandsmitglieder Hinweisen auf Gesetzesverletzungen oder Unregelmäßigkeiten spätestens bei greifbaren Anhaltspunkten unverzüglich nachgehen müssen[646], was sich in § 93 II AktG manifestiert. Nach h.M. besteht kein Ermessen im Hinblick auf das „ob" der Aufklärung, vielmehr handelt es sich um eine – nicht disponible - Pflichtaufgabe des Vorstands aus § 93 I S. 1 AktG i.V.m. § 130 I OWiG.[647] Gegebenenfalls muss der Aufsichtsrat gemäß § 111 AktG tätig werden, wenn entweder der Vorstand selbst die gebotene Untersuchung unterlässt oder der Verdacht sich gerade gegen den Vorstand richtet. Nach allgemeiner Ansicht umfasst die Aufsichtspflicht des § 130 I S. 1 OWiG auch „repressive" Maßnahmen, da eine umfassende Sachverhaltsermittlung zur Unterbindung gegenwärtiger und zur Vermeidung künftiger straf- und bußgeldbewährter Verstöße gegen betriebs- und unternehmensbezogene Pflichten erforderlich ist.[648] Streitig ist allerdings, ob auch Allgemeindelikte Pflichten hervorrufen oder lediglich den Inhaber aus Sonderdelikten treffende Pflichten gemeint sind. Richtigerweise ist es ausreichend, dass ein Zusammenhang mit der Führung des Betriebs bzw. Unternehmens gegeben ist.[649] Folglich kommt es darauf an, ob die gegenständlichen Delikte dem Unternehmen von der Rechtsordnung zugerechnet werden (können). Und das ist bei FCPA-Verletzungen - wie oben (Kap. 2, I) dargelegt - unproblematisch der Fall. Von einer Verantwortlichkeit (auch) des Unternehmens wird gemäß FCPA ausgegangen. Es ist quasi der Regelfall in den USA.

Die Legalitätspflicht als solche ist strikt zu unterscheiden von einer Pflicht zur konkreten Durchführung von internen Ermittlungen im Sinne der US-amerikanischen Marktstandards. Eine vergleichbare Möglichkeit könnte z.B. die Einschaltung der eigenen Compliance-Abteilung oder der Innenrevision sein. Ob die Unternehmensführung eine externe Anwaltskanzlei mit der umfassenden und professionellen Aufklärung zu beauftragen hat, orientiert sich ausschließlich

---

Administrative Law, Committee on the Judiciary, House of Representatives, 25.6.2009, abrufbar unter: http://www.gao.gov/new.items/d09636t.pdf.

644 Reyhn, CCZ 2011, 48 (49).

645 Fleischer, AG 2003, 291 (292 ff.).

646 Fleischer, AG 2003, 291 (294).

647 Reichert/Ott, ZIP 2009, 2173 (2176).

648 Wagner, CCZ 2009, 8 (13).

649 Wagner, CCZ 2009, 8 (13 unter Fn. 52).

am Unternehmensinteresse. Hier wird aber von einer Ermessensreduzierung auf Null auszugehen sein, sofern den US-Behörden (und der zuständigen Staatsanwaltschaft) ein Anfangsverdacht vorliegt.

Denn der Vorstand der AG muss gemäß § 93 I S. 1 i.V.m. S. 2 AktG zum Wohl der Gesellschaft handeln. Warum sollte er potentiell existenzgefährdende Unternehmensstrafen und Geldbußen aus den USA riskieren, wenn die US-Richtlinien besagen, dass sich unternehmensinterne Ermittlungen zur Aufklärung von FCPA-Verstößen positiv auswirken, sei es zur Förderung einer Einigung mit der SEC im Zivilprozess, eines Vergleichs über die Zurückstellung der Anklage des DOJ oder zumindest bei der Zumessung der Rechtsfolgen.

Die Kooperationsbereitschaft kann durch nationale Regelungen, wie etwa § 7 VOL zusätzlich gefördert werden. Auf die ebenso aktuelle Frage einer faktischen Garantenstellung i.S.d. § 13 I StGB sog. Compliance-Officer[650] durch vertragliche Übernahme entsprechender Überwachungs- und Schutzpflichten soll hier nicht näher eingegangen werden, sie führt aber dazu, dass bei den betroffenen Personen bereits aus präventiven Gründen ein erhebliches Aufklärungsbedürfnis hervorgerufen wird.

Wir halten fest, dass der faktische Druck durch US-Compliance die unternehmensinternen Ermittlungsmaßnahmen erforderlich macht, um gesetzlichen Pflichten nachzukommen bzw. Sanktionen abzumildern. Eine aktienrechtliche Verpflichtung ist jedenfalls zu bejahen, wenn die SEC zur internen Aufklärung auffordert, da das Sanktionsrisiko besonders hoch ist und die Einschaltung externer Anwälte einen Mehrwert erwarten lässt. Die Durchführung einer unabhängigen Untersuchung durch Dritte entspricht der Pflicht eines ordentlichen und gewissenhaften Geschäftsleiters.

Im Ergebnis konterkarieren die erzwungene Kooperation und die erzwungene Selbstanzeige des Arbeitgebers, welche in den US-Richtlinien als Berichterstattung („reporting") objektiviert werden, das Privileg der Unschuldsvermutung (Art. 6 II EMRK) des Arbeitnehmers, denn die Beweislast hat die Anklage und nicht der Arbeitgeber des Beschuldigten innerhalb eines Zivilverfahrens. Das Strafgericht neigt möglicherweise dazu, die zivilrechtliche Auskunft von Anfang an als strafrechtliches Geständnis zu werten.

Ermittlungsbehörden unterliegen einer Beschränkung der gesetzlichen Eingriffsbefugnisse sowie einer prozessualen Beweislastverteilung und besitzen deutlich weniger Ressourcen, um eine flächendeckende und teilweise verdachtsunabhängige Untersuchung durchführen zu können, während die SEC zur extraterritorial ermittelnden Strafverfolgungsbehörde wird, indem sie vom Unter-

---

650 obiter dictum, BGHSt 54, 44 (49 f.).

nehmen eine anwaltliche Aufklärung verlangt. Beweise sind zur Bringschuld geworden, da sich Compliance und gute Corporate Governance nicht mit Untätigkeit, Schweigen und vermuteter Unschuld vereinbaren lassen.[651] Aufgrund der von der SEC veranlassten Privatisierung der Strafverfolgung, die eigentlich Sache des Staates ist, werden strafprozessuale Rechte und Prinzipien verkehrt. Das darf nicht hingenommen werden. Die rechtsstaatlichen Grundprinzipien sind nur durch Verwertungsverbote wiederherstellbar. Während der BGH § 136a StPO analog im Falle bloßer Veranlassung nur ausnahmsweise auf staatliche Schutz- oder Fürsorgepflichten stützt,[652] muss der Anwendungsbereich bei hoheitlicher Verursachung und nötigendem Hoheitseinfluss der SEC aus oben genannten Gründen erweitert werden.

Richtigerwiese ist der im „SEC-Verfahren" untersuchende und vernehmende Anwalt „privater Ermittler im öffentlichen Auftrag".[653] Die Gesellschaft ist Adressatin des staatlichen Zwangs, wobei sie faktisch gesehen keine Freiheit hat die interne Aufklärung zu verweigern, und überträgt diesen Druck im Innenverhältnis auf ihre Arbeitnehmer und Vorstandsmitglieder, indem sie die januskö pfig agierende US-Kanzlei mit der Untersuchung beauftragt, ihr Rechte und Ansprüche überträgt und sie v.a. zur Berichterstattung in die USA nach § 53 II S. 1 StPO ermächtigt.

Die faktische Zwangslage des befragten Unternehmensangehörigen ist der SEC analog § 136a StPO zuzurechnen. Bleiben die deutschen Staatsanwaltschaften im Hintergrund, was angesichts des Legalitätsprinzips – wie oben (I.3) dargelegt – bedenklich ist, muss die grenzüberschreitend tätige US-Behörde SEC in den Adressatenkreis der Norm „mit aufgenommen" werden. Denn nur dadurch kann der Selbstbelastungsfreiheit bei faktisch gegebenem staatlich veranlasstem Aussagezwang genügt werden.

4. Horizontal verteilte Ermittlungsarbeit als neuer Zurechnungsgrund: deutsche Staatsanwaltschaft/Anwälte

Kooperieren Staatsanwälte mit den privat ermittelnden Anwälten verdeckt im Hintergrund, muss unabhängig von der vermeintlichen horizontalen Drittwirkung von § 136a StPO oder etwaigen staatlichen Fürsorgepflichten eine Zurech-

651 Volk, Handelsblatt vom 6.7.2011, Votum: „Bei Ermittlungen im Unternehmen vollzieht sich die Privatisierung der Strafverfolgung".

652 BGHSt 34, 362; 42, 139 (154 f.); 44, 129 (134 ff.).

653 Vgl. Schulte/Görts, RIW 2006, 561 (567).

nung über die Figur der „ermittlungstechnischen Mittäterschaft" erfolgen: Verwirklichen die befragenden (US-)Anwälte die verbotene Methode des unzulässigen (faktischen) Zwanges, ist dieser Verstoß dem Staat zuzurechnen, sofern der Staat und die Privatpersonen in „Mittäterschaft" (vgl. § 25 II StGB) handeln.

Die Zurechnungskonstruktion der Rechtsprechung setzt eine Beauftragung der Privatperson(en) voraus. Diese wäre materiell-rechtlich als „Anstiftung" (vgl. § 26 StGB) zu deuten. Man könnte sogar von einer „mittelbaren Täterschaft" (vgl. § 25 I Alt. 2 StGB) des Staates sprechen, da Private keine Adressaten der StPO sind; die Entledigung der Verfahrensordnung stellt den „Defekt beim Vordermann" dar.

Wenn eine vertikale Struktur zur Zurechnung führt, muss man ebenso über eine horizontale Aufgabenverteilung zur Anwendung von § 136a StPO kommen, sofern ein „gemeinsamer Tatentschluss", der sich auch auf die verbotene Methode des § 136a StPO bezieht, und eine „gemeinschaftliche Tatbestandsverwirklichung" vorliegt.

Die Schutzfunktion der Vorschrift muss dann unabhängig davon greifen, welches der beiden Lager die verbotene Methode ausführt bzw. tatsächlich erfüllt,[654] um dem bewussten zu Nutze machen der rechtsstaatswidrigen Vorgehensweise mittels verdeckter Kooperation entgegenzuwirken.

Die bloße staatliche Entgegennahme von privaten Untersuchungsergebnissen reicht für ein bewusstes und gewolltes Zusammenwirken jedoch nicht aus. Erforderlich ist vielmehr eine gemeinsame Aufklärung des strafrechtlich relevanten Sachverhalts im betroffenen Unternehmen.

Die „Überführung" der Verantwortlichen stellt den gemeinsamen Tatentschluss dar, weil es auch im Interesse der für das Unternehmen handelnden Anwälte sein wird, dass ein staatlich-verwertbarer Schuldnachweis geführt werden kann, sofern mit staatlichen Ermittlern zusammengearbeitet wird.

Schwieriger wird es bei der gemeinschaftlichen Tatbestandsverwirklichung. Regelmäßiger Informationsaustausch und eine konkrete Aufgabenverteilung stellen bereits eine Grundvoraussetzung dar. Problematisch erscheint aber, dass der Staat bei der Durchführung der „Interviews" nicht beteiligt ist. Jedoch kann ein Minus bei der Tatausführung – hier: „Interview" – durch ein Plus bei der Tatplanung ersetzt werden, um von einem (Mit-)Täter sprechen zu können.

Sofern sich der „Vorsatz" der Staatsanwaltschaft auf eine gezielte Umgehung der Verfahrensordnung erstreckt, kann ihre Untätigkeit im Rahmen der „Tatausführung" kompensiert werden. Denn sie ist Adressatin der StPO und hat

654 Hier üben die privaten Ermittler mit Durchsetzung des ihnen übertragenen Auskunftsanspruchs faktischen Zwang aus.

sich im Rahmen der gesetzlichen Befugnisse und Grenzen zu bewegen. Voraussetzung ist daher, dass die Staatsanwaltschaft den gemeinsamen Ermittlungsplan koordiniert und nicht lediglich ein bloßes Interesse an den privaten Erkenntnissen gezeigt hat. Teilweise kann man bereits auf das (anfängliche) amtspflichtwidrige Unterlassen abstellen, das als Ermittlungstaktik verstanden werden kann, die sich aber bei Vorliegen eines Anfangsverdachts nicht mit dem Legalitätsprinzip verträgt. Nur die Behörde hat die Intention, die kommunizierten Informationen, die auf einem Aussagezwang basieren, im staatlichen Verfahren zu verwerten bzw. für staatliche Maßnahmen zu verwenden und so § 136a StPO zu umgehen. Der „Tatplan" geht gewissermaßen bis in den prozessualen Raum hinein.

Nun könnte man einwenden, dass die Privatermittler die Befragungen sowieso durchgeführt hätten.

Allerdings kann der gemeinsame Tatentschluss als Voraussetzung der Mittäterschaft noch während der Tatausführung gefasst werden.[655] Man spricht von einer sukzessiven Mittäterschaft, die in der Praxis auch zwischen Vollendung und Beendigung der „Tat" möglich ist[656], da das Kriterium des Täterwillens vom tatbestandsmäßigen Geschehen losgelöst ist. Aber auch der Tatherrschaftslehre folgend, wonach abgeschlossene Tatbeiträge dem später Hinzutretenden wegen der fehlenden Steuerungsmacht nicht zugerechnet werden können, käme man hier zum gleichen Ergebnis. Aufgrund des staatsanwaltschaftlichen Ermittlungsmonopols besteht durchgehend eine „Mitherrschaft", sprich die Behörde kann sich der Mitbeherrschung nicht durch amtspflichtwidriges Unterlassen entziehen, was Ausfluss des Legalitäts- und des Offizialprinzips ist.

Für die gemeinschaftliche Tatbestandsverwirklichung gilt auf der Grundlage des gemeinsamen Tatentschlusses, dass der erst nach der Vollendung agierende Mittäter sich die Tatbeiträge der den Tatbestand erfüllenden Mittäter zurechnen lassen muss.[657]

Während mit Durchführung der „Interviews" die gemeinsame „Tat" vollendet ist, kann man davon sprechen, dass erst durch die Einführung der Untersuchungsergebnisse in das staatliche Verfahren, in Gestalt der Verwertung oder der Verwendung als Anfangsverdacht, das von § 136a StPO umfasste Geschehen beendet ist. Denn der gemeinsame Tatplan ist im Falle einer privatstaatlichen Kooperation die staatliche Überführung aufgrund selbstbelastender

655 BGHSt 37, 106 (130).

656 BGH, NStZ 2000, 594.

657 Nach der Rechtsprechung kann Mittäter nach § 249 StGB auch sein, wer erst nach Ausübung der Gewalt hinzukommt – BGH bei Dallinger, MDR 1969, 532 (533).

Aussagen. Zwar kommt eine mittäterschaftliche Mitwirkung trotz Kenntnis, Billigung und Ausnutzung der durch einen anderen geschaffenen Lage nicht in Betracht, wenn für die Herbeiführung des tatbestandsmäßigen Erfolges schon alles getan ist.[658] Eine Förderung muss noch möglich sein. Es ist zu bedenken, dass erst durch den Transfer in ein justizförmiges Verfahren der Schuldnachweis auf Grundlage der unternehmensinternen Ermittlungen geführt werden kann, da das Offizialprinzip den Anwälten die Strafverfolgung in Gestalt der Anklageerhebung nicht gestattet. Vorliegend erfolgt eine gewisse Förderung jedenfalls dadurch, dass der Staat – wie oben (Kap. 7, II.2(a)) dargelegt - das Vollstreckungsinstrumentarium für die Auskunftspflicht des Arbeitnehmers (jederzeit) zur Verfügung stellt.

Wird die auf dem arbeitsrechtlichen Aussagezwang basierende Privatvernehmung bewusst der staatlichen vorgezogen, damit die Staatsanwaltschaft im Anschluss die ihr mitgeteilten Informationen mittels Durchsuchung oder Beschlagnahme absichern kann (Folgeproblem: Fernwirkung? – dazu gleich unten) oder durch einen Vorhalt bei der späteren (staatlichen) Vernehmung Druck erzeugen kann (Fortwirkung, soweit nicht qualifiziert belehrt wird!), handelt es sich um eine Untergrabung der dem betroffenen Mitarbeiter zustehenden Schweigerechte. Der Staat macht sich die arbeitsrechtliche Aussagepflicht, die gemäß § 136a I S. 2 StPO einen prozessual unzulässigen Zwang darstellt, bewusst zu Nutze. Dasselbe gilt für die wirtschaftliche Drucksituation, die insbesondere durch eine firmeninterne Amnestieregelung erzeugt wird. Dieser verbotene Zwang ist der Staatsanwaltschaft sinngemäß nach § 25 II StGB zuzurechnen, weil im Hintergrund nicht nur ein laufender Informationsaustausch stattfindet, sondern die arbeitsteilige Vorgehensweise die Gefahr mit sich bringt, dass der Ermittlungserfolg ohne Rücksicht auf die strafprozessualen Schutzrechte von Unternehmensmitarbeitern maximiert werden kann. Des Weiteren könnten deutsche Strafverfolgungsbehörden darauf hinwirken bzw. im Einvernehmen billigen, dass der Arbeitgeber über das Bestehen einer Auskunftspflicht täuscht oder für den Fall des Schweigens persönliche Nachteile androht, was weder ausgeschlossen noch im Nachhinein festgestellt werden kann. Um Rechtssicherheit zu schaffen, kann es offen bleiben, ob der Staatsanwaltschaft vorab ein Anfangsverdacht vorlag und ob der Betroffene sich eingelassen hätte. Wenn Anwälte bei funktionaler Betrachtungsweise staatliche Aufgaben erfüllen und mit den Behörden zusammenarbeiten, ist ein Verwertungsverbot analog § 136a StPO erforderlich, um rechtsstaatliche Mindeststandards zu gewährleisten.

658 BGH bei Dallinger, MDR 1975, 365 (366).

Die Vermischung von materiellem Recht und Verfahrensrecht ist natürlich nicht frei von Bedenken (vgl. in anderem Zusammenhang Kap. 8, II.5(a)). Allerdings zeigen die materiell-rechtlichen Formen der Täterschaft, dass sowohl vertikale als auch horizontale (Organisations-)Strukturen eine Zurechnung rechtfertigen können.

Auch wurde von einem Teil der Literatur bereits erwogen, dass die Organe des eigenen Staates „Mittäter" der den Druck ausübenden fremden Organe sein können, da sich § 136a StPO nach herrschender Meinung nur an die Organe des eigenen Staates wendet.[659]

Leipold und *Knierim* haben bezogen auf den Fall Siemens hervorgehoben, dass in Erlangen rund 3000 Kisten Material gelagert wurde, weil die Ressourcen des LKA erschöpft waren und die Dokumente zur internen Sichtung an Siemens bzw. die beauftragten Privatermittler zurückgegeben wurden.[660] Die Rede ist nicht nur von einem geduldeten staatsanwaltschaftlichen Zugriff, sondern vielmehr von einem (horizontalen) Aktentausch bzw. von arbeitsteiligem Vorgehen. An dieser Stelle muss man noch anmerken, dass die Durchführung der „Interviews" selbst einen Bruchteil der gesamten Aufklärung bzw. Aufarbeitung darstellt, weil die nicht regulär protokollierten Interviews und die entsprechenden Dokumente oder Daten noch ausgewertet und zu einem Untersuchungsergebnis verarbeitet werden müssen.

Verstärkt wird dieses privat-staatliche Zusammenwirken auch dadurch, dass das betroffene Unternehmen eine „Kooperationspflicht" aus dem Ausland auferlegt bekommt. „Die Untersuchungsführer berichteten [im Siemens Fall] über ihre Erkenntnisse deutschen und amerikanischen Ermittlern laufend",[661] d.h. das „attorney-client-work-product" wird dem Staat jederzeit zur Verfügung gestellt. Aufgrund dieser Unternehmenskooperation wird zum Teil eine Richtlinie in der RiStBV gefordert.[662] Das Unternehmen und die Privatermittler stehen ihrerseits im gleichen Lager, da die Anwälte im Interesse der Gesellschaft, aber nicht notwendigerweise im Interesse der Mitarbeiter handeln.

Sind die tätig gewordenen Anwälte ehemalige Mitarbeiter von SEC oder DOJ,[663] weil die in den USA gelistete Gesellschaft dem „Rechtshilfeersuchen der SEC" nachgekommen ist, müsse man sogar von „Nebenstaatsanwälten"

---

659 Schroeder, ROW 1969, 193 (199).

660 Schulz, StV 2009, 332 (335).

661 Knierim, StV 2009, 324 (325).

662 Schulz, StV 2009, 332 (335).

663 Vgl. Jahn, StV 2009, 41.

sprechen.[664] *Busch* betont – aus der Perspektive eines Staatsanwalts -, dass unternehmenseigene Untersuchungen eine unerlässliche Hilfe darstellen können und, dass insbesondere bei der Aufklärung von Korruptionstaten in Unternehmen „eine frühzeitige und vertrauensvolle Zusammenarbeit mit der Staatsanwaltschaft“ mit Blick auf kompetente Verdachtsprüfung und wirkungsvolle Beweissicherung erforderlich sei.[665] Allerdings seien eigene Ermittlungen im Unternehmen durch aufgenötigte „Nebenstaatsanwälte“ in Form amerikanischer Anwälte mit den Grundlagen des deutschen Strafverfahrensrechts nicht kompatibel, weil dem nemo-tenetur-Grundsatz nicht genügende Aufmerksamkeit geschenkt werde.[666]

Allerdings gilt der Zweifelssatz nicht im Rahmen von § 136a StPO, während die Beweisbarkeit der verdeckten Kooperation in der Praxis oft Probleme bereiten wird. Auch muss eine in Betracht kommende Zurechnung einzelfallabhängig beurteilt werden. Es bleibt abzuwarten, ob die Rechtsprechung eine horizontale Zurechnung privater Handlungen anerkennen wird. Jedenfalls hat das BVerfG angedeutet, dass Handlungen ausländischer Behörden i.S.v. § 136a StPO deutschen Behörden zurechenbar sind, sofern „ein einvernehmliches Zusammenwirken“ ersichtlich ist.[667]

5. Strafrechtswidrige Beweisgewinnung durch Private

Teile des Schrifttums fordern jedenfalls im Falle materiell-strafrechtlicher Rechtswidrigkeit des privaten Handelns stets horizontale Drittwirkung von § 136a StPO.[668] *Schroth* befürwortet bei rechtswidrigem Verhalten von Privatpersonen eine Abwägung zwischen dem Persönlichkeitsschutz und der Effektivität der Strafrechtspflege vorzunehmen.[669] Dies entspricht der Abwägungsdoktrin der Rechtsprechung, welche aber nur greift, wenn der absolute Kernbereich privater Lebensgestaltung betroffen ist.

Die These der verbotenen Beweismittelhehlerei (vgl. unten (a)) geht jedoch weiter, weil ein Verwertungsverbot auch in der sozialen Sphäre in Betracht

---

664 Schulz, StV 2009, 332 (335).

665 Busch, StV 2009, 291 (300).

666 Busch, StV 2009, 291 (301).

667 BVerfG, NJW 1984, 428 (429).

668 Vgl. Jahn, JuS 2000, 441 (444 f.); ders., JuS 2005, 1057 (1058); Trüg/Habetha NStZ 2008, 481 (488); Hassemer/Matussek, Das Opfer als Verfolger. Ermittlungen des Verletzten im Strafverfahren, 1996, S. 77; Bockemühl, Private Ermittlungen im Strafprozess, 1996, S. 125 ff.

669 Vgl. Schroth, JuS 1998, 969 (980).

kommt, sprich immer dann möglich ist, wenn die Privatperson bei der Beweiserhebung gegen Strafgesetze verstößt. Das ist deswegen wesentlich, weil der im Wirtschaftsstrafrecht relevante geschäftliche Bereich regelmäßig nicht der Privatsphäre zuzuordnen ist.

Die Entscheidung des BVerfG zur „Liechtensteiner-Steuer-CD" (vgl. unter (b)) hat die These der Literaturstimmen nicht bestätigt, sondern an den Leitlinien des BGH zur Verwertbarkeit privater Beweisbeschaffung festgehalten.

Godenzi vertritt einen differenzierenden Ansatz (siehe unten (c)), der auf den hypothetischen Ermittlungsverlauf der Strafverfolgungsbehörden hinsichtlich des privat und rechtswidrig erlangten Beweises abstellt.[670] Hätte das bereits präsente Beweismittel vom Staat damals (!) ebenfalls nur rechtswidrig beschafft werden können, so ist die rechtswidrige private Beweisbeschaffung nicht verwertbar.[671] Bei hypothetischer rechtmäßiger Erhebung seitens des Staates wird die Verwertungsverbotsfolge nicht ausgelöst.

Diese Beweishypothese respektiert das allgemeine Persönlichkeitsrecht in ausreichendem Maße und beschneidet die staatlichen Überführungsmöglichkeiten nicht automatisch um das illegal erlangte Beweismaterial.

a. Die These der verbotenen Beweismittelhehlerei des Staates

Hinter dem Verwertungsverbot bei strafrechtswidriger privater Beweisgewinnung steht, dass sich der Staat nicht als „Hehler rechtswidrig erlangter Beweismittel" betätigen darf, weil sich die strafrechtliche Hehlerei nicht etwa als eine besondere Form der Beteiligung an der Vortat darstellt, sondern nach der sog. Perpetuierungstheorie, die als Strafgrund der Hehlerei herangezogen wird, ein eigenständiges Unrecht verkörpert[672]. Die Übernahme und Verwertung der privat-strafrechtswidrigen Beweisbeschaffung würde staatliches Strafprozessunrecht darstellen.[673]

Für die zugrunde liegende SEC-Konstellation ist noch anzumerken, dass im Rahmen der „Interviews" natürlich keine gegen fremdes Vermögen gerichtete Taten und folglich auch keine staatliche Hehlerei im engeren Sinne stattfinden. In Frage kommt die Verwirklichung einer Nötigung gemäß § 240 StGB.

---

670 Vgl. Godenzi, GA 2008, 500 (512 ff.).

671 Vgl. Godenzi, Private Beweisbeschaffung im Strafprozess, 2008, S. 333.

672 BGHSt 27, 45 f.; 42, 196 (198); Lauer in MüKo, Kommentar StGB, § 259 Rn. 1; Fischer, Kommentar StGB, § 259 Rn. 1.

673 So Gundlach in Alternativkommentar zur StPO, § 136a Rn. 13.

Allerdings erfüllten die BND-Mitarbeiter in der „Liechtensteiner-Steueraffäre" (dazu gleich unter (b)) auch keine Hehlerei nach § 259 I StGB, weil die gegenständlichen Daten auf der DVD keinen körperlichen Gegenstand und daher keine Sache darstellen.[674]

Ein Verwertungsverbot wird nicht etwa wegen der konkreten Erfüllung des Hehlereitatbestandes hergeleitet. Wer soll denn bestraft werden? Der Staat? Die Gerichte wegen der Verwertung? Das Beweisverbot analog § 136a StPO wird vielmehr untechnisch, in sinngemäßer Anwendung der Hehlerei[675] konstruiert.

Der Verwertungsakt stellt sich für den Angeklagten belastend dar,[676] wenn die Strafverfolgungsbehörden und Gerichte auf der privaten Beweisbeschaffung aufbauen und sich die Verletzung von Rechtsnormen zu Nutzen machen, weil die oftmals materiell-rechtlich geschützte Opferposition dadurch perpetuiert wird.[677]

Gegen die verbotene Beweismittelhehlerei wird vorgebracht, dass nicht nur der staatliche Ankauf von Beweisen, sondern sogar jede im Einvernehmen mit dem (privaten) Vortäter hergestellte Herrschaftsgewalt des Staates über den Beweis die Anforderungen[678] an die Tatvariante des Sich-Verschaffens erfüllt.[679]

Des Weiteren wird gegen ein Verwertungsverbot vorgebracht, dass der Staat aufgrund des Legalitätsprinzips die grundsätzlich rechtfertigend wirkende Pflicht hat, den Sachverhalt umfassend zu ermitteln und folglich alle notwendigen Beweise zu erheben, was sich mit der verbotenen „Beweismittelhehlerei" des Staates nicht verträgt, weil aufgrund der radikalen Gleichstellung materieller und formeller Rechte sämtliche Differenzierungen, die der Gesetzgeber durch zwei Teilrechtsordnungen geschaffen hat, unterlaufen werden.[680]

---

674 Die BND-Mitarbeiter verwirklichten allerdings eine Beihilfe oder Anstiftung zum Verrat von Geschäfts- und Betriebsgeheimnissen (§ 17 I, II Nr. 2 UWG, §§ 26 bzw. 27 StGB) und eine Begünstigung (§ 257 I StGB), vgl. Trüg/Habetha, NStZ 2008, 481 (489).

675 Vgl. Joerden, JuS 1993, 927 (928): Parallele zum Hehlereitatbestand.

676 Hassemer/Matussek, Das Opfer als Verfolger. Ermittlungen des Verletzten im Strafverfahren, 1996, S. 78.

677 Mende, Grenzen privater Ermittlungen durch den Verletzten einer Straftat, 2001, S. 190 ff.

678 Vgl. Lauer in MüKo, Kommentar StGB, § 259 Rn. 65 ff.; BGHSt 35, 172 (176).

679 Vgl. Godenzi, GA 2008, 500 (508).

680 Vgl. Godenzi, GA 2008, 500 (509); ähnlich Rogall, JZ 2008, 818 (828), der hervorhebt, dass dem materiellen Recht eine prozessuale Zweckrichtung fehlt: Eine Zeugenaussage, die unter Verstoß gegen eine materiell-rechtliche Schweigepflicht (§ 203 StGB) getätigt worden ist, sei zulässigerweise verwertbar.

b. Der Fall „Liechtensteiner-Steuer-CD“

Der Vorgang der Beweisgewinnung war mit der rechtswidrigen Privatbeschaffung der Daten – Untreue (§ 266 StGB) oder jedenfalls Verrat von Geschäfts- und Betriebsgeheimnissen (§ 17 II UWG) - bei der LGT nicht beendet, sondern ist erst mit dem wiederum strafbaren Ankauf der DVD durch die deutschen Behörden abgeschlossen worden.[681] Die kriminelle Beweismittelgewinnung war dem Staat unmittelbar zuzurechnen, weil die BND-Mitarbeiter den Tatbestand der Beihilfe (§ 27 StGB) oder sogar der Anstiftung (§ 26 StGB) zum Verrat von Geschäfts- und Betriebsgeheimnissen oder zumindest der Begünstigung (§ 257 StGB) erfüllten.

Kölbel spricht in diesem Kontext von einer Doppelrechtswidrigkeit, weil nach dem weiten Beweiserhebungsbegriff auch der amtliche „Empfang“ bzw. der staatliche Beweiserhebungsanteil rechtswidrig war; in dieser Fallgruppe führe die privat-deliktische Beweisbeschaffung zur unerlaubten Nutzung im Strafprozess.[682]

Es handelt sich hier um eine Besonderheit, weil der Staat gewissermaßen auch tätig wurde. Gewöhnlich wird bei der Beweiserhebung nur die Privatperson tätig. Das macht für die folgende Würdigung der Rechtsprechung im Ergebnis aber keinen Unterschied.

Das Bundesverfassungsgericht (BVerfG, Beschluss v. 9.11.2010 – 2 BvR 2101/09) kam zur Verwertbarkeit des Inhalts der rechtswidrig erlangten Daten-DVD. Es musste sich nicht direkt mit der Verwertbarkeit der Daten befassen, sondern hat lediglich entschieden, dass der für eine Wohnungsdurchsuchung erforderliche Anfangsverdacht ohne Verfassungsverstoß auf Daten gestützt werden kann, die ein Informant aus Liechtenstein auf einem Datenträger an die Bundesrepublik Deutschland verkauft hat.

Mit der Beschwerde machten die Beschwerdeführer unter anderem geltend, dass der Ankauf der Daten strafbar gewesen sei, weil hierdurch gegen § 17 II des Gesetzes gegen den unlauteren Wettbewerb (UWG) verstoßen wurde und dass sich ein allein auf rechtswidrig erlangte Beweismittel stützendes Strafverfahren gegen das Recht auf ein faires Verfahren (Art. 6 I EMRK) verstoße (BVerfG, a.a.O., Rn. 8 f.).

---

681 Zur Abgrenzung zwischen privater und staatlicher Beweisgewinnung vgl. Kölbel, NStZ 2008, 241 ff.

682 Vgl. Kölbel, NStZ 2008, 241 (242).

Ein mögliches Beweisverwertungsverbot betreffe lediglich die unmittelbare Verwertung von rechtswidrig erlangten Beweismitteln im Strafverfahren zur Feststellung der Schuldfrage, während die gegenständliche Frage der entsprechenden Begründung eines Anfangsverdachts für eine Durchsuchung der Vorauswirkung von Verwertungsverboten zuzuordnen sei, die wiederum zur Fernwirkung von Beweisverwertungsverboten gehöre (BVerfG, a.a.O., Rn. 42).

Das BVerfG weist darauf hin, dass auch ein zur Unverwertbarkeit führender Verfahrensfehler nicht ohne weiteres Fernwirkung für das gesamte Strafverfahren entfalte (BVerfG, a.a.O., Rn. 42).

Unabhängig davon berühre die Verwendung der fraglichen Daten für die Annahme eines Anfangsverdachts nicht den absoluten Kernbereich privater Lebensgestaltung, da die Daten lediglich dem geschäftlichen Kontakt der Beschwerdeführer mit Kreditinstituten angehören (BVerfG, a.a.O., Rn. 57). Allein vom Informanten begangene Straftaten seien nicht zu berücksichtigen, da Beweismittel, die von Privaten erlangt wurden – selbst wenn dies in strafbewehrter Weise erfolgte – grundsätzlich verwertbar sind (BVerfG, a.a.O., Rn. 58).

Der strafbare Erwerb der Daten führe nicht zu einem absoluten Verwertungsverbot, weil insbesondere nicht erkennbar sei, dass die unterstellten Rechtsverletzungen schwerwiegende, bewusste oder willkürliche Verfahrensverstöße darstellen, bei denen die grundrechtlichen Sicherungen planmäßig oder systematisch außer Acht gelassen worden sind (BVerfG, a.a.O., Rn. 60). Auch sei der fachgerichtliche Wertungsrahmen nicht überschritten worden, da nur mittelbare Wirkungen eines als verfahrensfehlerhaft unterstellten Erwerbs der Daten in die Abwägung zwischen den Rechten der Beschwerdeführer und dem konkreten Strafverfolgungsinteresse einzustellen waren (BVerfG, a.a.O., Rn. 60).

Die Liechtenstein-Daten wären nach den Leitlinien dieser Entscheidung auch unmittelbar verwertbar gewesen, zumal das BVerfG nach wie vor an seiner Sphärentheorie festhält, auf den Verwertungsvorgang als solchen abstellt und ein absolutes Beweisverwertungsverbot unmittelbar aus den Grundrechten nur dann herleitet, wenn der absolute Kernbereich privater Lebensgestaltung berührt ist. Eine Anlehnung an § 136a StPO wird überhaupt nicht erörtert, sondern auf den begrenzten Adressatenkreis der StPO hingewiesen.

Gerade SEC-Vernehmungen zeigen aber, dass eine Differenzierung nach drei Sphären nicht sachgemäß ist und dass auch durch Verwertung unter Zwang zustande gekommener selbstbelastender Angaben in der sozialen Sphäre des Arbeits- und Geschäftslebens ein Grundrechtseingriff mit vergleichbar hoher Intensität möglich ist. Die Konfrontation im „Interview“ erfolgt in vernehmungsähnlicher Art und Weise. Ein Schweigerecht gibt es nicht. Wird der Mitarbeiter zusätzlich gemäß § 240 StGB durch drohende arbeits- und zivilrechtliche Konsequenzen zur Aussage genötigt (vgl. noch (d)), kann sein Persönlichkeitsrecht in der sozialen Sphäre stärker beeinträchtigt sein, als dies der Fall wäre, wenn z.B. ein freiwillig ablaufendes Privatgespräch abgehört oder aufgezeichnet wird. Denn auch bei der Beweisverwertung spiegeln sich aus materiellrechtlicher Opferperspektive die Umstände wieder, unter welchen die Beweisbeschaffung erfolgte - der Eingriff perpetuiert sich. Aufgrund der Abwehrfunktion der Grundrechte muss der Staat im Rahmen des prozessualen Verwertungsvorgangs einen verhältnismäßigen Ausgleich schaffen. Verhältnismäßigkeit steht aber nicht für starre, vorgegebene Ergebnisse, sondern für eine angemessene Interessenabwägung. Während die These verbotener Beweismittelhehlerei stets das öffentliche Strafverfolgungsinteresse „behindert", führt eine pauschale Verwertung unter Verweis auf die abwägungsfeste Sozialsphäre zu einem Eingriff in das allgemeine Persönlichkeitsrecht bzw. das Recht auf informationelle Selbstbestimmung, der nicht hinreichend gerechtfertigt wird.

c. Hypothetischer Ermittlungshorizont bei SEC-Einlassungen: Eine Beweishypothese nach Schweizer Modell

Vielmehr ist eine Ansicht heran zuziehen, die nach einem anderen Gesichtspunkt differenziert. Grundsätzlich wird die Verwertungsverbotsfolge bei der privat-strafrechtswidrigen Beweisbeschaffung nicht ausgelöst, sondern tritt nur ein, „wenn der Staat das bereits präsente Beweismittel durch eigene zielgerichtete Ermittlungs- und Beweiserhebungsmaßnahmen nur rechtswidrig hätte beschaffen können".[683] Diese der schweizerischen Rechtspraxis[684] entstammende Beweisverbotsdogmatik knüpft die Unverwertbarkeit an eine strafprozessuale Beweishypothese, nämlich die Unmöglichkeit hypothetisch rechtmäßiger staatlicher Beweiserlangung. Angenommen die durch Weiterleitung der illegalen Beschaffung an den Staat entstandene Beweislage entspricht nicht „der gesetzlichen Soll-Situation bei staatlichen Beweiserhebungen, dann verbietet die objektiv-rechtliche Dimension des strafprozessualen Normensystems dem Staat die Verwertung" der faktisch verfügbaren Privaterkenntnisse.[685]

Diese rechtliche Konstruktion ist losgelöst vom privaten Beschaffungsunrecht („unechtes" selbständiges Verwertungsverbot), während die Beweiserhe-

---

683 Vgl. Godenzi, Private Beweisbeschaffung im Strafprozess, 2008, S. 333; Godenzi, GA 2008, 500 (512 ff.).

684 Vgl. BGer, SJZ 77 (1981), 130 (132); OGer ZH, SJZ 77 (1981), 130 (131).

685 Vgl. Godenzi, GA 2008, 500 (515).

bungsvorschriften bei der Beurteilung des staatlichen Verwertungsaktes Bedeutung erlangen.

§ 136a I StPO gilt nur bei staatlichen Vernehmungen, wenn der Vernehmende dem Beschuldigten in amtlicher Funktion gegenübertritt und in dieser Eigenschaft von ihm Auskunft verlangt.[686] D.h. SEC-Aussagen wären prinzipiell verwertbar.

Angenommen ein betroffener Mitarbeiter sagt bei der SEC-Vernehmung aufgrund der wirtschaftlichen Drucksituation vollständig aus und legt ein umfassendes Geständnis ab, weil er hohe, nun vom Unternehmen übernommene Anwaltskosten und eine Verdachtskündigung vermeiden wollte. Bei der späteren staatlichen Vernehmung durch die Staatsanwaltschaft und im späteren Gerichtsverfahren verweigert er gemäß § 136 I S. 2 und § 243 V S. 1 StPO die Aussage, wobei sein (gesamtes) Schweige-Verhalten gegenüber den Strafverfolgungsorganen als solches nicht als belastendes Indiz herangezogen werden darf[687].

Angenommen die Staatsanwaltschaft kann den Tatnachweis nicht anderweitig führen (hypothetischer Ermittlungshorizont), obwohl die bei der zivilrechtlichen Aussage bekanntgewordenen Informationen mangels Fernwirkung im deutschen Strafprozess zur Begründung weiterer Maßnahmen benutzt werden dürften[688], bleibt einzig und allein die Aussage des Arbeitnehmers gegenüber der Privatperson im „Interview“ als brauchbarer Beweis zur Überführung.

Nun wäre eine frühere Aussage des Angeklagten analog § 136a III S. 2 StPO unverwertbar, sofern die Beweiserlangung, also die Befragung im „Interview“ privat-strafrechtswidrig erfolgte (vgl. unten (d)), weil der Staat das „bereits präsente Beweismittel durch eigene zielgerichtete Ermittlungs- und Beweiserhebungsmaßnahmen“ nicht rechtmäßig erlangen kann. Sofern er das private Unrecht übernehmen oder wiederholen muss, fällt die Beweishypothese negativ aus.

Sagt die Privatperson als Zeuge über die Auskünfte im Rahmen der damaligen internen Ermittlungen aus, muss man hinsichtlich der Verwertbarkeit zum gleichen Ergebnis gelangen, weil § 136a StPO neben der unmittelbaren Verwertung der Aussage, entsprechende Verlesungen, Vorhalte sowie Anhörungen von Befragungspersonen verbietet.[689]

---

686 Vgl. Meyer-Goßner, Kommentar StPO, § 136a Rn. 4.

687 Vgl. Schoreit in Karlsruher Kommentar zur StPO, 2008, § 261 Rn. 39.

688 So BGHSt 34, 362.

689 Vgl. Rogall, JZ 1996, 944 (950); Meyer-Goßner, Kommentar StPO, § 136a Rn. 29 (“Unzulässig sind die Verlesung der Niederschrift über die Vernehmung, Vorhalte aus der Vernehmung, die Anhörung der Vernehmungsperson oder eines bei der Verneh-

Dann würde sich der entscheidende Beweis nicht anders als durch Verwertung der SEC-Vernehmung, folglich nicht anders als rechtswidrig beschaffen lassen.

d. Strafrechtswidrigkeit: Verstoß gegen § 240 StGB

Allerdings kann man dieser Konstruktion entgegenhalten, dass die Gewinnung und anschließende Weiterleitung der Ergebnisse der SEC-Vernehmungen keine rechtswidrige Beweisbeschaffung darstellt, weil das Unternehmen oder die beauftragte Kanzlei der Staatsanwaltschaft das Untersuchungsergebnis aus freien Stücken zukommen lässt und anders als im Fall der „Liechtensteiner Steueraffäre“[690] der entscheidende Beweis selbst ohne Rechtsverstoß, auf rechtmäßiger Basis zutage gefördert wurde. Denn der Arbeitgeber setzt lediglich seine Auskunftsansprüche im Rahmen der Arbeitsgesetze durch.

Dieser Einwand klingt im ersten Augenblick plausibel. Vergessen wird dabei aber, dass im Einzelfall wegen der erheblichen wirtschaftlichen Drucksituation die Grenze zu einer Nötigung gemäß § 240 I, II StGB überschritten werden kann.

Die Praxis hat gezeigt, dass der Arbeitnehmer zu seiner Aussage (Nötigungserfolg) durch die, als empfindliches Übel angedrohte Verdachtskündigung (Nötigungsmittel) veranlasst wird. Die Drohung mit einem erlaubten Verhalten – hier: Begründetheit der Kündigung – kann den Tatbestand des § 240 I StGB verwirklichen, wenn das rechtmäßige Mittel zum angestrebten Erfolg in einem verwerflichen Verhältnis (sog. Mittel-Zweck-Relation) steht (siehe gleich unten).[691]

Die Androhung des Ausbleibens der Übernahme der Anwaltskosten kann ebenfalls zu einer Nötigung durch Drohung mit einem Unterlassen führen, wenn sich der Täter wie im Falle von BGHSt 31, 195 mit der angekündigten Unterlas-

mung anwesenden Dritten als Zeugen und die Verwertung des durch verbotene Mittel erlangten Gutachtens.").

690 Heimlich kopierte Kontendaten der Liechtensteiner Treuhand AG wurden von Mitarbeitern des BND zum Preis eines Geldbetrages in Millionenhöhe gekauft.

691 Nach Rechtsprechung und h.M. kommt es in diesen Fällen auf die Konnexität zwischen Zwang und erzwungenem Verhalten an. Die Rechtswidrigkeit einer Drohung kann sich aber auch dann ergeben, wenn keine inhaltliche Ausgewogenheit oder kein korrektes Verfahren zugrunde liegen.

sung ein auf die bedrohte Person bereits zukommendes Übel, das abzuwenden er in der Lage, wenn auch nicht verpflichtet war, zunutze macht.[692]

Des Weiteren kann die Rechtswidrigkeit nach § 240 II StGB aber fehlen, wenn der Täter einen Anspruch auf die erzwungene Handlung hat.[693] Wie bereits oben festgestellt, hat zwar der Arbeitgeber einen Auskunftsanspruch gegenüber dem Arbeitnehmer als nebenvertragliche Pflicht aus dem Arbeitsverhältnis gemäß § 241 II oder § 666 BGB, jedoch besteht eine Mitwirkungspflicht wegen der Höchstpersönlichkeit des Arbeitsverhältnisses nicht, wenn ein externer Dritter mit der internen Untersuchung beauftragt wird (umstritten - vgl. oben Kap. 5, II.3). Dies ist in SEC-Verfahren regelmäßig der Fall.

Die Androhung einer Strafanzeige nebst Kündigung als Reaktion von Unternehmen auf Straftaten von Mitarbeitern ist lediglich dann nicht rechtswidrig, wenn ein begründeter, rechtlich nicht umstrittener und mit der Straftat zusammenhängender Anspruch durchgesetzt werden soll.[694]

Hier soll zwar kein Schadensersatzanspruch gegen den Arbeitnehmer durchgesetzt werden, allerdings bezweckt der vom Arbeitgeber begehrte Auskunftsanspruch die (teilweise) Abwendung von mit der Straftat zusammenhängender SEC-Sanktionen. Konnexität liegt daher vor.

Nach Auffassung von *Kuhlen* werden vielmehr die Wahlmöglichkeiten des betroffenen Arbeitnehmers (durch die Amnestie) erweitert, indem das mit der Drohung verbundene Angebot, bei Kooperation eine (fristlose) Kündigung zu vermeiden, in Aussicht gestellt wird.[695] Der Verzicht auf Kündigung etc. müsse aber als klares und verbindliches Angebot des Unternehmens ins Spiel gebracht werden.

Auch soll zwischen Zwecken und Mitteln kein anstößiges Missverhältnis bestehen, weil der arbeitgeberseitige Verzicht auf eine Strafanzeige die dem

---

692 Vgl. hierzu andere Ansicht Rengier, Strafrecht BT II, 2010, § 23 Rn. 52, wonach es bereits an einer Verschlechterung des status quo fehlt, wenn durch die Drohung mit einem Unterlassen der Handlungsspielraum des Bedrohten erweitert und die Autonomie seiner Entschlüsse nicht in strafwürdiger Weise angetastet wird.

693 Vgl. Fischer, Kommentar StGB, § 240 Rn. 50.

694 Vgl. Lackner/Kühl, Kommentar StGB, 2011, § 240 Rn. 24.

695 Vgl. Kuhlen, in: Festschrift für Klaus Lüderssen, S. 649 (652 ff.). Er behandelt den arbeitsrechtlichen Fall, dass das Unternehmen von Strafanzeige und fristloser Kündigung Abstand nehmen will, wenn die Kassiererin u.a. die Tat im Rahmen eines Schuldanerkenntnisses einräumt. Das Schuldanerkenntnis (Anerkennung einer Schadensersatzpflicht) sei zwar zulässig, einen Anspruch darauf hätte das Unternehmen jedoch nicht.

Mitarbeiter entstehenden Nachteile deutlich überwiegt; denn nach der Wertung der meisten Bürger sei die Belastung mit der Strafanzeige gravierend.[696]

Die Preisgabe der unternehmensseitigen Erkenntnisse an die Strafverfolgungsbehörden macht aber den entscheidenden Unterschied in der SEC-Konstellation aus.

Durch eine selbstbelastende SEC-Aussage entsteht gerade erst die Strafverfolgungsgefahr für den Befragten, obwohl von einer unternehmensseitigen Strafanzeige in der Regel abgesehen wird. Die Ermittlungsergebnisse werden durch den Arbeitgeber oder durch die beauftragten Rechtsanwälte an die Behörden weitergeleitet, so dass bei Annahme des „Amnestieangebots" und anschließender Aussage die Situation des Mitarbeiters sehr wohl verschlechtert wird. Seine durch die getroffene (Amnestie-)Regelung verursachten Nachteile überwiegen.

Das mit der Drohung verbundene Angebot des Arbeitgebers wäre m.E. nur dann nicht rechtswidrig, wenn sich das Unternehmen im Rahmen der getroffenen Regelung verpflichtet, die mit der Untersuchung beauftragten Rechtsanwälte nicht von ihrer Schweigepflicht nach § 53 II StPO zu entbinden und die Resultate der Investigation lediglich – am besten in mündlicher Form – der SEC zu präsentieren.

Weil das Unternehmen die Privatermittler regelmäßig von der Verschwiegenheitspflicht entbindet, um die Erwartungen von SEC und DOJ zu erfüllen, besteht keine inhaltliche Ausgewogenheit. Die Relation ist verwerflich.

Verwerflichkeit kann ggf. auch angenommen werden, wenn die Drohung mit einem grundsätzlich zulässigen Übel den Zweck verfolgt, die gerichtliche Nachprüfung von Ansprüchen – mögen sie zurückzuweisen oder auch nur umstritten sein - von vornherein zu verhindern.[697]

Zusammenfassend ist festzuhalten, dass der Arbeitgeber in der SEC-Konstellation mit „Amnestieangebot" bei Beauftragung eines externen Ermittlers regelmäßig die Tatbestandsvoraussetzungen von § 240 I, II StGB erfüllt.[698] Der Arbeitgeber hat die Aussage privat rechtswidrig erlangt. Nun liegt der SEC-Fall wie der Liechtenstein-Fall.

---

696 Vgl. Kuhlen, in: Festschrift für Klaus Lüderssen, 2002, S. 649 (659).

697 Vgl. Gropp/Sinn in MüKo, Kommentar StGB, § 240 Rn. 134.

698 Die dem deutschen Strafrecht fremde Unternehmensstrafbarkeit ändert nichts an der Feststellung der Rechtswidrigkeit. Eine Zurechnung über § 14 StGB dürfte Schwierigkeiten bereiten.

Der Unterschied ist vielmehr jener, dass wegen des Bankgeheimnisses und des Datenschutzes der Nachweis einer rechtswidrigen Beweisbeschaffung im „Liechtenstein-Fall“ relativ unproblematisch, fast selbsterklärend ist, während ein strafrechtlicher Verstoß gegen § 240 StGB bei SEC-Vernehmungen schwer beweisbar sein und regelmäßig zu Lasten des Angeklagten gehen wird, weil der Grundsatz „in dubio pro reo“ auf Zweifel im Bereich des Verfahrensrechts keine Anwendung findet.[699]

6. Voraussetzungen für eine analoge Anwendung des § 136a StPO

Eine planwidrige Regelungslücke liegt schon deshalb vor, weil die „SEC-Untersuchung“ eine aktuelle, vom Gesetzgeber nicht berücksichtigte Erscheinung darstellt. Sie geht aufgrund der komplexen Hintergründe noch über die Dimension von allgemeinen internen Ermittlungen hinaus, weil sich auch das Unternehmen angesichts der aktienrechtlich gebotenen Kooperation mit den US-Behörden in einer wirtschaftlichen Drucksituation befindet, was sich wiederum mittelbar auf die Aussagefreiheit des (beschuldigten) Arbeitnehmers niederschlägt. Der staatliche Druck durch US-Compliance erfordert ein „arbeitsrechtliches Geständnis“. Unternehmensuntersuchungen ohne FCPA-Kontext sind hingegen nicht immer sinnvoll und erforderlich[700], zumal bei rein nationalen Sachverhalten kein vergleichbarer faktischer Druck zur Durchführung besteht[701].

Nach der überwiegenden Auffassung des Schrifttums[702] soll das Fehlen strafprozessualer Verwertungsverbote für rein private Rechtsverstöße eine legislative Folgerichtigkeit haben, die einer Analogie oder objektiv-rechtlichen Verpflichtung Privater nach § 136a StPO entgegensteht, weil die StPO nach Wortlaut und Systematik allein die Beweistätigkeit staatlicher Organe zur Gewährleistung eines rechtsstaatlichen Verfahrens regelt.[703] Eine Privatrechtsbindung

699 So BGHSt 16, 166 f.; 31, 400; 38, 224; a.A. Hanack in Löwe/Rosenberg, Kommentar StPO, § 136a Rn. 69, wenn die Gründe „in der Sphäre der Justiz liegen“; Peters, Strafprozess, S. 339.

700 Minoggio, in: Böttger, Wirtschaftsstrafrecht, 2010, Kap. 15 Rn. 4 f.

701 Behrens, RIW 2009, 22 (33).

702 Siehe Boujong in Karlsruher Kommentar zur StPO, § 136a Rn. 3; Senge in Karlsruher Kommentar zur StPO, Vor § 48 Rn. 52; Meyer-Goßner, Kommentar StPO, § 136a Rn. 3; Rogall in Systematischer Kommentar zur StPO, § 136a Rn. 10; Roxin/Schünemann, Strafverfahrensrecht, 2009, § 24 Rn. 65; Godenzi, Private Beweisbeschaffung im Strafprozess, 2008, S. 186 ff.

703 Godenzi, GA 2008, 500 (507).

würde die gesetzgeberische Entscheidung unterlaufen, dass die Schutzbedürftigkeit des Individuums innerhalb des Subordinationsverhältnisses von Staat und Bürger anders zu beurteilen ist als im gleichrangigen Bürger-Bürger-Verhältnis.[704]

Erstens ist das Verhältnis zwischen Arbeitnehmer und Arbeitgeber kein gleichrangiges, sondern ein hierarchisches, wobei zweitens zu berücksichtigen ist, dass der faktische staatliche Einfluss der SEC nicht unerheblich ist. Das staatlich veranlasste Selbstreinigungsgebot des Unternehmens schlägt im Rahmen der internen Aufklärungsarbeit, sei es über eine Amnestieregelung, die ebenfalls auf existenzvernichtender Bedrohung basiert, auf das Individuum durch.

Die Aussagefreiheit der Unternehmensangehörigen ist beschnitten, weil an die Aussageverweigerung spürbare Folgen gekoppelt sind. Wenn sich die Staatsanwaltschaft diese Situation bewusst zu Nutze macht, sei es durch bloßes Abwarten, ist ebenfalls eine vergleichbare Interessenlage gegeben, weil das Aussageverweigerungsrecht faktisch ausgehöhlt wird. Denn § 136a StPO verbietet alle Mittel, mit denen die Freiheit der Willensentschließung und Willensbetätigung nicht nur beeinträchtigt, sondern auch ausgeschaltet oder umgangen wird.[705] Einer entsprechenden Anwendung von § 136a III S. 2 StPO auf Aussagen im Rahmen einer „SEC-Vernehmung" ist im Ergebnis zuzustimmen, weil dadurch der Schutzbedürftigkeit des betroffenen Arbeitnehmers entsprochen wird. Wenn externe Ermittler selbstbelastende, zivilrechtlich zu qualifizierende Aussagen an Strafverfolgungsbehörden weiterleiten, entspricht die persönliche Strafverfolgungsgefahr im bewusst „ausgelagerten" Ermittlungsverfahren nicht nur jener im hoheitlichen Verfahren, sie ist um ein Vielfaches höher, da keine Schweigerechte bestehen.

Diese Sondersituation ist mit derjenigen Situation vergleichbar, in welcher Private Informationen im Interesse der staatlichen Behörden selbst sammeln und gegen Rechte des Betroffenen, insbesondere das Recht zur ungeahndeten Auskunftsverweigerung verstoßen.[706] Der Staat stellt jedenfalls die Zwangsmittel zur Durchsetzung der arbeitsrechtlichen Auskünfte gemäß der ZPO zur Verfügung. Folglich besteht Regelungsbedarf.

Einer entsprechenden Anwendung ist erst recht zuzustimmen, wenn das Unterlassen der Staatsanwaltschaft wegen Missachtung des Legalitätsprinzips mit dem staatlichen Fürsorgegebot unvereinbar ist oder der Mitarbeiter im Falle pri-

704 Godenzi, GA 2008, 500 (507).

705 Vgl. Volk, Grundkurs StPO, 2010, § 9 Rn. 13.

706 Vgl. nur Pfordte, in: Strafverteidigung im Rechtsstaat, S. 740 (746, 756).

vat-strafrechtswidriger Beweisbeschaffung (bei Unmöglichkeit hypothetisch rechtmäßiger staatlicher Beweiserlangung) ausnahmsweise eines ins Zivilrecht vorgelagerten Schutzes bedarf.

Dennoch hat die – offensichtlich strikt der Zurechnungskonstruktion folgende - strafrechtliche Abteilung des 67. Deutschen Juristentages eine entsprechende Anwendung von § 136a III S. 2 StPO auf privat und unter wirtschaftlichem Druck gewonnene Erkenntnisse, in unmittelbarem Zusammenhang mit der SEC-Konstellation, mit Mehrheit abgelehnt.[707]

7. Mittelbare Verwertbarkeit der „SEC-Einlassungen"

a. Verwertbarkeit geständiger Einlassungen – Fortwirkung der SEC-Vernehmung

Zu erörtern bleibt, ob Geständnisse von Mitarbeitern gegenüber den Strafverfolgungsbehörden, die unter dem Eindruck – insbesondere durch Vorhalt - der Ergebnisse der SEC-Vernehmungen abgelegt wurden, ihrerseits unverwertbar sind.

Es darf für die Frage der Verwertbarkeit keinen Unterschied machen, ob in der Vernehmung selbst ein Druck ausgeübt wird oder ein vorangegangener Druck weiterwirkt.[708] Hier können der arbeitsrechtliche Aussagezwang und der wirtschaftliche Druck, der auf dem Mitarbeiter lastet, mittelbar auf das staatliche Verfahren durchschlagen.

Dass ein Vorhalt der relevanten Ergebnisse des Ermittlungsberichts den Druck auf den Beschuldigten erhöht und dieser dadurch zu einer geständigen Einlassung bewegt wird, ist nicht besonders fernliegend. Gelangt man wegen eines entsprechenden Verstoßes gegen § 136a StPO zu einem Beweisverwertungsverbot, kann eine Fortwirkung auf eine spätere staatliche Einlassung nur hinreichend sicher ausgeschlossen werden, wenn vor Vernehmungsbeginn dahingehend belehrt wird, dass die im Rahmen der SEC-Untersuchung getätigte Aussage nicht verwertet werden darf (qualifizierte Belehrung).

Dieses Ergebnis steht mit der Rechtsprechung zur mittelbaren Verwertung rechtswidriger TKÜ-Maßnahmen durch Vorhalt im Einklang. Laut BGH sind die Geständnisse im Falle eines unzulässigen Vorhalts aus der kontaminierten „Quelle" unverwertbar.[709]

---

707 Abgelehnt mit 20:31:8 Stimmen, vgl. unter: http://www.djt.de/files/djt/67/djt_67_beschluesse.pdf.

708 BGHSt 17, 364 (368).

709 Zuletzt BGHSt 51, 1, 8.

In der vorliegenden SEC-Konstellation glauben die Beschuldigten an ihre frühere Aussage gebunden zu sein, insbesondere wenn sie durch einen unzulässigen Vorhalt[710] aus dem auf kontaminierten Auskünften basierenden Untersuchungsbericht beeinflusst worden sind. Obwohl die erste, im Ergebnis unverwertbare Aussage gegenüber einer Privatperson erfolgte, muss an einer qualifizierten Belehrung festgehalten werden, da das „Interview" in vernehmungsähnlicher Weise erfolgte und ausnahmsweise den Standards von § 136a StPO genügen musste.

Eventuell muss sogar dahingehend belehrt werden, dass auch der Privatermittler nicht als Zeuge gehört werden darf, da die Anhörung der Vernehmungsperson gemäß § 136a StPO verboten ist[711], bereits der Unmittelbarkeitsgrundsatz gemäß § 250 StPO den Vorrang des Personalbeweises vor dem Urkundenbeweis bedeutet und die „erste Aussage" nicht etwa nach § 254 I StPO verlesen werden kann. Allgemein formuliert muss der Beschuldigte „qualifiziert" belehrt werden, dass die vorangegangenen Angaben in jeglicher Form nicht verwertet werden dürfen.[712] Bei Einlassungen vor dem Hintergrund eines einzigen, aber wegen privat-strafrechtswidriger Beweisbeschaffung kontaminierten Beweismittels sind die Geständnisse von der Fortwirkung des Verwertungsverbots unwiderleglich erfasst.[713]

Diemer hält es für angemessen, wenn der Beschuldigte sogar erst dann (staatlich) vernommen wird, wenn die Drohung – soweit möglich - unwirksam gemacht wird oder ein Irrtum beseitigt worden ist.[714] Der BGH[715] hat aber klargestellt, dass der Verstoß gegen § 136a StPO grundsätzlich nur die davon betroffene Aussage unverwertbar macht, während die Fortwirkung nach Wegfall der Täuschung nicht mehr in Betracht kommt, wenn sich der Angeklagte bei seinen weiteren Aussagen seiner Entscheidungsmöglichkeit, die Angaben zur Sache verweigern zu können, bewusst ist. Das hiernach erforderliche Andauern bzw. Fortwirken lässt sich auf alle Fälle des § 136a I StPO übertragen.

---

710 § 136a StPO verbietet jede Einführung in die Hauptverhandlung bzw. auch die mittelbare Verwertung der Aussage (so Meyer-Goßner, Kommentar StPO, § 136a Rn. 29). Vgl. zur Unzulässigkeit des Vorhalts aus der Vernehmung BGH, MDR 1973, 371 [D]; Schroth, ZStW 87, 103.

711 Rogall, MDR 1977, 978 (979).

712 Neuhaus, NStZ 1997, 312 (315).

713 Vgl. Trüg/Habetha, NStZ 2008, 481 (491).

714 Vgl. Diemer in Karlsruher Kommentar zur StPO, § 136a Rn. 4.

715 BGHSt 37, 48 (53 f.).

Sinnvollerweise sollte der Beschuldigte aufgrund der ihm immer noch präsenten „Amnestieregelung“ zum Schweigen „animiert“ werden, weil nun – auch im Falle unkooperativen Verhaltens - keine zivil- und arbeitsrechtlichen Konsequenzen mehr zu befürchten sind. Damit würde sichergestellt, dass die wirtschaftliche Drucksituation gegenüber seinem Arbeitgeber im jetzigen Strafverfahren „beseitigt“ ist.

b. Verwertbarkeit anderer Beweismittel – Fernwirkung der SEC-Vernehmung

Schließlich bleibt die Verwertbarkeit solcher Beweismittel zu diskutieren, die im Wege weiterer strafprozessualer Folgemaßnahmen erlangt und ihrerseits allein aufgrund der „kontaminierten“ Aussage ermöglicht wurden.

Gibt ein Mitarbeiter bei einer Privatvernehmung oder sogar im Falle einer staatlichen Vernehmung, die sich jedoch als unverwertbar erweist, die Existenz von sog. „schwarzen Kassen“ preis, dürfen nach der Rechtsprechung zumindest die durch weitere Ermittlungsmaßnahmen gewonnenen Beweise, namentlich Kontounterlagen zur Überführung des Betroffenen verwendet werden. Der BGH hält weiterhin an dem Grundsatz fest, „dass Beweisverwertungsverboten keine Fernwirkung zukommt“,[716] wobei in Ausnahmefällen „nach der Sachlage und der Art des Verwertungsverbots“ etwas anderes gelten kann[717]. *Beulke* spricht sich für eine allgemeine Fernwirkung aus, will aber in sinngemäßer Anwendung der US-amerikanischen „hypothetical clean path doctrine“ solche Beweismittel zulassen, die im konkreten Fall auch ohne den Verstoß („auf sauberem Wege“) sowieso gefunden worden wären.[718]

Unter Berücksichtigung hypothetischer Ermittlungsverläufe greift im Hinblick auf weitere Beweismittel kein Verwertungsschutz, wenn eine rechtmäßig durchgeführte Durchsuchungsmaßnahme ohnehin zu den inzwischen vom Mitarbeiter im „Interview“ benannten Informationen (z.B.: Dokumente oder Kontaktdaten der beteiligten Geschäftspartner) geführt hätte. Im Gegensatz zu den abstrakten Anforderungen der Rechtsprechung[719] bei Berücksichtigung hypothetisch-rechtmäßiger Kausalverläufe muss vielmehr gefragt werden, ob die Straf-

---

716 BGHSt 51, 1, 8.
717 BGHSt 51, 1, 7.
718 Beulke, ZStW 103, 657 (669).
719 So BGHSt 25, 168 ff.

verfolgungsbehörden im konkreten Fall zur tatsächlichen legalen Erlangung des Beweises gekommen wären[720].

Nach der herrschenden Abwägungslehre muss die Bedeutung des Tatvorwurfs die Schwere der begangenen Rechtsverletzung überwiegen, um zu einer Verwertbarkeit des weiteren Beweismittels zu gelangen.[721] Auch hier ist wiederum entscheidend, ob die Gerichte im Rahmen der Gesamtbetrachtung dem rechtsstaatlichen Fundamentalsatz „nemo tenetur se ipsum accusare" bei privaten Befragungen zum unmittelbaren Arbeitsbereich zumindest wegen seiner faktischen Aushöhlung Bedeutung beimessen.

Kürzlich hat das BVerfG auch eine Fernwirkung von privat-strafrechtswidrig gewonnenen Erkenntnissen abgelehnt (siehe oben II.5(b)). Das Verfassungsgericht[722] betont aber, dass schwerwiegende, bewusste oder willkürliche Verfahrensverstöße, bei denen die grundrechtlichen Sicherungen planmäßig oder systematisch außer Acht gelassen worden sind, zu einem Verwertungsverbot von Verfassungs wegen führen können.

Folgt man der horizontalen Zurechnungskonstruktion (vgl. oben II.4), ist jedenfalls eine vorsätzliche Ausschaltung von § 136 und § 136a StPO nicht fern liegend, da die Zusammenarbeit stets nach demselben Muster ablaufen wird: Die Staatsanwaltschaft wartet auf eine selbstbelastende Auskunft im „Interview", die Anwälte kommunizieren ihre Erkenntnisse und die Behörden sichern die privaten Erkenntnisse durch staatliche Maßnahmen ab. Die planmäßig umgangenen Vorschriften konkretisieren aber gerade das verfassungsrechtlich garantierte allgemeine Persönlichkeitsrecht.

Mangels zureichender Anhaltspunkte für ein systematisches oder beabsichtigtes Fehlverhalten der Privatermittler ist *Jahn* der Auffassung, dass eine Spekulation über mögliche Fernwirkungen noch verfrüht wäre.[723] Verkannt wird aber, dass sich der beschuldigte Mitarbeiter außerhalb des Strafverfahrens nicht auf sein Schweigerecht berufen kann und die Strafverfolgungsbehörden den internen Ermittlungsergebnissen bereits aufgrund des Legalitätsprinzips nachgehen müssen. Ein „qualifiziertes" Fehlverhalten ist nicht erforderlich.

Der hier vertretenen Ansicht folgt *Theile*, der ein selbstständiges Beweisverwertungsverbot auf Art. 2 I, 1 I GG stützt, das Fernwirkung im Sinne eines

720 Vgl. Wolter in Systematischer Kommentar zur StPO, vor § 151 Rn. 203; Grünwald, JZ 1966, 489 (496); Kelnhofer, Hypothetische Ermittlungsverläufe im System der Beweisverbote, 1994, S. 267.

721 Gleß in Löwe-Rosenberg, Kommentar StPO, § 136a Rn. 75, 76.

722 BVerfGE 113, 29 (61).

723 Siehe Jahn, in: Verhandlungen des 67. DJT 2008, Band I, Teil C, S. 95.

nachwirkenden Verwendungsverbots entfaltet, da durch großflächige „Internal Investigations“ unzählige Ansatzpunkte für weitere Ermittlungen bzw. selbstständige Beweismittel geschaffen werden.[724] Während die im Strafverfahren zu führende Beweiskette nicht auf internen Mitarbeiteraussagen oder hierdurch mittelbar erlangten Beweismitteln beruhen darf, scheidet ein vorauswirkendes Beweisverwendungsverbot zur Begründung eines Anfangsverdachts aus, wenn das Unternehmen Strafanzeige erstattet oder strafbare Mitarbeiterpraktiken anderweitig offenbart. Diese Differenzierung verdient Beifall, da ansonsten eine unangemessene Erschwerung der Strafverfolgung die Folge wäre.

8. Verwertungsverbot bei mehreren Beteiligten

Regelmäßig wird insbesondere im Bereich der Unternehmenskriminalität nicht nur ein Unternehmensangehöriger an der verfahrensgegenständlichen Tat beteiligt sein, sondern vielmehr „eine ganze vom Recht losgelöste Organisationsstruktur“ die Regel sein. Der weisungsgebundene Arbeitnehmer ist regelmäßig nur ein Rädchen im Getriebe, ein Werkzeug in der Hierarchie der Befehlsgewalt. *Volk* spricht in diesem Kontext von einer „Kaskade“ mittelbarer Täterschaft.[725]

Im horizontalen Bereich kommt die Strafbarkeit eines ganzen Organs oder rechtswidrig abstimmenden Organteils bei Vorstand, Aufsichtsrat oder sonstigen geschäftsführenden Kollektiven in Form der Mittäterschaft in Betracht.

Eine Form der Teilnahme soll es auf dem Gebiet der Wirtschaftskriminalität zumindest bei leitenden Angestellten nicht mehr geben.[726]

Ein etwaiges strafrechtliches Beweisverwertungsverbot erstreckt sich auch auf Teile der Aussage über solche Tatbeiträge Dritter, die gleichzeitig Aufschluss über die Beteiligung des Aussagenden geben könnten.[727] Da die bloße Gefahr einer im Gegenzug möglichen Belastung durch den Dritten für ein Auskunftsverweigerungsrecht nach § 55 StPO nicht ausreicht, müsste sich die Fremdbelastungsgefahr konkret auf dieselbe oder zumindest eine andere Tat, die Schlussfolgerungen über die verfahrensgegenständliche erlaubt, beziehen.

---

724 Theile, StV 2011, 381 (386).

725 Vgl. Volk, MAH Wirtschafts- und Steuerstrafsachen, 2006, § 2 Rn. 30.

726 Vgl. Volk, MAH Wirtschafts- und Steuerstrafsachen, 2006, § 2 Rn. 32.

727 Vgl. Senge in Karlsruher Kommentar zur StPO, 2008, § 55 Rn. 10; Rogall in Systematischer Kommentar zur StPO, 2003, § 55 Rn. 27; Ignor/Bertheau in Löwe/Rosenberg, Kommentar StPO, 2008, § 55 Rn. 11.

Ein Beweisverwertungsverbot ist nach allgemeinen Regeln personenbezogen und gilt im Verfahren gegen einen anderen Tatbeteiligten grundsätzlich nicht, weil das Verwertungsverbot lediglich vor einer möglichen Selbstbelastung des Aussagenden schützen soll. Folglich entfaltet das Verwertungsverbot für den Beschuldigten/ Angeklagten faktisch keinerlei Schutzwirkung, wenn mehrere zur Aussage verpflichtete Mitarbeiter in getrennten Strafverfahren abgehandelt werden, was ohne weiteres zulässig[728] ist.

Im Verfahren gegen Mitarbeiter A wären die Aussagen von B und C, in jenem gegen Mitarbeiter B die von A und C und in dem gegen Mitarbeiter C die Aussagen von A und B – in welcher Form auch immer – verwertbar (sog. Überkreuzverwertung).

Bei vorgelagerten SEC-Verfahren muss man sich mit Blick auf den (späteren) Strafprozess folgendes vor Augen führen: Es geht nicht um das Problem der Zeugenvernehmung von Mitbeschuldigten durch Verfahrenstrennung, sondern vielmehr auf einer zweiten Ebene um die Verwertbarkeit arbeitsrechtlicher Auskunftspflichten von Kollegen, die jedenfalls durch Vernehmung des Privatermittlers (quasi als Vernehmungsperson) oder des ermittelnden Staatsanwalts in den Prozess eingeführt werden können.

Der Grundsatz, dass ein Angeklagter nicht Zeuge in einem ihn selbst treffenden Verfahren sein kann, wurde im Rahmen der zivil- bzw. arbeitsrechtlichen „SEC-Untersuchung" längst unterlaufen. Auch hinsichtlich eines sekundären Schutzes durch etwaige Verwertungsverbote kann diese Umgehung im Falle von Drittaussagen nicht mehr korrigiert werden.

Unabhängig davon, ob ein Zeuge kraft Arbeitsrecht zur Aussage verpflichtet wird oder nicht, besteht grundsätzlich kein Schutz vor Zeugenaussagen, denn die Selbstbelastungsfreiheit der Angeklagten bleibt unberührt.

III. Interne Untersuchungen und ihre Grenzen im Arbeitsrecht

Wird im Rahmen der Ermittlungen die Leistung einzelner Arbeitnehmer überprüft, kann das Mitbestimmungsrecht des Betriebsrats gemäß § 87 I Nr. 6 BetrVG greifen. § 87 I Nr. 1 BetrVG greift, wenn die Befragung von Mitarbeitern auch verhaltensbezogene Themen berührt. Das Mitbestimmungsrecht nach

---

728 Vgl. Ignor/Bertheau in Löwe/Rosenberg, Kommentar StPO, 2008, Vor § 48 Rn. 33 f.; Rogall in Systematischer Kommentar zur StPO, Vor § 48 Rn. 38-41; Meyer-Goßner, Kommentar StPO, Vor § 48 Rn. 21; Neubeck in KMR, Kommentar StPO, 2006, Vor § 48 Rn. 29-32.

§ 94 BetrVG ist nicht auf Personalfragebögen im formellen Sinn beschränkt, sondern erfasst auch Fragen auf standardisierten Listen, die der Arbeitnehmer nicht schriftlich, sondern in einem Gespräch beantworten muss, wenn die personenbezogenen Daten auf einem Datenträger erfasst werden.[729] § 94 BetrVG ist demnach gegeben, wenn der Interviewer die personenbezogenen Daten in seinen Unterlagen „speichert".

§ 94 BetrVG scheidet aber aus, wenn die „Interviews" durch einen externen Dritten durchgeführt werden und die Ergebnisse lediglich in anonymisierter Form an den Arbeitgeber weitergegeben werden.[730]

Ein Beweisverwertungsverbot kann sich nur aus allgemeinen Regeln wie dem allgemeinen Persönlichkeitsrecht ergeben. Während auch die Missachtung des Rechts auf informationelle Selbstbestimmung in Betracht kommt, sind mitbestimmungswidrig gewonnene Ergebnisse grundsätzlich verwertbar[731].

Bestehen Regelungen in einer Betriebsvereinbarung zur Investigation - betroffene Arbeitnehmer, Umfang der Befragung, Informationsrechte des Betriebsrats, auch hinsichtlich der Ergebnisse, Verfügungsrechte des Unternehmens an den erhobenen Daten und Beteiligung von Betriebsratsmitgliedern an „Interviews" - ist das Mitbestimmungsrecht im Zweifel verbraucht.

Ob eine Verletzung des Persönlichkeitsrechtsrechts vorliegt, müsse im Einzelfall festgestellt werden und lasse sich nicht allein mit nicht eingehaltenen Verfahrensregelungen einer Betriebsvereinbarung begründen.[732] Ein Verwertungsverbot komme lediglich in Betracht, wenn durch die Verwertung einer rechtswidrig erlangten Information ein erneuter bzw. perpetuierender Eingriff in rechtlich erheblich geschützte Positionen erfolgt.

Kollektiv-arbeitsrechtliche Verstöße – insbesondere missachtete Mitbestimmungsrechte des Betriebsrats - lassen eine strafprozessuale Verwertbarkeit der unternehmensinternen Ermittlungsergebnisse unberührt.

---

729 Mengel/Ullrich, NZA 2006, 240 (245).

730 Vgl. LAG Hessen v. 11.2.1999 – 5 TaBV 29/98.

731 Das BAG hat festgestellt, dass kein eigenständiges Beweisverwertungsverbot aus der Missachtung des Mitbestimmungsrechts folgt, wenn die Verwertung des Beweismittels nach allgemeinen Grundsätzen zulässig ist und der Betriebsrat der auf das Beweismittel gestützten Kündigung zustimmt – vgl. BAG, NZA 2003, 1193 (1196).

732 BAG, RDV 2008, 2006 ff.

Neuntes Kapitel: Lösungsansätze zum Interessenkonflikt zwischen Unternehmen und Mitarbeiter und deren Effektivität aus Sicht des Beschuldigten

I. Untauglichkeit der zivilrechtlichen Ansätze für den Strafprozess

Unternehmensinterne Ermittlungen haben gezeigt, dass regelmäßig keine korrekte Belehrung im Sinne strafprozessualer Beschuldigtenrechte erfolgt. Finden selbstbelastende Angaben ihren Weg in die Ermittlungsakten, können die strafrechtlichen Konsequenzen nicht mehr verhindert werden.

Die zivil- und arbeitsrechtlichen Nachteile, die im Falle der verweigerten Kooperation über die sog. Amnestieregelung gedroht hätten, respektive die durch private Einlassungen/ Auskünfte erlangten Vorteile, sind hiervon strikt zu trennen. Die sog. Amnestie ist lediglich eine zivilrechtliche und innerbetriebliche Regelung.

1. Vermeidung von Sanktionsmöglichkeiten des Arbeitgebers

Der arbeitgeberseitige Verzicht auf eine Verdachtskündigung und auf vertragliche bzw. gesetzliche Schadensersatzansprüche wirkt sich lediglich auf die wirtschaftliche Situation des Arbeitnehmers positiv aus. Sein persönliches Schicksal im Strafverfahren steht damit in keinerlei Zusammenhang. Auch wenn die unternehmensseitige Trennung von Mitarbeitern eine gewisse Signalwirkung gegenüber den Strafverfolgungsbehörden inne hat, so haben unter wirtschaftlichem Zwang erfolgte selbstbelastende Aussagen einen großen Beweiswert vor den Strafgerichten.

2. Kostenübernahme der Strafverteidigung durch das Unternehmen

Lediglich der Ansatz der unternehmensseitigen Übernahme der Rechtsanwaltskosten wirkt sich auf die Situation des Mitarbeiters im Strafprozess aus. Problematisch sind jedoch die Bedingungen einer Kostentragung seitens des Unternehmens.

Muss sich der Arbeitnehmer der Verteidigungsstrategie des Unternehmensanwalts unterwerfen, gelangen wir nicht zu einer Lösung, sondern vielmehr zu einer Wiederholung des Interessenkonflikts. Auch in diesem Fall ist eine effektive Vertretung in Gefahr, weil bereits die mangelnde Gewährleistung der Wahl eines Verteidigers, der dem Vertrauen des Mitarbeiters entspricht und uneingeschränkt dessen persönliche Ziele verfolgt, zu einem gesetzlichen Verstoß gegen § 137 StPO führt.[733] Auch konterkariert das Unternehmensinteresse an vollständiger und kompromissloser Aufklärung die Nachweispflicht des Staates und die damit einhergehende Unschuldsvermutung des Mitarbeiters (Art. 6 I EMRK) auf prozesstaktischer Ebene.[734]

Muss der Mitarbeiter die Verteidigungsinteressen des Unternehmens unterstützen und ist er gleichzeitig auf die finanzielle Unterstützung durch den Arbeitgeber angewiesen, ist seine ordnungsgemäße Individualverteidigung in erheblicher Gefahr. Offenbart dieser im privilegierten Anwaltsgespräch für das Unternehmen relevante und noch unbekannte Tatsachen, drohen neben potentiellen Brüchen mit der rechtsanwaltlichen Berufsordnung auch strafbare[735] Einwirkungen des Unternehmens auf den Strafverteidiger.[736] Ein klarer Verteidigungsrat darf erstens nicht von finanziellen Faktoren abhängig gemacht werden und zweitens nicht widersprüchlich sein.

Während sich das Unternehmen um eine vollständige Sachverhaltsaufklärung bemüht, um Delegationslinien nachweisen zu können, jegliche Modalitäten abzuarbeiten und Transparenz und Prävention für die Zukunft zu schaffen, kann gerade der Informationsvorsprung des Mitarbeiters dazu führen, dass eine Verurteilung aus Mangel an Beweisen nicht möglich sein wird. Jener spekuliert gerade darauf, dass eine vollständige Aufdeckung unterbleibt.

Findet das Unternehmen die entscheidende Information, erfüllt es zwar den Verhaltenskodex, denn schnelle Aufklärung heißt funktionierendes Compliance-System. Gleichzeitig wird aber dadurch die oftmals letzte Hoffnung des Beschuldigten zerstört.

Wie soll sich der Mitarbeiter der Verteidigungsstrategie des Unternehmens unterwerfen und dennoch gut verteidigt werden, wenn die Interessenlage zwischen Arbeitgeber und -nehmer regelrecht diametral ist?

---

733 Vgl. Pfordte, in: Strafverteidigung im Rechtsstaat, S. 740 (749, 750).

734 Vgl. Pfordte, in: Strafverteidigung im Rechtsstaat, S. 740 (750 f.).

735 Anstiftung zur Verletzung von Privatgeheimnissen, §§ 203, 26 StGB und Anstiftung zum Parteiverrat, §§ 356, 26 StGB.

736 Vgl. nur Pfordte, in: Strafverteidigung im Rechtsstaat, S. 740 (751).

Eine schnelle Beendigung des Ermittlungsverfahrens ohne Öffentlichkeitswirkung lässt sich nur sehr schwierig mit den komplexen zivilrechtlichen, arbeitsrechtlichen und kapitalmarktrechtlichen Fragen des Unternehmens und dem Interesse an einer schnellen Aufklärung der strafrechtlichen Vorwürfe koordinieren; der Unternehmensanwalt soll - im Idealfall - die widerstreitenden Interessen im Rahmen des berufs- und strafrechtlich Zulässigen auf einen Nenner bringen und die Koordination von Individualverteidigungen vornehmen.[737]

Auch kann die Koppelung der Kostenfrage an den Ausgang des Strafverfahrens Unsicherheiten darstellen, wenn die Bedingungen nicht ausreichend klar und verständlich formuliert sind. Insbesondere führen Einstellungen nach § 153a StPO zu einem dem Mitarbeiter nicht zumutbaren Schwebezustand[738], zumal die Verteidigungskosten gerade in komplexen Wirtschaftstrafverfahren seine monatlichen Einkünfte regelmäßig erheblich übersteigen.

Letztlich kann der Verteidiger bereits entstandene Beweise schwer entkräften, wenn der Mitarbeiter im Rahmen eines „Interviews" bereits aussagen musste und ihm aus arbeitsrechtlichen Gründen die Hinzuziehung eines Rechtsbeistands nicht genehmigt wurde, da die Zulassung eines Anwalts für das Unternehmen freiwillig ist, da eine Investigation nicht mit einer strafrechtlichen Ermittlung vergleichbar und der Gedanke von § 82 II S. 2 BetrVG[739] nicht auf die Ermittlung eines Sachverhalts übertragbar ist[740].

II. Strafrechtliche Lösungsansätze

1. Aushöhlung der Zeugnis- und Aussageverweigerungsrechte

Bei privaten Ermittlungen durch US-Anwälte greift § 136 I S. 2 bzw. § 55 StPO nicht ein, weil das Belehrungsgebot samt Schweigerecht lediglich für Vernehmungen durch einen Richter, Staatsanwalt oder Polizeibeamten in amtlicher Eigenschaft gilt. Der Beschuldigte ist lediglich vor der irrtümlichen Annahme ei-

737 Vgl. Taschke, in: Festschrift für Klaus Volk, 2009, S. 801 (806 f., 810).

738 Vgl. Pfordte, in: Strafverteidigung im Rechtsstaat, S. 740, (750).

739 Geht es um die Bewertung der Leistung eines Mitarbeiters in einem „Beratungs- und Führungsgespräch", darf der Arbeitnehmer ein Betriebsratsmitglied hinzuziehen.

740 Vgl. Mengel/Ullrich, NZA 2006, 240 (243 f.).

ner Aussagepflicht zu bewahren, zu der er durch die Konfrontation mit dem amtlichen Auskunftsverlangen veranlasst werden könnte.[741]

Des Weiteren scheidet nach herrschender Meinung eine analoge Anwendung der §§ 52, 53, 53a StPO im Hinblick auf ein vermeintliches Schweigerecht zu Gunsten von Arbeitskollegen aus.[742] Gleiches gilt im Verhältnis zwischen dem Unternehmen als juristischer Person und dessen Mitarbeitern; das Unternehmen muss – in der Regel durch dessen gesetzliche Vertreter – die gewünschte Auskunft erteilen, Unterlagen und Dokumente herausgeben und seine Mitarbeiter gegebenenfalls auch belasten (vgl. bereits oben Kap. 7, III).

Werden die mit der unternehmensinternen Aufklärung strafbaren Verhaltens beauftragten externen Rechtsanwälte, als Zeugen über die Angaben der Mitarbeiter im Interview, im staatlichen Verfahren gehört und befragt, steht ihnen grundsätzlich ein Zeugnisverweigerungsrecht nach §§ 53, 53a StPO zu.[743] Zur Entbindung berechtigt ist aber jeder – auch eine juristische Person -, zu dessen Gunsten die Schweigepflicht gesetzlich begründet ist.[744]

Weil sich das Unternehmen sowohl in den USA als auch in Deutschland nicht auf das nemo-tenetur-Prinzip berufen kann und vor allen Dingen nicht auf das Anwaltsprivileg berufen will, finden die qua Arbeitsrecht „erzwungenen" Angaben der Arbeitnehmer ihren Weg in das staatliche Strafverfahren. Die arbeitsrechtlichen Mitwirkungspflichten sind nach der StPO weder als solche abwendbar noch eine inhaltliche Weitergabe/Wiedergabe an staatliche Behörden vermeidbar.

Aus diesem Grunde befürwortet eine Mindermeinung[745] ein Aussage- bzw. Auskunftsverweigerungsrecht des Mitarbeiters im „Interview", da die privaten Aufklärungsmaßnahmen staatlicherseits veranlasst werden, um die Restriktionen im Rechtshilfeverkehr zu überbrücken und weil sowohl der SEC als auch den deutschen Strafverfolgungsbehörden die personellen sowie finanziellen Ressourcen für eine rechtlich gebundene Untersuchung fehlen. Zwar statuiert das BVerfG im „Gemeinschuldner-Beschluss" eine uneingeschränkte Auskunftspflicht der Erfüllung berechtigter Informationsinteressen Dritter wegen, weil die Zubilligung eines Auskunftsverweigerungsrechts nicht denjenigen privilegieren darf, der zum Nachteil der Gläubiger besonders verwerflich gehandelt habe[746].

---

741 BGHSt 42, 139 (147).

742 Siehe BVerfG, StV 1998, 355; BVerfG, NJW 1996, 1587; BVerfGE 33, 367 (376, 382).

743 Meyer-Goßner, Kommentar StPO, § 53 Rn. 16.

744 Meyer-Goßner, Kommentar StPO, § 53 Rn. 46.

745 Vgl. Wastl/Litzka/Pusch, NStZ 2009, 68 (73).

746 Siehe BVerfGE 56, 37 (50).

Allerdings sei vorliegend zu berücksichtigen, dass die unternehmensinternen Ermittlungen auf Aufforderung von US-Behörden erfolgen, weil sich das Unternehmen freiwillig einer fremden Jurisdiktion unterworfen habe, die vom Unternehmen auch außerhalb des § 138 StGB eine „Pflicht zur Anzeige“ fordert; im Übrigen schütze ein deutsches Verwertungsverbot nicht vor US-amerikanischen Sanktionen.[747]

Gelangt man dennoch zu einer auf den konkreten (zivilrechtlichen) Erhebungszweck beschränkten Verwertbarkeit der Aussage, müsse das Beweisverwertungsverbot (dazu gleich II.2) wegen der unterbliebenen Belehrung durch das Unternehmen ausnahmsweise Fernwirkung entfalten,[748] wenn der Befragte geschwiegen hätte und nach Art und Gewicht der Tat keine weiteren (staatlichen) Ermittlungen stattgefunden hätten[749]. Verneint man ein auf das Arbeitsverhältnis durchschlagendes[750] „Schweigerecht“, laufen nicht nur die (späteren) Belehrungspflichten sondern auch die Errungenschaft eines Beweisverwertungsverbots bezüglich der Angaben im „Interview“ ins Leere, wenn die vorab mitgeteilten Informationen der privaten Ermittler durch strafprozessuale Maßnahmen abgesichert werden können.

Das ist zugegebenermaßen zutreffend. Aber: Das Belehrungsgebot gilt nur für Vernehmungen, sprich wenn ein Vernehmender dem Beschuldigten in amtlicher Funktion gegenübertritt.[751]

Neuhaus spricht sich für eine entsprechende Anwendung des § 136 I S. 2 StPO bei repressiv motivierten Verhören aus, da interne (Vorfeld-)Ermittlungen kein Schweigerecht in einem dieselben Tatsachen betreffenden Zivilverfahren vorsehen.[752] Diese Ansicht verdient Zustimmung, zumal aufgezeigt wird, dass die mit einer verhaltensbedingten Kündigung bewehrte Antwortpflicht mit der Beweislastumkehr des § 619a BGB sowie mit § 56 I S. 2 BRAO, wonach Rechtsanwälte in Aufsichtsverfahren zur Auskunftsverweigerung berechtigt sind, in Widerspruch steht. Allerdings: Auch eine Analogie ist mit den oben dargelegten Gründen der Gemeinschuldnerentscheidung nicht vereinbar.

747 Vgl. Wastl/Litzka/Pusch, NStZ 2009, 68 (73).

748 Vgl. Wastl/Litzka/Pusch, NStZ 2009, 68 (73).

749 So OLG Oldenburg, NStZ 1995, 412 zur Fernwirkung bei Verstoß gegen die Belehrungspflichten nach § 136 StPO.

750 Sei es über die Unzumutbarkeitsgrenze gemäß § 275 III BGB (Rieble, R.L.R. 2009, 191 (203)), gemäß § 242 BGB (Rieble, ZIP 2003, 1273 (1277)) oder analog §§ 55 StPO, 384 ZPO (Diller, DB 2004, 313 (317 f.)).

751 Diemer in Karlsruher Kommentar zur StPO, § 136 Rn. 3; Meyer-Goßner, Kommentar StPO, § 136 Rn. 7; BGHSt 42, 139 (145).

752 Neuhaus, in: Kempf/Lüderssen/Volk, Die Finanzkrise, das Wirtschaftsstrafrecht und die Moral, 2010, S. 348 (358 f.).

2. Ein Resümee der diskutierten Beweisverwertungsverbote unter Berücksichtigung der Rechtsprechung

Lediglich ein nach den restriktiven Grundsätzen der Rechtsprechung zu bejahendes Beweisverwertungsverbot im Strafverfahren kann den arbeitsrechtlichen Aussagezwang des Unternehmensmitarbeiters noch korrigieren.

In der SEC-Konstellation kommen wir stets zum privaten Verstoß gegen die in § 136a I StPO verbotenen Methoden, weil (erstens) eine arbeitsrechtliche Aussagepflicht als solche oder jedenfalls[753] (zweitens) die Aussetzung des Arbeitnehmers unter erheblichen wirtschaftlichen Druck über die sog. Amnestieregelung zu einer faktischen Zwangslage führt. § 136a I S. 2 StPO erlaubt aber nur den von der StPO vorgesehenen (zulässigen) Zwang.

Zusätzlich (drittens) verwirklichen die befragenden Anwälte eine ausdrückliche oder zumindest konkludente Täuschung (über eigentlich nicht bestehende Pflichten aus dem Arbeitsverhältnis) im Sinne von § 136a I StPO, wenn man ein „Outsourcing" des arbeitsrechtlichen Auskunftsanspruchs ablehnt und bereits deswegen keine Aussagepflicht gegenüber unternehmensexternen Ermittlungsteams besteht, wenn sich ein Auskunftsverlangen auf private Wahrnehmungen, Dokumente, E-Mails bezieht, oder lediglich Wahrnehmungen außerhalb des unmittelbaren Arbeitsbereichs (z.B. Dienstreise) umfasst und das Persönlichkeitsrecht des Arbeitnehmers das Arbeitgeberinteresse überwiegt.

§ 136a StPO entfaltet bezüglich des unzulässig gewonnenen Beweismittels nicht nur unmittelbaren, sondern auch mittelbaren Verwertungsschutz in Gestalt einer Fortwirkung. D.h. Vorhalte aus privaten Ermittlungsberichten und Vernehmungen der befragenden Rechtsanwälte sind ebenfalls ausgeschlossen. Der BGH lehnt hingegen eine Fernwirkung bis auf absolute Ausnahmefälle grundsätzlich ab.[754] Eine Ausnahme ist angesichts der vorliegenden Entkernung der strafprozessualen Schweigerechte durch den Transfer der zivilrechtlich geschuldeten Informationen in das Strafverfahren und des damit verbundenen Eingriffs

---

753 Sagt der Befragte aus, obwohl in der konkreten Situation eine arbeitsrechtliche Mitwirkungspflicht objektiv nicht besteht, bleibt immer noch die wirtschaftliche Drucksituation, die ihn (dennoch) zur Kooperation „zwingt". Weil eine Aussageverweigerung als solche bereits zur verhaltensbedingten Kündigung führen kann, wird teilweise nicht differenziert und unabhängig von einem Amnestieangebot des Arbeitgebers von einer unter § 136a I StPO fallenden faktischen Zwangslage des Arbeitnehmers gesprochen.

754 BGHSt 22, 129 (133 ff.); 29, 244 (249); 32, 68 (70 f.); 34, 362 (364 f.).

in das allgemeine Persönlichkeitsrecht zu bejahen, jedoch auf ein nachwirkendes Verwendungsverbot zu beschränken.

Auf der Suche nach einem Zurechnungsgrund kommen zwei Ansatzpunkte in Betracht.

Faktisch gesehen zwingt die US-Börsenaufsicht SEC das Unternehmen ein ihr vertrautes privates Ermittlungsteam zu beauftragen, so dass eine vertikal-transnationale Zurechnung der unzulässigen Methoden des § 136a StPO aufgrund nötigender Veranlassung geboten ist.

Die Rechtsprechung fordert aber eine unmittelbare Beauftragung der Privatperson(en) durch deutsche (dazu gleich unten) Staatsbehörden, um eine Zurechnung rechtfertigen zu können. Zwischen Beauftragung und Verursachung arbeitet sie ausschließlich mit der staatlichen Schutzpflichtendoktrin in den sog. U-Haft-Fällen.[755] Der Mitarbeiter darf allerdings nicht weniger schutzwürdig sein, wenn die SEC eine unternehmensseitige Untersuchung und den damit einhergehenden Zwang zur Selbstbelastung mit über dem SEC-Verfahren schwebenden Druckmitteln erzwingt. Der vor dem Hintergrund weitreichender Compliance-Pflichten ausgelöste Kooperationszwang führt dazu, dass deutsche Grundprinzipien wie die Unschuldsvermutung sowie das Recht auf Untätigkeit und Schweigen ins Gegenteil verkehrt werden. § 136a StPO soll den Befragten vor staatlichem Zwang schützen. Wenn sich diese Zwangswirkung erst im Drei-Personen-Verhältnis niederschlägt, ist eine teleologische Extension der Vorschrift erforderlich. In der SEC-Konstellation wird der Arbeitgeber zur Mitwirkung an der Aufklärung gezwungen und diese „Pflicht“ qua Direktionsrecht an seinen Arbeitnehmer weitergereicht, wo sie im „Interview“ zu einer Aussagepflicht gegenüber Vertrauensanwälten der SEC wird, während sich beide in einer wirtschaftlichen Drucksituation befinden. Dieser verlängerte Geständniszwang geht von der US-Bundesbehörde SEC aus und endet beim von der StPO geschützten Mitarbeiter.

Das BVerfG[756] hat aber klargestellt, dass nur Maßnahmen staatlicher Vernehmungsorgane der BRD zur Anwendung von § 136a StPO führen können. Ob § 136 I S. 2 StPO ein Verwertungsverbot auch bei ausländischen Beschuldigtenvernehmungen ohne Belehrung begründet, hat der BGH zunächst offen gelas-

755 Jahn, Verhandlungen des 67. DJT 2008, Band I, Teil C, S. 101.

756 BVerfG, NJW 1984, 428.

sen[757], dann aber verneint[758], obwohl der nemo-tenetur-Grundsatz in den Belehrungspflichten niedergelegt ist[759].

Ein Beweisverwertungsverbot wäre selbst dann nicht anzunehmen, wenn SEC-Beamte die „Interviews“ in den USA führen würden, weil ein Beweisverwertungsverbot bei gravierenden Verstößen gegen die Menschenwürde die absolute Ausnahme darstellt, wenn in Deutschland über die Verwertung von im Ausland erlangter Beweise zu befinden ist[760].

A fortiori kann eine Verursachung durch ausländische Behörden nicht genügen. Diese sind nach den Leitlinien der Rechtsprechung gewissermaßen als Privatpersonen zu behandeln.

Dass eine ausländische Behörde bzw. deren Beamte Zwang anwenden „dürfen“, solange sich die Beweiserhebung nicht als extrem menschenrechtswidrig darstellt, muss angezweifelt werden. Einen ausländischen Hoheitsträger im Rahmen der Beweisverbote als Privatperson zu behandeln, ist nicht überzeugend, da der Behörde im Gegensatz zum Privatermittler Zwangsmittel zur Verfügung stehen. Deren Funktion als Druckmittel genügt bereits, um hier differenzieren zu müssen. Eine etwaige Zurechnung zu ausländischen Behörden wäre sonst sinnlos. Der an die Gesellschaft gerichtete hoheitliche Kooperationszwang aus den USA, der im Innenverhältnis aufgrund von vollstreckbaren Pflichten aus dem Arbeits- oder Dienstverhältnis auf das Individuum durchschlägt, entfaltet ja auch extraterritoriale Wirkung.

Im Ergebnis ist der faktische Aussagezwang analog § 136a StPO der SEC zuzurechnen.

Die zweite Überlegung nimmt die Beziehung zwischen deutschen Strafverfolgungsbehörden und den Privatermittlern unter die Lupe.

Anknüpfungspunkt bildet das pflichtwidrige Unterlassen der Staatsanwaltschaft aufgrund der Missachtung des Legalitätsprinzips. Das ist dann der Fall, wenn der Staatsanwaltschaft in Bezug auf bestimmte Unternehmensangehörige ein Anfangsverdacht vorliegt und diese solange untätig bleibt, bis die anwaltliche Untersuchung abgeschlossen ist. Man muss davon ausgehen, dass die Beschuldigtenstellung bei hypothetisch-rechtmäßigem, sprich eigenem Vorgehen der Behörden im Sinne der Offizialmaxime zahlreiche Schutzrechte ausgelöst hätte. Die Eigenschaft als Beschuldigter kann auch ohne entsprechenden Willensakt begründet werden, wenn diese dem Verdächtigten willkürlich vorenthal-

---

757 BGH, NJW 1994, 3364.

758 BGH, NStZ-RR 2002, 67 [B].

759 Pfeiffer/Hannich in Karlsruher Kommentar zur StPO, 2008, Einl. Rn. 89.

760 OLG Hamburg, NJW 2005, 2326 (2329).

ten wird, was vorliegend ebenfalls für amtspflichtwidriges Unterlassen gelten muss. Auch die weite Einschätzungsprärogative der Staatsanwaltschaft ist unwesentlich, weil die Behörde keinen „Anspruch" auf die privaten Untersuchungsergebnisse hat. Der Ermittlungsbericht bleibt jedenfalls gemäß § 160a I StPO n.F. beschlagnahmefrei.

Die verdächtigen Mitarbeiter sind als Beschuldigte zu behandeln. Schlussendlich muss aufgrund der fingierten Fürsorgepflicht gegenüber möglichen Beschuldigten sowohl ein Verstoß gegen das Recht auf ein faires Strafverfahren (Art. 6 EMRK) in Bezug auf die unterbliebenen Belehrungen[761] im „Interview" als auch ein Zurechnungsgrund für unzulässige Methoden nach § 136a StPO angenommen werden. Wartet die Staatsanwaltschaft solange ab, bis entscheidende Informationen kommuniziert werden, während sie den eigentlich prozessual unzulässigen arbeitsrechtlichen Aussagezwang billigt und sich diesen gewissermaßen zu eigen macht, sind die Anwälte faktisch auch im Interesse der Behörde tätig.

Ob Ermittlungsbehörden bei Kenntnis privater Ausforschungsmethoden i.S.v. § 136a StPO aus Gründen rechtsstaatlichen Ansehens verpflichtet sind, entgegenzutreten, hatte der BGH bislang nicht zu entscheiden. Hingegen hat der BGH klargestellt, dass Belehrungen nur im Falle amtlicher Auskunftsverlangen erfolgen müssen.[762] Ein willkürliches Vorenthalten der Eigenschaft als Beschuldigter durch amtspflichtwidriges Unterlassen stellt ebenfalls Neuland dar.

Wird im Rahmen der SEC-Vernehmung zusätzlich § 240 I, II StGB durch den Arbeitgeber – dem wiederum das Verhalten der beauftragten Privatermittler zuzurechnen ist - verwirklicht, entfaltet § 136a StPO nach vordringender Auffassung in der Literatur erst recht Drittwirkung.

Das BVerfG macht in der Entscheidung zur Liechtensteiner-CD von seiner Sphärentheorie keine Ausnahme, selbst wenn das Beweismittel privat-strafrechtswidrig erlangt wird.

---

761 Vgl. dazu Wastl/Litzka/Pusch, NStZ 2009, 68 (70), wonach der Sinn und Zweck der Belehrungsvorschriften darin zu sehen sei, dass dem Betroffenen deutlich gemacht wird, dass sein Wissen gezielt und unmittelbar zum Zwecke der Sachverhaltsaufklärung und Strafverfolgung in Anspruch genommen wird und daher die Gefahr einer Selbstbelastung besteht; a.A. BGHSt 42, 139 (147), wonach der Beschuldigte (lediglich) im Rahmen eines amtlichen Auskunftsverlangens vor der irrtümlichen Annahme einer Aussagepflicht bewahrt werden soll.

762 BGHSt 42, 139 (147).

Lediglich die Lehre vom hypothetischen Ermittlungshorizont führt zu verhältnismäßigen Ergebnissen, da das grundrechtliche Schutzniveau in der sozialen Sphäre bei privat-strafrechtswidriger Beweiserhebung nicht angemessen ist.

In mit dem Siemens-Fall vergleichbaren Konstellationen einer privatstaatlichen „Mittäterschaft ermittlungstechnischer Art", die trotz staatlicher Untätigkeit im Rahmen der „Interviews" eine generelle Zurechnung der anwaltlichen Maßnahmen rechtfertigt, besteht ein rechtsstaatliches Bedürfnis nach horizontaler Drittwirkung von § 136a StPO. Die mit der Staatsanwaltschaft kooperierenden Anwälte müssen sich nicht an die StPO halten. Dieser Umgehungsgefahr ist entgegen zu treten, indem der Mitarbeiter in „SEC-Fällen" aufgrund horizontaler Zurechnung stets durch ein Verwertungsverbot entsprechend § 136a III S. 2 StPO geschützt wird.

Bislang ist von Rechtsprechung lediglich eine vertikale Zurechnung privater Handlungen anerkannt.

Ein Verwertungsverbot kann sich auch unmittelbar aus einer Verletzung des nemo-tenetur-Satzes bzw. aus den Art. 2 I, 1 I GG ergeben.

Nach der überwiegenden Auffassung ist diese faktische Zwangslage durch die arbeitsrechtliche Auskunftspflicht nicht mit einem rechtlichen Zwang durch ein hoheitliches Verfahren zu verwechseln; die Leitaussagen des Gemeinschuldner-Beschlusses seien nicht übertragbar, weil keine gesetzliche Offenbarungspflicht wie in § 97 I S. 1 InsO bestehe. Das LG Hamburg[763] verweist auf die von Privatpersonen freiwillig eingegangenen arbeitsvertraglichen Bindungen.

Vergessen wird aber, dass der Arbeitgeber seinen Arbeitnehmer gemäß §§ 666, 675 BGB anweisen kann, alle Fragen, die sich ausschließlich auf die geschuldete Arbeitsleistung beziehen, zu beantworten. Eine Pflicht zur Selbstbelastung folgt zwar nicht aus einer gesetzlichen Treuepflicht, wohl aber aus der arbeitsvertraglichen Nebenpflicht[764]. Richtigerweise ist § 97 I S. 3 InsO wegen der Ähnlichkeit der Sachverhalte analog anzuwenden, da die arbeitsrechtliche Auskunft gemäß § 888 I ZPO hoheitlich vollstreckbar ist.[765]

Es gibt auch keinen sachlichen Grund, warum das allgemeine Persönlichkeitsrecht im Bereich des Auskunftsgegenstandes, der nur mittelbaren Zusam-

---

763 LG Hamburg, CCZ 2011, 155 (156).

764 Mengel/Ullrich, NZA 2006, 240 (243); Böhm, WM 2009, 1923 ff.; BGHZ 41, 318 (322 f.); a.A. Rieble, R.L.R. 2009, 191 (203), wonach die Auskunftserteilung gemäß § 275 III BGB unzumutbar wird, weil der nemo-tenetur-Grundsatz auf das Arbeitsverhältnis durchschlage.

765 Böhm, WM 2009, 1923 (1928).

menhang mit der Arbeitsleistung hat, analog § 384 Nr. 2 ZPO angemessen berücksichtigt wird und im Rahmen von Fragen zum unmittelbaren Arbeitsbereich ein Zwang zur Selbstbezichtigung besteht.

Ob mit einem Beweisverwertungsverbot reagiert werden muss, ist aber noch nicht abschließend geklärt, weil ein selbstständiges Verwertungsverbot regelmäßig nur im Wege einer Abwägung ermittelt werden kann, wobei die Wechselwirkungslehre als Schranken-Schranke für Eingriffe auf Grundlage des § 244 II StPO fungiert.[766]

Regelmäßig kann im Bereich des Wirtschaftsstrafrechts eine Verletzung der Selbstbelastungsfreiheit nicht durch das staatliche Interesse an einer effektiven Strafverfolgung überwogen werden. Die Verwertung entsprechender Erkenntnisse verletzt stets den Menschenwürdegehalt des Persönlichkeitsrechts,[767] wobei zu berücksichtigen ist, dass die „Interviews" nach der Sphärentheorie des Bundesverfassungsgerichts[768] in den eigentlich ungeschützten Sozialbereich des Betroffenen fallen.

Zwar berührt der bewusst zu Nutze gemachte arbeitsrechtliche Aussagezwang nicht den absoluten Kernbereich privater Lebensgestaltung, allerdings missachtet die Staatsanwaltschaft bewusst ihre Fürsorgepflicht im Hinblick auf unterlassene Belehrungen durch die Unternehmen, wodurch die grundrechtlichen Sicherungen planmäßig bzw. systematisch außer Acht gelassen worden sind. Das Zusammenspiel von Legalitätsprinzip und Offizialprinzip zeigt, dass Strafverfolgung Sache des Staates ist und dieser einem Anfangsverdacht selbst nachzugehen hat. Das Gebot der Ermittlungskontrolle darf nicht durch ein „Outsourcing" der Ermittlungen ausgeschaltet werden. Wird die Beschuldigtenstellung (hier: durch amtspflichtwidriges Unterlassen) willkürlich vorenthalten, geht man teilweise von einem Verstoß gegen § 136 StPO aus[769], der gerade die Aussagefreiheit konkretisieren soll.

Folglich darf nicht punktuell auf die Nichtgeltung des nemo-tenetur-Satzes für zivilrechtliche Auskunftsverpflichtungen oder auf den fehlenden rechtlichen Zwang durch ein hoheitliches Verfahren verwiesen werden, sondern es muss vielmehr im Wege einer wertenden Betrachtung geprüft werden, ob das Schweigerecht nicht wegen einer parallel laufenden zivilrechtlichen Untersuchung im Strafverfahren entkernt wird, bevor es überhaupt entstanden oder jedenfalls zum

766 Vgl. Jahn, Verhandlungen des 67. DJT 2008, Band I, Teil C, S. 79 f.

767 Vgl. Rogall, JZ 1996, 944 (949 f.).

768 BVerfGE 34, 238 (245 ff.).

769 Meyer-Goßner, Kommentar StPO, Einl Rn. 77; § 136 Rn. 7.

Vollrecht erstarkt ist[770]. Für eine funktionsorientierte Auslegung spricht weiterhin, sofern die SEC die Unternehmensuntersuchung veranlasst, dass der Gedanke *nemo tenetur se ipsum accusare* in Art. 14 III lit. g des Internationalen Paktes über bürgerliche und politische Rechte enthalten ist und als übergeordneter Rechtsgrundsatz gilt[771]. Jedenfalls wird der tradierte rechtsstaatliche nemo-tenetur-Grundsatz in den Bereich des „Unverfügbaren" eingeordnet.[772] Folglich dürfte der Arbeitgeber Aussagen zu strafrechtlichen Vorwürfen überhaupt nicht „erzwingen", sofern sie im Strafprozess verwertbar wären.

Nach dem jetzigen Stand der Rechtsprechung sind SEC-Aussagen verwertbar.

Entscheidend wird sein, ob die Zurechnung des verlängerten Geständniszwangs zur SEC oder die Figur der horizontalen Zurechnung von Privathandlungen anerkannt und zur Erweiterung des Anwendungsbereichs des § 136a StPO führen wird.

Auch bleibt abzuwarten, ob und v.a. wann von einem willkürlichen Vorenthalten der Beschuldigtenstellung durch amtspflichtwidriges Unterlassen gesprochen werden kann, was nicht nur für ein Beweisverwertungsverbot von Verfassungs wegen im Hinblick auf das nemo-tenetur-Prinzip, sondern auch für besondere, staatliche Schutzpflichten begründende Umstände im Zusammenhang mit § 136a StPO sowie das Recht auf ein faires Verfahren gemäß Art. 6 I S. 1 EMRK relevant ist.

III. Entspannung seit Herbst 2008 durch neue US-Regularien bezüglich der Anerkennung einer ausreichenden Unternehmenskooperation?

Im Thompson Memorandum hieß es, dass die Staatsanwaltschaft bei der Prüfung des Ausmaßes der Kooperation darauf achten möge, ob das Unternehmen die Bereitschaft zur Identifizierung der „Täter", auch der „senior executives", an den Tag lege.[773] Des Weiteren wurde für die Angemessenheit der Verfolgung von verantwortlichen Mitarbeitern ein expliziter Bonus in Aussicht gestellt, so dass Unternehmen regelmäßig auch personelle Konsequenzen gezogen haben,

770 So Jahn, StV 2009, 41 (44).
771 Vgl. Safferling/Hartwig, ZIS 2009, 784 ff.
772 Hassemer, in: Festschrift für Maihofer, 1988, S. 183 (203).
773 Vgl. Wehnert, in: FS Strafrechtsausschuss BRAK, S. 175 (179).

um einer Klageerhebung vorzubeugen.[774] Man spricht in diesem Zusammenhang von sog. Druckkündigungen.

Nach den bis Sommer 2008 maßgeblichen US-Regularien war der Arbeitsplatz des Arbeitnehmers ohnehin in beträchtlicher Gefahr, was sein Interesse an der Anerkennung eines Schweigerechts minderte, während das Unternehmen nicht nur ein gravierendes Interesse an der Erhaltung der US-Börsennotierung sondern auch an der Vermeidung von potentiell existenzbedrohenden Geldbußen hatte.[775] Das Unternehmensinteresse an vollständiger Aufklärung wog schwerer als das Arbeitnehmerinteresse zu schweigen, so dass der Arbeitsplatz, wenn überhaupt, nur durch eine vollständige Aussage gerettet werden konnte.

Am 28.8.2008 verkündete das DOJ seine neueste Version der Richtlinien „for investigation and prosecution of corporate crimes“, welche einen Wendepunkt in der zulässigen staatsanwaltschaftlichen Einflussnahme auf die Beziehung zwischen in Verdacht geratenen Unternehmen und deren Mitarbeitern markieren.[776] In den Filip-Guidelines wird das attorney-client privilege grundsätzlich anerkannt und lediglich durch die Offenlegung sog. „underlying facts“ eingeschränkt. Folglich müssen nur Informationen, die den aufzuklärenden Sachverhalt schildern, an US-Behörden berichtet werden. Namen und personenbezogene Informationen hingegen unterliegen der geschützten „privilegierten Kommunikation“ und der „work-product-doctrine“.

Nach bereits vorliegenden US-Gesetzesentwürfen soll es US-Staatsanwälten untersagt sein, eine Entlassung von Mitarbeitern zu fordern, wenn diese nicht auf ihre Rechte aus dem Fifth Amendment verzichten wollen.[777]

Die derzeitige US-Praxis verändert folglich die Interessenlage zwischen dem verantwortlichen Beschäftigten und dem Arbeitgeber, weil es u.a.[778] nicht mehr als unkooperativ angesehen werden darf, wenn das Unternehmen der SEC anonymisierte Untersuchungsergebnisse präsentiert.[779] Dadurch soll das Arbeitgeberinteresse an der Benennung von Beteiligten und Zeugen gemindert werden,

774 Vgl. Wehnert, in: Festschrift für Egon Müller, S. 729 (735).

775 Vgl. Bittmann/Molkenbur, wistra 2009, 373 (376).

776 Vgl. http://www.usDOJ.gov/opa/documents/corp-charging-guidelines.pdf.

777 Vgl. nur Wehnert, NJW 2009, 1190 (1192).

778 Des Weiteren darf die unternehmensseitige Finanzierung von Verteidigern der Mitarbeiter, die Teilnahme des Unternehmens an einem „joint defense agreement“ (Sockelverteidigung) als auch die nicht vollständige Befreiung von der anwaltlichen Schweigepflicht der privaten Ermittler an keinen (Kooperations-)Bonusverlust geknüpft werden.

779 Bittmann/Molkenbur, wistra 2009, 373 (376).

so dass sich die nunmehrige arbeitsrechtliche Auskunftspflicht auf die Informationen als solche beschränkt. Wenn es um die eigene Rolle bzw. um selbstbelastende Angaben des Mitarbeiters geht, überwiegt jetzt sein Interesse an teilweisem Schweigen.[780]

Während „zu Grunde liegende Fakten" (underlying facts) weiterhin offengelegt werden müssen, darf die US-Staatsanwaltschaft einen Verzicht auf die „privilegierte (Attorney-Client-)Kommunikation" nicht mehr verlangen. *Wehnert* sieht allerdings Schwierigkeiten, die zu Grunde liegenden Fakten offenzulegen, ohne zugleich zu offenbaren, dass diese Fakten im Zuge der Mitarbeiterinterviews erhoben wurden;[781] die anwaltlichen Arbeitsergebnisse müssen nicht mehr aufgedeckt werden, jedoch steht es dem Unternehmen weiterhin frei, diese Unterlagen, sei es ohne Identifizierung der Täter, freiwillig offenzulegen.

Im Ergebnis müssen der SEC lediglich die im Rahmen der anwaltlichen Ermittlungen gewonnenen (anonymisierten) Informationen, die sog. „underlying facts" zur Verfügung gestellt werden, ohne einen Kooperationsbonusverlust befürchten zu müssen.

Nach Ansicht von *Bittmann/Molkenbur* sind Auskünfte, die über den aufgrund der geänderten US-Regularien verminderten Pflichtenrahmen hinausgehen, stets freiwillig und daher verwertbar.[782] Dass eine objektiv grenzwertige Unterscheidung zwischen pflichtgemäßen und freiwilligen Angaben nicht zu Lasten des Aussagenden gehen darf, versteht sich von selbst. Die Offenlegung einer pflichtgemäßen Tatsache kann gleichzeitig einen Rückschluss auf die eigene Beteiligung des Mitarbeiters erlauben, was die Aussage wiederum freiwillig macht. Er muss auch hier schweigen dürfen. Schweigt er nicht, waren die Angaben im Zweifel dennoch unfreiwillig, wenn das Unternehmen auf diese Informationen angewiesen war.

Letztendlich kann die Problematik dahinstehen, weil der Mitarbeiter jedenfalls nach deutschen Maßstäben auch zur strafrechtlichen Selbstbezichtigung gemäß §§ 666, 675 BGB verpflichtet ist, ohne dass eine Abwägung, sei es anhand von US-Richtlinien erforderlich wäre. Selbst wenn das Unternehmen der Staatsanwaltschaft nicht mehr preisgeben will als gegenüber den US-Behörden offengelegt wurde, bleibt abzuwarten, ob die Rechtsprechung des LG Hamburg[783], wonach von beauftragten Rechtsanwälten angefertigte Befragungspro-

---

780 Vgl. Bittmann/Molkenbur, wistra 2009, 373 (376).

781 Vgl. Wehnert, NJW 2009, 1190 (1193).

782 Bittmann/Molkenbur, wistra 2009, 373 (377).

783 LG Hamburg, CCZ 2011, 155.

tokolle beschlagnahmefähig sind, unter der Neufassung des § 160a StPO mit Wirkung vom 01.02.2011 aufrechterhalten werden kann.

IV. Rechtschutz/ Justizgewährungsanspruch des Arbeitnehmers

In diesem Kapitel geht es darum, ob der Arbeitnehmer gegen die Ermittlungen der externen US-Anwälte rechtlich vorgehen kann. Zuerst soll erörtert werden, ob inländischer Rechtsschutz gegen die öffentliche Gewalt der SEC auf Grundlage der veranlassenden Vorgehensweise in Betracht kommt. Zweitens soll aufgezeigt werden, welche Streitigkeiten sich aus dem Arbeitsverhältnis aufgrund einer durchzuführenden Internal Investigation einschließlich Präsentation der Untersuchungsergebnisse an US-Behörden ergeben können.

Seit der Maastricht-Entscheidung[784] ist unstrittig, dass ein Akt fremder Hoheitsträger den Grundrechtsschutz im Sinne von Art. 19 IV GG auslösen kann, zumal das BVerfG ein funktionelles Verständnis der öffentlichen Gewalt befürwortet[785].

In der vorliegenden SEC-Konstellation ist problematisch, dass gegen private, aber staatlich veranlasste unternehmensinterne Ermittlungen keine Rechtsschutzmöglichkeit auf internationaler Ebene existiert, während dem Einzelnen gegen eine rechtswidrige Maßnahme der die Rechtshilfe bewilligenden deutschen Behörde der Rechtsweg offen steht, wenn beispielsweise eine Vernehmung im Rahmen der Rechtshilfe stattfindet.

Wastl/Litzka/Pusch sind der Ansicht,[786] dass die Schutzpflicht der Regierung nicht nur den diplomatischen Schutz für die Staatsangehörigen im Ausland erfasst, sondern ebenfalls greifen muss, wenn ein ausländischer Staat im Sinne funktionaler Ausübung der eigenen staatlichen Befugnisse tätig wird oder ein Tätigwerden veranlasst und dadurch die Souveränität der Bundesrepublik Deutschland missachtet wird. Dem Einzelnen soll die Möglichkeit offen stehen, die justizförmige Überprüfung des Handelns des funktionalen Amtswalters durch die Arbeitsgerichte zu begehren.

Die vertretene Auffassung, die mit der Untersuchung beauftragten US-Anwälte wären verlängerter Arm der US-Behörden, ist aber falsch. Die Privat-

---

784 BVerfGE 89, 155.

785 BVerfG, NJW 2001, 2705.

786 Vgl. Wastl/Litzka/Pusch, NStZ 2009, 68 (74).

ermittler vertreten ausschließlich das Unternehmen und dessen Interessen. Das Anwaltsprivileg steht zur Disposition des Unternehmens.

Nach anderer Auffassung[787] liegt für den Rechtsschutz des Arbeitnehmers gegen das veranlassende Vorgehen der auswärtigen öffentlichen Gewalt keine arbeitsgerichtliche, sondern ausschließlich eine verwaltungsgerichtliche Zuständigkeit vor.

Während die privaten Ermittler keine hoheitliche Gewalt ausüben, greift die hoheitliche Veranlassung der SEC, sei es in Form einer Aufforderung zur Durchführung der internen Ermittlung, noch nicht in individuelle Rechte ein, so dass es bereits am Rechtsschutzbedürfnis des Mitarbeiters fehlen dürfte.[788]

Neben einem aus zivilrechtlichen oder datenschutzrechtlichen Gründen gebotenen arbeitsgerichtlichen Vorgehen gegen die Durchführung der „Interviews" oder mindestens zum Zwecke der Untersagung der Weitergabe der durch die internen Ermittlungen gewonnenen Erkenntnisse an Dritte (dazu gleich), kommt - wenn überhaupt - ein Anspruch auf Verhinderung der funktionalen Ausübung fremder Staatsgewalt gegen die BRD in Frage[789], sofern man den Vorrang des Rechtshilfeersuchens als verletzt ansieht (str. – vgl. Kap. 10).

Die ermittelnde US-Kanzlei wird aber durch das betroffene Unternehmen beauftragt. Die bloße Aufforderung der SEC gegenüber dem Unternehmen stellt noch keinen Hoheitsakt dar. Der faktische Kooperationszwang ändert daran nichts, weil die Gesellschaft gewissen Verhandlungsspielraum gegenüber der SEC hat (vgl. noch Kap. 10). Ein Vorgehen gegen die öffentliche Veranlassung aus den USA scheidet daher aus.

Eine gegen die „Interviews" gerichtete Klageerhebung beim Arbeitsgericht liegt jedoch nicht fern, wenn man bedenkt, dass der Arbeitgeber die externen Anwälte beauftragt hat und diese in privater Funktion tätigen Ermittler ihren Auskunftsanspruch lediglich übertragen bekommen haben, soweit dies rechtlich überhaupt möglich ist (sehr umstritten – vgl. oben Kap. 5, II.3). Der Arbeitnehmer kann beispielsweise gegen die Wirksamkeit der isolierten Übertragung des arbeitsrechtlichen Auskunftsanspruchs vorgehen oder das tatbestandsmäßige Vorliegen der §§ 666, 675 BGB bestreiten.

Auch kommt die arbeitgeberseitige Nichtbeachtung der Anforderungen von § 28 I S. 1 Nr. 2 oder § 32 I S. 1 und S. 2 BDSG als Gegenstand eines Rechts-

787 Vgl. Bittmann/Molkenbur, wistra 2009, 373 (375 unter Fn. 26).

788 Vgl. Bittmann/Molkenbur, wistra 2009, 373 (375 unter Fn. 26).

789 Vgl. Wastl/Litzka/Pusch, NStZ 2009, 68 (74).

streits in Betracht, sofern personenbezogene Daten (§ 3 I BDSG) in elektronischer Form ausgewertet wurden.

Dies ist vor allem der Fall, wenn der gesamte E-Mail-Bestand des Unternehmens überprüft wird. Werden personenbezogene (und nicht ausschließlich sachbezogene) Daten auf einem Datenträger, namentlich in den Unterlagen des Interviewers erfasst, ist nicht nur die Mitbestimmungspflicht gemäß § 94 BetrVG[790] sondern auch das BDSG zu beachten.

Ist die private Nutzung des Arbeitscomputers erlaubt, muss im Hinblick auf die Auswertung privater Dateien das Interesse des Arbeitnehmers am Schutz seiner Privatsphäre, die über das allgemeine Persönlichkeitsrecht gemäß Art. 2 I i.V.m. Art. 1 I GG verfassungsrechtlich garantiert ist, respektiert werden. Im Falle von auszuwertenden Privat-E-Mails ist das Briefgeheimnis betroffen.

Der unternehmensseitige Zugriff ist bei gestatteter Privatnutzung prinzipiell untersagt. Die Kontrolle von Privatdateien auf Dienstcomputern soll im Rahmen von internen Untersuchungen aber möglich sein, wenn sich der Verdacht des Arbeitgebers auf eine massiv unzulässige Privatnutzung verdichtet hat.[791]

Jedenfalls ist man sich einig, dass das Interesse des Arbeitnehmers an einer (teilweisen) Nichtweitergabe der Untersuchungsergebnisse durch den Arbeitgeber als auch durch die beauftragten Privatermittler die Zuständigkeit der Arbeitsgerichte begründet. Hier kann es in der Sache darum gehen, ob der Arbeitgeber den Anforderungen von § 4b II S. 2 bzw. § 4c I S. 1 Nr. 4 BDSG bei der Datenübermittlung an US-Behörden genügt.

V. Mögliche gesetzgeberische Maßnahmen

Eine arbeitsrechtliche Vorschrift, die die Hinzuziehung eines Rechtsbeistands zu einem „Interview“ ermöglicht, würde faktisch leer laufen, da die Rechtsprechung für Wahrnehmungen im unmittelbaren Zusammenhang mit der Arbeitsleistung eine arbeitsvertragliche Auskunftspflicht statuiert.

Nach einer Auffassung[792] ist eine Regelung im zivilrechtlichen Bereich denkbar, wonach dem Arbeitnehmer im Falle einer möglichen Selbstbelastung gegenüber seinem Arbeitgeber ein Aussageverweigerungsrecht zusteht, ohne gleichzeitig die Voraussetzungen für eine verhaltensbedingte Kündigung zu schaffen; namentlich könnte, wie es der „Vorschlag für eine gesetzliche Veran-

790 Sofern Fragen auf standardisierten Listen in einem Gespräch (und erst recht schriftlich) zu beantworten sind.

791 Mengel, BB 2004, 2014 (2019 f.); a.A. Weißgerber, NZA 2003, 1005 (1008).

792 Vgl. nur Pfordte, in: Strafverteidigung im Rechtsstaat, S. 740 (756).

kerung des Informantenschutzes für Arbeitnehmer im Bürgerlichen Gesetzbuch" vom 30.4.2008 vorsieht,[793] ein neuer § 612a BGB eingefügt werden.

Allerdings soll der neu zu fassende § 612a BGB in erster Linie solchen Arbeitnehmern Rechtssicherheit und Schutz gewähren, die Straftaten ihrer Kollegen oder Vorgesetzen ohne vorheriges respektive erfolgloses Verlangen nach Abhilfe nach außen offenbaren wollen – man spricht bislang lediglich vom geplanten „Whistleblower-Paragraph".[794]

Nell/Schlüter fordern die strafbefreiende Selbstanzeige auch im Korruptionsstrafrecht, zumal der Fall Siemens gezeigt hat, dass „allein der Verzicht auf Schadensersatz und Kündigung ausreicht, um korrupte Netzwerke zu sprengen".[795]

Pfordte schlägt vor,[796] ein Beweisverwertungsverbot im Bereich der unternehmensbezogenen Regelungen von §§ 30, 130 OWiG einzuführen.

Richtigerweise geht die im Rahmen der arbeitsrechtlichen Mitwirkungspflicht geschaffene Gefahr, dass sich die selbstbelastende (zivilrechtliche) Aussage des Mitarbeiters später im gegen ihn gerichteten Strafverfahren niederschlägt, ausschließlich vom Unternehmen aus. Jedoch lässt dieser Vorschlag unternehmensinterne Aufklärungen vor dem Hintergrund eines SEC-Verfahrens außer Betracht. Nicht immer - wenn auch in der Regel - führen strafrechtliche Sachverhalte im, an einer US-Börse gelisteten, Unternehmen gleichzeitig zu Sanktionen nach FCPA und OWiG.

Vielmehr könnte man nach US-amerikanischem Vorbild eine ausdrückliche verfassungsrechtliche Verankerung des nemo-tenetur-Satzes einführen. Wie nach der US-amerikanischen Rechtsprechung[797] zum Fifth Amendment müsste dieses verfassungsrechtliche Verbot eines Zwangs zur strafrechtlichen Selbstbelastung für jede Art Verfahren Geltung entfalten. Insbesondere im Hinblick auf zivilrechtliche Parallelverfahren wäre eine entsprechende Änderung des Grundgesetzes, Art. 79 I GG, geboten.

Problematisch ist allerdings die praktische Umsetzung dieses Vorhabens, da eine zustimmende zwei Drittel Mehrheit im Bundestag und Bundesrat gemäß Art. 79 II GG zustande kommen müsste.

---

793 Siehe Ausschussdrucksache 16(10)849 zur Anhörung Informantenschutz am 4.6.2008; vgl. auch Leuchten, Bayerischer AnwaltBrief Juli 2008, 10 ff.

794 Koch, ZIS 2008, 500 (500 mit Fn. 2).

795 Nell/Schlüter, NJW 2008, 1996 (1999).

796 Vgl. Pfordte, in: Strafverteidigung im Rechtsstaat, S. 740 (756).

797 United States v. Balsys, 524 U.S. 666, 672 (1998).

Eine möglicherweise einfachere gesetzliche Lösung wäre die Einführung von § 136b StPO, der ein Verwertungsverbot von außerhalb des Strafverfahrens abgegebenen Aussagen statuiert, wenn diese im Rahmen von zivilrechtlichen Rechtsverhältnissen außergerichtlich verlangt und durchgesetzt werden – insbesondere bei erzwingbaren gesetzlichen und vertraglichen Auskunftspflichten im Zivilrecht besteht Regelungsbedarf.

Eine weitere Möglichkeit – ebenfalls nach US-amerikanischem Vorbild (siehe unten Kap. 12, I) – wäre die Aussetzung des „Zivilprozesses" unter Hinweis auf ein (mögliches) paralleles Strafverfahren bis zu dessen Abschluss. Das zivilrechtliche Verfahren ist hier das US-amerikanische Verfahren der SEC. Unmöglich erscheint aber die Aussetzung eines ausländischen Verfahrens durch nationale deutsche Gesetzgebung.

Denkbar wäre allenfalls eine Vorschrift im AktG, die sich unmittelbar an das betroffene Unternehmen richtet. Auch diese Regelung wäre praxisuntauglich, da die deutschen Staatsanwaltschaften üblicherweise auf den Abschluss der unternehmensinternen Investigation warten, sprich eine Durchsuchung aus ermittlungstaktischen Gründen zurückstellen, und erst danach durch förmliche Einleitung von Ermittlungsverfahren gegen die Unternehmensangehörigen nach außen treten.

Aufgrund der grundsätzlich bestehenden Strafverfolgungsgefahr müsste der Gesetzgeber unternehmensinterne Ermittlungen grundsätzlich untersagen. Der Staat müsste sein Ermittlungsmonopol „verschärfen", indem ein „Outsourcing" durch gesetzgeberische Maßnahmen ausgeschlossen wird. Private Ermittlungen sind aber prinzipiell zulässig! Denkbar wäre allenfalls eine Regelung, die angesichts des Legalitätsprinzips Grenzen aufzeigt, wann ein staatliches Unterlassen bereits amtspflichtwidrig ist.

Zehntes Kapitel: Die SEC als „Herrin des Ermittlungsverfahrens“ – völkerrechtliche Bedenken einer extraterritorialen Strafverfolgung

Ausgangspunkt ist die Staatssouveränität der Bundesrepublik Deutschland. Es ist festzustellen, dass das Völkerrecht ausschließlich dem Belegenheitsstaat das Recht zum hoheitlichen Zugriff auf Gegenstände zuweist, die sich auf seinem Territorium befinden.

Während die gerichtliche Anordnung einer Beweisaufnahme auf fremdem Staatsgebiet die Souveränität des betroffenen Staates verletzt, ist die Beweisbeschaffung aus dem Ausland, namentlich im Rahmen einer zivilprozessualen pretrial discovery, nach US-Recht zulässig, weil die Beschaffung als solche keine gerichtliche Tätigkeit darstelle.[798] Dieses US-Verständnis ist auf die jurisdiction to prescribe (Rechtssetzungshoheit) zurückzuführen, weswegen auch Sachverhalte auf fremdem Hoheitsgebiet mit wesentlichen inländischen Auswirkungen der US-Staatssouveränität unterliegen sollen, was sich wiederum mit der effects doctrine (Wirkungstheorie) erklären lasse.[799]

Dieses Verständnis kollidiert allerdings mit dem kontinentaleuropäischen Souveränitätsverständnis, wonach auch die konkrete Erlangung einzelner Beweismittel als gerichtlich veranlasster und gesteuerter Vorgang im Sinne der Justizhoheit zu deuten ist; die durch ein US-amerikanisches discovery-Verfahren erfolgte Beweisgewinnung zählt eigentlich zu den hoheitlichen Aufgaben der BRD und verletzt die deutsche Souveränität im Sinne des Völkerrechts.[800]

Wastl/Litzka/Pusch[801] bejahen diesen Verstoß auch bei behördlichen und gerichtlichen Aufforderungen, die eine ausländische Auskunftserteilung oder Vorlage von Unternehmensdokumenten nach sich ziehen.

Richtigerweise handeln die mit der Untersuchung beauftragten US-Anwälte nicht als verlängerter Arm der US-Behörden; sie vertreten allein die Interessen des Unternehmens und unterliegen der standesrechtlichen Verschwiegenheits-

798 Junker, Electronic Discovery gegen deutsche Unternehmen, 2008, S. 54, 56, 60.
799 Junker, Electronic Discovery gegen deutsche Unternehmen, 2008, S. 55.
800 Junker, Electronic Discovery gegen deutsche Unternehmen, 2008, S. 58.
801 Vgl. Wastl/Litzka/Pusch, NStZ 2009, 68 (72).

pflicht.[802] Seit der Änderung der Richtlinien des DOJ vom 28.8.2008 ist die Rolle der Ermittler als Sachwalter des Unternehmens gestärkt, weil eine unterbliebene Entbindung von der Schweigepflicht bei der Beurteilung der Kooperation nicht mehr negativ bewertet werden darf.[803]

Die deutsche Staatssouveränität wird durch sog. SEC-Ermittlungen nicht verletzt. Ob aber eine Umgehung des Rechtshilfeabkommens zwischen der BRD und den Vereinigten Staaten von Amerika angenommen werden kann, ist eine andere, nun zu erörternde Frage.

US-amerikanische Aufsichts- und Strafverfolgungsbehörden können wegen möglichen Verstößen deutscher Staatsangehöriger und Unternehmen lediglich im Wege der Rechtshilfe einschreiten und um hoheitliche Ermittlungen seitens deutscher Behörden erbeten.

Am 14.10.2003 schlossen die BRD und die USA einen Vertrag über Rechtshilfe in Strafsachen, wonach sich die Staaten in Art. 1 I zur gegenseitigen Rechtshilfe in strafrechtlichen Ermittlungsverfahren und Strafverfahren gemäß den Bestimmungen dieses Vertrages verpflichten. Das Abkommen erfasst gemäß Art. 1 II Nr. 3 die Abnahme von Aussagen und anderen Erklärungen und gemäß Art. 1 II Nr. 5 die Überlassung von Urkunden, Akten und anderen Gegenständen.

Allerdings ist für das Rechtshilfeersuchen die Beschreibung des Gegenstands und der Verfahrensart, der zusammengefasste Sachverhalt, der Wortlaut der anwendbaren Strafvorschriften, die Identität der Personen sowie eine Beschreibung der erbetenen Beweismittel, Auskünfte oder vorzunehmenden Handlungen und deren Zweck erforderlich (vgl. Art. 17 I Nr. 3-5). Die deutsche Rechtsgrundlage für Behörden und Gerichte, das ausländische Strafverfahren zu unterstützen, bildet das Gesetz über die Internationale Rechtshilfe in Strafsachen (IRG), das durch die Richtlinien für den Verkehr mit dem Ausland in strafrechtlichen Angelegenheiten (RiVASt) konkretisiert wird. Handelt es sich um ein Vernehmungsersuchen, das auf das Wissen einer Person über bestimmte Umstände abzielt, ist die Vernehmung gemäß Nr. 22 RiVASt grundsätzlich nach dem innerstaatlichen Verfahrensrecht durchzuführen, so dass sowohl inländische als auch die seitens des ersuchenden Staates mitgeteilten Aussage-, Zeugnis-

---

802 Wybitul, BB 2009, 606 (607); a.A. Rosen, BB 2009, 230 ff.; Rosen, FAZ vom 5.10.2008, S. 16, Amerikanische Ermittler im eigenen Land.

803 Wybitul, BB 2009, 606 (607).

und Auskunftsverweigerungsrechte[804] und nicht zuletzt das nemo-tenetur-Prinzip[805] sowie Belehrungspflichten zu beachten sind.

Teilweise wird auch darauf hingewiesen, dass die SEC oder eine mit dem Rechtshilfeersuchen beauftragte US-Behörde ein dem Anforderungsprofil des Art. 17 genügendes Ersuchen überhaupt nicht formulieren könnte, weil die informellen Anfragen der SEC an das betroffene Unternehmen regelmäßig allgemein und weit formuliert sind und gerade nicht einen konkreten Sachverhalt bzw. eine Tat im strafprozessualen Sinne (§ 264 StPO) umschreiben.[806] Daher könnte das unter dem Vorbehalt der erforderlichen Bewilligung durch deutsche Behörden stehende Ersuchen erfolglos bleiben, wenn man bedenkt, dass seitens der SEC eine umfassende Aufklärungspflicht durch externe Ermittler gefordert wird.

Der Fall Siemens hat gezeigt, dass der Anklage im Rahmen inländischer Strafverfahren lediglich hinsichtlich der Bildung von „schwarzen Kassen" gemäß § 266 I StGB stattgegeben wurde[807], während die Verwirklichung einer konkreten Vorteilsgewährung- oder Bestechungshandlung (im Zweifel) nicht vorgelegen hat[808]. Die Verletzung des FCPA kann teilweise nur über den Verstoß gegen die „books-and-records"-Vorschriften als Auffangtatbestand begründet werden; das erinnert an die rechtliche Würdigung des BGH[809], wonach der strafrechtliche Vorwurf, das Schwergewicht der Pflichtwidrigkeit, im Falle vorgefundener verdeckter Kassen an ein Unterlassen gemäß § 13 I StGB anzuknüpfen sei, da es offensichtlich zum Kernbereich der Vermögensbetreuungspflicht des für die kaufmännische Leitung Verantwortlichen gehöre, seiner Arbeitgeberin bislang unbekannte, ihr zustehende Vermögenswerte in erheblicher Höhe zu offenbaren und diese ordnungsgemäß als Aktiva zu verbuchen und so den Anforderungen der Bilanzwahrheit zu genügen.

Wird ein auf bestimmte Lebenssachverhalte bezogenes offizielles Ersuchen bewilligt und die erbetene staatsanwaltschaftliche Ermittlungsmaßnahme einge-

---

804 Hackner/Lagodny/Schomburg/Wolf, Int. Rechtshilfe in Strafsachen, 2003, Rn. 186.

805 Schomburg/Lagodny/Gleß/Hackner, Int. Rechtshilfe in Strafsachen, 4. Aufl., Einl. Rn. 130.

806 Wastl/Litzka/Pusch, NStZ 2009, 68 (72).

807 BGH, Urteil vom 29.8.2008 – 2 StR 587/07, StV 2009, 21 ff. = NStZ 2009, 95 ff.; vgl. bereits BGHSt 40, 287 (294 ff.).

808 § 299 II StGB in der bis zum 29.8.2002 geltenden Fassung erfasste nur solche Handlungen im ausländischen Wettbewerb, die sich auch gegen deutsche Mitbewerber richteten.

809 BGH, NStZ 2009, 95 (97 f.).

leitet, müssen jedenfalls im Rahmen staatlicher Beschuldigtenvernehmungen die strafprozessualen bzw. verfassungsrechtlichen Schutzmechanismen respektiert werden. Dass sich die verantwortlichen Mitarbeiter tatsächlich auf ihre Auskunftsverweigerungsrechte berufen würden, kann angesichts der unspezifischen, aufgrund der nur bruchstückhaft bekannten Fakten an das Unternehmen und nicht an deutsche Behörden gerichteten, SEC-Anfragen, nicht ausgeschlossen werden.

Wäre die tatbestandliche Erfüllung einer Verletzung des FCPA im Rahmen der - unter Beachtung des Grundsatzes der Spezialität - erforderlichen Bewilligung bereits zweifelhaft, sofern man eine hypothetische ex-post-Betrachtung anstellt, spricht einiges für eine Umgehung der Rechtshilfe.

Wehnert sieht durch SEC-Ermittlungen in Deutschland das „Völkerrecht außer Kraft gesetzt“[810], weil eine Umgehung der Vorschriften über die Internationale Rechtshilfe in Strafsachen stattfindet. Allerdings seien die privaten Ermittlungen der Unternehmen eigentlich nicht unzulässig, da andernfalls eine Benachteiligung nichtamerikanischer Unternehmen durch ausbleibendes Entgegenkommen der US-Behörden zu befürchten sei.[811]

Nach Auffassung von *Behrens* muss eigentlich die verfahrensrechtliche Frage beleuchtet werden, ob die Ermittlungen von Kanzleien noch dem Unternehmen oder vielmehr den US-Behörden zuzurechnen sind, zumal der Untersuchungszweck auch in der (späteren) Übergabe von Informationen an US-amerikanische Staatsbehörden bestehe und durch die freiwillige Aufklärung erweiterter Spielraum für Verhandlungen mit diesen geschaffen werde.[812] Es müsse einzelfallabhängig geprüft werden, inwieweit der aufzuklärende Sachverhalt US-Bezüge aufweist und inwieweit die ermittelnde US-Kanzlei faktisch dem „Lager“ der US-Behörden zugeordnet werden kann.[813]

Ob eine Umgehung des Grundsatzes vorliegt, dass Behörden bei Ermittlungen in einem fremden Hoheitsgebiet auf den Weg des Rechtshilfeersuchens zu verweisen sind, bleibt unbeantwortet; die Konstellation wird jedenfalls als juristische Grauzone umschrieben, wenn unternehmensinterne Ermittlungen durch US-Kanzleien auf Aufforderung der SEC stattfinden.

Dafür spricht, dass die beauftragten Anwaltskanzleien regelmäßig das Vertrauen der SEC genießen und die Forderung der SEC eine US-Vertrauenskanzlei zu beauftragen wegen der drohenden existenzgefährdenden US-Maßnahmen ei-

---

810 Wehnert, NJW 2009, 1190 (1191).

811 Wehnert, NJW 2009, 1190 (1193).

812 Vgl. Behrens, RIW 2009, 22 (27 f.).

813 Vgl. Behrens, RIW 2009, 22 (28).

ne gewisse Zwangswirkung entfaltet[814]. Sofern Anwälte faktisch in die Rolle von Staatsanwälten schlüpfen und ihrer Mandantin zur Kooperation mit der SEC raten, um die Erwirkung schwerer Zwangsmittel zu vermeiden, agiere die US-Kanzlei auch als Helferin einer exterritorial ermittelnden Strafverfolgungsbehörde.[815] Jedenfalls zeigt die vernehmungsähnliche Mitarbeiterbefragung im Zuge der Untersuchung, dass eine faktische Umgehung der Regelungen über bestehende Rechtshilfeabkommen billigend in Kauf genommen wird.

Dagegen spricht, dass es nach US-Recht keine Pflicht zur Durchführung von Internal Investigations gibt, sondern die US-Richtlinien lediglich Vorgaben für deren konkrete Ausgestaltung und eine entsprechende Strafprivilegierung vorsehen.

Schlussendlich lässt das Unternehmen aufgrund eigener Entscheidung ermitteln. Es ist hierzu rechtlich nicht verpflichtet. Während man bei der staatlichen Zurechnung der verbotenen Methoden nach § 136a StPO darauf abstellen muss, dass der unternehmensseitige faktische Kooperationszwang in eine starre arbeitsrechtliche Aussagepflicht des Unternehmensangehörigen mündet, besitzt die Gesellschaft gegenüber der SEC Verhandlungsspielraum. Sie entscheidet darüber, ob und inwiefern das Anwaltsprivileg greift, sie kann über Art und Weise der Durchführung der Untersuchung bestimmen oder personelle Konsequenzen ziehen und sofort über einen Vergleich verhandeln oder die SEC hoheitlich untersuchen lassen, also ein streitiges Verfahren mit den US-Behörden führen, sofern nur ein vager Verdacht vorliegt oder das Compliance-System einwandfrei installiert sowie aktualisiert und lediglich durch ein grobes Fehlverhalten eines Einzelnen umgangen wurde.

Des Weiteren finden die Ermittlungen nicht in einem Strafverfahren statt, denn es handelt sich um eine Compliance-Untersuchung vor dem Hintergrund einer drohenden Zivilklage der SEC.

Solange die US-Emittenten keine rechtliche Mitwirkungspflicht trifft, wird der Rechtshilfevorrang nicht missachtet.

---

814 Siehe dazu Wastl, Zeitschrift für das gesamte Kreditwesen 2008, 604 (606 f.).

815 Rosen, BB 2009, 230 (230 f.).

Elftes Kapitel: Datenschutzrechtliche Aspekte von Internal Investigations und rechtliche Grenzen von Datenübermittlungen an US-amerikanische Behörden

Vorab geben die US-Ermittler dem Unternehmen auf, sämtliche im Zusammenhang mit dem Gegenstand der Untersuchung stehende Daten zu sichern respektive dafür Sorge zu tragen, dass die Überspielung oder Löschung solcher Daten ausgeschlossen werden kann.[816] Um den sachgerechten Umgang mit den Unternehmensdaten zu gewährleisten, ist es regelmäßig unerlässlich bereits im Vorfeld eine sog. Datenrichtlinie einzuführen; eine Vernichtung von Daten nach Einleitung des Verfahrens kann durch US-Gerichte hart bestraft werden.[817]

Datenschutzrechtliche Maßnahmen und die Verfügungsbefugnis des Unternehmens an den erhobenen Daten können durch den Abschluss einer Betriebsvereinbarung bezüglich der Themen Compliance im Unternehmen, Whistleblowing und interne Untersuchungen effektiv geregelt werden (vgl. zum möglichen Inhalt und zur Rechtslage bei Missachtung einer Betriebsvereinbarung oben Kap. 8, III). Eine dem deutschen Recht nicht genügende Ermittlung zieht jedenfalls datenschutzrechtliche Ordnungsgelder und Schadensersatzansprüche nach sich.

Zum „Marktstandard" von unternehmensinternen Untersuchungen in den USA, der dem Erwartungshorizont der US-Behörden entspricht, gehört auch der Einsatz von Maßnahmen der E-Mail- und Telefonüberwachung.[818] Neben dem Erfordernis einer Beteiligung des Betriebsrats und dem Strafbarkeitsrisiko nach StGB (hierzu bereits ausführlich unter Kap. 6, V) stellen sich mit Blick auf die Straf- und Bußgeldvorschriften im BDSG (§§ 43 f.) und im TKG (§§ 148 f.) datenschutzrechtliche Fragen.

Bei der Überwachung von Briefen oder Telefonaten ist an die Verletzung des Post- und Fernmeldegeheimnisses (§ 206 StGB) zu denken, beim Mithören von Telefonaten oder Gesprächen droht eine Strafbarkeit nach § 201 StGB.

Wird die private Nutzung eines betrieblichen E-Mail-Zugangs nicht ausdrücklich untersagt, kann die Überprüfung der geführten Kommunikation gemäß

---

816 Rubin/Goeke, in: Morvillo, Securities Investigations, New York 2008, § 3:2.5.

817 Wybitul, BB 2009, 606 (608).

818 Vgl. nur Behrens, RIW 2009, 22 (28).

§ 88 III TKG i.V.m. § 206 StGB strafbar sein. Bei dienstlichen E-Mails richten sich die Zugriffs- und Auswertungsrechte allein nach dem BDSG.

Nach § 32 I S. 1 BDSG dürfen personenbezogene Daten für Zwecke des Beschäftigungsverhältnisses erhoben, verarbeitet oder genutzt werden, wenn dies zur Begründung, Durchführung oder Beendigung des Arbeitsverhältnisses erforderlich ist. Geht es in der Sache um die Aufklärung von Straftaten gilt der strenge Maßstab des § 32 I S. 2 BDSG, wonach die Datenerhebung, -verarbeitung und -nutzung nur zulässig ist, wenn tatsächliche Anhaltspunkte zu dokumentieren sind, die bereits den Verdacht einer Straftat eines Mitarbeiters begründen, sofern das schutzwürdige Interesse des Beschäftigten an dem Ausschluss der Erhebung, Verarbeitung oder Nutzung nicht überwiegt, insbesondere Art und Ausmaß im Hinblick auf den Anlass nicht unverhältnismäßig sind. Das handschriftliche Dokumentieren erster Verdachtsmomente stellt bereits eine Datenerhebung dar.

Des Weiteren können unternehmensinterne Ermittlungen für beschäftigungsfremde Zwecke, sprich die Unternehmensverteidigung gegen SEC-Klagen nach FCPA oder gegen Geldbußen nach §§ 30, 130 OWiG auf § 28 I S. 1 Nr. 2 BDSG gestützt werden. Auch hier ist eine Interessenabwägung anzustellen, jedoch kein konkretisierter Verdacht erforderlich.

Der Betriebsrat hat gemäß § 80 I Nr. 1 BetrVG darüber zu wachen, dass die zu Gunsten der Arbeitnehmer geltenden Gesetze beachtet werden. Bei der Prüfung von elektronischen Dateien und E-Mails muss er die Einhaltung des BDSG und im Falle der Durchsicht von privaten E-Mails die Beachtung des TKG überwachen können; allerdings ergibt sich aus diesem Überwachungsrecht kein Anspruch auf Unterlassung einer beanstandeten Maßnahme[819].

Das Unternehmen wird normalerweise aufgefordert, jegliche Unterlagen vollständig herauszugeben und einen umfassenden Untersuchungsbericht anzufertigen; in der Regel nehmen die zwischengeschalteten US-Anwälte diese Aufgabe wahr und sammeln vor den durchzuführenden „Interviews" in Papier- und EDV-Form vorhandene Daten, Dokumente, E-Mails und sonstigen Schriftverkehr. In der Regel wird das Unternehmen den externen Ermittlern eine Kopie des gesamten E-Mail-Verkehrs zur weiteren Untersuchung übermitteln.

Während datenschutzrechtliche Vorschriften für die Auswertung von Akten und Dokumenten in Papierform nicht anwendbar sind, müssen sie für elektronische Unterlagen, die durch automatisierte Verfahren umgeordnet und ausgewer-

---

819 BAG, NZA 2003, 1352 (1355).

tet werden können[820], beachtet werden, soweit personenbezogene Daten im Sinne von § 3 I BDSG geprüft werden sollen.

Die umfassende Sichtung und Prüfung von Unterlagen aller Art, die der Aufklärung dienlich sein können, im Rahmen von „Internal Investigations“ erinnert stark an das US-amerikanische „Pre-Trial-Discovery-Verfahren“. Hierbei handelt es sich um ein gerichtliches Vorverfahren zur Beweisermittlung bzw. zur Sachverhaltsfeststellung gemäß Regel 26 der „Federal Rules of Civil Procedure“ (FRCP), wonach von der Gegenseite die Vorlage umfassender Informationen zu allen relevanten Tatsachen für den Klageanspruch bzw. für die Verteidigung verlangt werden kann. Unter E-Discovery versteht man in diesem Zusammenhang die Einsichtnahme in Datensätze bzw. Dokumente, die in elektronischer Form gespeichert sind. Im Ergebnis erstreckt sich gemäß Regel 34 (a) der FRCP die Pflicht zur Herausgabe auch auf solche Unterlagen bzw. Datensätze, die beim deutschen Mutterkonzern vorrätig bzw. in elektronischer Form gespeichert sind.

Auch wenn es regelmäßig zu keinem Gerichtsverfahren mit der SEC kommt, faktisch gesehen verpflichtet sich das Unternehmen gegenüber der SEC auch zur Herausgabe von personenbezogenen Daten. Dieses Vorgehen kann allerdings mit dem Bundesdatenschutzgesetz kollidieren, das nach § 1 V BDSG auch dann anwendbar ist, wenn eine verantwortliche Stelle außerhalb der Europäischen Union oder eines Vertragsstaates des Abkommens über den europäischen Wirtschaftsraum personenbezogene Daten im Inland erhebt, verarbeitet oder nutzt. Da vorliegend personenbezogene Daten an Empfänger außerhalb der EU übermittelt werden sollen, muss ein EU-adäquates Datenschutzniveau im Sinne von §§ 4b, 4c BDSG hergestellt und nachgewiesen werden.

Hat der betroffene Mitarbeiter ein schutzwürdiges Interesse an dem Ausschluss der Datenübermittlung, insbesondere weil ein angemessenes Datenschutzniveau nicht gewährleistet ist, hat die Übermittlung nach § 4b II S. 2 BDSG zu unterbleiben. *Rosen* ist der Ansicht,[821] dass die uneingeschränkte Übermittlung von personenbezogenen Daten in die USA mit dem deutschen Datenschutzrecht nicht vereinbar ist, da es anders als in Deutschland lediglich Einzelvorschriften für Kunden- oder Gesundheitsdaten und kein auf Bundesebene übergreifendes Datenschutzrecht gibt; verglichen mit deutschen Rechtsstandards existiere kein adäquates Datenschutzniveau, zumal die missbräuchliche Datenverwendung durch Unternehmen oftmals nicht ausdrücklich sanktioniert wird.

---

820 Datenbestände lassen sich unter Zuhilfenahme forensischer Software auf bestimmte Inhalte, Namen, E-Mail-Adressen oder Stichworte filtern – vgl. Schuster, ZIS 2010, 68 (68).

821 Rosen, BB 2009, 230 (232).

Auch wenn man die Datenübermittlung wegen der Verteidigung von Rechtsansprüchen vor Gericht für gerechtfertigt hält (vgl. § 4c I S. 1 Nr. 4 BDSG), kollidiert der US-amerikanische Grundsatz, dass in das Verfahren eingebrachte Dokumente auf Antrag auch der Öffentlichkeit zugänglich zu machen sind, mit Sinn und Zweck des Bundesdatenschutzgesetzes.[822]

Seit der Änderung der Richtlinien des US-Justizministeriums DOJ für strafrechtliche Ermittlungen gegen Unternehmen vom 28.8.2008, ist nicht nur die anwaltliche Schweigepflicht allgemein sondern auch die Anonymität der beteiligten Mitarbeiter dadurch gewährleistet, dass die vollständige Offenlegung der Untersuchungsergebnisse nicht mehr an einen Kooperationsbonus gekoppelt werden darf. Gegenwärtig müssen lediglich die sog. underlying facts preisgegeben werden, während die Identität samt personenbezogener Daten über das nun besser geschützte Anwaltsgeheimnis gewahrt wird.

Unternehmensunterlagen werden meist durch elektronisch eingefügte Schwärzungen, sog. redactions, anonymisiert und dadurch gewisse Informationen wie Namen einzelner Beteiligter, personenbezogene Daten oder anwaltliche Kommunikation unkenntlich gemacht.[823] Sofern der Personenbezug nicht mehr herstellbar ist, gelten die Regelungen des BDSG nicht mehr; der Begriff des Anonymisierens ist in § 3 VI BDSG legal definiert. § 3 I BDSG spricht aber nicht nur von Einzelangaben über persönliche oder sachliche Verhältnisse einer bestimmten, sondern auch einer bestimmbaren natürlichen Person. Der jeweiligen Stelle, der die Daten gemäß § 3 IV S. 2 Nr. 3 BDSG übermittelt werden sollen, muss eine Zuordnung bei Berücksichtigung ihres Zusatzwissens, ihrer Mittel und Möglichkeiten unmöglich gemacht werden.

Eine weitere Möglichkeit stellt die in § 3 VI a BDSG definierte Pseudonymisierung – Ersetzen des Namens und anderer Identifikationsmerkmale - dar, um die Bestimmung des Betroffenen auszuschließen oder wesentlich zu erschweren.

Compliance und Datenschutzrecht stehen nicht im Widerspruch. Compliance verlangt die Beachtung des Datenschutzrechts, so dass die Compliance-Pflichten durch das Datenschutzrecht und die dazugehörigen Normen des Strafrechts begrenzt werden.

---

822 Rosen, BB 2009, 230 (232).

823 Wybitul, BB 2009, 606 (607 mit Fn. 18).

Zwölftes Kapitel: Das Paradox der SEC-Ermittlungen vor dem Hintergrund der Verschiedenheit zwischen US-amerikanischem und deutschem Recht

I. Die Aussetzung des Zivilprozesses in den USA

Die oben problematisierte Entkernung der Schweigerechte im Strafverfahren durch unternehmensinterne Ermittlungen auf Aufforderung der SEC erscheint umso fragwürdiger, wenn man den Umfang der Schutzrechte bei Ermittlungen der SEC auf US-amerikanischem Territorium betrachtet. Dies gilt in erster Linie für förmliche Untersuchungen. Der folgende Gedanke lässt sich aber sinngemäß auf Privatermittlungen/ interne Ermittlungen übertragen.

In den USA existiert die Möglichkeit, wenn straf- und zivilrechtliche Untersuchungen nebeneinander laufen, dass das Zivilgericht die Aussetzung des Verfahrens anordnet, um den Beschuldigten ihre Rechte aus dem fünften Verfassungssatz zu wahren.[824]

Ermitteln dagegen US-Anwälte auf deutschem Boden, um zivilrechtliche Ansprüche gegen das deutsche Unternehmen zu prüfen, sei es mittels dessen Kooperation nach Aufforderung der SEC, werden staatliche Strafverfolgung und Sanktionen der Börsenaufsicht wegen Nichterreichung von Unternehmenszielen unzulässig miteinander vermengt.

Daher lässt sich der Einwand gut hören, dass wirksame Prävention vor kriminogenen Zuständen und entschlossene Unterbindung aller Verfehlungen in einem Wirtschaftsunternehmen für Gegenwart und Zukunft von bloßer Aufklärung abgeschlossener Geschehnisse der Vergangenheit (idealerweise) zu trennen ist[825], um von vornherein die gegebene Selbstbelastungsgefahr für beschuldigte Arbeitnehmer ausschließen zu können.

---

824 Jahn, StV 2009, 41 (44).

825 Vgl. Minoggio, Firmenverteidigung, 2010, Rn. 117 m.w.N.

II. Die Fernwirkung von Beweisverwertungsverboten

Es erscheint kontrovers, dass das US-amerikanische Rechtssystem den Beschuldigten durch die „fruit of the poisonous tree“ Doktrin besser stellt,[826] während sich der betroffene Mitarbeiter nach deutschem Recht[827] bei möglichen Verstößen im Rahmen der erst durch das SEC-Verfahren verursachten „Interviews“ entsprechend § 136a III S. 2 StPO nicht auf eine Fernwirkung von Verwertungsverboten berufen kann. Zwar wäre seine Aussage selbst unverwertbar, die deutsche Staatsanwaltschaft darf aber die mittelbar durch die Aussage erlangten Beweismittel (z.B. Aussagen der so aufgefundenen „Geschäftspartner“ oder so erlangte Dokumente, Kontoauszüge oder ähnliches) verwerten. Die US-amerikanischen Behörden könnten auch diese mittelbar erlangten Beweise nicht in den Prozess einbringen, da sie „vergiftet“ sind.

III. Der weitreichende Schutz durch das Fifth Amendment

Eine natürliche Person kann sich unabhängig von der jeweiligen Staatsbürgerschaft bei einer Ermittlung der SEC auf das Aussageverweigerungsrecht berufen, das in der amerikanischen Verfassung im Fifth Amendment niedergelegt ist.[828]

Problematisch bleiben Untersuchungen, die wie dargestellt, nicht durch SEC-Beamte, sondern durch zwischengeschaltete US-amerikanische Anwaltskanzleien durchgeführt werden. Das „Interview“ erfolgt dann nicht im Zuge der offiziellen Ermittlungen seitens der Division of Enforcement.

Man muss bedenken, dass die SEC – anders als in den USA - wegen der zu respektierenden Staatssouveränität überhaupt nicht in Deutschland eigenhändig ermitteln kann, so dass entweder eine förmliche Vorladung nach Washington D.C. oder die unverbindliche Aufforderung zur Beauftragung der US-Anwälte als (Ermittlungs-)Instrumente zur Verfügung stehen. Während sich der Betroffene in den Vereinigten Staaten auf das verfassungsrechtlich garantierte Aussa-

---

826 Eingeschränkt durch die hypothetical clean path doctrine, die aber wegen der Beweisnot in Fällen der „unabhängigen internen Ermittlungen“ m.E. nur selten eine Rolle spielen wird.

827 So BGHSt 34, 362 (364).

828 Vgl. Senderowitz/Ugarte/Cortez, wistra 2008, 281 (284).

geverweigerungsrecht berufen könnte,[829] muss er aber gegenüber dem befragenden Privatermittler auf dem Bundesgebiet der BRD umfassend aussagen (dazu gleich).

Des Weiteren kann nach der US-Rechtsprechung[830] zum U.S. Constitution Amendment V, dieses Aussageverweigerungsrecht in jeder Art Verfahren, namentlich in zivilrechtlichen bzw. in ermittlungstechnischen Verfahren, geltend gemacht werden. Interne Untersuchungen sind zivilrechtlicher respektive arbeitsrechtlicher/gesellschaftsrechtlicher Natur. Sie stellen aber kein hoheitliches Verfahren dar. Die im Rahmen dieser Entscheidung erfolgte Aufzählung („zivilrechtlicher oder strafrechtlicher, verwaltungstechnischer oder gerichtlicher, ermittlungstechnischer oder konkursrechtlicher Art.“) spricht aber für einen weiten Anwendungsbereich bzw. für ein weites Verständnis. Obwohl das außergerichtliche Privatverfahren/ die unternehmenseigene Privatermittlung nicht ausdrücklich erwähnt wird, fällt ein privates, vernehmungsähnliches „Interview“ im Zuge einer „Internal Investigation“ möglicherweise in die Kategorie „Verfahren ermittlungstechnischer Art“. Nach anderer, aber zum gleichen Ergebnis führender, Auffassung sind unternehmensinterne Untersuchungen einem sog. „Pre-Trial-Discovery-Verfahren“ stark ähnlich, das ein gerichtliches Vorverfahren zur Sachverhaltsfeststellung respektive Beweisermittlung im US-amerikanischen Zivilprozess darstellt (vgl. Regel 26 der Federal Rules of Civil Procedure (FRCP))[831]; dann müsste man die Fallgruppe „Verfahren zivilrechtlicher Art“ in entsprechender Weise teleologisch auslegen.

Ein übergeordneter Rechtssatz, der auch im Rahmen von zivilrechtlichen Auskunftspflichten zugunsten des Auskunftsschuldners eingreift, wenn sich dieser einer strafbaren Handlung bezichtigen müsste, wird von der deutschen Rechtsprechung abgelehnt.[832] Es wird vielmehr ein rechtlicher Zwang durch ein hoheitliches Verfahren für die Geltung des nemo-tenetur-Satzes vorausgesetzt.

Das Paradox ist, dass sich ein auf dem Territorium der Bundesrepublik Deutschland befragter Mitarbeiter nicht auf das Fifth Amendment berufen kann, weil er nicht durch SEC-Beamte vernommen, sondern von als Privatpersonen tätigen Mitarbeitern von US-amerikanischen Anwaltskanzleien befragt wird[833].

---

829 Vgl. zur Rechtslage nach US-Recht Rubin/Goeke, in: Morvillo, Securities Investigations, New York 2008, Abschnitt § 3:3.4.

830 United States v. Balsys, 524 U.S. 666, 672 (1998).

831 Vgl. Rosen, BB 2009, 230 (231).

832 BGHZ 41, 318 (323); OLG Karlsruhe, NStZ 1989, 287.

833 Vgl. Jahn, StV 2009, 41 (42 f.).

Während sich Mitarbeiter in den USA gewissermaßen jederzeit und in jeder Situation auf das Fifth Amendment berufen können, muss ein Mitarbeiter auf deutschem Bundesgebiet im Rahmen von privaten „Interviews“, die als unternehmensseitige Reaktion auf das SEC-Verfahren zu verstehen sind, regelmäßig aussagen und sich selbst belasten.

Dreizehntes Kapitel: Firmeninterne Untersuchung aufgrund von US-Recht und die Verteidigung von Unternehmensinteressen – ein Widerspruch?

Die Probleme liegen weniger im Bereich der Prävention, sondern fast ausschließlich im repressiven Vorgehen. Das Unternehmen und die von diesem beauftragten Anwälte müssen bei der Aufarbeitung der im Raum stehenden Tatvorwürfe Anstrengungen vornehmen und Erfolge erzielen, die zur Unterstützung von Departement of Justice und SEC als ausreichende Kooperation ausgelegt werden können. Verfehlen die getroffenen selbstreinigenden Maßnahmen die Erwartungen der SEC, drohen drakonische Strafen, die das Unternehmen ruinieren können.

Um dieses Szenario zu verhindern, muss das Unternehmen zuerst versuchen alle strafrechtlich relevanten Sachverhalte umfassend intern aufzudecken, um in einem zweiten Schritt alle Informationen gegenüber der deutschen Staatsanwaltschaft - durch Erstattung von Strafanzeige - und insbesondere der SEC offenzulegen.[834] Die Konsequenz dieser uneingeschränkten Kooperation ist jedoch, dass der ganze Sachverhalt öffentlichkeitswirksam publik gemacht wird und das Unternehmen aufgrund des Imageschadens Kursverluste an den Börsen erleidet. Dabei wäre es unter dem Gesichtspunkt „public relations" strategisch günstiger, den Vorfall „im Hintergrund zu regeln", sprich mit der Justiz eine Absprache in Form von möglichst vielen Einstellungen – wenn auch gegen Auflage - zu erzielen und dadurch eine Hauptverhandlung und die damit verbundene Medienaufmerksamkeit zu vermeiden.[835] Auch ist es offensichtlich und kein Geheimnis, dass die Aufklärung eines Verdachtsfalles im Bereich der Wirtschaftskriminalität nicht selten ein ganzes „white collar crime" Netzwerk zum Vorschein treten lässt.

Minoggio[836] vertritt die Ansicht, dass der (Medien-)Öffentlichkeit eine zukunftsorientierte verbesserte Compliance unter Konzentration auf die Unternehmensziele sowie das Wohl der Arbeitnehmer und zugleich die Anerkennung

---

834 Wehnert, in: Festschrift für Egon Müller, S. 729 (731).

835 Vgl. im Ergebnis Minoggio, Firmenverteidigung, 2010, Rn. 151, 152; dieser setzt größtmögliche Aufklärung mit größtmöglicher Presseteilhabe, und diese wiederum mit einem – vor allem wegen der erheblichen Rufschädigung - größtmöglichen Schaden gleich.

836 Vgl. nur Minoggio, Firmenverteidigung, 2010, Rn. 156.

der Arbeit der Strafverfolgungsbehörden samt Kooperation hinsichtlich der Vergangenheit sicherlich gut vermittelt werden kann - eine SEC-Kooperation durch unabhängige interne Untersuchungen stifte hingegen in einer Vielzahl von Fällen unnötigen Schaden[837].

Zutreffender Weise schwächt bereits die Tatsache einer drohenden US-Sanktionierung mit maßlosen Rechtsfolgen die Möglichkeiten der Firmenverteidigung,[838] sie führt insbesondere zu einem Kooperationszwang.

Ein lediglich in Deutschland notiertes Unternehmen würde bei intern entdeckten Rechtsverstößen deren Unterbindung für die Zukunft sicherstellen, eine steuerrechtliche Korrektur durch entsprechende Kontenbuchungen bzw. durch Sicherstellung der Nichtabzugsfähigkeit von angeblichen betrieblichen Ausgaben i.S.d. § 4 V S. 1 Nr. 10 EStG durchführen[839] und die strafrechtlich verantwortlichen Mitarbeiter zivilrechtlich in Anspruch nehmen. Damit wäre den Firmeninteressen in ausreichendem Maße Genüge getan. Außerdem kennt das deutsche Recht eine Pflicht zur Anzeige von aufgedeckten Straftaten, außer in den Fällen des § 138 StGB (Nichtanzeige geplanter Straftaten), überhaupt nicht.

Richtigerweise wird die Verteidigungsposition des betroffenen Unternehmens erheblich geschwächt, wenn deutschen Behörden lediglich wegen der uneingeschränkten Offenlegung in den USA ebenfalls Zugang zu allen zurechnungs- und sanktionsrelevanten Informationen gewährt wird, weil die Gesellschaft mehr preisgibt als durch eine steuerliche Berichtigung und aus sichergestellten Unterlagen ans Tageslicht gekommen wäre.[840] Auf der anderen Seite führt die unternehmensseitige Zusammenarbeit zu beachtlichen Sanktionsrabatten, wobei eine Reduzierung des Verfallsbetrages auf eine Höhe, die sich nach dem Netto-Prinzip bestimmt, nicht (mehr) garantiert werden kann.

Im Jahre 1992 wurde der Wortlaut des § 73 I S. 1 StGB geändert. Anstelle vom „Vermögensvorteil" ist nunmehr die Rede vom erlangten „Etwas". Zwar kann die Verteidigung argumentieren, dass das unmittelbar aus der Tat Erlangte nur der wirtschaftliche Gewinn ist, also gewinnmindernde Abzüge zu berücksichtigen sind. Der Wechsel vom Netto- zum Bruttoprinzip ändert nämlich nichts daran, dass auch der Brutto-Verfall lediglich eine rechtswidrige, nicht notwendig schuldhafte Tat voraussetzt. Um nicht mit dem Schuldprinzip und der Unschuldsvermutung in Konflikt zu geraten, sei bei einer nicht-schuldhaften

---

837 Minoggio, Firmenverteidigung, 2010, Rn. 103.

838 Hart-Hönig, in: Strafverteidigung im Rechtsstaat, S. 530.

839 Vgl. § 153 i.V.m. § 169 II S. 2 i.V.m. § 370 I Nr. 1 AO, wonach die Festsetzungsverjährungsfrist (auch für Änderungsbescheide) zehn Jahre beträgt.

840 Hart-Hönig, in: Strafverteidigung im Rechtsstaat, S. 530 (540 f.).

Anknüpfungstat weiterhin eine Nettogewinnabschöpfung zulässig, sprich eigene Aufwendungen des Täters vom Erlangten abzuziehen.[841] Allerdings vertritt der BGH[842] die Auffassung, dass das Bruttoprinzip für alle Deliktarten gelte, ohne dass der Verfall dadurch von einem quasi-kondiktionellen Ausgleichsinstrument zur Nebenstrafe mutiert. Das soll auch dann gelten, wenn gerade der Tatbeteiligte oder Dritte i.S.d. § 73 III StGB hohe Aufwendungen getätigt hat.

Daher wird zum Teil empfohlen,[843] die Verteidigungsargumentation auf besonders ungerechte oder sinnwidrige Ergebnisse im Einzelfall zu beschränken, insbesondere wenn die Verfallshöhe von den eingesetzten Eigenmitteln bestimmt wird; ist der aufgewendete Teil rechtmäßig erworbenes Vermögen, ähnelt der nach dem Bruttoprinzip berechnete Verfall einer verfassungswidrigen[844] Vermögensstrafe. Letztendlich spricht einiges für eine Nettoabschöpfung, sofern keine Beweisschwierigkeiten hinsichtlich der Aufwendungen bestehen, da Hauptzweck des Bruttoprinzips in einer Vereinfachung der Anwendung der Verfallsvorschriften liegt[845]. Regelmäßig wird die unternehmensinterne Untersuchung den Sachverhalt bis ins letzte Detail, also insofern zu Gunsten des Unternehmens rekonstruieren können.

Das weitere Vorgehen der SEC kollidiert mit den Unternehmensinteressen aber noch viel intensiver, denn die US-Börsenaufsicht führt sogar schwarze Listen über Geschäfte mit „Schurkenstaaten" und veröffentlicht diese im Internet.[846] Laut SEC sollen die Investoren geschützt werden, indem sie erfahren, ob ihre Investition nicht indirekt eine terroristische Einrichtung bzw. Organisation oder sogar einen Völkermordstaat unterstützt.[847] Allerdings werden weder Umfang noch eine konkrete Subventionsabsicht der Geschäfte veröffentlicht. Dieser Umstand zeigt wieder einmal, dass die in den USA notierten Unternehmen einer gewissen Willkür der Behörden unterliegen, was eine wirksame Firmenverteidigung wesentlich erschweren kann. Allerdings ist darauf hinzuweisen, dass die Unterwerfung unter den FCPA, SOA auf einen willentlichen Entschluss des deutschen Unternehmens zurückzuführen ist.[848]

841 Volk/Rönnau, MAH Wirtschafts- und Steuerstrafsachen, 2006, § 12 Rn. 48.

842 BGH, NJW 2002, 3339 ff.

843 Volk/Rönnau, MAH Wirtschafts- und Steuerstrafsachen, 2006, § 12 Rn. 50 f.

844 BVerfG, NJW 2002, 1779 ff.

845 BT-Drucks. 12/989 S. 23.

846 Vgl. hierzu Süddeutsche Zeitung vom 30.06./01.07.2007.

847 Vgl. nur Wehnert, in: Festschrift für Egon Müller, S. 729 (733).

848 So im Ergebnis Huber, in: Verhandlungen des 67. DJT 2008, Band II/2, Teil L, S. 135.

Dies kann einem Arbeitnehmer, also dem Beschuldigten (im Strafprozess) aber nicht vorgeworfen werden, da dieser ohne bzw. gegen seinen Willen in eine SEC-Untersuchung involviert wird. Dies hat wiederum negative Auswirkungen auf den inneren Betriebsfrieden, weil bereits ein Interview mit bestimmten Vorhaltungen zur Kündigung des Arbeitnehmers führen kann.[849] Vereinzelt wird daher ein nationaler Justizgewährungsanspruch des Individuums gefordert,[850] um auf diesem Wege das Spannungsfeld aufgrund der oft diametralen Interessen im Verhältnis zum Unternehmen[851] zu entschärfen, zumal die Gesellschaft und nicht der Einzelne über das „ob“ der internen Ermittlungen entscheidet. Gemeinsamer Nenner ist lediglich die Verteidigung gegen die strafrechtlichen Vorwürfe. Der schnellen und umfassenden Aufklärung - mit dem Ziel einer Strafmilderung - im Sinne des Unternehmens kann das legitime Interesse des Beschuldigten entgegenstehen, seinen Prozess hinauszuzögern bzw. bereits eine schnelle Beendigung des Ermittlungsverfahrens ohne Öffentlichkeitswirkung zu erreichen.[852] Ein Ermittlungsverfahren ist in Regel mit zivilrechtlichen, arbeitsrechtlichen und kapitalmarktrechtlichen Problemen, aber auch Reputationsfragen verbunden. Daher muss bei einer angestrebten Sachverhaltsaufklärung immer ein Unternehmensanwalt eingeschaltet werden, der den Ausgleich zwischen den regelmäßig widerstreitenden Individual- und Unternehmensinteressen bzw. eine Koordination mit den Individualverteidigungen vornimmt.[853]

Allerdings muss das betroffene Unternehmen nicht nur eine Schädigung von Kunden- und Geschäftsbeziehungen aufgrund der Ermittlungsverfahren hinnehmen, sondern sich gleichzeitig bewusst machen, dass größtmögliche Aufklärung zu eigenen Lasten auch eine Vielzahl an gerichtlichen Hauptverfahren, Verbandsgeldbußen nach § 30 OWiG und vor allem eine größtmögliche Presseteilhabe bedeutet. Immerhin steht die schnelle Bekämpfung des Rufschadens von bekannten und börsennotierten Firmen bei ganzheitlicher Firmenverteidigung im Vordergrund.[854] Daher muss trotz des öffentlichen Rufes nach uneingeschränkter Aufklärung, im Interesse des Unternehmens jede staatliche Strafverfolgung gegen die Verantwortlichen, selbstverständlich mit rechtsstaatlichen

---

849 Vgl. Minoggio, Firmenverteidigung, 2010, Rn. 149.

850 Vgl. Wastl/Litzka/Pusch, NStZ 2009, 68 (74) - über diesen Weg soll in erster Linie ein rechtsstaatlicher Mindestschutz des Betroffenen sichergestellt werden.

851 Vgl. nur Taschke, in: Festschrift für Klaus Volk, 2009, S. 801 (806 f).

852 So Taschke, in: Festschrift für Klaus Volk, 2009, S. 801 (807).

853 Taschke, in: Festschrift für Klaus Volk, 2009, S. 801 (810).

854 Minoggio, Firmenverteidigung, 2010, Rn. 154.

Mitteln, zeitlich und gegenständlich eingegrenzt werden.[855] Normalerweise wird ein derartiger Schaden durch behördliche und gerichtliche Verfahren verursacht, vorliegend wird er durch „unabhängige interne Ermittlungen" als Reaktion auf die SEC-Untersuchung aber geradezu provoziert.[856]

855 Minoggio, ZRFG 2008, 215 (217, 220).

856 Minoggio, Firmenverteidigung, 2010, Rn. 153.

Vierzehntes Kapitel: Die faktische Fortwirkung der US-(Börsen-)Aufsicht nach einem Delisting des deutschen Unternehmens

Deutsche Unternehmen können sich den Regelungen des SOA lediglich entziehen, wenn sie sich vom amerikanischen Kapitalmarkt zurückziehen (delisting). Erforderlich ist allerdings, dass nicht mehr als 300 Personen mit Wohnsitz in den USA noch Aktien des betroffenen deutschen Unternehmens zum Zeitpunkt der Streichung halten, was regelmäßig ein Übernahmeangebot voraussetzt.[857]

Die Ermittlungen der Bonner Staatsanwaltschaft gegen die Deutsche Telekom AG wegen des Verdachts von Korruptionszahlungen aus Osteuropa[858] – namentlich Ungarn und Mazedonien –, als Konsequenz der vom US-Justizministerium (DOJ) erwünschten und gewährten Rechtshilfe, zeigen, dass ein Unternehmen, auch nachdem es den US-amerikanischen Kapitalmarkt verlassen hat, mit Kontrollen und Ermittlungen zu rechnen hat.[859] Es ist zu hinterfragen, welcher rechtliche Gehalt einem sog. „delisting" beizumessen ist, wenn die SEC anscheinend noch Jahre später im Hintergrund weiter bzw. zu Ende ermittelt. Es kann nicht ausgeschlossen werden, dass verdächtige Zufallsfunde aus der Vergangenheit vermerkt wurden und zukünftig „observiert" werden. Auch kann die SEC den Kontakt zu Informanten, die unmittelbar für das betroffene Unternehmen tätig sind oder als Außenstehende gewisse Einblicke bekommen, aufrecht erhalten. Die US-Staatsanwaltschaften sind aufgrund begrenzter Kapazitäten -

---

857 Vgl. hierzu Moritz/Gesse, Auswirkungen des SOA auf deutsche Unternehmen, 2005, S. 6.

858 Angenommen ein Angestellter oder Beauftragter der Deutsche Telekom AG erfüllt § 299 I StGB: Gemäß § 299 III StGB sind die Absätze 1 und 2 auch für „Handlungen im ausländischen Wettbewerb" anzuwenden. Ob „Handlungen mit Auswirkungen auf den ausländischen Wettbewerb" ebenfalls erfasst sind, kann dahingestellt bleiben, wenn die Tat zumindest teilweise auf deutschem Territorium gemäß §§ 3, 9 StGB begangen wird, etwa durch Fordern eines Vorteils, der Entgegennahme eines Versprechens oder der Entgegennahme von Geld (vgl. hierzu Fischer, Kommentar StGB, § 299 Rn. 2b) oder wenn gemäß § 7 II Nr. 1 StGB ausschließlich im Ausland begangene Taten dort von deutschen Mitarbeitern vorgenommen werden, sofern die Tat am Tatort mit Strafe bedroht ist - im Ausland müsste „identische Norm" gelten, vgl. Volk in Holtz/Kulessa, S. 15 (24); vgl. Rönnau in Achenbach/Ransiek, Handbuch Wirtschaftsstrafrecht, 2008, Kapitel III Abschnitt 2 Rn. 49 f.

859 Vgl. Süddeutsche Zeitung vom 14.9.2010.

unabhängig davon, ob der FCPA noch die gesetzliche Grundlage bildet - auf individuell belastende Informationen seitens der SEC angewiesen.[860]

Muss das Unternehmen „ein Leben lang“ mit mittelbaren Konsequenzen rechnen, obwohl die Sanktionen nach FCPA und SOA über die negative Vertragsfreiheit ausgeschlossen wurden? Jedenfalls müssen das Unternehmen und seine Mitarbeiter mit Untersuchungen seitens der deutschen Staatsanwaltschaften rechnen, die im Wege der Rechtshilfe aus den USA veranlasst werden.

---

860 Vgl. Schulte/Görts, RIW 2006, 561 (567).

Fünfzehntes Kapitel: Ermittlungszwang und allgemeiner Gleichheitssatz bei SEC-Verfahren

Vorab kann man sich die Frage stellen, ob die SEC verpflichtet ist gegen Unternehmen zu ermitteln, sobald sie von einem Verdacht der Wirtschaftskriminalität Kenntnis erlangt, oder, ob ein Einschreiten lediglich in ihrem Ermessen steht.[861] Letzteres könnte zur Folge haben, dass die SEC gegen ausländische Unternehmen konsequenter und strenger ermittelt, während sie bei US-amerikanischen Vorfällen ein milderes Vorgehen an den Tag legt. Für diese Bedenken spricht der Madoff-Skandal – jahrelange Verstöße in den USA blieben ungeahndet -, dagegen allerdings die bereits abgeschlossenen Ermittlungen und die damit verbundenen Bußen gegen General Electric[862], den US-amerikanischen Konkurrenten von Siemens. Jedoch ist zu erwähnen, dass die Strafzahlung in Höhe von 23,4 Millionen Dollar wegen Kickback-Zahlungen von General Electric im Rahmen von Auftragsvergaben eine Konsequenz für lange zurückliegende Geschäfte mit dem Regime des irakischen Diktators Saddam Hussein darstellt und den Vorwurf der Nachlässigkeit oder Milde bei Ermittlungen gegen US-Unternehmen nahe legt. Bei Siemens und Daimler wurde man hingegen sofort beim ersten Hinweis tätig. Auch ist die Zahl der an der New Yorker Börse gelisteten deutschen Unternehmen von 24 im Jahr 2003 auf lediglich sieben im Jahr 2009 gesunken, was ein Indiz dafür ist, dass die SEC Eingriffsrechte gegenüber nicht amerikanischen Unternehmen schneller und intensiver ausübt als bei inländischen Gesellschaften.[863]

Eine mögliche Begünstigung von amerikanischen Unternehmen wirft wiederum die Frage auf, ob die SEC nicht an einen allgemeinen Gleichheitssatz, wie man ihn aus Art. 3 I GG in Deutschland kennt, gebunden ist. Das deutsche Recht geht vielmehr von einer Selbstbindung der Verwaltung aus, so dass auch im Rahmen von Ermessensentscheidungen ein gleiches bzw. vergleichbares Handeln der Behörde bei mehreren Beteiligten erforderlich und geboten ist.

Jedenfalls kennt das US-amerikanische Strafrecht kein Legalitätsprinzip – es gilt das Opportunitätsprinzip.

---

861 Zumindest die Entscheidung, ob die Ermittlungen formell geführt werden sollen, stellt eine Ermessensfrage dar. Das lässt aber die Frage eines generellen Ermittlungszwanges unbeantwortet.

862 Vgl. Süddeutsche Zeitung vom 27.7.2010.

863 Vgl. Bericht der Süddeutschen Zeitung vom 17.12.2008 (abrufbar unter: http://www.sueddeutsche.de/finanzen/144/451853/text/).

Sechszehntes Kapitel: Ausblick

Zwar respektiert das US-Justizministerium DOJ das zwischen externen Ermittlern und dem betroffenen Unternehmen bestehende Anwaltsgeheimnis (attorney-client privilege), das Absehen von arbeitgeberseitigen Kündigungen und die unternehmensseitige Übernahme der Verteidigungskosten in seinen neuen Richtlinien für strafrechtliche Ermittlungen gegen Unternehmen vom 28.8.2008. Dennoch können die US-Fahnder weiterhin danach fragen, ob das Unternehmen Rechtsanwaltshonorare an Beschuldigte gezahlt hat, während die Entbindung von der Verschwiegenheitspflicht im Ermessen des Emittenten liegt. Eine Trennung von vermeintlich verantwortlichen Arbeitnehmern, wenn diese nicht auf ihre Rechte aus dem Fifth Amendment verzichten wollen, kann die Staatsanwaltschaft weiterhin fordern, bis bereits vorliegende Gesetzesentwürfe verabschiedet werden.[864] Allerdings darf eine Ablehnung dieser Forderungen nicht mehr als mangelnde Kooperation gewertet werden, wobei das Unternehmen die sog. „underlying facts" im Untersuchungsergebnis präsentieren muss.

Jedenfalls entspannt sich dadurch der Interessenkonflikt zwischen dem Unternehmen, das vollständige Aufklärung anstrebt, und dem Arbeitnehmer, der wegen der bestehenden strafrechtlichen Selbstbelastungsgefahr schweigen will, indem das Unternehmen seit der Lockerung der geschilderten US-Erwartungen den aufzuklärenden Sachverhalt der SEC anonymisiert, ohne Nennung der Identität der Beteiligten, präsentieren kann und gleichzeitig keine existenzbedrohenden Bußgelder befürchten muss, weil es nicht ausreichende Aufklärung geleistet hat. Wird dem Mitarbeiter zusätzlich zivilrechtliche Amnestie durch seinen Arbeitgeber zugesagt, ist dieser in der Regel bereit bei der Aufdeckung der Verstöße mitzuwirken.

Allerdings darf man nicht unterschätzen, dass der Arbeitgeber in der Vergangenheit die Weitergabe der Untersuchungsergebnisse an die Strafverfolgungsbehörden veranlasst hat. Die Gefahr der (persönlichen) Strafverfolgung in Deutschland geht vom Unternehmen aus und kann weiterhin nicht ausgeschlossen werden. Die ermittelnden Anwälte würden sich aber im Falle der Offenlegung nach § 203 I Nr. 3 StGB strafbar machen, sofern das Unternehmen von dem nun gestärkten Anwaltsgeheimnis (attorney-client privilege) Gebrauch macht und einen Verzicht (waiver) bei der jetzigen Rechtslage nach US-Recht sinnvollerweise ablehnt.

---

864 Wehnert, NJW 2009, 1190 (1192).

Im Geschäftsjahr 2008 bewilligte der US-Kongress der SEC Ausgaben in Höhe von 906 Millionen Dollar, wobei über 60 Prozent davon allein für die Durchsetzung von Bundesgesetzen wie dem FCPA ausgegeben wurden.[865]

Auch ist anzunehmen, dass die Politik der US-Regierung von Barack Obama eine stärkere Überwachung von ausländischen Unternehmen nach US-Recht verfolgt, zumal der jetzige US-Präsident seiner Zeit als Senator von Illinois den Levin-Coleman-Obama Stop Tax Haven Abuse Act von 2007 als Gesetzesvorlage eingebracht hatte, wonach insbesondere gegen ausländische Banken und andere Finanzunternehmen ermittelt werden soll, die im Verdacht stehen, US-Bürgern bei Steuerhinterziehungen zu helfen.[866] US-Präsident Obama hat das Budget für die Korruptionsbekämpfung im Jahr 2011 um 23 % erhöht.[867]

Oder wird die SEC der BaFin in Zukunft stärker vertrauen und ihre Ermittlungen über ein Rechtshilfeersuchen an die BaFin delegieren? Vielleicht würde sich dadurch auch der „Import“ von Internal Investigations zurückbilden und das kapitalmarktrechtliche Ermittlungsverfahren nicht mehr an private Institutionen ausgelagert werden. Denn über der BaFin und dem Adressaten ihrer Ermittlungen schwebt unstreitig ein staatlich geregeltes und geordnetes Verfahren. Da ein Subordinationsverhältnis vorliegt, ist nicht nur der Verwaltungsrechtsweg eröffnet, sondern auch ein rechtlicher (Aussage-)Zwang durch ein hoheitliches Verfahren und damit die Anwendbarkeit des nemo-tenetur-Satzes gegeben. Die Schutzrechte der betroffenen Mitarbeiter sind wie dargelegt im deutschen WpHG ausreichend geregelt (siehe insbesondere § 4 IX WpHG), wobei auch hier einige Unklarheiten nach derzeitiger Literatur offen bleiben (siehe bereits ausführlich Kap. 1, IV), soweit es um die Schnittstelle zum Strafverfahren geht.

Des Weiteren dürfen wir nicht vergessen, dass die New Yorker Börse Nyse Euronext mit der Deutschen Börse durch Zustimmung der Aufsichtsräte beider Konzerne vom 15.2.2011 fusionieren wollte.[868] Jedoch hat die EU-Kommission den Zusammenschluss von Deutscher Börse und NYSE zur weltgrößten Börse am 1.2.2012 verboten, weil die Unternehmen mehr als 90 Prozent des weltweiten Börsenhandels mit europäischen Derivaten kontrollieren.[869]

---

865 Wybitul, BB 2009, 606 (606).

866 Wybitul, BB 2009, 606 (606).

867 Vgl. http://www.justice.gov/02organizations/budget-rollout-presentation.pdf.

868 Vgl. Süddeutsche Zeitung vom 16.2.2011, S. 19 („Geburt einer Weltbörse“).

869 Vgl. http://www.focus.de/finanzen/boerse/fusion-mit-der-nyse-gescheitert-deutsche-boerse-klagt-gegen-europaeische-kommission_aid_725829.html.

Interessant wäre gewesen, welche Auswirkungen diese wirtschaftliche Zusammenarbeit auf die Wertpapiergesetze und deren Durchsetzung durch die Aufsichtsbehörden beider Länder gehabt hätte. Hätte die Fusion zu einer Angleichung an die Marktstandards in den USA geführt, was die Höhe der zivilrechtlichen Sanktionen, die weitreichenden Ermittlungsbefugnisse der Börsenaufsicht und nicht zuletzt die Kooperation mit den Strafverfolgungsbehörden betrifft? Während das WpHG die Kompetenzen zwischen BaFin und Staatsanwaltschaften strikt trennt, wird das DOJ regelmäßig erst nach Abschluss der eigenen SEC-Ermittlungen und aufgrund der Weiterleitung der Untersuchungsergebnisse tätig; denn der FCPA ist Teil des Securities and Exchange Acts.

Zumal die Fusion der beiden Häuser endgültig scheiterte,[870] ist es unschwer vorstellbar, welche Auswirkungen dies auf die Beziehungen zum deutschen Markt und die ihn prägenden Konzerne und Unternehmen haben könnte. Jedenfalls wird das vor allem wirtschaftspolitisch geprägte zwischenstaatliche Verhältnis in Sachen transatlantische Kapitalmarktregulierung und -aufsicht nicht auf eine „Harmonisierung“ hinzusteuern.

---

870 Vgl. http://www.focus.de/finanzen/boerse/fusion-mit-der-nyse-gescheitert-deutsche-boerse-klagt-gegen-europaeische-kommission_aid_725829.html, wonach der Frankfurter Konzern nicht vor habe, seine Fusionspläne mit der NYSE wiederzubeleben, obwohl er gegen die Entscheidung der EU-Kommission Klage beim EuGH einlegen werde.

Fazit

Sog. „SEC-Ermittlungen in Deutschland“ sind ausschließlich private Ermittlungen, die durch US-amerikanische Rechtsanwälte im Interesse des Unternehmens durchgeführt werden. Der Arbeitgeber überträgt seine gegenüber Unternehmensangehörigen bestehenden Auskunfts- und Mitwirkungsansprüche an die Privatermittler. Arbeitnehmer und Vorstandsmitglieder werden im sog. „Interview“, einer vernehmungsähnlichen Situation befragt. Zusätzlich werden Dokumente, Daten und E-Mails ausgewertet.

Es handelt sich um unternehmensinterne Ermittlungen auf informelle Aufforderung der SEC, nachdem die SEC ein förmliches Verfahren gegen die Gesellschaft eingeleitet hat.

Die Beauftragung der untersuchenden Anwälte erfolgt durch das betroffene Unternehmen durch Anwaltsvertrag. Zwar gibt es keinen amtlichen Auftrag. Dennoch erfolgen die Privatermittlungen auf Veranlassung der US-Bundesbehörde SEC.

Wegen §§ 250, 252 StPO dürfen Ermittlungsberichte über Personenbefragungen im Strafprozess nicht verlesen werden. Eine Ausnahme bilden sog. Pflichtdokumentationen bzw. -berichte, die regelmäßig als Urkunde gemäß § 249 StPO verlesbar sind. Alle anderen Erkenntnisse, namentlich solche, die im Rahmen der „Interviews“ zu Tage gefördert wurden, dürfen lediglich durch Vernehmung der Aufklärer als Zeugen oder Sachverständige in das Gerichtsverfahren eingeführt werden.

Die staatliche Ausnutzung des gem. § 136a I S. 2 StPO unzulässigen faktischen Zwangs aufgrund arbeitsrechtlicher Auskunftspflichten sowie der wirtschaftlichen Drucksituation zu Lasten des Arbeitnehmers führt nach der Rechtsprechung nicht zu einem Beweisverwertungsverbot, weil eine horizontale Drittwirkung der Vorschrift abgelehnt und eine Zurechnung bei bloßer staatlicher Veranlassung lediglich im Falle der von der U-Haft ausgehenden Zwangswirkung vorgenommen wird. Denn nur unter diesen besonderen Bedingungen bestehen staatliche Schutzpflichten.

Das staatliche zu Nutze machen fehlender Belehrungen im Sinne von § 136 I S. 2 StPO oder § 55 StPO und unzulässiger Methoden i.S.d. § 136a StPO ist prinzipiell möglich, weil der befragte Arbeitnehmer mangels Inkulpationsakts der Staatsanwaltschaft noch kein Beschuldigter sein wird, so dass etwaige Fürsorgepflichten des Staates zum Zeitpunkt des „Interviews“ sowieso nicht gegeben sind.

Etwas anderes gilt nur, wenn dem Mitarbeiter seine Beschuldigtenstellung willkürlich vorenthalten wird, weil sich das Unterlassen der Staatsanwaltschaft als amtspflichtwidrig darstellt. Das ist dann der Fall, wenn sich staatliche Untätigkeit mit dem Legalitätsprinzip nicht mehr vereinbaren lässt. Wann das Abwarten noch von der Einschätzungsprärogative gedeckt ist, muss im Einzelfall gesondert festgestellt werden. Hervorzuheben ist, dass jegliche Untersuchungsergebnisse beim ermittelnden Rechtsanwalt gemäß § 160a StPO n.F. oder beim Unternehmensverteidiger analog § 97 I StPO beschlagnahmefrei sind. Folglich kann sich die Behörde nicht auf einen jederzeit (noch) möglichen Zugriff nach §§ 94, 98 StPO berufen.

Die Beschuldigteneigenschaft ist jedenfalls zu fingieren, wenn die SEC aufgrund des staatsanwaltschaftlichen Anfangsverdachts tätig wird und die Behörde bis zur Durchführung des „Interviews“ nicht nach außen tritt. Dann ist eine staatliche Zurechnung im Rahmen des § 136a StPO wegen amtspflichtwidrigem Unterlassen geboten. Aufgrund des umgangenen Belehrungsgebots ist von einer Verletzung des Rechts auf ein faires Verfahren, Art. 6 I S. 1 EMRK, auszugehen.

Der Mandatierung der US-Kanzlei liegt zweifellos ein faktischer Kooperationszwang zu Grunde, weil die Gesellschaft existenzgefährdende Sanktionen nach FCPA durch Klage der SEC und Anklage des DOJ befürchten muss, wenn sie sich einer unternehmenseigenen Ermittlung verschließt. Die auf Wunsch der SEC beauftragte Vertrauenskanzlei fungiert faktisch als verlängerter Arm der US-Behörden, da der Zweck der Ermittlungen vorrangig in der Weitergabe von Informationen an US-Behörden besteht. Denn die SEC erwartet auch eine unternehmensseitige Schweigepflichtentbindung gemäß § 53 II S. 1 StPO, damit die Anwälte in die USA berichten dürfen.

Es muss festgehalten werden, dass sich § 136a StPO nach h.M. lediglich an deutsche Staatsorgane und deren Vernehmungspersonen richtet.

Allerdings: Unternehmensseitige Compliance-Verstöße gemäß SOA i.V.m. FCPA sind die eigentliche Ursache des SEC-Verfahrens. „Internal Investigations“ stellen das „repressive“ Element der Compliance dar und haben ihre Verankerung im Recht der AG, namentlich in § 93 I S. 1 AktG i.V.m. § 130 I OWiG. Wirtschaftsrechtliche Pflichten haben sich in das Strafverfahren verlängert und wirken dort als eine Pflicht zur Mitwirkung und Selbstbelastung. Eine ausnahmsweise transnationale staatliche Zurechnung der faktischen Zwangslage i.S.v. § 136a I StPO ist geboten, weil der extraterritorial wirkende Zwang der SEC gegenüber der Gesellschaft im Innenverhältnis auf die Arbeitnehmer überwälzt wird bzw. durchschlägt. Gewissermaßen ein verlängerter Geständniszwang.

Nach dem jetzigen Stand der Rechtsprechung liegt kein Verstoß gegen das allgemeine Persönlichkeitsrecht (Art. 2 I i.V.m Art. 1 I GG) und damit gegen den nemo-tenetur-Satz vor, obwohl den Mitarbeiterbefragungen ein arbeits- oder gesellschaftsrechtlicher Aussagezwang zugrunde liegt, da das Selbstbelastungsverbot sowie das Belehrungsgebot auf staatliche Verfahren zu beschränken sei.

Eine umfassende Auskunftspflicht des Arbeitnehmers folgt aus §§ 666, 675 BGB, selbst wenn sich der Mitarbeiter durch Erfüllung dieser Pflicht einer bei Ausführung des „Auftrags" begangenen strafbaren Handlung bezichtigen muss. Insbesondere leitende Angestellte und Führungskräfte sind wegen ihrer Organisations- und Überwachungspflichten betroffen, sofern der Befragungsgegenstand in unmittelbarem Zusammenhang mit der geschuldeten (Arbeits-)Leistung steht.

Eine andere Frage bildet das „ob" der selbständigen Übertragbarkeit dieses Auskunftsanspruchs des Arbeitgebers auf die befragenden Rechtsanwälte. Angesichts der Vollstreckbarkeit gemäß § 888 I ZPO und der prinzipiell nicht gegebenen Schweigepflicht des Unternehmens hinsichtlich der Auskunftsergebnisse erscheint eine isolierte Abtretung an die Privatermittler unbedenklich.

Der Umstand der Vollstreckbarkeit führt uns zum Transfer des Gemeinschuldnerbeschlusses des BVerfG. Im Falle der „Aussageverweigerung" drohen arbeitsrechtliche Konsequenzen. Diese Drucksituation verschärft sich durch eine sog. „Amnestieregelung" des Arbeitgebers. Jedenfalls kann der Arbeitgeber seinen Auskunftsanspruch gemäß § 888 I ZPO zwangsweise durchsetzen. Ein Verwertungsschutz ist nicht deswegen zu versagen, weil die Aussagepflicht aus freiwillig eingegangenen arbeitsvertraglichen Bindungen herrührt. Es wäre ein Wertungswiderspruch zu den §§ 55, 136 StPO, wenn der Staat Beweismittel verwertet, die u.a. dadurch zustande gekommen sind, weil er zivilprozessuale Zwangsmaßnahmen zur Durchsetzung von Auskunftsansprüchen im Interesse Dritter zur Verfügung gestellt hat.

Wegen der vergleichbaren Interessenlage muss dem Grundsatz der Selbstbelastungsfreiheit zumindest dadurch genügt werden, dass die arbeitsrechtliche Auskunft als solche dem Beweisverwendungsverbot des § 97 I S. 3 InsO entsprechend unterliegt. Allerdings perpetuiert sich die Missachtung des nemo-tenetur-Satzes mit der staatlichen Vernehmung der Rechtsanwälte über den Befragungsgegenstand der „Interviews", sofern der Arbeitgeber die privaten Ermittler von der Schweigepflicht entbunden hat. Sprich das Verwertungsverbot analog § 97 I S. 3 InsO muss Fortwirkung entfalten, die u.a. die Vernehmung der Befragungsperson verbietet.

Während ein Vorhalt aus nicht verwertbaren Beweisquellen unzulässig ist, da der „Aussagezwang“ andauert, sofern nicht eine qualifizierte Belehrung stattgefunden hat, wird eine Fernwirkung von der Rechtsprechung in aller Regel abgelehnt, so dass der strafrechtlich relevante Inhalt von SEC-Aussagen als Anfangsverdacht für (weitere) staatliche Ermittlungsmaßnahmen wie (Haus-) Durchsuchungen nach §§ 102 f. StPO herangezogen werden kann.

Dies bestätigt die aktuelle Rechtsprechung des Bundesverfassungsgerichts in Sachen „Liechtensteiner Steueraffäre“ sogar dann, wenn die private Beweisbeschaffung in strafrechtswidriger Weise erfolgte. Eine privat-strafrechtswidrige Beweiserhebung sei unerheblich, solange nicht durch die Verwertung oder die Verwendung für weitere Maßnahmen in den absoluten Kernbereich privater Lebensgestaltung eingegriffen werde.

Ein Verstoß des Arbeitgebers gegen § 240 StGB, um eine arbeitnehmerseitige Mitwirkung zu erreichen, führt demnach nicht zu § 136a StPO. SEC-Vernehmungen sind „lediglich“ der sozialen Sphäre zuzuordnen, wo laut BVerfG keine Verwertungsverbote existieren.

Die begrüßenswerte Lehre vom hypothetischen Ermittlungshorizont gelangt hingegen - losgelöst von einer pauschalen Differenzierung nach Lebenssphären – nur zur Verwertbarkeit, wenn die Behörden den Mitarbeiter (damals) ebenso durch gesetzlich vorgesehene Ermittlungsmaßnahmen hätten überführen können. Basieren alle Erkenntnisse auf SEC-Einlassungen, die unter Drohung mit arbeitsrechtlichen Konsequenzen zustande gekommen sind, spricht das prozessuale Schweigerecht für ein Beweisverbot analog § 136a StPO.

Bei der ergänzenden Auswertung des gesamten E-Mail-Bestandes des Unternehmens kommt ein Strafbarkeitsrisiko nach § 206 StGB in Betracht, wenn private E-Mails verdächtiger Mitarbeiter bei grundsätzlich erlaubter Privatnutzung durchleuchtet werden.

Jedenfalls kann eine entsprechende Durchsicht ein selbständiges Beweisverwertungsverbot zur Folge haben, wenn die Schwere des Eingriffs in das Recht auf informationelle Selbstbestimmung das Interesse der Allgemeinheit an einer effektiven Strafverfolgung überwiegt.

Richtigerweise gelangt man in Ermittlungsverfahren, die mit dem Fall Siemens vergleichbar sind, aufgrund der verdeckten Kooperation von Staatsanwaltschaft und privat ermittelnden Rechtsanwälten zu einer horizontalen Zurechnung der „Privathandlungen“, weil im Hintergrund nicht nur ein laufender Informationsaustausch stattfindet, sondern die arbeitsteilige Vorgehensweise die Gefahr mit sich bringt, dass der Ermittlungserfolg ohne Rücksicht auf die strafprozessualen Schutzrechte von Unternehmensmitarbeitern maximiert werden kann. Dieses Phänomen ist als „ermittlungstaktische Mittäterschaft“ zu verstehen. Der aus dem „privaten Lager“ herrührende Aussagezwang ist der kooperierenden Strafverfolgungsbehörde horizontal zuzurechnen. SEC-Aussagen sind wegen der privat-staatlichen Ermittlungs- und Arbeitsstrukturen entsprechend § 136a III S. 2 StPO nicht verwertbar.

Bislang erfolgte bei privaten Handlungen lediglich eine vertikale Zurechnung durch Rechtsprechung und Lehre. Zwischen Behörden ist aber eine horizontale Zurechnung nicht unüblich.

Eine Fernwirkung ist dem deutschen Strafverfahrensrecht fremd. Allerdings soll laut Rechtsprechung nach „der Sachlage und der Art des Verwertungsverbots“ ausnahmsweise dessen Fernwirkung möglich sein, was bei amtspflichtwidrigem Abwarten auf privat erlangte Informationen und anschließendem staatlichen Absichern nicht völlig ausgeschlossen werden kann, wenn durch gezieltes privat-staatliches Zusammenwirken das gemäß Art. 2 I i.V.m. Art. 1 I GG garantierte nemo-tenetur-Prinzip planmäßig umgangen wird.

Weder die Missachtung von datenschutzrechtlichen Vorgaben bei einer Erhebung, Verarbeitung oder Übermittlung von personenbezogenen Daten, noch der Verstoß gegen kollektivarbeitsrechtliche Vorschriften haben einen Einfluss auf die strafrechtliche Verwertbarkeit von unternehmensinternen Ermittlungsergebnissen.

Obwohl dem betroffenen Unternehmen die Durchführung von internen Untersuchungen nahegelegt wird, ist die Beauftragung der US-Kanzlei ausschließlich der betroffenen Gesellschaft selbst zuzurechnen, da prinzipiell keine Pflicht zur unternehmenseigenen Aufklärung existiert. Eine Umgehung des Vorrangs von Rechtshilfeersuchen ist nicht anzunehmen, weil weder SEC-Beamte eigenhändig ermitteln noch die betraute Kanzlei der rechtlichen Weisungsbefugnis der SEC unterliegt. Die in Deutschland untersuchenden Anwälte vertreten vorrangig die Interessen des mandatierenden Unternehmens.

Anders als bei der vertikalen Zurechnung im Rahmen von § 136a StPO, muss man die Ermessensentscheidung der Gesellschaft und nicht die starre Auskunftspflicht des Mitarbeiters hervorheben.

Zudem finden die Ermittlungen nicht in einem Strafverfahren statt.

Durch die neuen US-Regularien zur Strafverfolgung von Unternehmen entspannt sich der Interessenkonflikt zwischen Arbeitgeber und Arbeitnehmer, weil die SEC und das DOJ nun auch anonymisierte Untersuchungsergebnisse akzeptieren. Das arbeitsrechtliche Aufklärungsinteresse des Arbeitgebers endet seit Herbst 2008 dort, wo die Gefahr einer persönlichen strafrechtlichen Selbstbelastung des betroffenen Arbeitnehmers beginnt. Solange die sog. „underlying facts" des Sachverhalts ans Tageslicht gebracht werden können, muss die in den USA börsennotierte Gesellschaft keinen Kooperationsbonusverlust mehr befürchten, so dass das allgemeine Persönlichkeitsrecht in Form eines Schweigerechts analog § 384 Nr. 2 ZPO im Rahmen einer Interessenabwägung überwiegt.

Allerdings bleiben die Auskunftspflichten gemäß §§ 666, 675 BGB starr, so dass die Strafverfolgungsgefahr für leitende Angestellte und Führungskräfte gegeben bleibt, wenn das Unternehmen bei der Kooperation mit deutschen Strafverfolgungsbehörden über die Anforderungen der US-amerikanischen Behörden hinausgeht.

Es handelt sich um eine Gesetzeslücke, wenn Erkenntnisse der unternehmensinternen Aufklärung an staatliche Ermittler übergeben werden und darauf basieren, dass ein leitender Angestellter gegenüber seinem Arbeitgeber sämtliche Fragen zu seiner geschuldeten Tätigkeit beantworten muss. Angesichts der nemo-tenetur-Maxime besteht gesetzgeberischer Handlungsbedarf, jedenfalls ist eine Erweiterung des traditionellen Schutzbereichs geboten.

Criminalia

Herausgegeben von Klaus Volk

Band 1 Ulrich Schroth: Vorsatz als Aneignung der unrechtskonstituierenden Merkmale. 1994.

Band 2 Torsten Poeck: Wartepflicht und Wartedauer des § 142 Abs. 1 Nr. 2 StGB. Ein Vorschlag zur Bestimmung der Wartelänge anhand rechtsprechungsanalytischer und empirischer Überlegungen. 1994.

Band 3 Tobias Schmid: Die Vergabe von Wirtschaftssubventionen und strafrechtliche Verantwortlichkeit gem. § 264 StGB (Subventionsbetrug). 1994.

Band 4 Erwin Lohner: Der Tatverdacht im Ermittlungsverfahren. Begriff, rechtliche Ausgestaltung, praktische Handhabung und Kontrolle am Beispiel der polizeilichen Verdachtsfeststellung. 1994.

Band 5 Gunther Lehleiter: Der rechtswidrige verbindliche Befehl. Strafrechtsdogmatische Untersuchung, demonstriert am Beispiel des militärischen Befehls. 1995.

Band 6 Dirk Steiner: Das Fairneßprinzip im Strafprozeß. 1995.

Band 7 Isabell Schwegler: Der Subsumtionsirrtum. 1995.

Band 8 Klaus Andreas Fischer: Die strafrechtliche Beurteilung von Werken der Kunst. 1995.

Band 9 Johannes Fredrikus Nijboer: Beweisprobleme und Strafrechtssysteme / Proof and Criminal Justice Systems. Rechtsvergleichende Aufsätze / Comparative Essays. 1995. 2. Auflage 1997.

Band 10 Winfried Hassemer / Karin Matussek: Das Opfer als Verfolger. Ermittlungen des Verletzten im Strafverfahren. 1996.

Band 11 Bettina Grunst: Steuerhinterziehung durch Unterlassen. 1996.

Band 12 Hans-Jörg Schwab: Täterschaft und Teilnahme bei Unterlassungen. 1996.

Band 13 Christos Mylonopoulos: Komparative und Dispositionsbegriffe im Strafrecht. 1998.

Band 14 Christina Erfurth: Verdeckte Ermittlungen. Problemlösung durch das OrgKG? 1997.

Band 15 Stephan Weber: Überstellung in den Heimatstaat. Ein internationales Konzept wider den Strafvollzug in der Fremde. Zugleich ein Beitrag zum Recht der internationalen Vollstreckungshilfe in Strafsachen. 1997.

Band 16 Bert Götting: Gesetzliche Strafrahmen und Strafzumessungspraxis. Eine empirische Untersuchung anhand der Strafverfolgungsstatistik für die Jahre 1987 bis 1991. 1997.

Band 17 Lars Otte: Der durch Menschen ausgelöste Defensivnotstand. 1998.

Band 18 Gregor Rieger: Die mutmaßliche Einwilligung in den Behandlungsabbruch. 1998.

Band 19 Yu-hsiung Lin: Richtervorbehalt und Rechtsschutz gegen strafprozessuale Grundrechtseingriffe. 1998.

Band 20 Sandra Pellkofer: Sockelverteidigung und Strafvereitelung. 1999.

Band 21 Christine Ferschl: Das Problem des unmittelbaren Zusammenhangs beim erfolgsqualifizierten Delikt. 1999.

Band 22 Peter König: Strafbarer Organhandel. 1999.

Band 23 Stefan Stauder: Die allgemeinen defenses des New York Penal Law. Eine rechtsvergleichende Untersuchung. 1999.

Band 24 Malte Merz: "Bewußte Selbstschädigung" und die Betrugsstrafbarkeit nach § 263 StGB. Zugleich ein Beitrag zur Zweckverfehlungslehre. 1999.

Band 25 Marc Tully: Poena sine Culpa? *Strict-Liability*-Sanktionen und Europäisches Gemeinschaftsrecht. 2000.

Band 26 Susanne Götting: Beweisverwertungsverbote in Fällen gesetzlich nicht geregelter Ermittlungstätigkeit. Durch V-Leute, Scheinaufkäufer und Privatleute. 2001.

Band 27 Christiane Hölscher: Der Rechtsschutz und die Mitteilungspflichten bei heimlichen strafprozessualen Zwangsmaßnahmen. 2001.

Band 28 Tobias Windhorst: Der Rechtsbegriff der "schweren Gesundheitsschädigung". Zugleich ein Beitrag zum 6. StrRG. 2001.

Band 29 Andrea Schmucker: Die "Dogmatik" einer strafrechtlichen Produktverantwortung. Das fahrlässige Unterlassen als Institut der Produktkriminalität. 2001.

Band 30 Stephan Beukelmann: Prävention von Computerkriminalität. Sicherheit in der Informationstechnologie. 2001.

Band 31 Markus B. Alder: Die Strafzumessungsrichtlinie der USA in ihrem Kontext mit Plea Bargaining. 2001.

Band 32 Tobias Brandis: Beweisverbote als Belastungsverbote aus Sicht des Beschuldigten? 2001.

Band 33 Britta Wolff: Begünstigung, Strafvereitelung und Hehlerei. Geschichtliche Entwicklung und Abgrenzung zur Beihilfe. 2002.

Band 34 Angelika Laitenberger: Die Strafbarkeit der Verbreitung rassistischer, rechtsextremistischer und neonazistischer Inhalte. Unter besonderer Berücksichtigung der Verbreitung über Netzwerke. Ein Rechtsvergleich. 2003.

Band 35 Antonia Seitz: *Die Todesstrafe ist keine Strafe*. Von der Beteiligung bedeutender Mediziner an Fragestellungen um Verbrechen und Strafe, unter besonderer Berücksichtigung der Todesstrafe 1865 bis 1933 im deutsch-italienischen Vergleich. 2003.

Band 36 Ro-Seop Park: Die Wahrheitsfindung im Ermittlungsverfahren. 2003.

Band 37 Ingo Jeckel: Schadenswiedergutmachung gem. § 46a Nr. 2 StGB über anwaltliche Schlichtungsstellen. Schlichtungsablauf und Auswirkungen auf das Strafverfahren. 2003.

Band 38 Katja Kassing: Ehrverletzende Personalsatire in Deutschland, Österreich, der Schweiz und England. 2004.

Band 39 Stefan Poller: Verbandsgeldbuße und Steueranspruch. 2004.

Band 40 Anna Trüstedt: Das Verbot von Börsenkursmanipulationen. 2004.

Band 41 Marialena Papachristou: Die strafrechtliche Behandlung von Börsen- und Marktpreismanipulationen. 2006.

Band 42 Verena Käbisch: Markenschutz im Strafrecht. Die Rechtslage in Deutschland und den USA. 2006.

Band 43 Dominik Härtl: Wahlstraftaten. Die §§ 107 ff. StGB im System des Rechts. 2006.

Band 44 Erick Gatgens: Ermessen und Willkür im Straf- und Strafverfahrensrecht. Eine dogmatische und rechtstheoretische Untersuchung zu den Grundlagen strafjuristischer Entscheidungsfindung. 2007.

Band 45 Christian A. Sirch: Die Strafbarkeit der Parteispendenakquisition. Ein Beitrag zum Tatbestand der Vorteilsannahme. 2008.

Band 46 Brigitte Bauer: Untreue durch Cash-Pooling im Konzern. 2008.

Band 47 Meng Yang: Die Strafbarkeit der Vorbereitungshandlung des Delikts nach dem deutschen und chinesischen StGB. 2009.

Band 48 Martin Patz: Die Effektivität der Strafrechtspflege. 2009.

Band 49 Maren Stölting: Das Tatbestandsmerkmal des fremden Vermögens bei der Untreue zum Nachteil von Personengesellschaften am Beispiel der GmbH & Co. KG. 2010.

Band 50 Seong Jin Choi: Patientenverfügung und Patientenautonomie zwischen Rechtsdogmatik und Rechtswirklichkeit. 2010.

Band 51 Nikolaus Föbus: Die Insuffizienz des strafrechtlichen Schutzes von Geschäfts- und Betriebsgeheimnissen nach § 17 UWG. 2011.

Band 52 Maximilian Heiß: Bestechung und Bestechlichkeit im geschäftlichen Verkehr. Die strafrechtliche Erfassung in Deutschland und England. Ein Vergleich. 2011.

Band 53 Lea Staudt: Medizinische Richt- und Leitlinien im Strafrecht. Eine Untersuchung zur Möglichkeit der Bestimmung der unerlaubten Handlung beim Fahrlässigkeitsdelikt mit Hilfe medizinischer Richt- und Leitlinien. 2012.

Band 54 Petr Kottek: Die Kooperation von deutschen Unternehmen mit der US-amerikanischen Börsenaufsicht SEC. Grenzen der strafprozessualen Verwertbarkeit unternehmensinterner Ermittlungen. 2012.

www.peterlang.de

Peter Lang · Internationaler Verlag der Wissenschaften

Gisella Victoria Villeda

Prävention und Repression von Insiderhandel

Frankfurt am Main, Berlin, Bern, Bruxelles, New York, Oxford, Wien, 2010.
XXXII, 466 S.
Börsen- und kapitalmarktrechtliche Abhandlungen. Bd. 8
Herausgegeben von Horst Hammen
ISBN 978-3-631-58590-0 · geb. € 99,95*

In den letzten Jahren wurde eine Vielzahl juristischer Arbeiten zum Thema Insiderhandel verfasst, die sich hauptsächlich dessen Tatbestandsvoraussetzungen widmen. Diese Arbeiten stammen zu einem großen Teil aus den 1990er Jahren, als in Deutschland die Einführung eines Tatbestandes zum Verbot des Insiderhandels besonders kontrovers diskutiert wurde. Nachdem mittlerweile mehr als eine Dekade seit Einführung eines strafbewehrten Verbotstatbestandes in Deutschland verstrichen ist und sich diese Form der Bekämpfung von Insidertransaktionen in ganz Europa etabliert hat, ist die Diskussion um dessen Existenzberechtigung in den Hintergrund gerückt, wenngleich nicht gänzlich abgeebbt. Aufgrund der Subprime-Krise sind die Regelungen bezüglich Insiderhandel und Marktmissbrauch derzeit so relevant wie sie es zuletzt in den 1990er Jahren waren, als die Dotcom-Blase platzte. In diesem Zusammenhang werden immer wieder Forderungen nach einer Verschärfung des geltenden Kapitalmarkt(straf)rechtes laut. Andererseits wird in der jüngeren Zeit die scharfe Sanktion des Strafrechtes zur Regulierung des Kapitalmarktes in Frage gestellt. Darüber hinaus stellt sich die Bilanz der Insiderverfolgung seit Einführung des Verbotes als nicht sehr zufriedenstellend dar. Die Klärung der Frage, inwieweit die Regelung des Insiderhandels über eine strafrechtliche Sanktionierung (noch) berechtigt ist und wie mit den Defiziten in der Strafverfolgung umzugehen ist, ist Anliegen dieser Untersuchung.

Inhalt: Erscheinungsformen von Insidergeschäften · Genese und Evolution des deutschen Insiderhandelsverbotes · Regelungsbedürftigkeit des Insiderhandels · Überblick über die Insidernormen anderer Rechtsordnungen · Das Insiderhandelsverbot des Wertpapierhandelsgesetzes · u.v.m.

*inklusive der in Deutschland gültigen Mehrwertsteuer. Preisänderungen vorbehalten

Frankfurt am Main · Berlin · Bern · Bruxelles · New York · Oxford · Wien
Auslieferung: Verlag Peter Lang AG
Moosstr. 1, CH-2542 Pieterlen
Telefax 00 41 (0) 32 / 376 17 27
E-Mail info@peterlang.com

Seit 40 Jahren Ihr Partner für die Wissenschaft
Homepage http://www.peterlang.de

www.ingramcontent.com/pod-product-compliance
Ingram Content Group UK Ltd.
Pitfield, Milton Keynes, MK11 3LW, UK
UKHW021842290926
8980IPUK00005B/599

9 783631 625538